中国图书馆事业发展报告
数字图书馆卷

主　编：韩永进
编　委：汪东波　　孙一钢　　魏大威　　李东来
　　　　陈　凌　　孙　坦　　曾建勋　　郑巧英
　　　　萧德洪　　柯　平　　申晓娟　　赵益民
　　　　李　丹　　王秀香　　刘宇初

國家圖書館出版社
National Library of China Publishing House

图书在版编目(CIP)数据

中国图书馆事业发展报告.数字图书馆卷/韩永进主编. --北京:
国家图书馆出版社,2017.1
　　ISBN 978 – 7 – 5013 – 5945 – 5

　　Ⅰ.①中…　Ⅱ.①韩…　Ⅲ.①数字图书馆—图书馆事业—研究报告—
中国　Ⅳ.①G259.2

中国版本图书馆 CIP 数据核字(2016)第 221772 号

书　　名　中国图书馆事业发展报告·数字图书馆卷
著　　者　韩永进　主编
责任编辑　张　颀

出　　版　国家图书馆出版社(100034　北京市西城区文津街 7 号)
　　　　　(原书目文献出版社　北京图书馆出版社)
发　　行　010 – 66114536　66126153　66151313　66175620
　　　　　66121706(传真)　66126156(门市部)
E-mail　　nlcpress@ nlc. cn(邮购)
Website　　www. nlcpress. com ──→投稿中心
经　　销　新华书店
印　　装　北京鲁汇荣彩印刷有限公司
版　　次　2017 年 1 月第 1 版　2017 年 1 月第 1 次印刷

开　　本　710×1000(毫米)　1/16
印　　张　31.75
字　　数　500 千字

书　　号　ISBN 978 – 7 – 5013 – 5945 – 5
定　　价　120.00 元

序

    数字图书馆是数字技术条件下图书馆新的发展形态,它通过对文献信息资源进行加工整合,形成海量的、分布式、可互操作的资源库群,利用新媒体进行服务,使人们随时随地获取信息和知识,使图书馆能够突破时空限制,成为没有围墙、没有边界的信息与知识中心。世界上许多国家高度重视建设数字图书馆对于提高国际竞争力、增强综合国力的重要意义。

    我国自 20 世纪 90 年代中期开始进行数字图书馆的研究与建设,经过二十余年的发展,已经初步形成了由国家数字图书馆、行业数字图书馆和区域数字图书馆组成的较为完备的数字图书馆体系,服务范围覆盖互联网、移动通信网、广播电视网等,服务终端涵盖计算机、数字电视、手机、手持阅读器、平板电脑等,一个内容丰富、技术先进、覆盖面广、传播快捷的数字图书馆服务网络正在逐步完善。为系统总结我国数字图书馆建设的成就、经验和特点,并对其当前和未来发展的重点、热点和前沿问题进行前瞻性思考和研究,国家图书馆组织各地区、各系统数字图书馆建设实践者和专家学者,联合编纂了《中国图书馆事业发展报告·数字图书馆卷》(蓝皮书)。

    全书分为总报告、行业报告、专题报告、国外案例选介、附录五部分,各部分内容相互补充、相互衔接,从不同角度、不同层面探究我国数字图书馆的发展。总报告侧重于从宏观层面系统总结我国数字图书馆建设的发展脉络,并结合国内外有关研究和实践进展,预测我国数字图书馆未来发展趋势。行业报告和专题报告从纵横两个角度对我国数字图书馆建设进行分析研究,其中行业报告分别着眼于国家图书馆、公共图书馆、高校图书馆和专业图书馆等四个系统的数字图书馆建设,总结与分析其数字图书馆的建设成就、特点、问题及未来发展重点;专题报告则围绕数字资源建设、数字图书馆平台建设、新媒体服务以及数字图书馆标准规范建设等数字图书馆建设的四个核心内容展开深入探讨,分别对这些专题领域的基本理论、建设成就、问题与经验等进行了分析与研究。国外案例选介部分选取了"英国'全民网络'""欧洲数字图书馆""美国数字公共图书馆"和"韩国国家数字图书馆"四个较有代表性的国外数字图书馆建设项目进行案例分析。此外,本书还提供了三个资料性附录,分别汇总介绍了数字图书馆重要工程项目概况、数字图书馆领域重要研究项目概况和我国数字图书馆二十余年发展历程大事记,为学者进一步研究提供资料线索。

　　在二十余年的建设与发展历程中,我国数字图书馆经历了跟踪研究、实践探索、应用推广并不断结合本土情况发展壮大的过程,其中既有成绩与经验,也有波折与困惑,实非一书所能囊括。本书虽赖编写组全体成员竭尽全力,仍不免有挂一漏万之虞,恳请各位同仁批评指正!

韩永进

2015 年 12 月

目　录

总报告

行业报告

目　录

|总报告|

第一章　总报告

　　1995 至 2014 年是中国改革开放高速腾飞的二十年,也是中国图书馆事业特别是中国数字图书馆事业高速发展的二十年,中国数字图书馆事业伴随着中国经济的崛起,成为中国图书馆事业发展的重要引擎。在这二十年中,我国数字图书馆从萌芽到发端再到快速发展,经历了研究探索阶段、建设发展阶段和应用服务阶段。在这些重要的阶段涌现出一批重点工程,在这些工程的带领下实现了一系列数字图书馆关键技术突破,弥补了与国际先进水平之间的差距,确保了中国数字图书馆事业作为国家信息基础工程中重要的文献数据支撑体系的价值和作用。

　　二十年后的今天,中国数字图书馆事业呈现出方兴未艾、多路并举、分工协作、统筹规划的良好局面,包括国家图书馆、公共图书馆、高等教育图书馆、专业图书馆等在内的广大业界同仁,从多个层面和角度出发,努力建设具有中国特色的数字图书馆。一批具有国际先进水平的数字图书馆工程相继开工或者建成,如"中国试验型数字式图书馆""国家数字图书馆工程""全国公共文化共享工程""县级数字图书馆推广计划""国家数字图书馆推广工程",以及教育部的"中国高等教育数字图书馆"(CADLIS)、中国科学院的"国家科学数字图书馆"(NSTL)和中共中央党校数字图书馆工程等,随着这些项目的不断推进,现已经成为各类图书馆事业发展的重要方向和组成部分。随着以"国家数字图书馆工程"为代表的国家工程,以"中国高等教育数字图书馆""国家科学数字图书馆"为代表的行业服务,以中国知网、方正阿帕比、超星数字图书馆等为代表的商业性服务,中国数字图书馆事业多路并举的态势逐渐形成,这些重要的成就奠定了未来中国图书馆高速发展、屹立于世界图书馆行业之林的坚实基础和良好发端。

　　经过二十年的发展,今天我们回顾过去展望未来,这二十年来具有中国特色的联席会议机制建设、以国家工程推动的数字图书馆事业、标准规范建设积极影响数字图书馆业务走向、商业数字图书馆的高速发展等,都具有很好的经验值得我们去认真总结。而随着未来移动互联网所带来的新浪潮和知识的爆炸式增长,我国数字图书馆事业应该何去何从,的确是值得我们今天深思的一个话题。

总报告将从数字图书馆的概念入手,描述我国数字图书馆的发展历程、总结我国数字图书馆建设发展取得的主要收获和经验,并对未来我国数字图书馆的发展趋势进行了展望。

第一节　数字图书馆的缘起与定义

1945 年,美国科学研究与开发办公室主任 Dr. Vannervar Bush 在《大西洋月刊》(*The Atlantic Monthly*)上撰写 *As We May Think* 一文,预言:技术将在信息收集、存储、发现和检索等方面带来革命性变化,并勾勒出一个技术方法的清晰轮廓——Memex。半个世纪以来,他的论述一直被公认是对"数字图书馆"蓝图的最早描绘[1]。

在数字图书馆发展蓝图的指引下,图书馆顺应时代的发展不断进行着华丽的转型,60 年代的自动化、70 年代的网络化、80 年代的电子化直至 90 年代正式进入数字图书馆时代,几乎图书馆每个重要的发展节点都可以看到重大技术变革带来的印记。

计算机技术自其兴起之日起,就因其与信息,这一今日社会的核心战略,有着密不可分的联系而深深地影响着图书馆领域的发展。20 世纪 60 年代中期,图书馆自动化受到大型计算机系统的影响与限制,呈现出集中发展的态势,美国国家医学图书馆首先建立医学文献分析及检索系统(Medical Literature Analysis and Retrieval System,MEDLARS)。紧接着,美国国会图书馆也开始设计、推广机读目录的标准格式(Machine Readable Cataloging,MARC),以机读目录格式将图书馆编目的资料做成磁带分送给大型图书馆试用。随着机读编目的发展,美国俄亥俄州的一些大学图书馆借此机会设立了俄亥俄州学院图书馆中心(Ohio College Library Center,OCLC),以合作方式聘请当时图书馆自动化专家 Frederick G. Kilgour 来主持工作,购买了一部大型计算机开始合作编目,利用国会图书馆编目数据及其联机编目格式,加上参与馆所输入的编目资料,建立目录中心。图书馆信息化建设开始了第一步——大型机时代,这一时代的主要特点是数据集中存储,合作编目形成联合目录。

网络化进一步催生了"数字图书馆",美国人最早于 1969 年开始建设网络。随着网络的飞速发展,到 20 世纪 90 年代网络已经从高不可攀的军事技术演变成走进千家万户的普通产品,1995 年 Internet 已经联入 2 万个站点、200 万台主机、2000 万台终端,全世界有 83 个国家和地区有了 IP 地址,154 个国家和地区可以发送电子邮件[2]。在图书馆界,从最初大型机上实现的批处理(Batch Process)引入网络后,1971 年开始进行联机操作(Online Process),这一新兴操作方式得到众多图书馆的响应,许多图书馆纷纷加入其中,从俄亥俄州扩展到临近州乃至美国全境,在短短的十年时间里发展成为了一个全国性的图书馆系统。到 1977 年,OCLC 已经不再是代表俄亥俄州学院图书馆中心了,1981 年,OCLC 的名称改为图书馆计算机在线中心(Online Computer Library Center)。这个时候 OCLC 的成员已经由原来俄亥俄州的 50 所大学图书馆发展到 4000 余所覆盖全美的各类型图书馆,到 1994 年,OCLC 由 18 000 余所来自全世界各地的图书馆组成,覆盖世界上 60 余个国家,经费由成立之初的每年 64 000 美元增长到 1.32 亿美元。

20 世纪 80 年代,电子图书馆(Electronic Library)概念诞生。1975 年,R. W. 克里斯出版了《电子图书馆:书目数据库(1975—1976)》一书,首次提出电子图书馆这个概念。美国人肯尼思·E. 道林在 1984 年出版的《电子图书馆:前景与进程》一书首次明确诠释:"所谓电子图书馆是一个最大可能提供存取信息并使用电子技术增加和管理信息资源的机构"[3]。

随着网络的快速普及、数字化技术的高速发展以及信息存储成本的迅速降低,当前意义上的"数字图书馆"概念开始出现。1990 年,美国密歇根大学的研究人员首次提出"数字图书馆"概念,此后数字图书馆迅速取代了电子图书馆,从一个计算机专属名词演变成了一个信息行业专属名词。虽然数字图书馆和电子图书馆是在不同时代对同一类事物的概括,但是由于时代的发展,当前数字图书馆的概念已经远远超越了当年电子图书馆的范畴,尽管时至今日全世界上仍有很多图书馆沿用电子图书馆的名称,与上述两概念并存的还有网络图书馆(Network Library)、全球图书馆(Global Library)、虚拟图书馆(Virtual Library)、多媒体图书馆(Multimedia Library)、虚拟现实图书馆(Virtual Reality Library)、无墙图书馆(Library Without Walls)、空间图书馆(Space Library)、多元媒体图书馆(Polyamide Library)等相关词组,但是这些概念都没能实质突破数字图书馆的概念和理论范畴。

目前,人们普遍认为数字图书馆的定义还难以确定,没有一个共同的规范和界定基础。这是由于数字图书馆应用系统具有明显的跨学科特征,这一复杂的跨学科体系中每一部分都有自己具体的特点、要求和问题。现有关于数字图书馆的定义多达 200 多个,这里选取国际和国内具有代表性的定义进行归纳总结。

一、国外专家学者对数字图书馆的理解与认识

国外的专家学者主要来自公共图书馆和高校图书馆,他们对数字图书馆的理解和认识可以分为四种:一是数字图书馆是一种组织机构;二是数字图书馆是数字资源或资源的集合;三是数字图书馆既是组织机构,又是数字资源或资源的集合;四是数字图书馆概念的其他解释。

1. 数字图书馆是一种组织机构

1990 年密歇根大学的研究人员将数字图书馆定义为:"DL(Digital Library)是若干联合机构(Federated Structure)的总称,它使人们能够智能地(Intellectually)和实实在在地(Physically)存取全球网络上以多媒体数字化格式存在的、为数巨大的且仍在不断增多的信息。"[4] 1994 年,密歇根大学工程学院 Birmingham 等人进一步发展了该概念,提出"数字图书馆是一种联合体结构的通称,这种联合体向人们提供通往庞大的、不断增长的、由多媒体数字格式编码的世界信息网络的智能和物理的路径。"[5]

1995 年,Lynch 认为,"数字图书馆是向某用户群体提供清晰易懂的查找利用庞大的、经过组织的信息和知识存贮库的途径的系统。"同年,在美国联邦信息基础结构与应用项目(IITA)数字图书馆专题讨论会上,有专家提出"数字图书馆是向用户群体提供便于查找利用庞大的、经过组织的信息和知识贮存库的手段的系统。这个信息组织的特点是没有预知的关于信息使用的详情。用户进入这个存贮库,重新组织和使用之,这种能力由于数字技术的应用而大大增强。"

而后,Mel Collier 于 1997 年在数字图书馆的研究、发展和实践国际学术研讨会中指出"数字图书馆是一种数字形式的多媒体资源管理环境,其以用户为中心进行设计,以内容的高效访问进行组织,以导航全球网络的信息进行构建,认为用户和馆藏完全是分布的,但管理具有全局性。"1998 年,美国数字图书馆联盟(Digital Library Federation,DLF)将数字图书馆定义为一个拥有专业人员等相关资源的组织,该组织对数字式资源进行挑选、组织,提供智能化存取、翻译、传播、保持其完整性和永存性等工作,从而使得这些数字式资源能够快速且经济地被特定的用户或群体所利用。

2. 数字图书馆是数字资源或资源的集合

1997 年,由美国科学基金会(National Science Foundation,NSF)赞助的"分布式知识工作环境"专题讨论会提出,"数字图书馆的概念并不仅仅是一个有着信息管理工具的数字收藏的等价词,数字图书馆更是一个环境,它将收藏、服务和人组织到一起以支持数据、信息乃至知识的全部流程,包括从创造、传播、使用到保存的全过程。"

2001 年,美国总统信息技术咨询委员会(President Information Technology Advisory Committee,PITAC)报告中提到:"数字图书馆:获取人类知识的通用途径。所有公民在任何时间和地点都可以使用与互联网连接的数字设备,搜寻到所有人类知识。通过互联网,他们可以访问到由传统图书馆、博物馆、档案馆、大学院校、政府机构、专门组织,甚至世界各地的个人所创建的数字藏品。这些新的图书馆提供的是传统图书馆、博物馆、档案馆馆藏资料的数字版本,其中包括文本、文件、视频、声音及图像。它们所提供的强大技术实现能力,使用户能够改善其查询功能,对查询结果进行分析,并且改变信息的形式以便交互。高速网络使各个不同数字图书馆群的用户能够协同工作,并使用仿真环境、科学遥感仪器、流式音频和视频相互进行交流。不管数字信息存放的物理位置在什么地方,先进的搜索软件都能找到,并及时提供给用户。在这样的美好前景中,任何群体和个人都会与世界最大的知识资源近在咫尺。"[6]

除此之外,其他专家学者承认数字图书馆以资源和资源的集合为核心,同时扩大了其定义的外延。例如:M. S. Elliott 和 R. Kling 认为数字图书馆指的是:"能从动态变化的或档案性的信息存储处提供电子文献、数字音频、数字视频等的信息系统和服务。"[7] Arms 教授认为"数字图书馆是经过处理的信息集合,并提供相关的服务,其信息以数字形式存贮,通过网络存取。"

3. 数字图书馆既是组织机构,又是数字资源或资源的集合

1996 年,在加州大学洛杉矶分校举办的 NSF"数字图书馆的社会因素"专题讨论会上,与会者提出"数字图书馆是由一个用户群体来组建(采集和组织)起来的,而数字图书馆的功能又反过来支持这个用户群体的信息需求和对信息的使用。数字图书馆也是这个用户群体中的一个组织部分,个人或群体相互作用,并使用数据、信息、知识资源和系统。从这个角度来看,数字图书馆是作为一种物理场所形式存在的各种信息机构的延伸、加强和整合,在这些物理场所中信息资源得到选择、采集、组织、保存和使用,以支持这个用

户群体。这些信息机构包括：图书馆、博物馆、档案馆、学校等，但是数字图书馆也延伸到为其他用户群体服务，包括教室、办公室、实验室、家庭、公共场所等。"

1998 年，Edward Fox 在《数字图书馆基础读物》中提到，"数字图书馆是一个通常可以在一个大学图书馆中找到的资料的机器可读形式的代表形式，以及为了帮助用户找到特定的情报服务而组织的信息。数字图书馆的服务是数字计算、存贮、通讯机器的装配，加上再现、模拟、延伸由传统图书馆提供的服务——即以书本和其他搜集、存贮、编目、查找和传播信息的方式为基础的服务时所需要的软件。"他还指出："数字图书馆是一种有纸型图书馆外观和感觉的图书馆，但在这里图书馆资料都已被数字化并存储起来，而且能在网络化的环境中被本地和远程用户存取，还能通过复杂和一体化的自动控制系统为用户提供先进的、自动化的电子服务。"[8]

4. 其他解释

专家学者对数字图书馆的其他解释往往从更多的角度对数字图书馆进行解读，如 1997 年，北卡罗莱纳大学信息与图书馆学院教授 Marchionini 指出，"数字图书馆是在不同群体中有不同意义的概念。对于工程和计算机科学群体而言，数字图书馆是一个管理结构化的多媒体数据的新型分布式数据库服务设施的隐喻。对于政治与商业群体而言，这个词代表一种新的世界情报资源与服务的市场。"[9]美国研究图书馆协会（Association of Research Libraries，ARL）认为：数字图书馆不是一个单一实体；数字图书馆需要链接许多信息资源的技术；多个数字图书馆及信息机构之间的链接对最终用户透明；数字图书馆的收藏并不局限于文献的数字化替代品，还扩展到不能以印刷形式表示或传播的数字化人造品。

二、国内专家学者对数字图书馆的理解与认识

与国外对数字图书馆定义的分类略有不同，国内学者对于数字图书馆的理解与认识多倾向于认为数字图书馆是数字资源或资源的集合，部分专家学者和机构专家认为数字图书馆既是组织机构，又是数字资源或资源的集合，还有一些专家对数字图书馆的概念有不同的认识。

1. 数字图书馆是数字资源或资源的集合

众多学者在发表的文章及著作中提及数字图书馆是数字资源或资源的集合，例如：陈力认为数字图书馆是以数字方式或数字技术整合的各类型资源与服务[10]。徐文伯认为所谓数字图书馆,就是对有高度价值的图像、文本、语言、音响、影像、软件和科学数据等多媒体信息进行收集、规范性的加工,进行高质量保存和管理,实施知识增值并提供在广域网上高速横向跨库连接的电子存取服务,同时还包括知识产权、存取权限、数据安全管理等[11]。镇锡惠认为数字图书馆为国家信息基础设施提供关键性的信息管理技术,同时提供主要的信息源和资料库。换言之,数字图书馆是国家信息基础设施的核心[12]。孙承鉴、刘刚认为数字图书馆是采用现代高新技术所支持的数字信息资源系统,是下一代因特网上信息资源的管理模式[13]。高文的观点认为数字图书馆是以电子格式存储海量的多媒体信息并对这些信息资源进行高效操作[14]。马自卫认为数字图书馆建设是以统一的标准和规范为基础,以分布式数字资源群为支撑,采用电子商务的管理方式,通过宽带高速网络,利用智能检索技术,将丰富多彩的多媒体信息传递到千家万户[15]。吴基传认为数字图书馆是数字化的信息资源库[16]。王大可认为数字图书馆是一种拥有数字化信息资源,能为用户方便、快捷地提供信息的高水平服务机制。从技术角度,它是通过 Web 发布数字化信息的网上图书馆;从图书馆角度,它是传统图书馆功能的扩展[17]。孙卫提到,由于数字图书馆的发展与建设阶段的不同,各类数字图书馆所有的特征也略有差异,只要具备元数据特征和对象数据特征的都可以称之为数字图书馆[18]。

2. 数字图书馆既是组织机构,又是数字资源或资源的集合

刘炜认为,数字图书馆是社会信息基础机构中信息资源的基本组织形式,这一形式满足分布式面向对象的信息查询的需要[19]。杨宗英、郑巧英认为数字图书馆是拥有多种媒体、内容丰富的数字化信息资源,它是一个完整的系统,其由分布的、大规模、有组织的数据库和知识库组成,用户可通过统一的检索界面,对系统内的数据库及知识库进行一致性的访问,并获取自己所需的信息[20]。吴志荣提出数字图书馆是向网络用户提供数字信息资源,为一定的社会政治、经济服务的文化教育机构以及这种机构的组合[21]。孙雨生认为以有效利用因特网信息资源为背景的数字图书馆,其运行管理模式必然以知识组织和服务集成为核心,最终目的是整合网络环境下的分散、异构、海量信息,为用户提供个性化服务[22]。李冠强认为数字图书馆是传统图书馆功能的扩展[23]。聂华在其发表的《数字图书馆——理想与现实》一文中提到,数字图书馆应该是一个分布式的知识环境,这个环境由围绕着一个按照统一逻辑的组织结构运转的多个系统构成,通过最大限度地利用人力资源和技术

资源,为来自一个或一组特定群体的用户提供免费的服务,用户可以在这里通过快捷有效的多样化的信息获取途径进行信息获取与知识学习相融合的活动[24]。

3. 其他解释

张晓林提出开放的知识系统理念和视野,应该是数字图书馆面对未来、面对竞争的作用空间和发展方向[25]。耿骞提出数字图书馆是基于高速、宽带、广域网环境的计算机信息资源管理系统的集合[26]。李国杰提出数字图书馆是基于计算机和高速信息网络技术,用数字化的图书馆资料进行新的信息服务的机制[27]。胡永生、黄如花经过若干年的技术发展与理论研究,认为数字图书馆正逐渐向以用户为中心,形成动态信息网络或电子知识空间的方向发展[28]。孙坦将数字图书馆定义为一种知识网络,他认为:从社会需求和技术条件分析,数字图书馆的核心和本质是利用现代信息技术,以计算机网络为基础平台,构建一个有利于产生影响新知识(知识创新)的资源、工具和合作环境,这种作为环境的数字图书馆不仅仅局限于网络数字信息资源的开放利用,更是一个促进信息获取、传递、交流的知识网络。

三、数字图书馆与图书馆事业

本书并非面向图书馆学理论及学科的研究,不讨论各数字图书馆概念定义的范畴关系和界定范围,也不具体给出数字图书馆概念的新定义,虽然本节给出各位专家学者对数字图书馆的不同理解和定义,但本报告考察范围不拘泥某个理论概念限制,只要它借鉴图书馆的资源组织模式、借助计算机网络等高新技术,以普遍存取人类知识为目标,创造性地运用知识分类和精准检索手段,有效地进行信息整序,使人们获取信息消费不受空间和时间限制,我们都会进行关注,既包含国家级的工程,也包含行业、区域型的数字图书馆建设,更包含商业型数字图书馆,这一系列的数字图书馆成果构成了我国在互联网时代的新型信息服务形态。

本书的关注范围全面涵盖国内图书馆行业的数字图书馆建设,包括国家图书馆的数字图书馆建设,公共图书馆的数字图书馆建设,高校图书馆的数字图书馆建设,以及国家科技图书文献中心、国家科学数字图书馆和军队系统、医院系统等各专业数字图书馆的发展报告,这些行业数字图书馆工程建设大大推动了我国数字图书馆事业的前进步伐,很好地解决了现有国情下财政多头和服务专业等问题。

本书没有根据文献数字化生命周期从信息生产、采集、组织管理、存储、揭示和发布服务的角度来描述数字图书馆内部业务流程，而是从实践和实务角度出发，通过资源建设、平台系统建设、新媒体服务和标准建设四个专题报告，从更大视角来看待数字图书馆内部业务构成，正是资源、系统、服务和标准构成了数字图书馆内部建设的四个核心内容，这四驾马车共同推动了数字图书馆的迅猛发展。

本书的附录部分列出了数字图书馆重要工程项目、重要研究项目和建设大事记，通过这些详尽客观的记录，可以清晰地看到数字图书馆发展整体脉络，可以看到我国数字图书馆建设百花齐放的局面，更能看到数字图书馆事业发展的波澜壮阔图景。从这些重要事件中我们也可以清晰地认识到中国数字图书馆事业还面临着许多巨大的挑战，这其中既有组织机构互不隶属带来的技术协作难题，也包含技术密集所带来的巨大的技术投入风险和研发障碍问题，同时还包括数字图书馆所带来业务转型、服务模式创新等问题与矛盾。经过二十年的探索和实践，我们已经清晰和明确地认识到数字图书馆事业是图书馆事业重要的组成部分，是图书馆事业的重要发展方向，必将迎来更大发展和辉煌。

第二节　我国数字图书馆的发展历程

一、我国数字图书馆发展的三个主要阶段

有学者认为数字图书馆的概念是 1994 年引入我国信息科学研究领域；也有学者认为是国家图书馆 1995 年开始跟踪国际数字图书馆的发展动向，了解其相关标准、规范和技术，并及时将有关技术引入到相关的研究项目中；还有学者认为我国的数字图书馆发展是从 1996 年算起，因为这一年北京召开了第 62 届国际图联（IFLA）大会，数字图书馆成为该会议的一个讨论专题，通过这次会议，我国正式提出数字图书馆概念[29]。关于我国数字图书馆研究与建设具体起步时间，目前尚没有一个准确的说法。但是在数字图书馆概念提出之前，就已经开始了大量关于数字化、网络化的前期研究。

在数字化研究方面，可以从图书情报界和出版界两个方面进行梳理。早在 20 世纪 80 年代初期，我国图书情报界、出版界即开始注意到国外对未来图书、情报及图书馆的发展动态及研究，一些具有高敏感度的学者就开始将目

光聚焦到电子出版物和电子图书馆的发展上来。在图书情报界,具有代表性的有《大学图书馆通讯》(《大学图书馆学报》前身)在1985年第6期与1986年第1期、第2期,分三次连续刊载了美国伊利诺伊大学图书馆学教授F. W.兰卡斯特1972年出版的著作《电子时代的图书馆和图书馆员》的缩编。这篇介绍性的文章很大意义上象征着我国图书馆界吹响了进入电子化、现代化图书馆时代的号角。张晓琳在《图书情报工作》发表《现代信息革命两大前沿之一:电子出版物》一文,文中详尽的归纳总结出1983年以前已经出现的各类电子出版物的类型,包括磁带目录、联机资料库、全文资料库、电子小说等,这篇文章涉及的各类电子出版物至今仍然是各类数字图书馆数字资源的重要基础。中国科技情报研究所重庆分所数据库研究中心,作为中国数据库产业的开拓者,数据库研究中心于1989年,自主研发并推出了《中文科技期刊篇名数据库》,这一切先导工作都为数字图书馆发展奠定了坚实的基础。与此同时,在出版界,一批出版单位也积极顺应时代潮流。1985年,光明日报出版社专门成立软件出版部,出版了几十种应用软件类的电子出版物并公开发行。20世纪80年代末,部分科技出版社相继开展电子出版业务,以磁盘为载体,主要出版内容为教学、实验以及资料信息库和管理软件等。1991年前后,以磁盘为载体的电子出版物年出版品种超过500种,全国出版社中从事电子出版的从业人员超过100多人。

在网络化研究方面,1986年,北京计算机应用技术研究所和德国卡尔斯鲁厄大学合作启动了名为CANET的国际联网项目。1987年9月,北京计算机应用技术研究所内正式建成我国第一个电子邮件节点,通过CHINAPAC拨号X. 25线路,连通了Internet的电子邮件系统。1987至1993年,部分科研与教育机构通过拨号方式与Internet相连,主要是连通了Internet的电子邮件系统。1989年,我国开始筹建北京中关村地区计算机网络。1994年5月,它作为我国第一个互联网与Internet连通,使中国成为加入Internet的第81个国家。1994年后,我国的网络发展极为迅速,国内形成了以四大网络为主干的信息高速公路,分别为:中国教育与科研计算机网(CERNET),中国公用计算机网(ChinaNet),中国科技网(CSTNET),金桥信息网(ChinaGBN)。随着中国正式进入网络时代,中国图书馆行业也将网络引入了图书馆领域。

无论是从1994年起算,还是1995年或者是1996年起算,至今我国数字图书馆已经经历了约二十年的发展。在这二十年中,在文化部、教育部、科技部、中国科学院等部委领导下,开展了一系列的重大数字图书馆建设项目,极大地推动了我国数字图书馆建设的进程。由于数字图书馆是一个系统工程，同时数字图书馆至今依然是一个不断生长的集合体，我们目前还不能就数字图书馆完整生命周期进行断代，只能依据国际上数字图书馆发展的一些研究经验，并结合我国数字图书馆建设发展的历程，对二十年来我国数字图书馆研究、建设和发展的过程进行一些客观性的总结和分析。鉴于我国数字图书馆建设和发展主要以国家重点工程为抓手牵引行业整体的发展，因此我们设定了一个以国家重点工程建设为标志性的阶段划分，它分为 2000 年以前的探索研究阶段、2000 至 2010 年的发展建设阶段以及 2010 年至今的应用服务阶段。

1. 探索研究阶段（1994 年—2000 年）

（1）基本情况

在这一阶段我国图书馆行业边关注国外数字图书馆发展态势，边研究本国图书馆行业特征，边根据工作需要进行积极的实际探索和实践。最为突出的变化是这一阶段研究数字图书馆的论文大量增加，一系列预研型、探索性的工程开始开展，与此同时，图书馆在自身工作的实践中还依托先进的信息技术不断开展业务和服务的创新。1994 年北京图书馆（现中国国家图书馆）、北京大学图书馆、清华大学图书馆率先开展西文期刊光盘检索服务，开设电子阅览室开创了数字资源服务的先河，随之而来的是图书馆网络建设大张旗鼓地开展起来。1995 年北京图书馆开放远程电话拨号访问西文期刊检索服务，是初步具备数字图书馆雏形的服务模式的发端。1999 年中国国家图书馆建立亚洲第一个实际运行的千兆馆域以太网，国家图书馆快速完成了电子图书馆向数字图书馆转变的技术基础。中国数字图书馆行业在 20 世纪最后几年以空前的速度发展壮大，这一过程是由外部大环境以及图书馆内部的积累蓄势共同促成的。

（2）外部环境

①计算机趋于小型化、微型化和个人电脑的普及

20 世纪 80 年代，超大规模集成电路（VLSI）芯片可容纳几十万个元件，后来的特大规模集成电路（ULSI）将数字扩充到百万级，可以在硬币大小的芯片上容纳如此数量的元件使得计算机的体积和价格不断下降，而功能和可靠性则不断增强。1981 年，IBM 公司推出个人计算机（PC）用于家庭、办公室和学校，1987 年 4 月，又推出基于 386 的 IBM Personal System/2（PS/2）个人电脑系列，之后，个人电脑得以高速发展，激烈的商业竞争使电脑的运行速度越来越

快,体积不断缩小,价格不断下跌,拥有量则不断增加。

1997 年北京图书馆开始将 NECACOS 大型机系统向基于 UNIX 的文津系统进行迁移,代表着大型机在图书馆的应用趋于成熟。随着个人电脑的普及,界面友好、功能丰富的个人信息终端快速推动了社会信息化的脚步,1996 年的北京图书馆已经拥有 300 余台各类计算机(包含成套设备)。北京大学图书馆、清华大学图书馆和北京图书馆相继开放电子阅览室为读者提供服务,电子阅览初见端倪。

②互联网时代的开启

Internet 的由来可以追溯到 20 世纪 60 年代。1969 年,美国国防部国防高级研究计划署(DOD/DARPA)资助建立了一个名为 ARPANET 的网络,这个网络就是 Internet 最早的雏形。1974 年,IP(网间协议)和 TCP(传输控制协议)问世,合称 TCP/IP 协议,这两个协议定义了一种在电脑网络间传送报文的方法,TCP/IP 协议核心技术的公开使得"网际网"成为可能,各个子网只需要负责自己的架设和运作费用,并且可以方便地实现与其他子网的互联,首先 ARPANET 的民用化形成了 Internet 的核心,然后美国国家科学基金会(National Science Foundation,简称 NSF)的计算机科学网(CSNet)合并入 Internet 并成为它的一个重要组成部分,再后来各大学子网以及国外的一些网络也通过 NSF 的 NSFNET 接入 Internet,这最终导致了互联网的大发展。1993 年是因特网发展过程中非常重要的一年,WWW(万维网)和浏览器的应用使因特网上有了一个令人耳目一新的平台,在多重因素的推动下,到 2000 年年底,世界上网人数已突破 4 亿,整个互联网已基本形成。

Internet 的迅速崛起引起了全世界的瞩目,我国也非常重视信息基础设施的建设,注重与 Internet 的连接。1987 至 1993 年是 Internet 在中国的起步阶段,国内的科技工作者开始接触 Internet 资源。1990 年 10 月,中国正式向国际因特网信息中心(InterNIC)登记注册了最高域名"CN",从而开通了使用自己域名的 Internet 电子邮件。1994 年 1 月,美国国家科学基金会接受我国正式接入 Internet 的要求。同年 5 月,中国联网工作全部完成,中国网络的域名也最终确定为 CN。从 1994 年开始至今,中国实现了和因特网的 TCP/IP 连接,从而逐步开通了因特网的全功能服务,大型电脑网络项目正式启动,因特网在我国进入了飞速发展时期。1997 年 6 月 3 日,受国务院信息化工作领导小组办公室的委托,中国科学院在中国科学院计算机网络信息中心组建了中国互联网络信息中心(CNNIC),行使国家互联网络信息中心的职责,同日,宣布成立中国互联网络信息中心工作委员会。

北京大学图书馆、清华大学图书馆和北京图书馆是国内最早一批建立馆内网络并用于服务的图书馆。如北京图书馆在 1996 年通过网络为读者提供电子资源服务,包括西文电子期刊、西文数字文摘、中文书目数据以及视频、音频资料等,共计 196.9GB[30]。随着北京图书馆接入 ChinaNET 主机房以及 CERNET 的开通,中国图书馆迅速进入网络时代,虽然进入之初主要以简单的网页服务为主,但是不论是内部局域网建设还是互联网的开通,都对即将到来的数字图书馆时代起到了强大的催化剂作用。

③存储革命方兴未艾、数字出版异军突起

硬盘是容量、性价比最高的一种存储设备。世界第一台硬盘存储器是由 IBM 公司在 1956 年发明的,总容量只有 5MB,共使用了 50 个直径为 24 英寸的磁盘。1979 年,IBM 发明了薄膜磁头,进一步减轻了磁头重量。20 世纪 80 年代末期,IBM 公司发明了 MR(Magneto Resistive)磁阻磁头,使得盘片的存储密度比以往提高了数十倍。1991 年,IBM 生产的 3.5 英寸硬盘使用了 MR 磁头,使硬盘的容量首次达到了 1GB,从此硬盘容量开始进入了 GB 数量级。1999 年,硬盘的面密度已经达到每平方英寸 100GB 以上。

另一种存储设备是软盘,也从早期的 8 英寸软盘、5.25 英寸软盘发展到 3.5 英寸软盘。由于移动硬盘和 USB 接口的闪存出现,软盘作为数据交换和小容量备份的存储设备很快退出了历史舞台。

光盘是另一种主要的存储介质,其发展共经历了三个阶段,即 LD 激光视盘、CD-DA 激光唱盘、CD-ROM,光盘存储对出版也影响巨大。20 世纪 80 年代中期,光盘存储器设备发展速度非常快,先后推出了 WORM 光盘、磁光盘(MO)、相变光盘(Phase Change Disk,PCD)等新品种。20 世纪 90 年代,DVD-ROM、CD-R、CD-R/W 等开始出现和普及,成为当时计算机的标准 I/O 设备。

出版行业的发展和存储介质的更新几乎同步演进。从国内来看,以软磁盘作为载体的电子出版物在我国出现最早,20 世纪 80 年代,随着微型计算机的推广,应用软件和程序开始作为出版物进行传播。部分科技出版社相继开展电子出版业务,以软磁盘为载体,主要出版内容为教学、实验以及资料信息库和管理软件等。1994 年,国务院正式授权新闻出版总署管理全国的电子出版业,并于 1997 年正式颁布《电子出版物管理规定》,为促进我国电子出版业健康发展提供了有力的保证。1997 年前后是我国电子出版行业发展最迅速的年代,1997 年全国出版了 1025 种光盘,复制总数达到 700 万张。从国际来看,西方发达国家的电子出版物在 20 世纪 80 年代初具规模,90 年代成熟发展,21 世纪初电子出版技术开始向网络出版技术转型,XML 得到了肯定,可用于交互的标识语言渐渐成为标准。

④国外数字图书馆进入实际建设阶段

以美英为代表的发达国家最早开始进入数字图书馆的实际建设,它们都将数字图书馆作为本国国家信息基础设施的重要组成部分。以美国为例,1994 年,时任美国副总统戈尔提出的"全球信息基础设施(GII)"计划将数字图书馆列为 11 个研究项目之一。美国国家科学技术委员会(NSTC)发表的官方报告蓝皮书对数字图书馆的战略意义非常重视。1995 年的蓝皮书《用于国家信息基础设施的技术》将数字图书馆列在九项国家信息基础设施(NII)应用的首位;1998 年的蓝皮书《用于 21 世纪的技术》将数字图书馆列为计算、信息、通信领域六个研究发展重点项目之首。

• 数字图书馆先导研究一期工程(DLI1,1994—1998)

由美国国家科学基金会(NSF)、美国航空航天局(NASA)和美国国防部高级研究计划局(DARPA)投资 2400 万美元,资助六所大学从事数字图书馆相关技术研究。该项目在数字信息的分类和组织、海量信息的存取、影像资源的可视化和交互技术、网络协议与标准研究、网络信息资源的利用及相关群体行为、社会和经济问题研究等方面取得了进展。

• "美国记忆"项目(NDLP-American Memory)

1995 年美国国会图书馆在第 104 届国会的支持下,正式启动"美国记忆"(American Memory)项目,该项目是国家数字图书馆项目(National Digital Library Program,NDLP)的一部分,由 15 所研究图书馆和档案馆参与项目建设,总经费达 6000 万美元。该项目的目标是将国会图书馆和其他公共图书馆、研究图书馆中的绘画、图书、音乐、手稿、照片、视频、音频等众多反映美国历史、文化的史实性文献转成数字资源,目前已拥有 100 多个历史资源库,数字作品超过 750 万件。国会图书馆负责项目的总体协调管理,制定技术标准,审定数字化对象,组织专家和用户评估,筹措资金。

• 美国国家科学数字图书馆项目(NSDL)

包括 35 个子项目。目前共有 4 个主题(核心集成系统、内容、服务和目标系统研究)、64 个课题获得了 NSF 的资助。其主要目标是构建一个高质量的国家科学、技术、工程、数学教育数字图书馆,为各种级别(包括接受正式和非正式教育)的学生和老师提供一种非常广泛的信息获取途径和数字环境,包括丰富、可靠、经授权的教学资料及相关服务工具,并提供交互式学习环境。

- 英国"国家学习网格"计划(NGfL)

1998 至 2004 年,英国政府投入 35 亿英镑实施英国"国家学习网格(National Grid for Learning,NGfL)"计划,决定充分采用现代信息与通信技术,支持学校、图书馆和家庭的正式与非正式学习。为支持学校的新技术发展,1998 至 2002 年期间共投资 6.57 亿英镑,2000 年 9 月决定在 2002 至 2004 年期间追加投资 7.10 亿英镑,1.55 亿英镑分配给集中资助项目。此外,还有 9 亿英镑用于支持数个终身学习项目。

- 英国全民网络(People's Network)

1998 年,英国政府投资 1.7 亿英镑,实施全民网络计划。本计划由英国资源委员会(博物馆、档案馆与图书馆委员会)负责管理,得到新机会基金会(New Opportunities Fund)的资助,其主要目标是使英国所有图书馆能够接入互联网。本计划将新建 3 万个计算机终端,以保证每个公共图书馆都能够提供互联网访问及学习服务。总投资中的 1 亿英镑将用于计算机硬件设备和网络建设,5000 万英镑用于内容建设,2000 万英镑用于 209 个图书馆的员工培训。另外,比尔与梅琳达·盖茨基金会(Bill & Melinda Gates Foundation)提供 2600 万英镑,支持 413 个公共图书馆 1903 个终端的安装。2002 年年底,已经把 4 千多个公共图书馆连在了一起。

- 英国电子图书馆(eLib)计划

1993 年由英国高等教育基金会所属的联合信息系统委员会(JISC)提出并组织实施,子项目超过 60 个,涉及 13 个领域,包括复合型图书馆、数字化馆藏建设、电子出版物等。该项目总投资达 1 亿英镑,其中启动经费 1500 万英镑,2400 万英镑用于数据服务,网络设施建设费用超过 5000 万英镑。本项目的主要目的是促进英国传统图书馆的转型,为英国高等教育和研究提供高质量的国家级网络基础设施和数字资源服务。

随着国外一系列具有代表性的数字图书馆项目的开展,数字图书馆这一图书馆发展的必然阶段和重要趋势逐步呈现在我国图书馆面前。

(3)内部积累蓄势

1994 至 2000 年是我国数字图书馆研究的重要阶段。这一时期我国图书情报界意识到数字图书馆是未来图书馆发展的必然趋势,重点关注国外数字图书馆的研究动态,相关的国际学术交流也比较活跃,除了邀请国外学者到我国介绍国外数字图书馆概况外,还派出学者实地考察研究,所有这些活动都为后来数字图书馆的发展奠定了良好的基础。

我国自 1995 年起开始跟踪国外数字图书馆研究动态,几年来,863 国家高技术研究发展计划、973 国家重点基础研究发展规划、国家自然科学基金委员会、国家发展计划委员会、科技部等先后批准了许多数字图书馆相关研究项目,例如:"基于特征的多媒体信息检索系统的研究""SGML 的图书馆应用""中国试验型数字式图书馆项目""知识网络——数字图书馆系统工程项目""数字图书馆技术和海量信息系统的组织""管理及其在数字图书馆中的应用研究"等。这些项目取得的成果,已经或将对我国的数字图书馆建设起到重要的促进作用,其中"中国试验型数字式图书馆项目"被公认为是启动数字图书馆研究与建设的标志性项目。

在跟踪国外数字图书馆研究动态和建设情况,以及国内各研究项目的积极开展的背景下,涌现了一批学术成果,也发表了一批学术论文,此阶段的论文主要是介绍国外,特别是美国在数字图书馆方面的研究工作,综述数字图书馆的概念及运行模式,讨论实现数字图书馆的基本技术等。1997 年除了继续关注国外数字图书馆的发展动态外,更多的研究者开始针对中国数字图书馆的理论、技术等问题展开讨论,论述中国数字图书馆的特征、运行模式及其发展前景。1998 年开始我国数字图书馆研究不只是停留在理论上,而是结合实际、注重实践,为数字图书馆建设服务的研究逐渐增多。1999 年,关于数字图书馆关键技术的研究论文显著增加,表明数字图书馆的实现需要有成熟、先进的技术来支持。除了数字图书馆关键技术的研究外,数字资源编目规则研究、数字资源检索技术研究成了当年的研究主流。自此我国数字图书馆探索与研究阶段完成了从跟踪、考察到雏形设计、基础研究的重要转型。

一系列的技术跟踪和科研成果,为我们国家开展数字图书馆建设奠定了坚实的理论基础和实践基础,文化部、科技部、教育部等都开始谋划各自的数字图书馆相关建设工作。

2. 发展建设阶段(2000—2010 年)

2000 至 2010 年为中国数字图书馆事业发展与建设阶段,这个阶段通过国家与各级组织的不断努力,以国家数字图书馆工程、高等教育数字图书馆、国家科学数字图书馆、中共中央党校数字图书馆工程、公共文化信息共享工程等为代表的一批重点工程上马,本着"边建设、边服务"的原则,中国数字图书馆的服务已经初具建设规模和服务能力。

（1）基本情况

发展建设阶段包含了我国"十五"和"十一五"建设时期。此阶段,我国的数字图书馆建设已形成了一定规模,在国家层面有文化部和国家图书馆组织实施的国家级数字图书馆项目——"中国数字图书馆工程";在行业层面,有科技部组建的"国家科技图书文献中心",教育部组织实施的"全国高等教育文献保障体系"（CALIS）,中国科学院组织实施的"国家科学数字图书馆"工程以及"军队院校数字图书馆工程""全国党校系统数字图书馆工程"等;另外,有许多地区例如深圳、吉林也已经开始规划或建设本地区的数字图书馆项目,这些共同构成了我国数字图书馆体系既分布又合作的基本框架。同时,图书馆间形成的联席会议制度也为在全国范围实施数字图书馆建设做了组织方面的准备。

在这一阶段,除了文化部和国家图书馆开展的一些重大数字图书馆项目研究与建设以及部分省级图书馆开展的数字图书馆项目建设外,公共图书馆的数字图书馆建设开始向市级图书馆延伸,公共图书馆的数字图书馆建设开始了起步阶段的百花齐放的局面。一方面,一些企业研发出了数字图书馆的软件系统产品,使得一些市级公共图书馆利用这些软件产品就可以开始数字图书馆特别是数字资源库的建设,典型的代表就是杭州图书馆和佛山市图书馆用 TRS 开始了数字图书馆数据库的建设;另一方面,一些技术力量强大的图书馆开始了数字图书馆软件系统的建设,如深圳图书馆 2005 年结项的"数字图书馆体系结构研究与应用平台开发"项目等。十年间,公共图书馆文献总藏量和新增藏量逐年增长,服务手段不断创新,信息化水平也显著提升,全国公共图书馆计算机台数、电子阅览室终端数和网站数均大幅增加。据统计,2010 年,全国公共图书馆总藏量为 61 726 万册,比 2005 年增长 28.4%,数字资源总量约 600TB,全国公共图书馆共有计算机 14.3 万台,电子阅览室终端数 83 124 个,比 2005 年增长近 200%[31]。

（2）重点项目

①国家数字图书馆工程

国家数字图书馆工程是我国第一个国家级的数字图书馆工程,其建设成果是我国图书馆在网络时代和现代信息技术时代最具代表性的体现。建设内容涵盖:逐步强化硬件支撑,为国家数字图书馆深化服务、实现资源整合和共享提供了重要的基础保障;构建覆盖数字资源生命周期的数字图书馆软件体系,从技术层面促使国家图书馆从传统图书馆向现代复合型图书馆转型;

以馆藏资源数字化加工为突破口,进行大规模的数字资源加工工作,形成了海量数字资源馆藏;面向各种服务对象,搭建起全媒体服务体系,树立了优质读者服务品牌;以数字资源生命周期为主线构建了数字图书馆标准规范体系,为全国数字图书馆建设及相关行业数字资源建设与服务提供规范和依据;锻炼打造专业化的人才队伍,广泛开展全国性和区域性数字图书馆人才培训,提升数字图书馆发展的综合实力。

②国家科技图书文献中心及其网络服务系统

国家科技图书文献中心(National Science and Technology Library,NSTL)成立于2000年6月,其运行机制是按照"统一采购、规范加工、联合上网、资源共享"十六字工作原则,"统筹协调,分别采购;统一标准,分散加工;统一规范,分布服务"的工作模式,运用信息技术和网络技术,推进科技文献信息资源的共建共享。NSTL设有外文科技期刊、外文会议论文、外文科技图书、中文期刊、中文会议论文和中文学位论文等6个文摘数据库,向用户提供文献检索与全文提供服务、期刊目次浏览服务、代查代借服务、全文浏览服务、目录查询服务等10项服务项目。系统的开通在很大程度上缓解了我国广大科技工作者查询文献和获取文献原文的不便,标志着我国科技文献资源共建共享体系建设进入一个新的历史阶段。

③国家科学数字图书馆工程

2001年12月,中国科学院国家科学数字图书馆(简称CSDL,http://www.csdl.ac.cn)建设项目正式启动。其目标是追踪国际数字图书馆发展前沿,按照中国科学院知识创新和国家创新体系要求,依托中国科技网,构建科学研究和国家创新体系的科技文献信息支撑系统。国家科学数字图书馆工程利用五年左右的建设时间,成为知识经济时代数字化、网络化、智能化国家科技信息体系的重要组成部分。通过近70个项目的建设,国家科学数字图书馆为全院研究人员开通4大类型、31种共128个科学文献数据库,并推出"随意通"、文献传递、参考咨询和跨库检索等近10项网络化服务,同时开展"资源和服务百所行"活动,深入科研一线,进行数据库和服务的培训和宣传,持续可靠地支持全院"数字化科研环境"。

④中国高等教育文献保障系统(CALIS)

中国高等教育文献保障系统(CALIS)是以中国教育与科研计算机网(CERNET)为依托的网上信息资源共享系统。该项目的成功实施,使我国建成了迄今世界上最大规模的国家行为的网络化文献资源共享保障体系,这也使得我国的高等学校图书馆基本上完成了从过去"一校一馆、自我保障"的发展模式向"联合协作、整体保障"的发展模式的转变。其在十多年的建设过程中取得了丰硕成果,由 4 个全国中心、7 个地区中心、22 个省级中心形成了"全国中心—地区中心—高校图书馆"三级文献保障模式的服务网络。建成 2 个数字图书馆技术中心和 14 个数字资源中心,对高校教学科研起到了巨大的支撑作用,形成了一套成熟的支持 TB 量级数字对象制作、管理与服务的技术平台,探索多媒体、虚拟现实等技术在数字图书馆中的应用,推动我国数字图书馆技术达到国际领先水平,为数字图书馆建设与服务的可持续发展奠定了资源和技术基础。

⑤中共中央党校数字图书馆工程

2003 年 2 月,国务院办公会议审议批准了"中共中央党校数字图书馆工程"建设项目。中央党校数字图书馆除了实现一般的数字图书馆的功能外,还具备培训和教育功能、决策服务功能、宣传引导功能。其数据库群主要包括:中国共产党文库、中共党史研究资源库、党的建设资源库、马列主义基本理论及研究文库、世界政治与政党资源库、国际共产主义运动资源库、当代世界研究资源库、重点学科资料资源库、国情资料库、中央党校文库、干部教育资源库等。

⑥中国社会科学院系统数字图书馆

中国社会科学院系统数字图书馆在全院 17 个独立的所级图书馆中选择 4 个数字图书馆建设试点单位,先后启动了"中国考古数字图书馆"(考古所)、"虚拟中华民族园"(民族所)、"中国社会变迁信息系统"(社会学所)等项目。中国社会科学院数字图书馆的建设为哲学社会科学的繁荣发展提供了可靠的文献信息资源保障。中国社会科学院数字图书馆的建设思路为统一平台、统一标准、统一规划、共建共享。2002 年中国社会科学院图书馆引进国内外重要数字化资源,自建"国外中国学研究数据库""西方人文社会科学经典文献数据库""中国社会科学引文索引数据库"等一批特色数据库;拟建"中国社会科学院著名学者文库""中国社会科学院科研成果数据库""中国社会科学院 76 种学术期刊全文数据库"等。

⑦全国文化信息资源共享工程

全国文化信息资源共享工程是 2002 年起,由文化部、财政部共同组织实施的国家重大建设工程;它的宗旨就是利用现代信息技术,将中华优秀文化资源进行数字化加工整合,通过互联网、卫星、电视、手机等新型传播载体,依托各级图书馆、文化站等公共文化设施,在全国范围内实现共建共享。共享工程的网络体系建立在国家现有的骨干通信网络上,包括由光缆连接的传输网络以及由卫星接发的网络。网络节点由一个国家中心、若干省级分中心以及基层中心组成。全国文化信息资源共享工程的实施,成功地开辟了一条符合国情、符合时代发展方向、符合广大基层群众需求的公共数字文化服务新途径,在传播社会主义先进文化,消除城乡"数字鸿沟",推进公共文化服务均等化,提升全民文化信息素质,保障广大人民群众基本文化权益等方面发挥了重要作用。

⑧军队院校数字图书馆

2006 年,军事综合信息网正式开通运行,依托军事综合信息网基础设施平台,军队系统的专业图书馆将服务阵地由互联网扩展到军事综合信息网,标志着军内各专业图书馆信息服务范畴又得到新的拓展。是年,军内各专业图书馆不断探索信息资源服务新途径,引进应用资源远程访问系统,使本单位合法用户随时随地地访问图书馆数字资源。近年来,全军院校按照《军队院校图书馆建设发展规划》,坚持统筹规划、需求牵引、技术推动、共建共享、突出服务、提高效益的原则,大力加强信息资源数字化建设,初步建成了特色化数据库体系、一体化的网站体系、共享化的文献资源体系、有序化的管理服务体系、形成了具有我军特色的数字图书馆雏形。目前数字化信息总量达到100TB 以上。军队院校数字图书馆基本实现了文献信息资源的数字化、文献信息管理的有序化、文献信息服务的个性化、文献信息保障的整体化。

3. 应用服务阶段(2011 年至今)

(1)基本情况

图书馆的本质属性就是服务。随着数字图书馆的建设和应用的深入,图书馆服务也逐渐发生着变化。从以资源为中心到以用户为中心,从文献服务到信息服务再到知识服务,从重视资源管理到重视馆员服务,其服务的模式、渠道是不断变化、不断拓展、不断提升的。

在这一阶段,图书馆开始积极开展数字资源整合工作,拓展书目检索系统、跨库检索系统、元检索系统等,实现多维度揭示和获取图书、学术期刊等不同类型的资源,通过互联网实现馆内、馆外的一站式服务,从而极大地提升了数字资源的利用效益;通过文献数字化等手段,积极开展特色馆藏的数字化建设,构建具有地方特色的数字资源库,极大丰富了我国数字图书馆资源和服务的类型;加大对移动互联应用的适应性,建设和丰富数字图书馆应用,建立移动图书馆门户及短信应用、建立数字图书馆移动阅读平台、结合新兴媒体开展移动服务,扩大数字图书馆微服务的影响等。经过这一阶段的建设,初步形成了覆盖互联网、移动互联网并适应各种新媒体终端的数字图书馆服务体系。除此之外,文化部还主导了公共数字文化惠民工程,即县级数字图书馆推广计划、数字图书馆推广工程和公共电子阅览室建设计划,三者互为支撑,互相促进,形成合力,共同在公共图书馆的数字图书馆建设中发挥着重要作用。

(2)重点项目

①县级数字图书馆推广计划

文化部于 2010 年 2 月在全国启动实施"县级数字图书馆推广计划",一方面将国家图书馆优秀的数字资源通过文化共享工程的服务平台推送到全国每一个县,在 2010 年年底前使全国 2940 个县都具备数字图书馆服务能力;另一方面,这些县级图书馆成为国家数字图书馆服务的延伸,一起构成分级、分布的全国数字图书馆服务网络。"县级数字图书馆推广计划"是我国在新的历史条件下全面提升公共文化服务水平的一个重要举措,它的实施使我国县级图书馆在普及科学文化知识、活跃城乡人民群众精神文化生活方面真正发挥作用,带动县级图书馆、乡镇文化馆(站)以及社区文化室的公共文化服务,使其具备普遍开展数字图书馆服务的能力,以更好地满足基层群众日益增长的精神文化需求,丰富人民群众的文化生活。

②数字图书馆推广工程

2011 年,文化部、财政部共同推出"数字图书馆推广工程"。"数字图书馆推广工程"将构建以国家数字图书馆为中心,以各级数字图书馆为节点,覆盖全国的数字图书馆虚拟网,建设分级分布式数字图书馆资源库群,以电信网、广播电视网、互联网为通道,以手机、数字电视、移动电视等新媒体为终端,向公众提供多层次、多样性、专业化的数字图书馆服务。截至 2014 年上半年,推广工程已经覆盖全国 33 家省级图书馆,374 家市级图书馆。

③公共电子阅览室建设计划

2012 年文化部联合财政部下发《关于印发〈"公共电子阅览室建设计划"实施方案〉的通知》[32],计划"十二五"期间在全国全面施行"公共电子阅览室建设计划"。其实施内容主要包括:推动已建公共电子阅览室的免费开放,满足广大社会公众特别是未成年人与老年人、进城务工人员等城乡低收入群体的需求;推进公共电子阅览室建设,到"十二五"末,实现在全国所有乡镇、街道、社区的全面覆盖;建设适合开展公共电子阅览室服务的优秀数字资源达到 500TB,重点建设一批未成年人喜爱的动漫故事、益智类游戏、进城务工人员实用技能、少数民族语言文字、地方特色资源等;充分应用云计算、智能服务、流媒体、移动互联网等最新适用技术,依托已有技术管理平台,建设先进实用、安全可靠、传输通畅、开放互联的公共电子阅览室技术平台;利用公共电子阅览室广泛开展内容丰富、形式多样的惠民服务。

④国家科技图书文献中心(NSTL)网络系统提升计划

国家科技图书文献中心网络系统提升计划就是开发应用国家科技图书文献中心三期服务平台。NSTL 三期服务平台按照"统一采购、规范加工、联合上网、资源共享"机制,提供丰富的资源,以全国授权、集团采购、支持成员单位订购等方式购买开通网络版外文现刊 12 000 种,回溯数据库外文期刊1500 多种,中文科技电子图书 23 万余册。三期服务平台提供多种服务,包括文献检索、全文服务、代查代借、全文文献、参考咨询、热点门户、预印本服务、外文回溯期刊全文数据库、国际科学引文数据库、科技资源集成揭示服务系统。

⑤国家高等教育文献保障系统(CALIS)三期建设

国家高等教育文献保障系统三期项目的建设目标是为全国近 2000 个高校成员馆提供标准化、低成本、自适应、可扩展的数字图书馆统一服务和集成平台,这些图书馆通过彼此互联,构成全国高校数字图书馆三级共建和共享服务以及多馆服务协作的联合体系,共同为高校师生提供全方位的文献服务、咨询服务、电子商务和个性化服务。

⑥中国少年儿童信息大世界——网上图书馆

该项目是经文化部批准立项的文化科技项目,由全国 14 个主要少年儿童图书馆通力合作,依托丰富的馆藏信息资源,运用数字图书馆技术,在全国范围内构建的一个传统图书馆与数字图书馆相结合,融合科学性、知识性、趣味性、引导性于一体的少年儿童信息资源加工与服务的知识网络中心。该项目的建设是全国文化信息资源共享工程和中国数字图书馆建设工程的重要组成部分,创建了多馆共建少年儿童网上图书馆的模式,具有国内先进水平,填补了我国少年儿童网上图书馆的空白,为我国少年儿童网上图书馆建设做出了突出贡献。

二、我国数字图书馆建设四个主要方面

1. 数字图书馆科研项目

我国自 1995 年起开始跟踪国外数字图书馆研究动态,多年来,863 国家高技术研究发展计划、973 国家重点基础研究发展规划、国家自然科学基金委员会、国家发展计划委员会等先后批准了许多数字图书馆相关研究项目,这些项目取得的成果,对数字图书馆国家级工程立项、技术储备和关键技术突破,甚至后期工程实施建设都起到重要的促进作用。同时教育部、文化部、科技部等部委,以及各省市也从多方面多角度批准和资助了众多数字图书馆研究项目(详见附录二)。据不完全统计,截止到 2014 年,共开展了 200 余项数字图书馆相关科研项目,这些项目的开展对数字图书馆事业和图书馆行业的新发展具有重要的意义。

我国数字图书馆相关的科研项目主要分为以下三个方面:一是数字图书馆理论和趋势研究;二是数字图书馆体系架构;三是数字图书馆相关技术研究等。未来几年,随着用户需求的改变、信息技术的发展,数字图书馆科研项目的研究对象会更加注重资源、服务、合作等方面。

数字图书馆理论和趋势研究方面。该类课题研究是图书馆战略发展研究的重要部分,将从图书馆理论层面全面研究和定位数字图书馆,从理论高度回答数字图书馆是什么及其内涵、外延,以及与图书馆的关系等科学问题,还要前瞻性研究图书馆和数字图书馆的发展趋势。对数字图书馆的关键理论、方法与实践路线进行研究,给出适合我国数字图书馆发展的新型业务模型、管理模型和数据模型等,代表性的项目有"海量信息系统的组织、管理及其在数字图书馆中的应用研究""中华文化数字图书馆全球化的关键理论、方法和技术研究"等。

数字图书馆体系架构方面。该类课题主要研究数字图书馆实现层面的总体技术问题,研究领域包括数字资源体系、应用系统体系、服务体系建设、标准体系构建、技术体系和安全体系等的设计和开发。该方面的研究成果为数字图书馆国家级工程的开展奠定了坚实的技术基础,明确了工程中的资源、系统和服务的整体架构,有力指导了数字图书馆建设和实施。代表性的项目有"中国试验型数字式图书馆项目""知识网络——数字图书馆系统工程项目""地区性数字图书馆体系结构研究与应用平台开发"等。

数字图书馆技术方面。该方面研究的目的是将计算机技术、通信技术以及数字化的多媒体信息等技术进行研究,引进、整合与图书馆专业融合成为图书馆现代技术,主要研究包括数字图书馆特有技术,图书情报专业与现代信息技术的融合技术,以及最新技术在图书馆领域的应用等,该方面研究范围最广,代表性的项目有国家 863 攻关项目"基于特征的多媒体信息检索系统的研究"、教育部"九五"攻关项目"数字图书馆技术"、1997 年文化部项目"SGML 的图书馆应用"等。

2. 全国性数字图书馆建设项目

在党和政府的大力支持下,我国数字图书馆建设领域出现了蓬勃发展的喜人景象。在国家层面,有文化部组织实施的国家数字图书馆工程、数字图书馆推广工程、全国文化信息资源共享工程和公共电子阅览室建设计划;在行业层面,有科技部组建的国家科技图书文献中心、教育部组织实施的全国高等教育文献保障体系(全国高等教育数字图书馆)、中国科学院组织实施的国家科学数字图书馆工程、中国社会科学院数字图书馆建设、军队院校数字图书馆建设、党校系统数字图书馆工程等。这些成果在数字图书馆发展建设阶段和应用服务阶段已有描述,此处不再赘述。

3. 其他数字图书馆建设项目

①北京大学数字图书馆建设

北京大学数字图书馆以建设研究型大学数字图书馆作为发展目标,以教师、学生、科研人员为服务对象,构建一个完全基于网络环境的新型虚拟图书馆。目前,已经搭建一个可用、实用的数字图书馆平台,主要对现有数字资源和非数字资源进行管理、整合并提供检索利用,以及开展虚拟咨询台等数字化服务。

②清华大学中国科技史数字图书馆(建筑史部分)

该项目由清华大学计算机科学与技术系、图书馆、建筑学院三家紧密合作研发。主要目的是研究基于因特网的建筑数字图书馆的关键理论和技术,并建立了中国建筑数字图书馆示范系统。其主要内容包括:对以营造学社和梁思成为主线的文献资源进行文献数字化,建筑类数字化资源元数据的格式、分类和标引规范,数字图书馆的分布平台、多模式智能人机交互界面理论与方法,支持数字图书馆的软件技术中的关键问题等。

③上海数字图书馆

上海图书馆的数字图书馆多年来形成了丰富的馆藏电子资源,形成九大系列,即上海图典、上海文典、点曲台、古籍善本、科技会议录、中国报刊、民国图书、西文期刊目次、科技百花园等资源库,具有鲜明的地方特色。该馆由五大模块组成,包括载体数字化、数据储存和管理、访问和查询、资料的传递和接收、权限管理和版权保护。最近,该馆资源库又引进了北大方正 Apabi 中文电子书和 Netlibrary 西文电子书。

④上海交通大学数字图书馆

建立了数字图书馆试验基地,以开展关键技术研究为主,着眼于建立服务主导型的数字图书馆。已进行的数字图书馆建设项目有:资源组织和跨平台检索、教学参考书项目、实时虚拟参考咨询、音乐数字图书馆、博士论文全文数据库等。

⑤国防大学数字图书馆

国防大学图书馆的数字资源建设总量达到 4TB,主要包括:10 个国防与军事理论自建数据库,1.4 万种军事类书刊,2000 万页缩微资料,3600 余部声像资料。此外,还引进购买 26 种社会科学类图书,几十种大型全文数据库。2001 年,本馆开始对网上资源进行整合,初步实现了网络资源集成、异构资源整合、跨库检索、分类信息导航和信息定制。

4. 企业参与数字图书馆建设情况

越来越多的企业开始意识到我国数字图书馆建设中所蕴藏的巨大商机,纷纷尝试以各种方式参与其中。毋庸置疑,企业的加入使数字图书馆的建设更具活力,它们与其他数字图书馆建设机构一起,为促进我国数字图书馆事业的发展做出了自己的贡献。

在这些企业中,有的将数字图书馆作为自己的主要经营方向,如中国数字图书馆有限责任公司等;有些侧重于文献数字化加工,如北京数字方舟信息技术有限公司、深圳点通数据有限公司、北京书同文数字化技术有限公司、杭州信雅达系统工程股份有限公司等;有些侧重于数字内容的提供,包括制作市场需求量较大的各类数据库产品和电子期刊、电子图书等,如清华同方股份有限公司、北京万方数据股份有限公司、重庆维普咨询有限公司、北京时代超星有限责任公司、北大方正电子有限公司等;有些企业侧重于数字图书馆相关软件的研发,如微软(中国)、北京中数创新技术有限公司、深圳市深图朗思数字技术有限公司等;还有一些企业侧重于提供数字图书馆整体解决方案和系统集成,如 IBM 中国有限公司、SUN 微系统公司、中国惠普有限公司、北京 TRS 信息技术有限公司、沈阳东大阿尔派软件股份有限公司、杭州麦达电子有限公司等。另外,还有一些 IT 企业也以其相关的技术和产品不断向数字图书馆领域渗透。

第三节　我国数字图书馆发展取得的主要收获和经验

　　我国数字图书馆工程建设以1997年中国试验性数字图书馆项目为发端，开启了一个面向未来数字图书馆发展的工程建设周期,自此之后,国家以文化部、教育部、科技部、发改委、中共中央党校、军队院校、社会科学院等一系列部委、机构单独或者联合牵头建设了一批具有影响力的数字图书馆工程,包括国家数字图书馆工程、中国科学院国家科学数字图书馆工程、中国高等教育数字图书馆、中共中央党校数字图书馆工程、全国公共文化信息共享工程、数字图书馆推广工程、县级数字图书馆推广计划等。可以说,中国数字图书馆建设是以国家工程为龙头拉动数字图书馆整体快速发展。随着国家级工程纷纷落地建成,许多区域性数字图书馆和商业性数字图书馆也随之应运而生,如"长三角高校数字图书馆联盟""江苏省高校数字图书馆联盟""浙江省高校数字图书馆联盟""超星读秀数字图书馆系统""CNKI个人与机构数字图书馆系统""方正阿帕比数字图书馆系统""维普数字图书馆服务平台"等。可以说,过去的20年是中国数字图书馆工程建设的高潮期,很多工程都是处在"边建设、边服务"的过程。这段时间建成包括国家数字图书馆、行业数字图书馆、区域数字图书馆、商业数字图书馆在内的多级、多方向、多层次的数字图书馆群落,在目前和未来很长一段时间内将成为我国数字图书馆服务的主题和核心要素。在"十三五"开局的关键时间点,有必要回顾整个数字图书馆的发展历程和发展特点,总结我国数字图书馆发展取得的收获和经验,为下一个20年图书馆事业的健康发展提供有益借鉴。

一、技术、资源、服务主导着不同时期的发展与建设

　　我国数字图书馆的发展建设经历了"系统为王""内容为王""传播为王"的不同重点建设时期,具体表现在:技术研究主导期、资源建设主导期和服务拉动主导期三个不同发展阶段。

　　1. 技术研究主导期

　　20世纪90年代中期至21世纪初,是我国数字图书馆建设的预研与探索阶段,图书馆界、信息技术界开始跟踪研究国际上数字图书馆的最新进展。

中科院计算机研究所、国家图书馆、北方交通大学(现北京交通大学)等,结合国家科研项目搭建实验应用平台,包括国家图书馆的"数字图书馆实验演示系统"、国家图书馆牵头联合六家图书馆联合完成的"中国试验性数字图书馆项目"、中国科学院的网络教育平台、高校系统的远程教育平台等,从数字图书馆的体系架构上进行探索和实验应用。其成果表现为,突破并掌握了一些与数字图书馆应用紧密相关的关键技术,研发了不同应用的技术平台。

在这一时期,如何利用计算机技术和网络通信技术,对图书馆文献资料进行科学管理,提高服务的效率和质量,实现资源共享,是图书馆数字化技术的主要方向[33]。国内多家图书馆引入 Exlibris 软件公司开发的 ALEPH 系统作为图书馆自动化系统,使图书馆的业务管理自动化上了一个台阶。此外,国产的自动化系统建设更是飞速发展,国产图书馆自动化软件生产趋于成熟,出现了百余种国产自动化软件,如深圳图书馆组织研发的 ILAS 图书馆自动化集成系统、大连博菲特软件公司研制的 WXGJXT 文献管理集成系统、北京丹诚软件有限责任公司研发的 DataTrans-1000 图书馆管理系统、江苏省高校合作开发的汇文图书馆文献信息服务系统等,国产图书馆自动化软件市场正在形成。

通过关键技术的突破和应用平台的搭建,我国数字图书馆领域掌握了数字图书馆建设的基本原理、体系结构和组织架构。特别是在李国杰院士、汪成为院士、高文教授、怀进鹏教授等一批专家学者的推动下,技术研究主导期取得了丰硕成果,为全国性的国家级数字图书馆立项建设提供了坚实的基础,掀起了我国数字图书馆建设的一个阶段性高潮。

2. 资源建设主导期

随着关键技术的不断突破,应用系统和技术平台逐渐成熟,"技术为王"逐步被"内容为王"所取代,数字资源量的多少、质量好坏成为评价数字图书馆的重要标志。数字图书馆进入了新的发展时期,即资源建设主导时期。

数字图书馆的资源建设前期集中在图书馆的文献资源数字化,包括纸本文献数字化加工、音视频数字化采集、缩微胶卷数字化采集等;资源建设后期集中在已有数字资源的组织和整合,各个数字图书馆建设单位结合本馆本地馆藏特色,形成数据库形态的、资源丰富的各类型资源库。在这一时期,我国图书馆根据自己的服务任务与服务对象,通过规划协调,将分散的文献信息资源予以选择、收集、组织、管理,并逐步积累使之成为一个具有特定功能的文献资源体系。

国家图书馆以建设国家总书库,提高文献信息保障能力为目标,对国内图书、期刊、报纸、缩微文献、视听文献、电子文献进行了广泛收集和建设,截至 2010 年年底,馆藏文献总量达到 2897 万册(件),数字资源总量达到 480TB,其中自建资源 388TB。国家科学数字图书馆(CSDL)数字资源类型涵盖外文期刊全文数据库、文摘数据库、引文数据库、事实数据库、西文学位论文全文数据库、中文科技期刊数据库、中文电子图书库、科学文献数据库,提供 13 种外文全文数据库,覆盖 2863 种核心期刊,6409 种西文会议录。中国高等教育文献保障系统(CALIS)重点建设中外文图书、电子期刊、学位论文等重要文献的全文数据库,构建可检索 3500 万册(件)文献资源的高校书刊联合目录、高校博硕士学位论文文摘数据库、西文期刊现刊目次数据库、高校特色文献中心数据库等四大目录。形成以数字化图书期刊为主、覆盖所有重点学科的学术文献资源体系。国家工程技术数字图书馆累计收藏各类科技文献 500 余万册,是国内会议论文、学位论文、科技报告收集规模最大、最完整的机构,其中中文期刊年收藏量 4000 余种,外文科技期刊年收藏量 4200 余种,中文会议文献年增量近 3000 册,外文会议文献年增量 3000 余册,中文学位论文年增量 20 万余册,收藏两院院士学术专著 3300 余部,是国家工程技术数字图书馆新的特色文献资源。中央党校数字图书馆截至 2013 年底已建成三大文库——中国共产党历史文库、马克思主义理论文库、中国国情与地方志文库,以及一系列特色数据库,包括中国共产党历史资料数据库、中央党校文库等。这些特色数据库是实现中央党校数字图书馆信息服务功能的重要基础。此外,开发中文数字信息资源的商业性信息机构也在数字图书馆的建设中做出了贡献,例如龙源期刊网全文在线的综合性人文大众类期刊品种已达到 3000 种,内容涵盖时政、党建、管理、财经、文学、艺术、哲学、历史、社会、科普、军事、教育、家庭、体育、休闲、健康、时尚、职场等领域。

3. 服务拉动主导期

2010 年以来随着众多数字图书馆工程的建成以及交付使用,数字资源建设也趋于完善和成熟,异构化数据服务初见端倪。分布式数字图书馆组织和服务开始走向深入发展,公共图书馆、高校图书馆、专业图书馆以及商业图书馆的服务已经广泛开展并向社会信息服务深化,这一阶段呈现出服务需求拉动的特征。在服务拉动阶段,文化部主导的三大公共数字文化惠民工程互为支撑,互相促进,形成合力,共同在公共图书馆的数字图书馆建设中发挥重要作用。

国家图书馆通过国家数字图书馆工程的建设,将读者服务扩展至计算机、数字电视、手机、手持阅读器、平板电脑、电子触摸屏等多种服务终端,涵盖远程资源访问、统一检索、在线咨询、移动服务、数字电视服务等多种服务形式,并树立起了"文津搜索""掌上国图""国图空间"等优质服务品牌,服务人群覆盖党政军机关、图书馆业界及各类社会公众,关注特殊人群服务,建设了盲人数字图书馆、少儿数字图书馆等,全面满足不同读者服务需求。

数字图书馆推广工程大力提升了全国图书馆新媒体服务影响,借助移动阅读平台、数字电视等新媒体服务渠道,将各类型优秀文化资源推送到用户身边。截至 2014 年上半年,移动阅读平台已经覆盖省、市、县三级共计 133 家公共图书馆,实现了手机、平板电脑等移动终端对推广工程共享资源的访问。同时,为开展电视服务提供技术和资源支持,与首都图书馆、福建省图书馆、陕西省图书馆、佛山市图书馆合作共建电视图书馆项目,开展中山市图书馆2000 个"农家书屋"电视服务推广。

全国文化信息资源共享工程利用现代信息技术,将中华优秀文化资源进行数字化加工整合,通过互联网、卫星、电视、手机等新型传播载体,依托各级图书馆、文化站等公共文化设施,在全国范围内实现共建共享,初步建立了层次分明、互联互通、多种方式并用的数字文化服务网络。截至 2011 年年底,已建成 1 个国家中心,33 个省级分中心(覆盖率达 100%),2840 个县级支中心(覆盖率达 99%),28 595 个乡镇基层服务点(覆盖率达 83%),60.2 万个行政村基层服务点(覆盖率达 99%),部分省(区、市)村级覆盖范围已经延伸到自然村。

二、我国数字图书馆取得的主要成就

1. 服务模式初步确立

近年来,随着数字图书馆发展过程的不断递进,各数字图书馆系统开始更加关注用户的信息活动,建设的重点也逐步转向以用户服务为核心,在充分调研各自用户信息需求特点的基础上开展了各具特色的针对性服务。例如,国家数字图书馆提出了"边建设、边服务",通过区域全覆盖方式逐步推广国家数字图书馆服务;国家科学数字图书馆提出了"资源到所、服务到人"的服务理念,将数字图书馆的服务融入科研人员的研究环境中。

随着新媒体的发展,我国数字图书馆的服务范围已从互联网向移动通信网、广播电视网等网络平台逐步拓展,并逐步实现由"单屏"到"多屏"的转变,许多数字图书馆系统已经开始通过计算机、数字电视、手机、手持阅读器、平板电脑、电子触摸屏等终端推出新媒体服务。数字图书馆的用户界面越来越友好,使用越来越方便,并且开始通过少年儿童数字图书馆、残疾人数字图书馆提供特殊人群服务。

2. 服务体系初步形成

经过多年的建设,我国数字图书馆在软硬件平台建设、标准规范建设、数字资源建设与数字图书馆服务等多个方面均取得了较快发展,尤其是经过国家数字图书馆工程的建设,以及数字图书馆推广工程的实施,一个内容丰富、技术先进、覆盖面广、传播快捷的中国数字图书馆服务网络初步形成。

为了解决基层图书馆数字化服务能力不足的症结,全国文化信息资源共享工程经过十多年的努力,已经形成了覆盖城乡的服务网络,并积极探索了面向基层的服务模式。教育部建设了面向高等院校师生的中国高等教育数字图书馆,中国科学院和科技部分别建设了面向科研人员的国家科学数字图书馆和国家科技图书文献中心,全国党校系统和部队系统也建设了各自系统的数字图书馆,重点突出、特色鲜明、针对性强、较为完备的行业数字图书馆系统已基本形成。与此同时,各地方政府也纷纷将数字图书馆建设纳入本地区信息化建设和公共文化服务体系建设的总体规划,开始积极部署推动本区域数字图书馆的建设和发展,目前已建设了一批省、市、县级数字图书馆,在为区域用户提供数字图书馆服务方面做出了突出成绩。初步形成了以国家数字图书馆为龙头,专业数字图书馆系统为骨干,省市级数字图书馆为核心节点,公共文化共享工程为服务触角的全国性数字图书馆服务体系。特别是各地方结合区域特点,做了许多有益的探索,形成了多元化建设模式。一个覆盖全国的数字图书馆服务体系初步形成。

3. 数字资源初具规模

经过十余年的积累和提升,我国数字资源生产、加工、管理水平得到长足的进步。各数字图书馆系统利用现代信息处理技术,大大提升了数字资源的采集、加工、组织与管理能力,逐步形成了自主建设、引进建设和合作建设等多种建设方式,以及包括购买、数字化加工、网络资源采集、网络资源导航、受缴、受赠和交换等在内的多种建设途径。数字资源的规范建设日益发挥着重要的作用,元数据、对象数据的规范和格式均向国际化、标准化靠拢。以需求牵引为原则,建设了一批面向社会公众、政府机构、科研教育人员、企业、少年儿童、残疾人等各类型用户的数字资源。各行业数字图书馆针对重点学科领域、重点研究领域建设了一批针对性强的行业特色资源。各区域数字图书馆基于本地区图书馆丰富的馆藏资源,建设了一批形式多样的地方特色数字资源。

4. 技术研发初见成效

数字图书馆高度依赖于现代高新技术,在我国数字图书馆的发展过程中,对技术的研发一直没有停止,特别是针对中文信息处理的关键技术研发取得重要进展,初步形成了围绕数字资源制作、管理、组织、存储、访问、服务的技术支撑环境。同时,在我国数字图书馆建设过程中,全国图书馆不断加大人才培养力度,尤其是国家图书馆在国家数字图书馆工程和数字图书馆推广工程建设与实施过程中,夯实新技术环境下适应数字图书馆业务发展的人才队伍,培养了一批专业知识与实践技能兼备的数字图书馆专业人才,极大地推动了我国数字图书馆先进技术的研究与发展。

国家数字图书馆已基本建成了面向海量数字资源的文献数字化加工系统、数字资源组织与管理系统、数字资源发布与服务系统、数字资源长期保存系统等核心软件平台;行业数字图书馆系统在数字资源集成服务、数字资源分布式调度等关键技术应用领域开展了有益的探索;区域数字图书馆系统在资源统一发现、用户统一认证等关键技术应用领域也取得了积极进展。

三、我国数字图书馆建设的主要经验

1. 积极借鉴国外数字图书馆先进经验

美国、英国的数字图书馆的研究与建设在全球起步最早,取得了很大的成就,其发展情况代表了当今数字图书馆发展研究的最新趋势。美英之外,德国、法国、日本、新加坡、韩国等发达国家都在数字图书馆领域做出很多积极的尝试,这些有益的尝试都给今天中国数字图书馆事业的高速发展提供诸多良好的经验。

我国图书馆界积极总结国外数字图书馆的建设经验,并进行探索与借鉴:统筹规划是重点,需要有一个国家或者行业的主导机构来统筹规划;注重先期研究和投资,要充分利用数字图书馆已有的信息化基础设施和现有的研究基础、技术知识,避免重复建设造成的浪费;借鉴国外数字图书馆丰富多样服务,进一步完善我国数字图书馆的服务职能;注重知识产权保护。

2. 国家工程带动我国数字图书馆全面发展

回顾过去,二十年来我国数字图书馆建设的一个突出特点就是国家工程

对数字图书馆事业发展起到至关重要的作用,我国国家工程往往是由各部委牵头,以行业为主线展开投资和建设的,这与国外很多是由学术机构牵头,各个行业和机构派人参加的模式有着显著的不同。

虽然我国数字图书馆建设起步较晚,但由于改革开放二十年的积累,我国的经济、技术条件已经具有一定高度,国家工程拉动全行业发展也是必然的趋势。这其中诸如中国试验性数字图书馆项目等先导性国家工程起到了很好的技术验证、技术实验的目的,随着数字图书馆建设的逐步深入,一批批国家工程相继建设完成,至今已经形成以国家数字图书馆工程、国家科学数字图书馆、中国高等教育数字图书馆三个核心工程为支点的数字图书馆群落。形成这一特点的因素很多:首先,数字图书馆建设是定位于国家宏观信息化战略信息资源建设的基础工程,作为先进文化的代表和体现,其意义日益凸显;其次,社会发展的推动促使政府对于先进的文化模式有着更强烈的投入欲望,政府通过大力投资数字图书馆进而快速弥补我国图书馆事业与国际上的差距,使得我国的图书馆事业伴随着数字图书馆事业的发展进入了一个前所未有的发展高潮期。

3. 联席会议机制有效推动了我国数字图书馆的合作发展

联席会议制度不仅在国家工程层面上很好地解决了政策多头共管、资源重复建设、标准混杂不统一等众多复杂的问题,还在区域性数字图书馆建设上发挥了很好的作用。例如,2000 年 4 月成立了以文化部为召集单位、22 个相关部委单位共同参与的"中国数字图书馆工程建设联席会议"。同年,"中国数字图书馆联盟"成立。2002 年 5 月成立了高校数字图书馆联盟。

联席会议制度是众多图书馆相互间合作的一种模式,未来还将进一步充实和加强,也是未来数字图书馆走向共建共享、共管共用方式的一条路径,它有着鲜明的中国特色,这样的时代产物和中国数字图书馆的高速发展是密不可分的。

4. 标准规范建设对我国数字图书馆建设的影响深远

(1)标准规范先行的思路,对指导数字图书馆建设起到重要作用

我国几个较大的数字图书馆项目都非常强调标准规范先行,充分意识到了统一标准规范的重要性。中国数字图书馆工程于 2002 年召开"中国数字图书馆工程标准规范论坛",号召数字图书馆建设领域统一标准规范,并在与会代表中达成共识,会上成立的标准规范指导委员会吸纳了标准化研究机构与有关政府部门的代表,使我国数字图书馆标准规范的建设工作在一开始就

不仅仅局限于图书馆领域。2004 年,科技部《我国数字图书馆标准规范研究》已经完成 89 个标准或报告,并在全国数字图书馆建设单位中广泛征集试验单位。同年,该项目召开了大规模的标准规范推广会议。2004 年 10 月,中国高等教育文献保障系统管理中心编制完成《中国高等教育数字图书馆技术标准与规范》,该标准规范用于指导中国高等教育数字化图书馆各个子项目的建设工作,其内容包括系统架构、系统功能、系统接口、数据规范、资源建设等方面的相关标准规范。全国党校系统数字图书馆编制完成党校数字图书馆标准规范。国家数字图书馆工程将"制定国家数字图书馆标准规范体系,重点对中文信息处理中涉及的关键技术与标准进行研发,并根据标准规范成果制订相应的国家数字图书馆业务管理规范与应用细则"作为主要建设内容之一,并在国家财政经费支持中,专门配备了 500 万元标准规范研制经费。从以上可以看出,标准规范建设在我国数字图书馆建设中得到了高度重视。

(2)项目推动广泛展开业界合作,对标准规范的制定起到重要作用

无论是"中国数字图书馆工程"还是"我国数字图书馆标准与规范建设(CDLS)"项目,都有国内多家图书情报机构参与,并对数字图书馆标准规范进行了深入研究,发布百余份技术报告,也对我国数字图书馆标准规范的发展战略、建设机制等进行了研究分析;中国高等教育文献保障系统(CALIS)发布了《中国高等教育数字图书馆技术标准与规范》,广泛地应用于 CALIS 项目建设中,经过不断地修订与完善,已经形成了一系列资源、服务及技术等方面的标准规范;党校数字图书馆系统、军队数字图书馆系统、全国文化信息资源共享工程等也在标准规范建设与应用方面进行了探索与实践。

随着数字图书馆建设从研究走向实践,国内相继启动了一些国家级大型数字图书馆建设项目,如国家数字图书馆工程、高等教育数字图书馆等项目。为了满足这些大型数字图书馆建设的需求,必须制定具有实用性、可操作性的标准规范。但是各项目目前已有的数字图书馆建设标准规范大多操作性不强,与数字图书馆建设与服务的实际需求不相匹配。

5. 商业数字图书馆是我国数字图书馆的重要力量

我国商业数字图书馆主要有三大类起源,一类是原本就是图书馆资源提供商,如清华同方、重庆维普、万方数据等,这类公司大部分都拥有国家或者行业背景,在过去从事着科技期刊、情报的收集、整理和数据供应,随着数字图书馆技术的成熟和大量数字图书馆工程项目建设的推动,他们逐渐转型升级成为数字图书馆内容提供商乃至数字图书馆服务商。另一类则是非图书

馆行业的公司,以 IT 公司为主,通过和数字图书馆项目以及工程的合作,逐渐转型成为数字图书馆服务商,例如世纪超星公司、书生之家、中文在线公司等。第三类公司就是由于过去从事的行业或者技术积累与数字图书馆有着某种联系,随着市场需求的推动,逐步转型成为数字图书馆服务商的,例如北大方正。不管是哪种类型转换过来的商业数字图书馆及其数字资源,都在中国数字图书馆事业发展中起到了非常重要的作用。商业数字图书馆的大量涌现说明我国数字图书馆发展的速度之快。

诚然商业数字图书馆在发展中存在一些诸如版权、重复建设等客观问题,但是商业数字图书馆无论在数字资源建设、数字图书馆服务,还是在数字图书馆技术创新上都给我们带来巨大的帮助。虽然商业数字图书馆不是我国数字图书馆建设的主题,但是他们始终发挥着重要的作用,特别是在数据、数据服务领域商业数字图书馆在未来还将发挥更大的作用。

6. 数字版权始终是影响数字图书馆发展的制约因素

知识产权是法律授予智力成果创造者的专有权的组合,它对促进知识创造和文化繁荣是至关重要的。就目前各国版权法对图书馆使用作品的规定来看,现有版权法体系并不利于图书馆在数字化环境中生存。图书馆变得角色模糊、权利缺失、行为受缚,因此,根据数字环境的变化,制定图书馆知识产权管理战略规划,实施图书馆知识产权战略管理,有效规避知识产权风险,最大限度地提高信息资源的开发利用率,保障公众自由获取信息权利,谋求图书馆的最大社会效益,已成为图书馆高效运转的必要前提。

数字版权的影响涉及四个方面的因素:就资源馆藏数字化中的知识产权来说,宏观上是合理调解版权法与公共利益之间的矛盾,微观上是数字图书馆自身应加强知识产权意识,防范知识产权风险;机构知识库建设中的知识产权方面,复杂资源产权现状会给机构知识库带来各种潜在的法律风险,强调规范的存储许可协议可以帮助提交者和机构知识库确定各自的权利和义务;数字信息资源长期保存中的知识产权方面,要充分利用合理使用制度和法定许可制度,加强与各方权利主体的协作,以平衡各方利益为原则,同时积极解决数字信息保存过程中可能出现的侵权问题;知识产权技术保护措施方面,通常采取访问控制技术、数据加密技术、信息确认技术、智能代理技术、反复制设备、电子水印、数字签名或数字指纹技术、电子版权管理系统、追踪系统等技术措施。

第四节 我国数字图书馆的未来发展趋势

一、云计算将推动数字图书馆体系发生重大变革

2015 年 1 月 6 日,国务院下发了《关于促进云计算创新发展培育信息产业新业态的意见》,《意见》中指出云计算是推动信息技术能力实现按需供给、促进信息技术和数据资源充分利用的全新业态,是信息化发展的重大变革和必然趋势。发展云计算,有利于分享信息知识和创新资源,降低全社会创业成本,培育形成新产业和新消费热点,对稳增长、调结构、惠民生和建设创新型国家具有重要意义。

云计算以其资源动态分配、按需服务的设计理念,具有低成本解决海量信息处理的独特魅力,为数字图书馆建设提供了新的思路和技术优势。云计算在数字图书馆中的应用包括:软件服务,采用本地安装形式的图书馆自动化系统等,以远程服务形式提供原有软件的所有功能;云存储服务,不论是自建的还是购买的数字资源,都可以存放于"云"上,而不再需要"镜像"于本地;中心图书馆作为"云"提供商,提供本地数据中心或者其他业务支持;平台服务,大型图书馆引入"云"设施,利用云计算解决方案,架构满足本地或局部应用的"私有云"平台;互联网整合服务,图书馆利用各类公共云,实现不同"云"之间的互操作,整合多家平台和资源,向读者提供更专业、贴心的服务。

云计算深刻地改变了数字图书馆的 IT 基础架构、应用软件架构、服务模式等,云计算针对数字图书馆领域的应用与研究已陆续展开,重塑数字图书馆生存和发展的环境、推动数字图书馆自身变革是云计算环境下数字图书馆发展的未来趋势。

二、大数据将引领数字图书馆的建设方向

2015 年 9 月 5 日,国务院《关于促进大数据发展行动纲要的通知》(以下简称《行动纲要》)正式发布,《行动纲要》是到目前为止我国促进大数据发展的第一份权威性、系统性文件,从国家大数据发展战略全局的高度,提出了我国大数据发展的顶层设计,是指导我国未来大数据发展的纲领性文件。在大数据时代,大数据必将成为宏观调控、国家治理、社会管理的信息基础。

对于数字图书馆,大数据可在数据挖掘与数据管理、数据可视化分析、辅

助决策机制以及读者的行为分析等方面产生巨大影响。在数据挖掘与数据管理方面,数字图书馆通过自上而下的强制性征集以及自下而上的数据提交,不断获取数字图书馆运行中所产生的各类数据,建立起数字图书馆数据仓库,进而为后续的数据分析建立坚实的基础;在数据可视化分析方面,大数据技术将给数据分析带来包括时间、空间、地理位置等不同维度的结合展示,以及强大的互动图形用户界面(GUI)控制功能,同时未来的可视化数据分析还将提供结合了情境分析的综合解决方案;在辅助决策机制方面,数字图书馆通过建立起规范化的数据集,借助数据挖掘的相关技术,可以对其业务以及运营建立起各类决策模型;读者行为分析是大数据重要的一个研究领域,读者在数字图书馆中将产生大量可供使用的包括读者属性、读者对于图书馆门户、OPAC、参考咨询以及移动服务的利用等数据,分析这些数据将对数字图书馆改进自身的业务形成重要的支撑。

大数据理念的普及,将带动各类数据分析技术的应用,推动数字图书馆数据立馆的建设进程。以数据立馆的数字图书馆将会给图书馆带来革命性的变化,将把隐藏在数字图书馆背后的世界清晰地呈现出来,这将对图书馆的服务能力和服务机制产生创新和颠覆。

三、知识组织与服务成为数字图书馆的重要模式

当前,用户已不再满足于图书馆提供的资料和文献支持,而是需要数字图书馆提供知识服务,大众创新和国家智库的建设更要求数字图书馆实现从资源组织向知识组织的跨越,同时,信息技术和网络技术的迅猛发展,为数字图书馆提供知识组织与服务创造了技术环境。

作为信息集散地和知识传播主阵地的数字图书馆,应充分利用知识组织、数据整合、知识发掘、数据挖掘、智能搜索等多种技术手段,建立面向市场需求、适应变化和灵活深入的知识组织与服务机制;加强已有文献资源的深度挖掘、知识发现,将数字技术、网络技术、大数据技术、云计算等技术融入知识服务中,提升图书馆知识服务的模式和手段;结合馆藏优势和用户的知识需求,深度挖掘各类信息资源,以资源的多维整合与深度揭示为重点,再现知识关联,形成有机的知识网络。

未来数字图书馆对外提供的不再是文献服务,而是知识服务,这就要求数字图书馆更多的从事知识组织工作,构建网络环境下的文献资源集成整合,形成普惠泛在的知识服务体系,基于用户需求提供个性化知识服务,实现真正意义上的信息服务到知识服务的转变。

四、移动服务将成为数字图书馆服务的主要手段

2015 年,李克强总理在《政府工作报告》中提出,"制定'互联网＋'行动计划,推动移动互联网、云计算、大数据、物联网等与现代制造业结合。"报告中重点提到了移动互联网。2014 年是移动互联网元年,移动互联网成为人们接入互联网的首选入口,成为远程服务送达的首要出口。

数字图书馆要充分利用移动终端随身、方便、实用的优势,以用户为中心,以服务为目标,以资源为内容,以先进技术为抓手,将图书馆服务无缝地、动态地、交互地融入、延伸到一切有用户存在的地方,淡化图书馆与用户之间的边界,消除与用户之间的隔阂,以随身化、多样化、个性化的服务支持手段,为用户提供无所不在的"泛在图书馆"服务。充分利用 Wi-Fi、3G、传感器、电子标签、无线射频等"泛在网络架构",由手机终端、移动接入互联网等延伸、拓展图书馆服务,随时随地进行信息传输与服务,为用户提供实时性和泛在化的信息服务。

借助于移动服务,图书馆的信息服务水平将上升到一个新的高度,数字图书馆的服务延伸并嵌入到用户的生活环境和工作环境中,将成为数字图书馆服务的主要手段。

五、长期保存是数字图书馆长期关注的业务问题

数字资源有着纸质资源无法比拟的快捷、便利、灵活性,同时数字资源又存在天然的脆弱性,它易受到保存介质、保存环境、保存状态等主客观因素的影响。数字资源长期保存关系国家的文献保护和文化传承,做好数字资源长期保存工作具有重大而深远的意义。

数字资源的长期保存工作需要进行总体规划和协调,数字图书馆应启动数字资源长期保存战略计划,促进长期保存工作健康、有序、顺利进行;需要组织和构建全面、经济、合法、有效的保存政策,积极促进法律法规和标准体系建设;需要关注长期保存的最新技术,关注先进的保存介质,也要注重保存格式的通用性和国际标准性,还要建立长效合作机制和联合保存网络体系,最终建设完备的、适合我国国情的数字资源长期保存体系。

数字资源长期保存是费用高、耗时长、多层面、跨领域的复杂工程,需要数字图书馆与政府、出版商、相关企业进行持续不懈的密切合作与努力。积

极促进法律法规和标准体系建设、关键技术攻关和应用系统研发、制定管理和运行机制,并创新服务方式,实现数字图书馆对人类文明特别是数字文明的永久保存。

六、社交网络将成为数字图书馆服务的活跃形式

随着社交网络服务(Social Network Service,SNS)的出现及发展,不但改变了互联网用户的行为和沟通模式,也深刻地影响了作为信息共享平台的数字图书馆的发展。社交网络的特有优势为数字图书馆的发展创造了良好机遇,并为数字图书馆吸引用户和建立交互型社区提供了新的手段,也为数字图书馆的发展提供了崭新的服务模式。

据调查,国内外的数字图书馆,已经开始利用 MySpace、Facebook、微信、微博等网络社交工具共享资料、计划和展示等,并为用户提供了解在线图书馆的机会,基于用户对图书馆的服务需求越来越多样化、细微化和个性化,"微服务"理念也开始深入数字图书馆工作的重要内容中。借助 Facebook、微信、微博等网络社交工具,建立读者与数字图书馆、读者与作者、读者与机构、读者与读者的新型互动关系。发挥数字图书馆的资源和专业优势,开展线上线下的交流活动,以主动参与和交流代替以往的被动接受方式,极大地促进读者主动加入自己感兴趣的群体网络和活动中去,并积极表达、分享和互相协作,从而使数字图书馆成为数字文化社交中心。

数字图书馆通过社交网络,以"书"为媒,构建以作者、专家、读者与图书馆员交流互动为核心的图书馆服务新模式,必将极大促进现代数字图书馆的服务转型和升级。

七、国际化合作将成为数字图书馆建设的新途径

图书馆是各国保存民族文化遗产的主要机构,是彰显民族文化魅力的重要窗口。在信息技术全球化、网络化的未来,数字图书馆作为人们共享文化信息资源的开放平台,是开展文化交流和沟通的重要渠道,是促进文化共同发展与繁荣的重要手段。

随着中国日益深入地参与到国际数字图书馆项目中,未来中文数字图书馆规范、中文数字资源建设、中外文化交流中以数字图书馆为媒介的项目和工程将与日俱增。未来在数字图书馆、文化机构间加强合作和交流,一方面促进文献资源的共知共建共享,在实现各国文献资源共知的基础上,通过文

献传递、委托采访、合作补藏、文献交换等方式,加强各国图书馆对其他国家出版的文献资源的采集与收藏,推动各国政府出版物交换工作。开展文献保存、保护、修复领域的合作,共同研究开发新技术、新方法、新设备,联合培养古籍保护与修复的专业人才,通过合作出版、合作建设数据库、联合举办展览等方式促进古籍文献的开发与利用,推进古籍文化资源的保护与传承。另一方面,在数字图书馆的建设及发展过程中,开放系统接口、遵循统一标准、实现合作单位之间的系统的互联互通、开展文献的数字化和整合揭示、开展技术研发与标准制定、实现网络资源的及时采集与长期保存。在合作与交流中,加强交流与沟通,突破馆际和国家之间的界限,在人员交流、协同服务等方面开展深入合作。

未来的数字图书馆不再是各国闭门造车的时代,必将受到互联网、世界文化交流的潮流所推动,将重视引进国际技术与我国数字图书馆自主创新相结合的策略,迈入中外合作、平等交流、技术促进、资源共享为主流的全新数字图书馆时代。

参考文献:

[1] 魏大威. 数字图书馆理论与实务[M]. 北京:国家图书馆出版社. 2013:3.

[2] 田国良. 数字图书馆之辨义[J]. 图书馆理论与实践,2005(1):28-31.

[3] DowLin K E. The Electronic Library:The Promise and The Process [M]. New York,N. Y. :Neal-Schuman Publishers,Inc,1984:27.

[4] 肖汀. 数字图书馆概念探讨[EB/OL]. [2016-01-01]. http://www. edu. cn/ruan_jian_ying_yong_1720/20061108/t20061108_204156_1. shtml.

[5] Birmingham W P,Drabenstott K M,Frost C O,et al. The University of Michigan digital library:this is not your father's library. [EB/OL]. [2016-10-24]. http://www. jcdl. org/archived-conf-sites/dl94/paper/umdl. html.

[6] President's Information Technology Advisory Committee. Digital libraries:Universal access to human knowledge[EB/OL]. [2016-01-01]. https//www. nitrd. gov/pubs/pitac/pitacdl-9feb01. pdf.

[7] Elliott M S,Kling R. Organizational Usability of Digital Libraries in the Courts [C/OL]//The 29th Annual Hawaii International Conference on System Sciences, 1996 [2016-01-01]. http://www. computer. org/csdl/proceedings/hicss/1996/7426/00/74260062. pdf.

[8] Fox E. Fundamentals of Digital Libraries[M]//Half-day tutorial(with Rob Akscyn),ACM Digital Libraries'98. Pittsburgh:PA,1998:65.

［9］Burke M,Chang M M,Davis C H,et al. Editorial:A research agenda beyond 2000［J］. Library & Information Science Research,1997,19(3):209-216.

［10］陈力.论数字图书馆的多元化资源建设［J］.中国图书馆学报,2004(5):9-13.

［11］徐文伯.建设中国数字图书馆工程［N］.光明日报,1999-05-07(8).

［12］镇锡惠.图书馆自动化系统与图书馆技术研究［J］.北京图书馆馆刊,1998(4):21-24.

［13］孙承鉴,刘刚.中国数字图书馆建设的起步与发展［J］.国家图书馆学刊,2000(3):10-16.

［14］高文,刘峰,黄铁军.数字图书馆——原理与技术的实现［M］.北京:清华大学出版社,2000:1.

［15］马自卫.数字图书馆和现代电子图书馆集成化管理系统［J］.津图学刊,2002(2):1-4.

［16］吴基传.序［M］//徐文伯.中国数字图书馆:数字资源的开发与研究［M］.北京:人民出版社,2002:1-3.

［17］王大可.数字图书馆［M］.深圳:海天出版社,2002:30-32.

［18］孙卫.数字图书馆在我国的实施与应用期话题［J/OL］.［2016-01-01］. http://www.dlf.net.cn/newsshow2.asp? ArticleID=439&bigclassname=本期话题.

［19］刘炜.数字图书馆引论［M］.上海:上海科学技术文献出版社,2000:23.

［20］郑巧英,杨宗英.数字图书馆的发展［J］.上海高校图书情报学刊,2001(1):15-19.

［21］吴志荣.数字图书馆:从理念到现实［M］.上海:学林出版社,2000:4.

［22］孙雨生,董慧.基于语义网格的数字图书馆个性化推荐研究——体系结构与总体框架［J］.情报与实践,2006(6):62-66.

［23］李冠强.数字图书馆研究［M］.北京:北京图书馆出版社(今国家图书馆出版社),2002:14.

［24］聂华.数字图书馆——理想与现实［J］.大学图书馆学报,2004(1):14-22.

［25］张晓林.从数字图书馆到E-Knowledge机制［J］.中国图书馆学报,2005(4):5-10.

［26］耿骞.数字图书馆研究［M］//黄长著,周文骏,袁名敦.中国图书情报网络化研究［M］.北京:北京图书馆出版社(今国家图书馆出版社),2002:293.

［27］李国杰院士谈中国数字图书馆——中央电视台走近科学《科学访谈》文字稿［EB/OL］.［2016-01-01］. http//www.ict.ac.cn/liguojiewenxuan/wzlj/lgjip/200909/t20090915_2483673.html.

［28］胡永生,黄如花.从数字图书馆到电子知识空间的信息组织模式转变［J］.图书与情报,2005(6):62-66.

［29］胡燕松.国内公共图书馆数字化建设项目综述［J］.图书馆,2005(4):51-54.

［30］许绶文.九十年代的图书馆与北京图书馆电子信息开发近况［J］.北京图书馆馆刊,

1996(2):38-40.

[31] 我国公共图书馆近年来发展迅速[EB/OL].[2016-09-20].http://news.xinhuanet.
　　com/shuhua/2011-10/27/c_122202444.htm.

[32] 文化部 财政部关于印发《"公共电子阅览室建设计划"实施方案》的通知[EB/OL].
　　[2016-01-01].http://www.gov.cn/zwgk/2012-02/27/content_2077526.htm.

[33] 唐绍明,顾犇.中国图书馆自动化的走向[J].图书馆工作与研究,1996(1):2-5.

（执笔人:孙一钢　王乐春　许长城　刘金哲　张国庆）

|行业报告|

第二章　国家图书馆的数字图书馆建设

国家图书馆自 20 世纪 90 年代开始跟踪、建设数字图书馆,二十余年来,倡导并建设了"中国试验型数字式图书馆""国家数字图书馆工程""县级数字图书馆推广计划""国家数字图书馆推广工程"等重大文化工程,经历了预研与探索、建设与服务、推广与发展三个阶段,初步形成了面向全国的数字图书馆服务体系。目前国家图书馆在基础设施、数字资源、服务体系、标准规范、应用推广、科研力量等方面均取得了显著的成果,国家数字图书馆已经成为一个超大型的图书馆数据中心、现代信息技术与图书馆业务高度融合的技术支撑中心、全国图书馆互联互通的网络中心、覆盖全民的公共文化服务中心。

第一节　国家图书馆的数字图书馆建设历程

在人类社会数千年历史发展进程中,图书馆始终伴随着社会的发展而进步,担负着传承人类文明,传播文化知识的重大使命。20 世纪下半叶,人类发明了计算机和互联网,社会信息传播环境发生了剧烈变化,人类社会快步进入一个前所未有的信息化社会,数字图书馆作为基于网络环境的一种信息资源组织与服务方式应运而生并快速发展。

一、预研与探索阶段

20 世纪 90 年代中期至 21 世纪初,是我国数字图书馆建设的预研与探索阶段,图书馆界、信息技术界开始跟踪、研究国际上数字图书馆的最新进展,并尝试开展试验工作。

1995 年,国家图书馆成立数字图书馆研发小组。1996 年第 62 届国际图联大会上正式提出"数字图书馆"这一理念,国家图书馆开始筹划数字图书馆相关建设工作。1996 年 7 月,国家图书馆作为组长单位,联合上海图书馆等六家公共图书馆,共同承担了国家重点科技项目"中国试验型数字式图书馆"项目。1997 年 7 月,"中国试验型数字式图书馆"项目由文化部向国家发展计划委员会申请立项。1998年10月文化部与国家图书馆启动了中国国家数字图书馆工程,工程旨在建设超大规模的优质中文信息资源库群,并通过国家高速宽带网向全国及全球提供服务,最终形成世界上最全面、最系统的网上中文信息基地和服务中心。1999年3月,国家图书馆文献数字化中心成立,扫描年产量3000万页以上。1999年3月,国家图书馆组织专门力量开发完成数字图书馆实验演示系统。

国家图书馆在不断跟踪、研究和学习国内外数字图书馆领域技术发展的同时还有计划地开展了大量资源建设工作。1987年开始中文书目数据库建设,引进光盘数据库;1999年开始有计划地进行数字资源库建设;2000年开始进行馆藏特色资源数字化。

一系列的技术跟踪和科研成果,为国家图书馆开展数字图书馆建设奠定了坚实的理论基础和实践基础。通过前期的探索、学习和各种试验,国家图书馆初步具备了建设数字图书馆的能力。1999年9月15日,文化部向国家发展计划委员会提交了《文化部关于报请批准国家图书馆二期暨国家数字图书馆基础工程项目建议书的函》。2001年11月27日,国家发展计划委员会下发文件《印发国家计委关于审批国家图书馆二期工程暨国家数字图书馆基础工程项目建议书的请示的通知》,标志着国家图书馆二期工程暨国家数字图书馆工程项目正式立项。根据国家计委的批复,本项目将由两部分组成,即国家图书馆二期工程与国家数字图书馆。2003年1月27日,国家发展和改革委员会批准《国家图书馆二期工程暨国家数字图书馆工程可行性研究报告》。2005年10月11日,《国家数字图书馆工程初步设计方案》通过国家发展和改革委员会审批,至此,国家数字图书馆工程的立项及建设论证阶段基本结束,正式进入实施阶段。2008年2月,国家图书馆委托中国电子工程设计院编制完成了《国家数字图书馆工程细化设计方案》,细化设计的完成确保了国家数字图书馆工程建设的科学性与系统性。

二、建设与服务阶段

21世纪的最初十年,是国家数字图书馆的建设与服务阶段,按照"边建设、边服务"的总体原则,开展了数字图书馆基础设施、核心系统、数字资源和创新服务的建设。

国家数字图书馆工程,是我国"十五"期间的一项重点文化建设项目,也是我国第一个国家级的数字图书馆工程。国家数字图书馆工程的建设目标是建设支撑数字资源生命周期管理的软件平台与硬件平台;采集、建设和保存中文数字资源,建设世界上最大的中文数字信息保存基地。利用先进的技术和传播手段,通过国家骨干通讯网,向全国和全球提供高质量的以中文数字信息为主的服务,建设世界上最大的中文数字信息服务基地,向全国及全球展示中华优秀文化。构建以国家图书馆为服务中心,以国内各大图书馆为服务节点的数字资源传递和服务体系,为其他行业性、地区性数字图书馆系统提供服务支撑。

国家数字图书馆工程建设内容目标明确,主要包括:通过网络系统、存储与灾备系统、集群系统、文献数字化加工系统、数字资源加工系统、数字资源组织与管理系统、数字资源发布与服务系统等软硬件系统的建设,搭建满足数字图书馆系统运行要求的硬件和系统软件平台;有重点地对馆藏特色文献进行数字化,采集与保存重要的数字信息资源库和互联网信息,建立国家级学术性数字资源长期保存中心;搭建中文信息资源服务平台,为政府机关、教育、科研、企业单位及社会公众提供信息服务,为其他数字图书馆系统提供服务支撑;建立国家数字图书馆标准规范体系,并对中文信息处理中涉及的关键技术与标准进行研发。

国家数字图书馆在建设之初国家图书馆就建立起完整的项目管理制度,成立了专门的工程建设机构。根据建设内容的不同,将所有子项目分为技术支撑环境建设、资源建设、服务体系建设和标准规范建设四大类,其中技术支撑环境建设主导项目 18 个,资源建设主导项目 11 个,服务体系建设主导项目 17 个,标准规范建设主导项目 12 个,共计成立 58 个子项目组。建设工作初期,重点开展与国家图书馆业务相关的应用系统建设工作,在硬件基础设施、软件系统开发和标准规范研究等方面都有阶段性成果。本着"边建设,边服务"的原则,国家图书馆将工程实施过程中的阶段性建设成果面向社会提供服务,努力将应用效果在读者服务作最大化的努力。

2008 年 9 月 9 日,国家图书馆二期工程开馆接待读者服务时,技术支撑环境建设基本完成。建成核心主干连接达万兆、桌面网络接入能力达千兆的网络系统,总馆北区馆区内设立信息接入点 4029 个,524 个电子阅览席位,其中有 236 台集中设置在数字共享空间内,其余 288 台分散在各个阅览区和公共检索区,读者可以利用这些计算机随时查阅国家图书馆提供的数字资源或上互联网查询信息,从而实现在使用纸质文献的同时可以方便地根据需要随时使用数字资源。在外部网络接口方面,除了已有的连接至北京电信公司、中国网通公司的光纤通道外,还建立了国家图书馆至教育网、科技网、中央党校和广电总局网络中心的千兆网络通道,教育网、科研网用户能快速享受到国家图书馆海量数字资源服务,国家图书馆的用户也能够更加快捷的访问互联网络上各种资源站点。国家图书馆在总馆北区、总馆南区和古籍馆建设覆盖了无线网络,到馆读者在馆区阅览室和室内外休闲区、学术活动区,可以通过安全认证直接使用国家图书馆的数字资源或者上互联网使用数字资源。完成计算机机房建设,国家图书馆核心机房总面积约为1750平方米,建设范围包括地下一层的中心服务器机房、存储机房、网络交换机房、UPS机房、监控室以及地下三层的UPS电池室在内的各子系统建设。

通过数字图书馆建设,国家图书馆既提升了内在工作水平,又提升了读者应用体验。通过改良传统业务流程,扩展新的服务手段,数字图书馆在读者面前呈现出了一种全新的面貌。国家图书馆采用数字化、智能化的服务手段,推出自助办证充值、自助复制、RFID自助借还书以及智能架位查询系统,为到馆读者提供智能化的自助服务。国家图书馆通过大量采用智能化设备为到馆读者提供了方便快捷的服务方式,增强了读者和图书馆的互动性,减少了读者等待的时间,提高书籍的流通量及借书效率,把图书馆员从烦琐的事务性劳动中解放出来,让馆员拥有更多的时间去开展更深层次的服务与研究。国家图书馆通过建设全新的国家图书馆读者管理系统,使读者可以通过网络完成用户的登记注册,扩大了国家图书馆的服务范围。国家图书馆分阶段将各种资源服务在该系统上整合并提供给读者服务,为非到馆读者提供便利。

国家图书馆建设完成了移动数字图书馆项目。移动数字图书馆采用动态内容分发技术,实现了基于智能手机的信息分发与拉取。国家图书馆还推出了短信服务、WAP网站等一系列手机服务项目。2008年国家图书馆引入移动阅读器开展移动阅读服务。随着3G的应用和广大读者对移动阅读的认知度提高,国家数字图书馆开始建设自有的移动阅读平台。移动阅读平台支持手机阅读与移动阅读器阅读,支持版权保护,并能够支持借阅模式和出售模式的图书阅读方式。移动阅读的资源不但包括国家图书馆自建资源、版权征集购买资源,还包括与出版商、内容提供商、移动运营商合作获取的数字资源。

国家图书馆开展数字电视项目建设,与歌华有线合作,在北京大部分小区播放高清节目。国家图书馆数字电视频道——"国图空间"是世界上第一个由图书馆制作的专业电视频道。该频道针对不同年龄段与文化层次的收视群体,从国家图书馆宏富的馆藏中撷取特色精品资源,设置了文津讲坛、书刊推荐、馆藏精品、经典相册、图说百科、少儿读物六档栏目,并采用虚拟现实技术和IPTV机顶盒构建"虚拟家庭图书馆"系统,通过电视在读者家里构建一个虚拟的图书馆,使读者在全国各地都可以方便、经济、有效地通过电视机,自主地检索和阅读图书,使图书馆走进千家万户。

随着国家图书馆二期工程的完成及国家数字图书馆的建设服务,国家图书馆的到馆读者大幅度增加,从 2008 年 9 月的不足 30 万人次跃升至 2009 年 11 月的 40 万人次,增长近 10 万人次,互联网读者访问量增长迅猛。这一阶段的完成,标志着国家数字图书馆的技术支撑环境、资源建设、服务体系和标准规范这四个方面已经拥有了能与世界发达地区图书馆竞争的平台,国家图书馆在数字图书馆领域已经迈上了新的台阶。

三、推广与发展阶段

2010 年以来,在开展国家数字图书馆建设同时,国家图书馆将数字图书馆建设成果推广至全国各级公共图书馆,使全国读者共享数字图书馆的海量资源与便捷服务,国家数字图书馆建设进入推广与发展阶段。

1. 县级数字图书馆推广计划

2008 年 7 月,国家图书馆与文化部全国文化信息资源建设管理中心签署合作协议,国家图书馆分批次精心组织了总量达 6. 5TB 的数字资源,投放到全国文化信息资源共享工程服务网络当中。2009 年,在文化部的指导下,启动了"县级数字图书馆推广计划"。

通过县级数字图书馆的建设,基层文化服务的形式发生了根本改变,国家图书馆专门设计制作了县级数字图书馆推广计划服务系统,整个应用系统分为程序、数字资源、外部应用三大部分,封装在一块移动硬盘内,提供给各县级图书馆,在具备相应条件的地区还以虚拟专用网络(VPN)方式进行资源分发。各县级图书馆既可以采用单机模式提供用户服务,也可以将系统安装在服务器上,以网络模式同时向多个用户提供服务。此外,国家图书馆积极跟进以手机、数字电视等为代表的新兴媒体发展态势,充分利用电信网、广播电视网和 3G 网络,实施新兴媒体数字图书馆服务计划,面向全国 3.84 亿网民提供数字图书馆服务,面向 7 亿手机用户提供移动阅读服务,面向 6500 万数字电视用户提供基于电视的数字图书馆服务。

通过实施"县级数字图书馆推广计划",初步实现了全国图书馆,特别是县级图书馆的跨越式发展,使优秀文化服务逐步向基层延伸,进一步发挥数字图书馆在保障人民群众基本文化权益方面的重要作用,使国家数字图书馆的建设成果实现全民共享。

2. 数字图书馆推广工程

进入新世纪以来,我国文化发展呈现大发展、大繁荣的态势,各级公共图书馆的数字图书馆建设取得较大进展。然而,不可避免地存在一些不足之处:尚未实现数字图书馆的互联互通,各系统之间缺乏有效的协调和共建共享机制,没有形成整体优势;资源整合力度不够,信息孤岛普遍存在,难以满足用户需求,加之各系统标准规范还存在分歧,影响了各系统之间的统一检索和互操作;数字图书馆服务的普及性和便利性尚还不能满足用户随时随地、方便快捷地获取资源的需求,地区差异较大,数字图书馆服务的双向性优势还没有得到充分发挥。为进一步提升各级公共图书馆的数字图书馆建设水平和服务能力,构架覆盖全国的数字图书馆服务体系,2010 年,国家图书馆开始策划实施数字图书馆推广工程。在全国调研基础上,拟定了项目建设方案,并召开全国图书馆界参与的座谈会,广泛征求意见。

数字图书馆推广工程的建设目标是构建以国家数字图书馆为中心、以各级数字图书馆为节点、覆盖全国的数字图书馆虚拟网,建设分级分布式数字图书馆资源库群,在全国范围内形成有效的数字资源保障体系,以电信网、广播电视网、互联网为通道,以手机、数字电视、移动电视等新媒体为终端,向公众提供多层次、多样性、专业化的数字图书馆服务,从而整体提升全国公共图书馆的信息保障水平和信息服务能力,形成图书馆新的服务业态。从整体上带动各基层图书馆现代化水平的提升,使全国公共图书馆实现跨越性发展,从而极大地提高我国公共文化服务能力和服务水平。希望实现每个机构、每个家庭、每个公众都能拥有属于自己的数字图书馆的目标。

2011 年 5 月,文化部和财政部联合下发了《关于实施"数字图书馆推广工程"的通知》,提出"十二五"期间在全国实施数字图书馆推广工程。2012 年 9 月 24 日,文化部"数字图书馆推广工程工作会议"在江苏省张家港市召开。会议印发了《文化部关于加快实施数字图书馆推广工程的通知》,全面总结了工程实施以来的进展情况,部署了下一阶段工作。工作会议全面围绕《文化部关于加快实施数字图书馆推广工程的通知》进行工作部署,旨在统一思想认识,形成建设合力,完善建设机制,加快推广工程的实施。

工程实施以来,各级政府高度重视,各级财政投入经费总额累计达 8.1 亿元,其中中央转移支付资金 2.96 亿元。推广工程已在全国 33 家省馆、374 家市馆启动实施,取得了良好的效果,数字图书馆服务体系初步建成。

通过实施数字图书馆推广工程,国家图书馆与各省级图书馆建立了高速信息通道和互联互通的应用系统平台。2014 年,全国 30 家省馆实现了国家图书馆的 155M 带宽专网连接,覆盖全国的数字图书馆服务网络基本形成;全面开展推广工程运行管理平台、统一用户管理系统、唯一标识符系统等系列软件平台部署,提升各地数字图书馆的建设和服务水平;首次实现通过中央转移支付经费开展资源建设,拓展数据库共享与服务范围,通过虚拟网、专网共享至30个省100余家图书馆;开展数字图书馆建设全国性专题业务培训9期,1100余人次参加培训。

国家图书馆通过推广工程向各省提供了海量的数字资源与丰富的服务方式,截至2014年10月底,推广工程共享普适性服务型数字资源量已超过130TB,资源类型包括100余万册中外文图书、700余种中外文期刊、300种中文报纸资源、7万余个教学课件、1万余种图片、18万余档案全文、10万首音频资源及3000余种讲座和地方戏等视频资源。少数民族地区读者可以在当地图书馆内,借助数字图书馆专用网络,访问海量的优秀数字资源,满足其生产生活和精神文化需求。依托数字图书馆建设成果,国家图书馆先后与沈阳军区、第二炮兵部队、总后勤部、中石油塔里木油田公司等机构共建数字图书馆,开通国家图书馆三沙市分馆,为部队官兵、企业员工提供专业化、个性化的数字图书馆服务,传播优秀文化,推动公共文化服务体系建设。

3. 数字图书馆国际合作

结合数字图书馆建设工作,国家图书馆广泛与国内外图书馆开展数字资源合作,如哈佛燕京图书馆古籍数字化合作项目、中华寻根网等。国家图书馆参与了世界数字图书馆项目,2014年国家图书馆为世界数字图书馆项目提交60种资源,完成发布20种资源。国家图书馆与日本国立国会图书馆、韩国国立中央图书馆共同发起中日韩数字图书馆项目,建立长期的合作机制,合作开展文献数字化、元数据共享、数字资源的长期保存等领域的研究,促进各国文化间的交流与推广。国家图书馆还与新加坡国家图书馆、澳大利亚国家图书馆、新西兰国家图书馆等开展数字图书馆合作项目,加强大陆地区同港澳台地区在数字图书馆方面的交流,拓展与中东、非洲、南美国家和地区图书馆的合作。

第二节　国家图书馆的数字图书馆建设成果

国家数字图书馆依据数字资源生命周期构建了国家数字图书馆总体架构。其中标准、技术、资源、服务是国家数字图书馆总体设计的四个重要方向,它们构成了国家数字图书馆的有机整体。近年来,国家数字图书馆工程(以下简称:数图工程)建设稳步推进,并取得了显著成就:落实了各项业务标准、技术标准和管理标准的建设,为信息化时代的公共文化服务体系建设奠定了基础;随着多个数图工程子项目的建设、实施和投入使用,充实了机房、网络、存储等硬件基础设施建设,极大地提高了国家图书馆读者服务水平和服务能力;自动化、信息化的业务流程,提高了馆员的办公效率,给馆内工作带来了极大的便利;扩大了读者服务范围,提供了更加多样化、智能化、个性化的服务内容。此外,国家数字图书馆工程整体架构设计和应用系统平台建设充分考虑了兼容性、互操作性和开放性,为国家数字图书馆工程建设成果的推广奠定基础,为全国数字图书馆的共建共享提供支撑。

一、基础设施——基础平台搭建完成

数字图书馆基础设施建设是图书馆信息化建设的基础。随着数图工程的顺利进行,国家数字图书馆机房、网络系统、服务器、存储系统等硬件基础设施日趋完善,为国家数字图书馆深化服务、实现资源整合和共享提供了重要的技术保障。

1. 搭建现代化机群管理环境

软硬件基础设施的建设极大地提高了国家图书馆的服务水平和服务能力,供电实现双路供电不间断,所有计算机设备均可以实现远程管理,具备先进的环境监控系统并支持手机报警,使用电磁屏蔽技术确保信息安全,为网络设备、存储及应用系统服务器提供了理想的物理环境,保障了数字图书馆系统的安全稳定运行。截至 2012 年年底,国家图书馆计算机机房总面积从原有 680 平方米增至 2430 平方米,服务器从 2008 年的 200 余台增至 900 余台。

2. 实现高速可靠的网络传输

国家数字图书馆在有线网络建设方面,网络系统采用国际先进标准和技术,实现了主干万兆、桌面千兆的高速网络连接,互联网接入带宽从 250Mbps 扩展到 800Mbps,并即将扩至 1.2Gbps,从 2008 年到 2012 年年底,接口带宽共增加了 550Mbps,增长近 4 倍,有线网络节点达到 7400 个,为国家数字图书馆的服务与日常业务提供了有力的网络环境支持。在三个馆区共布设无线接入设备 150 多个,完成总馆南区、北区和文津街馆区的无线网全面覆盖,覆盖面积超过十万平方米,为读者提供了快速流畅的无线网络服务。与教育科研网、中国科技网、中央党校图书馆、广电网之间建立高速光纤连接,并建立双向卫星数据播发系统,大大提高了国家图书馆与科研教育单位之间的数据传输速度,丰富了数据传输和资源获取/传播方式。

互联网带宽变化情况(单位：M)

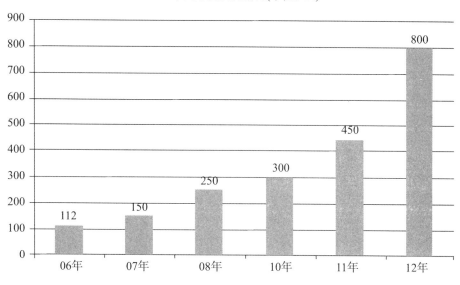

图 2－1　2006 年—2012 年网络带宽变化

节点变化情况(单位：个)

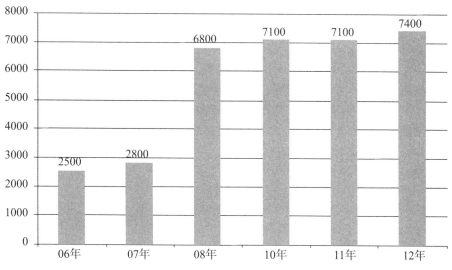

图 2－2　2006 年—2012 年网络节点变化

与国家图书馆一卡通金融系统进行无缝对接,实现了持卡读者无须另行申请开户,直接使用。读者可在馆区任何一处登录,免费访问局域网资源、外购数据库资源及互联网资源。漫游功能保证从一个无线覆盖区域移动到另一个区域时,网络始终正常连接而不中断。在无线网络搭建过程中充分考虑到国家安全标准和用户易用性,兼容国际 Wi-Fi 体系与国家 WAPI 标准双协议。采用访客隔离机制和增强的加密算法保障上网用户终端的信息安全。无线网络服务使读者在数字图书馆随时随地享受数字资源服务,获得全新的服务体验。目前无线网络总用户数已超过一万人,每天上线人数近 500 人次。特别是系统实行免费服务之后,受到了广大读者的普遍欢迎,访问人数呈迅速增长之势。

网络安全建设方面,利用现代化网络安全设备,制定详细、科学的网络安全策略,保证重点应用系统的系统安全和数据安全。通过大规模部署卡巴斯基防病毒系统和北信源桌面管理软件,全面实现了我馆 2000 余台计算机终端对病毒和恶意软件的防范能力,计算机感染病毒比例明显下降。根据我馆需求进行定制开发和部署的上网行为管理系统,实现了对清华同方、万方期刊、ACS、ScienceDirect 等网络资源恶意下载的控制。系统部署后,未出现数据库商封 IP 使用权的问题,2012 年全年杜绝资源恶意下载 327 688 次。网络安全项目与 2008 年完成的基础网络建设共同构成了数图工程高效、稳定、安全的基础网络运行环境,是"十二五"工作顺利开展的有效保证。

3. 形成完备的资源保存体系

国家图书馆数字化资源呈几何级数增长,特别是全文文献和多媒体信息资源大量增加,这使数字资源的存储容量需求以跳跃方式增长。与此同时,用户访问量陡增,这对存储系统读写速度以及系统的安全性和稳定性都提出了更高的要求。存储需求与原有存储能力之间产生了越来越大的差距。目前国家数字图书馆存储网络系统容量达到 2270TB,并完成了 410TB 数据的长期保存。

存储系统是通过网络存储设备搭建起的一套围绕海量数字资源生命周期管理的现代化、智能化的系统平台,该平台具有很高的系统性能和资源安全可靠性。系统采用光纤通道网络体系,架构先进(采用了 SAN 架构),并使用在线、近线、离线相结合的存储策略,设计网络化的存储架构体系,创建了适合海量数字资源集中存储、备份的系统。整套存储系统配置了安全的备份系统,为应用数据提供更加安全的数据保护,降低人为操作失误或恶意攻击给应用系统造成的数据丢失。同时,基于三级存储机制的存储应用策略,大大提高了资源存储服务能力。国家数字图书馆基于网络化存储架构的全光纤通道海量存储系统运行稳定,不仅实现了与原有资源的有机整合,而且满足了目前海量数字资源的存储需求,还为今后的扩容留有余地。

为了科学管理数字资源的保存和再利用,国家图书馆对数字资源长期保存工作进行了统筹规划、合理分工,制定了保存为主、服务利用、突出特色、尊重知识产权的原则,利用先进的技术、设备、制定完善的流程,将有价值的数字资源进行保存,最大限度地确保馆藏数字资源的安全,使其能准确便捷的提取,为今后的数字资源信息利用提供保障。目前已形成一套完整的长期保存体系,并在该体系规范下,完成了对中文图书、博士论文、数字家谱、敦煌 IDP(国际敦煌项目)、网页资源采集、哈佛燕京数据、音像资源等十多类资源的长期保存工作。随着国家图书馆数字资源长期保存工作的开展,国家图书馆建立了海量数字资源的保存基地,为数字资源建立了安全、稳定、大容量的"仓库"。

二、数字资源——海量资源初步形成

1. 资源建设与服务能力显著增强

数字资源建设是数字图书馆建设的核心,也是各项服务的基础,在国家数字图书馆的建设过程中,数字资源建设与共享起着至关重要的作用。从1998 年开始,国家图书馆开始跟踪国外数字图书馆的研发进展,以馆藏资源数字化加工为突破口,开始了大规模的数字资源加工工作。十年来累计投入数字资源建设相关经费逾 2.4 亿。经过十余年的发展,国家图书馆在数字资源建设方面取得了丰硕成果,积累了宝贵的建设经验。同时,国家图书馆也一直在数字资源共建共享方面积极探索,进行了许多有益尝试,广泛与国内外图书馆开展数字资源合作,如哈佛燕京图书馆古籍数字化合作项目、世界数字图书馆项目、中日韩数字图书馆合作项目、中华寻根网项目等,通过多种渠道不断丰富馆藏数字资源内容和数量。2010 年,国家图书馆面向全国各省级公共图书馆广泛开展数字资源征集工作。目前,国家图书馆数字资源征集项目征集的全国各地数字资源存储量已达 8.8TB,包括地方志、民国文献、老照片、家谱、专题视频和馆藏特色资源等多种类型的数字资源。

在数字资源建设方面,国家图书馆遵循三方面的原则。

● 整体性与系统性原则

国家图书馆注重数字图书馆数字资源与传统载体资源的整合,并注重资源建设内容的完整性和连续性,形成有重点、有层次、各类型资源比例适当的数字资源体系。

- 实用性和效益性原则

全面履行国家图书馆的职能,有重点地收藏、建设和长期保存中文数字信息库,最大限度地满足社会信息需求;统筹考虑采购方式、许可模式、许可期限、元数据、保存期限等诸多因素,达到效益最大化。

- 共建共享原则

在遵守数字资源建设的效益性原则、保障性原则等方面的同时,创建了一系列数字资源建设标准,充分考虑了与其他数字图书馆系统之间的兼容性、互操作性和开放性,保证了所建数字资源能够在其他图书馆复用。

随着国家数字图书馆工程基础设施的不断完善,文献数字化、网页资源获取等软件平台的建设完成,使数字资源规模急剧扩大,数字资源馆藏总量保持稳定增长,截至 2012 年年底,数字资源总量达到 813.5TB,较之 2011 年总量增长 252.2TB,2008 年—2012 年的年平均增长率为 42.33%。国家图书馆资源建设按照"边建设边服务"的方针,除部分涉密资源、不适宜发布的资源以及部分历史数据因各种问题无法发布外,大部分已经发布服务。数字资源服务方式主要包括馆域网发布服务、互联网发布服务和互联网远程授权访问服务。总量 813.5TB 的数字资源中,数字资源发布总量达 554.2TB,占数字资源建设总量的 68.1%。2009 年—2012 年数字资源建设及发布情况如图所示:

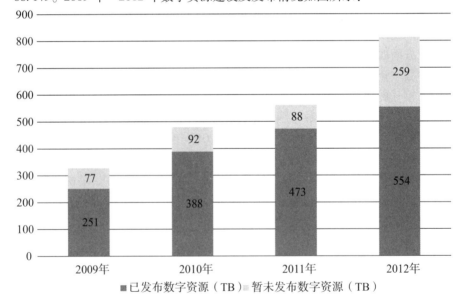

图 2 - 3   2009 年—2012 年数字资源建设及发布情况

国家图书馆的数字资源主要来源于四个方面:一是购买的音像制品、中文光盘和网络数据库;二是自建中文书目、篇名、全文影像及多媒体资源库,以及对购买和缴送的音视频产品进行数字化转换;三是网络资源采集;四是通过版权征集、接受缴送等方式获得的数字资源。由此,已建成的数字资源主要分为电子报纸呈缴、外购数据库、馆藏特色资源数字化、征集数字资源、网络导航和网络采集资源等类型。各类型资源量分别见下表所示:

表 2 - 1　馆藏数字资源各类型资源量表

资源类型	资源量(TB)
馆藏特色资源数字化	694.9
外购数据库	71
电子报纸呈缴	4.65
征集数字资源	12.4
网络导航和网络采集资源	30.7
合　　计	813.65

其内容单元主要包括:电子图书、电子期刊、电子报纸、学位论文、会议论文、音频资料、视频资料等。各内容单元文献建设及发布情况见下表。

表 2 - 2　数字资源各内容单元建设及发布情况表

内容单元	总量	发布量	发布占比
电子图书(万种)	353.8	339.7	96%
电子期刊(万种)	5.6	5.6	100%
电子报纸(万种)	1.5	1.5	100%
学位论文(万篇)	400.4	399.8	100%
会议论文(万篇)	365.5	365.5	100%
音频资料(万首)	107.2	65.5	61%
视频资料(万小时)	10.2	5	49%

国家图书馆通过外购引进数据库,丰富馆藏种类和内容。截至 2012 年底,国家图书馆 254 个外购数据库均已在馆域网内发布,其中包括中文数据库 121 个,外文数据库 133 个,如下表所示。

表2－3 外购数据库服务情况表

资源访问	数量(单位:个)		占比
馆域网服务	中文数据库	45	41.3%
	外文数据库	60	
互联网远程访问	中文数据库	76	58.7%
	外文数据库	73	
合计	254		

其中可直接通过公网访问的资源有8个中文数据库;可通过代理服务器或VPN远程访问的资源有73个外文数据库;可通过读者卡合法认证后远程访问的资源有32个中文数据库;可通过特定账号远程访问的资源有36个中文数据库。国家图书馆通过资源征集建设的数字资源,以馆藏特色资源、地方志、家谱、老照片、年画、专题视频资料、非物质文化遗产、少数民族资源、少年儿童资源等内容作为主题,并在2012年完成部分数字资源的验收,共完成对69个资源包约4TB数据的验收。

国家图书馆接受呈缴的实体光盘资源,全部可以实现馆内借阅使用。51种接受呈缴的电子报纸,其中37种实现馆域网发布,存储量为1.5TB,占全部接受呈缴电子报纸存储量的33%。征集数字资源已发布的存量约为10TB,占全部征集资源存储量的80.6%。

网络导航数据采取建设即发布的方式,并保持定期更新维护,全部实现了互联网的发布。网络资源采集发布的资源为5.9TB,占全部网络资源采集存储量的19.2%。相关统计见下表。

表2－4 各种来源数字资源建设和发布服务情况汇总表

资源类型	建设数量	存储量(TB)	发布数量	发布存储量(TB)	发布比例
呈缴(电子报)	95 种	4.65	34 种	0.14	3.07
外购数据库	254 个	71	254 个	71	100
馆藏特色数字化资源	/	694.9	/	465.8	67

续表

资源类型	建设数量	存储量(TB)	发布数量	发布存储量(TB)	发布比例
征集	/	12.4	/	10	80.6
网络资源导航和网络资源采集	2.1万项导航 5万个政府网站 315种电子报纸 80个专题信息	30.7	2.1万项导航 5万个政府网站 25个专题信息	5.9	19.2
合计	/	813.5	/	554.2	68.1

2. 特色专题资源重点突出

国家图书馆数字资源建设面向读者服务和使用,以服务性数字资源建设为重点,数字资源建设工作主要集中在元数据仓储、新媒体、立法决策服务支撑、特殊群体服务等方面,并已建设一系列特色专题资源库,供读者进行资源检索和浏览。

元数据集中仓储建设工作对国家图书馆自建、购买、征集、开放获取等方式获得的书目、目次、篇名、摘要、封面以及相关裸数据等进行整合,为各类资源的集中揭示、发现与获取进行数据准备。网络资源的整合揭示工作将国家图书馆采集并保存的各种网络资源按照专题、时间等多种维度进行整合揭示,并探索利用新型知识组织工具实现对网络资源的自动标引,为用户提供网络资源的查询与获取服务。

基于手机、数字电视、网络电视等新媒体服务的资源建设,拓展国家图书馆服务阵地,开展跨行业合作。依托基于移动通讯网的平台,继续进行手机适用资源的加工与服务;依托与歌华有线等新媒体服务商的合作,继续进行数字电视节目制作与服务;依托与中国网络电视台的合作,开展"在线学习图书馆"建设,建设国家数字图书馆网络电视频道。

国家图书馆通过"中央国家机关立法决策服务平台建设""中华人民共和国法律法规信息服务系统"等项目建设,为立法决策支撑服务的数字资源建设,加强国家图书馆开展立法决策服务工作的保障性资源建设。开展"少儿数字图书馆"建设项目,整合国家数字图书馆资源,提供适合少年儿童的数字资源与服务;继续进行盲人数字图书馆适用数字资源的加工与服务,加强为少年儿童、残障人士等特殊群体服务的数字资源建设。

国家图书馆建设了大量的特色专题资源库,通过互联网向公众提供检索与浏览服务。例如：数字方志资源库，提供了2864种地方志数字资源；馆藏西夏影像资料库，提供西夏古籍原件影像；馆藏石刻拓片资源库，提供已完成扫描的拓片2万余种；馆藏博士论文资源库，提供6万种博士论文数字资源；馆藏民国期刊资源库，提供2800余种，8万多期，460万页的全文数字资源；馆藏年画资源库，提供已数字化的馆藏年画检索与浏览服务。

三、服务方式——服务模式不断创新

1. 远程数字图书馆服务

国家图书馆通过数字图书馆远程服务系统的建设，打破了传统服务的地域局限性。目前已经开展服务的有统一用户管理、读者门户、文津搜索、馆际互借与文献传递、虚拟参考咨询、卫星数据广播等多个系统。

统一用户管理系统对国家图书馆所有业务系统读者数据进行整合，解决各业务系统各自为政，读者需要多次注册多次登录的困境，为读者提供了一次登录，广泛享用图书馆服务的快捷方式。

国家数字图书馆读者门户是面向读者的统一服务窗口，读者根据自身需求查询国家图书馆丰富的实体馆藏资源，也可以访问国家数字图书馆众多的数字资源。读者门户将数字资源按照资源类型进行分类导航，便于读者找到所需要的资源库，同时记录读者的历史阅读记录，便于读者继续阅读上次未读完的书，并根据读者的检索记录、阅读记录，自动为读者推荐感兴趣的数字资源。

国家图书馆建设专业的资源搜索引擎——文津搜索，为读者提供资源检索、揭示和获取的服务平台。文津搜索支持读者进行一站式检索，读者只需在检索框中输入检索词，系统就可以快速检索多方整合的资源，通过多种途径的分类和排序方式进行过滤、聚合与导引，方便读者快速定位所需信息，进而选择获取资源。文津搜索上线之初就整合了国家图书馆的自建资源和大部分已购数字资源，整合近2亿条书目信息，不仅覆盖国家图书馆的资源，还包括更多其他图书馆的资源，实现海量数字资源的整合与揭示。此外，文津搜索具备数字资源深度揭示的功能，可以揭示书封、摘要、目次、篇名等信息，使读者从不同层面更加深入地了解资源。文津搜索支持检索结果的在线阅读和分享功能，提供搜索建议、热门搜索词、分类导航检索、文献推荐等服务，并且根据读者权限提供在线阅读服务。

参考咨询是图书馆读者服务的重要环节,虚拟参考咨询系统是主要建立在局域网或因特网上运行的自动化参考咨询管理系统,为通过电子邮件、网络表单、虚拟实时咨询等方式提交的涉及图书馆资源、图书馆服务、科技、社会科学等相关学科专业知识的不同层次的读者需求提供咨询服务,涉及党、政、军、重点科研生产建设单位和教育机构、图书馆同行和一般读者。

馆际互借与文献传递系统是国家图书馆通过自动化业务工作流程提供远程服务的典型实例。该系统的建设成功和投入使用,切实解决了以往人工管理表单、账目和统计时,工作效率低,数据误差大的问题。系统能够有效地控制用户资金出入状况,加强对业务流程的监控;为工作人员提供查询统计信息,并自动生成各种报表,为管理人员提供决策依据。通过此系统,可以实现国家图书馆各种文献的高度共享,提高文献的利用率,并为国内外资源的共享搭建平台,为推广国家图书馆的远程信息服务提供强有力的技术支持。

国家图书馆卫星数据广播系统充分利用卫星技术,丰富国家图书馆信息资源,拓展国家图书馆服务范围。系统可通过局域网或互联网直播国家图书馆视频会议系统举行的视频会议,全国图书馆员工通过网络,便可实时收看到国家图书馆举办的会议及培训视频。还可将数据资源发布到全国各地图书馆,同时构成临时性到各省图书馆的网络无线备份通道。另外,我们可利用文化信息共享工程已经建立的卫星接收与发射系统,建立全国图书馆之间的卫星通信网络,为有线网络无法铺设的偏远地区,提供图书及视频资源,丰富当地的文化教育生活。

2. 移动数字图书馆服务

国家图书馆于 2007 年年初建立了国家图书馆读者短信服务系统,开始了国家图书的移动服务建设进程,截至 2012 年,国家图书馆的移动服务工作已初步建成了以资源和服务内容为基础,以手机、手持阅读器、平板电脑移动终端为媒介的,以 WAP 网站、手机客户端、应用程序商店、个性化图书资源、在线咨询为服务形式的国家图书馆移动服务体系,满足了读者随时随地查询图书借阅、读者服务、讲座展览等信息,随时随地检索国图书目、博士论文信息,随时随地在线或离线全文阅览一些图书、馆藏老照片、国家图书馆讲座视频等资源。国家图书馆的移动服务发展速度是极快的,其丰富的服务形式更是国内外领先的,尤其是在移动服务建设工作中打破了图书馆固有模式,以合作模式突破了图书馆服务的无形围墙,在国内首创利用中国移动阅读平台、中国网络电视台大众媒体渠道发布资源及信息。国家图书馆的移动服务工作通过不同的移动终端拓展了读者访问渠道,同时借助其他媒体发布渠道扩大了图书馆读者服务范围,将国家图书馆优质的资源和服务推向了更广阔的空间。

短信服务自2007年推出之后,为方便不同地区、不同运营商的用户都能使用国家图书馆读者服务,采用了全国统一服务号码,从2007年397条;2008年23 242条;2009年219 832条;2010年169 104条;2011年56 213条;2012年652 643条。

(单位: 万条)

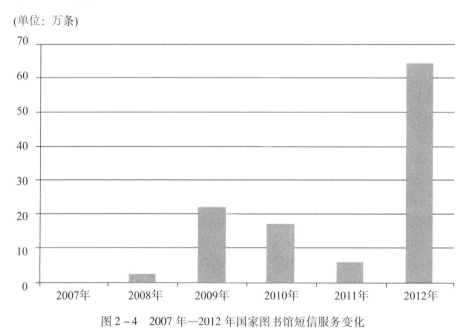

图 2-4　2007 年—2012 年国家图书馆短信服务变化

国图手机门户2008年上线,2010年9月9日改版,至此成为能够自适配手机操作系统的多版本浏览形式。国图手机门户的访问数呈增长趋势,2008年9月9日到2009年9月8日期间访问数为90 185次,2009年9月9日到2010年9月8日访问数为96 860次,同比增长7.40%;2010年改版后访问数为385 759次,2011年访问数1 122 649次,2012年访问数19 216 110次。

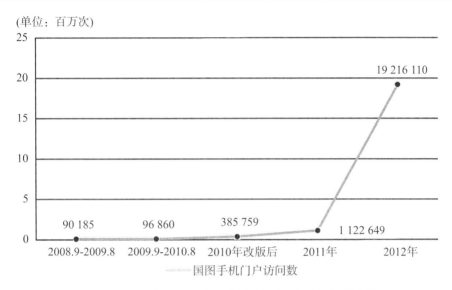

图 2 - 5　2007 年—2012 年国家图书馆手机门户访问量变化

　　国家图书馆移动服务在经历 4 年的快速发展后,进入稳步发展阶段。在这发展的 4 年中,我们不但积累了移动服务开发的经验,同时也在客观审视移动服务中的问题。复杂的移动服务形式、多样的移动终端、海量的用户、个性化的需求、繁复的资源格式、短暂的在线时间、新技术的迅猛发展,这些因素导致移动服务系统版本必须多元化,必须具有很强的适配性,必须具有高并发和极快的响应速度,快速的资源组织和转化能力。移动服务未来发展中,要在大力开发新的移动服务模式和形式的同时,着重解决在三网融合形式下,如何传递、存储、过滤和发布对用户最有用的关键性的信息;如何对新媒体资源进行版权保护;如何通过技术手段解决读者全文阅读的要求;探讨如何解决移动阅读中社科资源较多科技资源较贫乏的问题等一系列我们在工作中已经遇到的和依据事物发展规律将要遇到的问题。

　　3. 家庭数字图书馆服务

　　为拓宽数字图书馆的服务范围,国家图书馆从 2007 年开始就着手在数字电视平台上开展数字图书馆服务。国家图书馆与北京歌华有线电视合作,开通了"国图空间"频道。国家图书馆数字电视频道——"国图空间"是世界上第一个由图书馆制作的专业电视频道。它是国家数字图书馆创新服务方式之一,数字电视服务的推出,已经开始在北京部分小区播放高清节目,有线电视用户足不出户,凭借手中的遥控器可以自在惬意享受国家图书馆的服务。

该合作项目是通过歌华有线高清交互数字电视平台实现对国家图书馆馆藏书籍进行在线查询、预约、续借的新应用。用户通过该应用可查询书籍的相关信息,包括版本、馆藏数目、可预约时间等,并根据上述信息预约图书。"国图空间—图书预约"在交互电视平台上真正实现了图书馆传统业务。此外,还可以通过文津讲坛、书刊推荐等子频道,对国家图书馆推送的音视频及图书文字等资源进行选择行观赏。在北京地区,截止到 2012 年年底,基于广播电视网络的数字电视服务已发布图文信息 38 000 多条,页面 75 000 多个,视频时长达 614 小时,月访问量平均 24 万次,在歌华有线 25 个交互应用中点击量排行第二名。

4. 特殊群体服务

秉承信息无障碍理念,建设盲人数字图书馆。在互联网时代,残疾人如何获取知识、提高自身素质、平等地参与社会生活是全社会都要重视关心的问题。国家图书馆作为国家公益性文化单位,应当积极探索利用现代技术手段开展为残疾人群体服务。中国盲人数字图书馆是"中国残疾人信息无障碍关键技术支撑体系及示范应用"项目的重要内容,本着公益性服务、信息读取无障碍、资源特色化及共建共享的原则,为视觉障碍群体提供近千本电子书籍、2600 首音乐作品及 400 多场在线讲座。由于网站提供的功能更贴近残疾人的特殊需求与服务,网站的日平均点击量达到 8.4 万次,日平均访问人数达到近 2000 人,受到社会各界和广大残疾人朋友的关注与好评,为残疾人朋友提供了一个平等的信息、知识获取的平台。

注重文化传承,建设少儿数字图书馆。当代少年儿童接受中华民族传统文化教育的机会越来越少,兴趣也越来越淡,而对西方物质崇拜和文化崇拜的现象也越来越多。为了在少年儿童群体当中培养人文主义精神,培养正确的人生观和价值观,传承中华民族优秀文化,扩大东方文化影响力,国家图书馆通过建设少儿数字图书馆,为少年儿童提供大量优秀的、具有科普或者教育意义的数字资源,同时借助人体手势识别等新技术,为到馆小读者提供非接触式电子图书阅读体验。目前已在少儿图书馆的阅读大厅里共安装有两台少儿虚拟阅读站,提供的电子图书包括数字连环画 400 册、文津图书奖历届获奖图书近 100 本。

四、标准规范——规范体系日趋完善

标准规范作为数字图书馆建设的基础,是开发利用与共建共享资源的基本保障,是保证数字图书馆的资源与服务在整个数字信息环境中可利用、可互操作和可持续发展的基础。国家图书馆在参照和遵循信息化方面的相关国际标准和国家标准的基础上,形成自己的技术标准、业务管理规范和指标体系。自2010年起,国家数字图书馆工程标准规范项目成果开始由国家图书馆出版社进行结集出版。标准规范成果的出版,为其他图书馆、数字图书馆建设及相关行业数字资源建设与服务提供了建设规范依据,对于推广国家数字图书馆建设成果,提高我国数字图书馆建设标准化水平,促进数字资源与服务的共建共享具有重要意义。

1. 数字图书馆标准规范体系

数字图书馆标准规范体系包括汉字规范处理、数字资源唯一标识符、数据对象管理、元数据总则、专门元数据、知识管理、资源统计和长期保存等标准规范,共计34项标准。

标准规范体系建设围绕数字资源生命周期为主线进行构建,涉及数字图书馆建设过程中所需要的主要标准,涵盖数字内容创建、数字对象描述、数字资源组织管理、数字资源服务、数字资源长期保存五个阶段。数字内容创建阶段包括数字资源加工、数字资源转换,涉及的标准包含数据编码、对象标识和数据格式等标准。数字对象描述阶段包括元数据制作、元数据互操作,涉及的标准包含元数据标准和编码体系等标准。数字资源组织管理阶段包括数字对象调度、资源集合组织,涉及的标准包含对象管理、知识组织和数字版权等标准。数字资源长期保存阶段包括长期保存策略、数字资源存取,涉及的标准包含长期保存、长期保存元数据、资源存储等标准。数字资源服务阶段包括数字资源发布、数字资源检索,涉及的标准包含网络服务、检索服务和应用服务等标准。

2. 标准规范建设核心内容

(1)汉字处理规范

国家图书馆收藏有大量的善本古籍文献,古籍数字化是数字资源建设的重要内容。在古籍数字化处理过程中,既涉及集外字的处理,又涉及全文文本的版式还原处理。以国家图书馆的"数字方志"项目为例,一期项目完成的50多万页地方志文献全文数字化,涉及汉字2亿多个,有5000个左右汉字属

于集外字。"数字方志"项目中涉及的文献主要还是明代以后的文献,对于国家图书馆收藏的大量宋元时期,甚至更早期的善本古籍文献来说,面对的集外字数量可能更多。这说明虽然 ISO/IEC 10646:2003 的字符集中有 7 万多个汉字,但是用字量还是不能完全满足要求。

(2)唯一标识符规范

国家图书馆拥有丰富的数字资源,主要来源为数字资源缴送、外购数据库、馆藏特色资源数字化、网络资源保存等几个方面,其类型包括全文文本、全文图像、音频、视频、书目数据等,涉及拓片、古籍、年画、学位论文、讲座、电子图书、电子期刊、电子报纸、网站等多种文献类型。目前尚缺乏统一的唯一标识符规范对这些数量巨大的数字资源进行统一管理与调度。

国家图书馆数字资源唯一标识符规范的研制目的就是要通过唯一标识符机制,实现对各类型数字资源的有效调用。该规范要充分考虑与其他行业、机构唯一标识符系统的兼容,并在充分调研国内外数字资源唯一标识符发展现状与趋势的基础上,结合国家图书馆数字资源及标识符情况,提出了国家图书馆数字资源唯一标识符的框架体系、语法规则、命名规则、解析规则、扩展规则、管理规则及其他相关规则,并提出已有数字资源唯一标识符的转换机制。该规范已由国家图书馆委托中科院文献情报中心进行研制。

(3)对象数据规范

国家图书馆的数字对象主要包括文本、图像、音频与视频,需要制定对这些资源进行数字化加工所遵循的标准与规范。目前关于各种类型数字对象的格式标准非常多,分别适用于不同的资源类型和不同的应用级别。

国家图书馆关于对象数据的标准规范主要包含国家图书馆数字资源对象管理规范和各类型数字资源的加工标准与工作规范。国家图书馆数字资源对象管理规范是总则性规范,要根据国家图书馆数字资源对象的情况,建立一套完整的数字资源对象管理规范体系。该规范要求在分析国家图书馆自建、购买、采集、缴送等多种来源数字资源的基础上,制定数字资源的采集、转换、检验、封装、存储等相关管理规范。根据国家图书馆资源情况,建立文本、图像、音频、视频数据加工标准与工作规范,对各类数字资源内容进行分析,确定采用的数字编码和内容标记标准,制定数字资源的格式体系及应用级别标准,制定各类数据的加工流程及操作指南规范。并针对不同类型的文献资源制定专门的数字资源加工标准规范。

（4）元数据规范

国家图书馆所应用的元数据有许多种,其中传统印本文献元数据以CNMARC 或 MARC21 为主,数字资源有些是自定义的元数据格式,有些是基于 DC 扩展的元数据格式。随着数字图书馆建设的发展,数字资源数量越来越多,类型越来越丰富。数字资源在制作、利用与保存方面均不同于传统文献,对其描述的要求也不同于传统文献,在实际工作中已经暴露出文献描述体系不能满足数字图书馆建设与服务需要的问题。国内外已有的元数据成果对国家数字图书馆元数据标准规范建设有一定的借鉴意义,但鉴于国家图书馆资源的多样性与复杂性,之前的成果还不能完全满足国家数字图书馆建设的需要,制定数字资源建设采用的元数据规范体系,已成为国家数字图书馆建设要解决的关键问题之一,是国家数字图书馆标准规范建设的重要内容。

（5）资源统计规范

对不同类型数字资源的数量、服务等进行科学合理的统计,并根据统计结果调整数字资源建设与服务策略,对数字图书馆建设的科学性与规范性具有重要意义。目前,针对各类型数字资源的统计尚缺乏系统的标准规范成果,对统计方法、指标体系等也还没有一致的认识。

为此,国家数字图书馆将建立一套针对数字资源的统计规范,该规范要求针对数字资源建设、服务与管理等方面,提出数字资源的统计范围、分类标准、指标体系、统计方法、评价方法及其他相关标准,以规范数字图书馆的资源统计。

（6）知识组织规范

对文献信息资源进行深度挖掘,为用户提供知识服务是数字图书馆的服务目标之一。为此,有必要在国家数字图书馆标准规范体系内建立一套知识组织规范,对知识组织体系（KOS）结构进行规范,对知识概念间的组织与连接进行规范,建立知识库的制作规范,确立知识组织体系的构建与应用规范及互操作规范。图书馆界传统的知识组织体系,如分类、主题等,发展已经较为成熟;而新型的知识组织体系,如本体,在图书馆界尚处在摸索阶段。

国家数字图书馆希望通过知识组织规范的研制,制定适用于数字资源知识组织的规范,能够实际指导国家图书馆知识库的建设,以及数字资源知识组织体系的建设与应用,从而使为用户提供高质量的知识服务成为可能。

（7）长期保存规范

国家图书馆一直致力于传统文献的长期保存工作。而面对越来越多的原生或再生数字资源,将其作为民族文化遗产的一个重要组成部分,进行长期保存,也是国家图书馆的一项重要职责。ISO14721:2003 空间数据和信息传递系统—开放档案信息系统—参考模型,即 OAIS,被普遍接受为数字资源长期保存系统的基本框架,并且被国内外众多图书馆的数字资源保存项目所采用,但 OAIS 作为一个框架模型,在应用层面还有许多课题需要研究。在长期保存元数据方面,OCLC 推出的保存元数据数据字典目前也已被许多项目所采用,具有较好的应用与发展前景。国家数字图书馆以这些标准规范成果为基础,研制国家图书馆数字资源长期保存规范。国家图书馆数字资源长期保存规范的研制内容主要包括三大部分,即根据 OAIS 参考模型,制定信息包封装规范;制定数字资源长期保存技术应用方案;制定数字资源长期保存元数据规范。

五、应用推广——全国范围推广成果

1. 已形成良好的政策环境

自数字图书馆推广工程(以下简称:推广工程)实施以来,文化部、财政部先后出台一系列文件,对推广工程实施工作进行指导和部署。文化部多次组织开展全国公共图书馆评估和重点文化工程督导工作,将推广工程纳入评估体系和督导重点,进一步推动了推广工程在各地的实施。大部分地区积极将数字图书馆建设纳入当地文化发展规划,有效地领导、组织、统筹本地开展推广工程建设工作。黑龙江省、山东省、内蒙古自治区及青岛市等地区积极落实出台本地区工作规划、建设方案以及相关技术标准。山西省图书馆、沧州市图书馆、池州市图书馆等一批数字图书馆新馆开馆,提升了地区数字图书馆建设与服务水平。

各级财政持续投入,有效保障推广工程建设。截至 2013 年第三季度,各级财政对推广工程的经费投入总额累计达 4.51 亿元,包括中央财政投入资金 2.96 亿元,地方财政投入配套资金 1.55 亿元。其中,2013 年 9 月新增中央转移支付 1.23 亿元,用于第三批实施的 189 家市馆硬件采购,以及各省开展资源建设。在中央财政投入的带动下,各地加大对数字图书馆建设投入,提升了地区图书馆软硬件实力和服务能力。湖北省投入 8800 万元,天津市投入 6090 万元,上海市投入 3485 万元,用于省级数字图书馆建设。银川市投入 2850 万元,沈阳市投入 1444 万元用于市级数字图书馆建设。

2. 已搭建可靠基础设施体系

数字图书馆硬件条件得到改善。根据《关于印发"数字图书馆推广工程"

省级、市级数字图书馆硬件配置标准的通知》要求,截至2013年第三季度,2011年和2012年实施推广工程的图书馆中,已有30家省馆和129家市馆达到硬件配置标准要求,分别占省、市级图书馆的90.91%和69.73%。

数字图书馆虚拟网稳步推进。全国绝大多数副省级以上图书馆与国家图书馆实现虚拟网联通。24个省(区、市)开展省内虚拟网搭建工作,累计联通地市级图书馆139家。天津市19家地市级馆全部联通,山东省17家地市级馆全部联通,浙江省11家地市级馆全部联通,覆盖省、市两级的数字图书馆虚拟网已经建成。

3. 已全面部署软件系统平台

推广工程将国家数字图书馆的业务系统平台和标准规范体系推广到全国,为我国数字图书馆业务能力不断加强提供技术支撑。截至2013年第三季度,已有超过一半的省级图书馆完成《数字图书馆推广工程软件配置方案》必配系统的部署工作。其中,运行管理平台已完成9家副省级以上图书馆和2家市级图书馆的部署;统一用户管理系统已完成31家副省级以上图书馆和3家市级图书馆的部署;唯一标识符系统已完成20家副省级以上图书馆和3家市级图书馆的部署;版权信息管理系统已完成2家副省级以上图书馆的部署;政府公开信息整合服务平台已完成34家副省级以上图书馆的部署。

4. 已初步建立资源保障体系

北京、上海、江苏等地省(市)馆,杭州、济南、厦门等地市级馆,结合地方特色,依托馆藏资源,建设了一批内容丰富、形式多样的优秀数字资源,满足了读者日益增长的文化信息需求。推广工程通过开展元数据登记,构建全国信息资源元数据仓储,目前共登记46个数据库、146万条数据。资源共享方面,45家副省级以上图书馆可以通过虚拟网实现数字资源的访问,占到了副省级以上图书馆的90%;34家图书馆通过统一用户认证系统实现对国家数字图书馆海量数字资源的认证访问。

为拓展数字资源服务范围,推广工程配置总量超过120TB内容丰富的数字资源,面向全国读者共享使用,整体提升各级公共图书馆的服务能力和服务水平。截至2013年第三季度,推广工程统一用户系统实名用户已达到357万人;第二、三季度,推广工程网站访问人次达11万人次,较去年同期增长69.5%。此外,各级图书馆通过本地推广工程资源专题页面,面向区域内读者开展服务。

5. 全面开展数字图书馆服务

推广工程通过策划"网络书香"品牌系列活动,向公众宣传推广工程,推介数字资源服务内容。其中,"全国数字阅读推广活动"联合全国百余家图书馆,通过展板、讲座、体验区等形式,陆续在福建、天津、贵州、甘肃、江西、湖南、浙江进行重点推广。此外,通过开展"我与数字图书馆"有奖征文、在线资源搜索竞赛、"掠美瞬间"图片征集等群众活动,吸引6000余人参加。

继续积极开展数字图书馆基层服务工作,打通公共文化服务最后一公里。内蒙古自治区结合区域特点和民族特色,首创"马背数字图书馆";贵州省开展"百万公众网络学习工程"活动,迅速提升贵州数字图书馆影响力;西藏自治区举办"数字资源走基层"活动,将定制化数字资源推送至学校、军营。

六、科研成果——预研应用绩效显著

在数字图书馆建设过程中,国家图书馆积极推动科研活动的开展,不但积极支持与数字图书馆相关的文化部科研项目立项工作,而且大力支持国家图书馆员工在馆内开展科研活动。

1. 数字图书馆理论体系研究

全新的数字环境正在迅速而且彻底地改变着人类信息的生产、组织、存储和传递的方式,因而也深刻地改变着图书馆相关理论体系,国家图书馆通过国家社科基金项目"数字图书馆体系结构的研究""数字出版物呈缴制度研究"等科研项目的研究,对如何构建数字环境下新型图书馆的理论体系架构,数字出版物应该如何进行呈缴、数字图书馆应以何种标准进行评价等问题进行研究和论证,并通过国家社科基金项目"我国数字图书馆标准规范体系及其构建机制研究"、文化部课题"文化数字资源唯一标识符体系的研究与建设"等项目,对数字图书馆标准规范体系、数字资源标识体系、评价服务体系、资源保障体系等,进行了充分的研究和探讨。

2. 数字资源建设与组织

数字和通信技术的发展,使数字资源建设呈现多样化、多元化,为了更好地利用数字资源,让数字资源更好的服务广大读者,国家图书馆在数字图书馆建设过程中进行了大量理论研究与项目实践,注重对数字资源的建设,如通过国家社科基金重大委托项目"中国古籍数字化工程研究"开展古籍的数字化研究工作。同时注重对数字资源的知识组织研究,通过国家科技基础条件平台项目"数字图书馆知识组织系统标准规范研究"、国家社科基金项目

"馆藏资源元数据的语义描述及关联网络构建研究"、国家社科基金项目"数字信息资源组织工具的研发与应用"等科研项目,对数字图书馆资源组织、知识组织方式进行研究,在信息大爆炸时代发挥图书馆信息中心、知识中心的作用。这方面国家图书馆主要科研项目如下:

3. 数字资源揭示与服务

国家数字图书馆建设重视数字资源的揭示与服务,探索利用新技术、新媒体,构建全新的资源服务模式,因此在数字图书馆建设过程中进行了多项资源揭示项目建设与服务研究,通过国家科技支撑计划项目"文化资源数字化关键技术及应用示范"的研究,解决当前数字文化资源采集加工技术手段不足、标准规范不统一、深加工不足、科技附加值低、服务模式与手段单一、市场化开发与运营薄弱等问题。通过国家社科基金项目"公益性数字文化服务体系研究"、文化部课题"中国残疾人数字图书馆"等科研项目,探讨公益性数字文化服务体系的建立,以及如何保证残疾人文化均等性等问题。并通过对数字资源揭示与服务的研究,提高资源服务效率,做好传统业务与数字服务业务的结合,使图书馆服务更加人性化现代化。

4. 数字资源保存

在数字图书馆的建设中,无一例外地都伴随着数字资源建设,随着数字资源建设的发展,资源量日益增长,为了做好文化的传承与保护,国家数字图书馆建设将数字资源保存作为研究重点之一,做了大量资源保存相关研究,如通过科技部课题"长期保存元数据规范"、文化部课题"基于分布式的异地容灾存储备份系统"等科研课题,对数字资源长期保存元数据规范进行深入研究,做好数字资源的长期保存、异地容灾存储备份的规划,履行图书馆文化传承与保护的职责。

5. 数字图书馆新媒体服务

数字和通信技术的发展,使文献载体多样化、阅读方式多元化,也使图书馆信息服务日益嵌入到大众的生活和工作中。国家图书馆在数字图书馆建设过程中利用各种新兴信息技术进行全媒体服务,如数字电视图书馆服务、移动图书馆服务等,并在建设的同时做了大量新媒体服务研究,如文化部课题"下一代移动互联网图书馆服务模式研究",致力于构建移动互联网环境下的新型图书馆服务模式,再如国家科技支撑计划项目"数字家庭文化公益服务应用示范的研究",探索数字时代公益文化的服务及应用模式,使图书馆服务无所不在,成为真正意义上的"泛在图书馆"。

6. 数字版权管理与保护

数字版权问题是数字图书馆资源建设过程中常有争议的一个问题。国家图书馆在数字图书馆建设过程中,重视对数字资源版权的管理与保护,专门进行了文化部课题"数字版权管理(DRM)在数字图书馆中的应用"等课题的研究,对资源版权管理的风险进行探索及分析,力争做好数字图书馆的版权管理与保护。

7. 数字图书馆新技术应用

信息技术日新月异,国家数字图书馆建设紧跟技术的发展与时代的进步,努力将各种新兴信息技术运用到图书馆中,并就此进行了大量相关研究。如文化部课题"基于 RFID 技术的读者借阅行为分析与预测研究"旨在借助RFID 技术进行读者借阅行为数据的采集,利用数据挖掘技术建立一套对读者借阅行为分析模型,从而实现对读者借阅行为的预测,为个性化读者服务奠定基础。再如文化部课题"基于云计算的古籍数据库建设技术研究",目的在于探索一种新的基于云计算的建库模式,创新古籍数据库的建库模式,提供一个通用的平台,为古籍数据库的标准化建设奠定基础。数字图书馆新技术应用研究将在未来继续探索如何将各类型信息技术运用在数字图书馆的建设与发展中,以适应社会阅读的新变化和新需求,为书香中国添砖加瓦。

第三节　国家图书馆的数字图书馆建设特色

经过多年的建设,国家数字图书馆的软硬件基础设施条件得到极大改善,围绕海量数字资源生命周期管理的软硬件平台已初步搭建完成,服务模式不断创新,标准规范成果陆续出版。国家数字图书馆的建设过程中,形成了一系列独创性、科学性和前瞻性的建设特色。

一、顶层设计先行——以全局视角科学规划数字图书馆建设

国家数字图书馆工程设计历经制定可行性研究报告、编制初步设计方案、细化设计方案三个重要阶段,始终坚持以全局视角科学规划[1]。国家数字图书馆工程建设定位于:全面履行国家图书馆的职能,有重点地收藏、建设和长期保存中文数字信息,在互联网上形成超大规模的、高质量的中文数字资源库群,构建数字资源采集、加工、保存的技术支撑平台,利用先进技术和

传播手段,向全国以及全球提供中文数字信息服务,使国家数字图书馆成为世界最大的中文数字信息保存基地与服务基地[2]。

国家数字图书馆工程的建设坚持开放性、标准性、可靠性和安全性的原则。要求所有产品具有开放标准接口或者通信协议,能够与体系结构、资源建设与服务设计相匹配;采用的应用系统平台和技术软件、产品都应经受市场长期考验,具有成熟的应用案例;系统各项技术遵循现有的国际标准、国家标准、行业标准和相关规范;系统设计充分考虑各种安全风险,确保国家数字图书馆的安全运行。

国家数字图书馆立项之初,除了完整系统的单体数字图书馆规划,同时也着眼于设计一个开放式、可拓展的数字图书馆平台,能为全国所用,在整体架构设计和应用系统平台建设过程中,充分考虑了与其他数字图书馆系统之间的兼容性、互操作性和开放性,保证了所建的应用系统和相关成果能够在其他图书馆复用。正是得益于这一设计思路,数字图书馆推广工程应时而生,将国家数字图书馆工程已建成的标准规范、软硬件系统和资源建设成果在全国各地公共图书馆推广使用,经过多年的实践,全国各级数字图书馆建设与服务能力已经有了大幅提升,我国数字图书馆呈现跨越式发展的态势。

随着不断发展和探索,国家数字图书馆已经成为我国数字图书馆体系的核心,致力于解决关系全局的重大问题,包括建立各个数字图书馆系统的统筹规划与分工协作原则,建立互操作机制和组织协调机制,建立标准规范体系和开放建设机制,探索知识产权解决方案等,在支持全国各个数字图书馆系统的建设和发展中发挥了重要作用。

二、以需求为导向——为各类用户提供随时随地随身的数字图书馆服务

随着信息技术的进步,信息载体多种多样、类型不断丰富,用户的阅读行为发生了巨大的变化,人们获取信息和阅读方式呈现出多渠道、移动化、社交化的特点。国家数字图书馆始终坚持需求为导向,不断创新服务模式,拓展服务渠道,根据不同类型用户需求提供不同类型的数字资源内容和服务形式,使读者能够随时随地访问数字图书馆[3]。

近年来,国家图书馆面向国家机关,面向教育、科研、生产单位,探索出了将多种新技术手段应用于立法决策与参考咨询服务,例如依托国家数字图书馆的丰富资源和新媒体应用技术,开展"两会"数字信息服务,协助部委、企业建设机构数字图书馆。面向社会公众的服务更是亮点纷呈,通过各种新媒体终端,拓展移动阅读服务、数字电视服务;为少年儿童和残障人士提供的互联网信息服务持续发展,分别建立了面向这两类用户的数字图书馆系统。面向图书馆界对图书馆业务与服务进行深度融合,例如:通过联合编目系统进行书目数据的共建共享;通过文津搜索系统汇集全国各级数字图书馆信息资源数据,提供统一检索和揭示服务。

目前,国家数字图书馆的服务范围已覆盖互联网、移动通信网、广播电视网,并通过计算机、数字电视、手机、手持阅读器、平板电脑、电子触摸屏等终端提供数字图书馆服务[4],内容涵盖远程资源访问、整合检索、在线咨询、移动服务、数字电视服务等多种服务形式。一个内容丰富、技术先进、覆盖面广、传播快捷的国家数字图书馆服务网络逐步完善[5]。

三、与传统相融合——实现数字图书馆业务的全流程管理

国家数字图书馆建设最大限度地使图书馆采、编、阅、藏等传统业务和数字图书馆建设与服务相结合,对数字资源生产、组织、保存以及发布服务的生命周期进行全流程管理。

在数字资源采集加工方面,国家数字图书馆注重对数字资源与传统载体资源的有机结合,构建完整、连续、有重点、有层次、各类型资源比例适当的信息资源体系,通过数字资源采购、馆藏传统文献数字化加工、网络资源采集等方式实现数字资源的采集。

在数字资源组织与整合方面,国家数字图书馆以 MARC、DC 元数据编目体系为基础,综合运用多种手段对相互独立的各种数字资源进行系统化处理,通过融合、类聚和重组,对数字资源进行整合揭示,目前已经实现了数字资源在 OPAC 中的揭示,能够实现馆藏书目、数字资源一站式发现与获取的文津搜索系统,以及将各级图书馆书目数据资源和馆藏资源整合的联合编目系统。

在数字图书馆服务方面,国家数字图书馆覆盖了传统图书馆的所有服务对象和服务内容,包括提供一站式的元数据、目录数据、馆藏数据、专题数据库等资源检索服务;为到馆读者提供自助借还服务、自助办证服务、自助复制、智能架位、触摸屏电子报等服务,为非到馆读者提供实名用户认证、在线展览、在线讲座、在线学习等便捷服务;对立法决策机关,提供政府公开信息、立法决策服务平台等服务;对科研单位和企事业单位提供专业化的虚拟参考咨询系统、舆情检测与分析系统等服务[6]。

在数字资源保存方面,国家数字图书馆以维持数字资源长期的可生存能力、可呈现能力和可理解能力为目标,实施分级保存策略,即长期保存级、不定期保存级和临时保存级,以分别满足数字资源当前与长期利用的需要。

四、重视技术创新——以先进技术打造数字图书馆核心系统

国家数字图书馆始终坚持利用最新的技术、最新的渠道建设数字图书馆,网络、软硬件和服务方式都不断创新,在唯一标识、统一认证、整合检索等多个方面处于领先地位。

国家数字图书馆成功构建了全国公共图书馆用户管理体系,在全国范围内实现读者的统一认证和单点登录,各地资源与服务得以高效利用[7]。该体系可以汇集全国读者基础信息和行为信息,这些数据是进一步提高读者服务质量的基础,针对这些数据可以通过海量数据挖掘技术揭示读者行为偏好,并由此扩展个性化读者服务。

国家数字图书馆创立了资源唯一标识体系,不仅为全国图书馆提供唯一标识符注册和解析服务,还向全国其他有需要的单位,如出版社、博物馆和科研机构等提供公益性的唯一标识符注册和解析服务。资源的唯一标识,使得所有资源都可以被精确定位,是资源高效利用以及资源知识挖掘的基础。

国家数字图书馆的文津搜索系统,采用分布式数据处理体系,一方面突破了原有技术体系的数据总量限制,可以对大到 PB 级数据进行处理,另一方面大幅提升检索速度,比传统技术架构提高近十倍。文津搜索系统目前已整合 2 亿条元数据,随着数字图书馆推广工程的实施,全国公共图书馆的资源将逐步纳入文津搜索中统一进行检索和揭示,届时元数据总量将超过 10 亿条。可以说文津搜索在我国公共文化服务领域具有里程碑式的意义。

五、以标准为基础——构建国家数字图书馆标准规范体系

数字图书馆建设是一项庞大的系统工程,需要投入大量的资金和人力,需要较长的建设周期,在建设的开始就必须考虑可持续发展,遵循通用的标准与规范,并把它贯穿于数字图书馆建设的全过程,否则将会为此付出昂贵的代价。标准规范作为数字图书馆建设的基础,是开发利用与共建共享资源的基本保障,是保证数字图书馆的资源和服务在整个数字信息环境中可利用、可互操作和可持续发展的基础。

国家数字图书馆标准规范体系围绕数字资源生命周期为主线进行构建,

涉及数字图书馆建设过程中所需要的主要标准,逻辑关系清晰,业务流程切分准确,便于理解与执行。内容涵盖数字内容创建、数字对象描述、数字资源组织管理、数字资源服务、数字资源长期保存五个环节。国家数字图书馆标准规范的建设,严格遵循相关的国际与国家标准和已经成为事实的标准,逐步建立起数字图书馆领域的标准规范体系,为保持数字资源的通用性和交互性及在不同应用系统之间的互操作,确保参与建设的机构被共同确认的标准规范所约束,提供基础。

因此,国家数字图书馆标准规范建设就尤其重要,因为无论是在图书馆及文献信息业界内,还是在博物馆和档案馆等相关行业内,都起着示范性、主导性和关键性的作用[8]。国家数字图书馆工程通过一系列的标准规范的建设,不仅完善了数字图书馆领域的标准,也进一步强化了国家图书馆在业界的引领作用。与此同时,这些标准规范成果无论是在图书馆及文献信息业界内,还是在博物馆和档案馆等相关行业内,都起着互操作性、示范性、主导性和关键性的作用。

六、管理机制健全——具备完整的数字图书馆建设管理与人才保障体系

国家数字图书馆围绕核心业务摸索出一套完备的建设管理与人才保障体系,建立了一系列的工作规范,对全国的数字图书馆建设都具有指导意义和借鉴作用。

在吸取和学习先进数字图书馆理论及分析研究国内外数字图书馆建设实践的基础上,建立了数字图书馆理论模型,构建国家数字图书馆与传统图书馆相结合的人力资源需求、业务工作流程、组织管理结构、数字资源(生命周期)管理、技术支持环境需求与管理、传统服务与网络服务的系统与管理框架[9]。

通过数字图书馆工程及数字图书馆推广工程的实施,国家图书馆积累了丰富的数字图书馆建设经验,打造出一支专业的数字图书馆建设队伍。国家图书馆在启动数字图书馆建设时,就从构建人才优先发展战略布局上入手,将推动事业发展和人才培养密切结合,制定了《国家图书馆人才发展规划》《文津英才计划》等人才培养规划,将专业人才和管理干部作为人才保障的重点。一方面加强专业人才队伍建设,以提高专业技术人才的专业技术水平和业务素质为核心,以高层次人才和紧缺人才培养、专业梯队建设为重点,构建分层分类的人才培养体系;充分利用重大文化工程的人才聚集效应,创新专业技术人才队伍培养模式。另一方面加强管理干部队伍建设,通过建立健全党性教育、理论教育、业务培训和实践锻炼"四位一体"的干部培养教育体系,形成了分层管理、分级负责的管理机制。

第四节　国家图书馆的数字图书馆建设展望

随着信息技术的飞速发展,数字图书馆建设范围逐渐突破了区域和行业界限,档案馆、博物馆、美术馆等众多机构逐步加入到数字图书馆建设行列,数字图书馆建设内容也从文献资料扩展到档案、藏品等类型,数字图书馆建设正在步入一个跨区域、跨行业联合发展的新阶段。国家对文化发展的空前重视、数字图书馆推广工程等国家重点文化惠民工程的实施以及文化与科技融合的不断深入,也都给国家图书馆的数字图书馆建设提出了新的要求。国家图书馆未来的数字图书馆建设不仅需要致力于自身建设与服务水平的提升,更需要以全局的视角引领全国数字图书馆的建设与发展,以用户需求为中心,加强信息技术在数字图书馆的创新应用,打造以国家图书馆为核心,覆盖全国的数字图书馆建设与服务体系。

一、加强信息网络建设,搭建数字图书馆可靠网络体系

信息传输网络是数字图书馆建设与服务的基础,网络传输的速度与稳定性直接影响着数字图书馆的服务质量。近年来,下一代互联网、通信网和广播电视网迅猛发展,与此同时国家图书馆的网络环境与服务也在不断升级。截至 2014 年年底,国家图书馆的互联网出口总带宽已扩容至 1.2 Gbps,无线网覆盖全馆区,数字图书馆用户数超过 330 万。国家图书馆与全国 30 余家图书馆建立了带宽为 155M 的专线网络,与覆盖全国的省市图书馆建立起虚拟网连接,为全国 500 余万用户提供数字图书馆服务。信息传输网络的日益完善,为数字图书馆提供了基于多网络平台的信息传输途径和服务渠道,也使得数字图书馆对传输网络的依赖程度越来越高,对网络带宽、网络安全性的要求越来越高。

基于信息网络的重要性,未来国家图书馆将进一步加强信息网络建设,打造可靠的数字图书馆网络体系。继续做好国家图书馆自身信息网络建设,增强网络体系规划与设计的科学性、合理性和前瞻性,拓展互联网和无线网

络接入带宽,提高网络安全性和稳定性,为数字图书馆的建设与服务提供稳定高效的网络环境。与此同时,作为数字图书馆推广工程的网络核心,进一步加强与全国各地图书馆之间的数字图书馆专有网络建设,全面开展数字图书馆虚拟网和专网建设,扩大网络覆盖范围,提高网络传输能力,逐步建设形成以专网为骨干、虚拟网为补充,连接省、市、县图书馆,覆盖全国的数字图书馆网络传输体系。通过全国数字图书馆的网络一体化建设,为全国数字图书馆系统互联、业务整合、服务协作和可持续发展提供网络设施保障。

二、整合各类信息资源,构造知识化的数字信息资源库

信息技术的发展极大地促进了数字资源的生产,数字资源内容日益丰富。在数字资源快速增长的大环境下,国家图书馆数字资源的类型、内容也日益丰富,数字资源的总量不断增长。截至 2014 年年底,国家图书馆数字资源总量达到 1024.45TB,较 2013 年总量增长近 150TB,包括电子图书、电子期刊、电子报纸、会议论文、音视频资料、馆藏特色资源、网络资源、"掌上国图"资源等多种类型。同时,随着数字图书馆推广工程的实施,全国各地图书馆数字资源的共建共享不断深入,国家图书馆的数字资源得到进一步丰富。截至 2014 年年底,国家图书馆共征集了来自全国各地图书馆和数字图书馆分馆的数字资源近 30TB,包括地方志、民国文献、老照片、家谱、非物质文化遗产、少数民族资源、少年儿童资源等多种主题类型。图书馆用户面临的不再是信息匮乏,而是海量数据带来的选择与发现困难。如何将海量的、缺乏逻辑关联的信息与不同软硬件环境支持下的异质、异构数字资源进行有机整合,为用户提供统一的、高效的知识服务成为未来图书馆数字资源建设的重要目标。进行知识整合是提供知识服务的必要前提,是数据、信息整合发展到一定阶段的产物,是用户对数字图书需求层次由低级到高级逐步提升的结果。用户对于知识整合的要求不断提升,不仅希望获取不同环境下异构知识源的分布情况,还希望了解不同知识体系中各知识点、知识单元之间的相互关系,从而更好地获取知识。

为满足用户知识服务最大化的需求,国家图书馆将充分运用知识组织、数据挖掘、知识发现、数据融合、智能搜索等技术和工具,做好信息资源的全面梳理和组织,进行各类分布的、多样化的海量信息资源关联和深度整合,逐步形成面向需求、适应变化、反应快速、灵活深入的知识发现机制。将传统信息资源组织整理为知识单元,并通过对知识对象、知识关系、知识结构等的分析,实现知识的关联、聚类、分类、鉴别,构造知识化的数字资源信息库,实现任何知识对象或关系与其他相关知识对象或关系的关联,帮助用户构建知识地图,并支持用户对知识空间的探索和思考,为用户提供随时随地、高效快捷的知识服务。

三、全面拓展服务范围,打造泛在化的数字图书馆服务

信息技术的发展和革新,改变了人们的信息获取途径,人们学习与阅读的方式呈现多渠道、多元化、多媒体的特点。以移动阅读为例,2013 年国家图书馆推出数字图书馆移动阅读平台,截至 2014 年年底全国已有近 150 家图书馆通过该平台开展移动阅读服务。2014 年年底国家图书馆与京港地铁共同策划的"地铁图书馆"活动,以移动阅读的形式进行阅读推广,受到了电视、广播、平面等各类媒体的广泛关注。国家图书馆"掌上国图"微信公众号一经推出便吸引了大量关注,仅两个月的时间就获得了 2000 多关注数,为移动阅读平台吸引了大量访客。信息获取途径的多样化,对图书馆开展基于全媒体、多终端的服务提出了新的要求。泛在化服务作为一种全新的数字图书馆服务理念与模式,将图书馆服务无缝地、动态地、交互地融入、延伸到一切有用户存在的地方,使任何用户在任何时候、任何地点均可以获得图书馆的任何服务,成为未来数字图书馆服务的发展方向。

在数字图书馆服务泛在化的要求下,国家图书馆的数字图书馆服务将进一步以用户及其需求为中心,加强数字图书馆移动服务等新媒体服务建设,将服务阵地前移,来到用户的身边,融入用户的日常生活中。进行图书馆传统服务的泛在化开发,将传统图书馆的阵地服务在数字环境中通过网络、手机、电视等多网络多终端多形式更全面地提供给用户。开展创新性、特色化服务,不断通过信息技术的应用与研究,开发基于全媒体的新型数字图书馆特色服务,满足不同用户的多元化、个性化需求。通过服务的泛在化,不断拓展发展空间,延伸服务范围,彰显数字图书馆在网络时代、信息和知识社会中的价值和作用。

四、加强新技术应用,构建数字图书馆技术支撑体系

信息技术的发展速度超乎想象,"云计算"技术目前已经广泛应用于电子商务、电子政务、信息服务等各行各业,并逐步融入我们的日常生活之中。近两年才逐渐引起人们重视的"大数据"处理技术,已经在医疗健康、数据新闻、

社会管理、经济运行等多方面发挥了重要作用。数字图书馆的发展离不开信息技术的支撑,新技术的不断涌现为数字图书馆在软硬件平台、资源建设和服务方式拓展等方面提供了更多的可能性。以语义分析、大数据处理、云计算等技术为代表的新技术应用直接改变了数字图书馆的建设和服务方式。

未来国家图书馆将进一步加强对新技术的应用,构建强有力的数字图书馆技术支撑体系。加强对云计算技术的应用,站在全国数字图书馆体系化建设的角度统筹规划与考虑,通过分布式云计算服务,将互联网上的数字图书馆整合成分布式的网络图书馆,逐步实现数字资源云存储、应用系统云服务,建设数字图书馆云,改变图书馆零星的网络化服务现状。加强对信息组织、语义处理、知识可视化等技术的应用,提高在资源采集、标引、组织、保存等方面的新技术应用水平,为用户提供智能化、个性化的知识组织与服务。加强对大数据处理、搜索引擎等技术的应用,建设精准权威的全国数字图书馆信息资源搜索引擎,提高资源的揭示与服务能力。加强对新媒体技术的跟踪与应用,利用新型的网络工具和信息传播载体,拓展数字图书馆服务渠道与手段。

五、推动业务深度融合,推进数字图书馆跨域合作共建

数字图书馆和传统图书馆相互依存的状态将在较长的一段时间内存在,传统图书馆的各类活动将依然继续,而数字图书馆的基础业务仍将是采、编、阅、藏、检,数字图书馆的发展必将与传统图书馆进行全流程业务整合,包括馆藏统筹建设、资源一体化揭示、服务统一提供和技术应用整合。国家图书馆将继续深化数字图书馆与传统图书馆的整合,实现实体文献与虚拟文献有机结合,实现资源之间的无缝链接,实现实体服务与虚拟服务交叉,让读者一次性获得全部需要的实体馆藏和数字馆藏,为读者提供一站式信息服务。

数字图书馆的发展正在打破地域和行业的限制,建设跨行业、互联互通、共建共享的全媒体数字图书馆服务体系,是未来数字图书馆的发展方向。国家图书馆将以数字图书馆推广工程为契机,加强与全国各地图书馆的合作,通过构建一体化的网络体系、标准化的软硬件平台和共建共享的数字资源,建设覆盖全国的数字图书馆服务体系;同时开展与不同类型、不同行业、不同层次、不同规模的图书馆之间的交流、沟通与合作,探索在资源建设和数字图书馆服务等多方面的合作模式。国家图书馆还将立足图书馆界,放眼全行业,加强与其他行业的合作。开展与博物馆、美术馆、档案馆等文化机构的合作,丰富数字图书馆的资源类型与内容,拓展数字图书馆的服务范围与方式;加强对在科技创新方面表现卓越的信息服务行业或机构的跟踪、关注和效仿,定期深入地与这类机构开展人员交流和技术合作,加大先进科技的引进力度,实现服务提升。

　　未来,国家图书馆将不断深化国家数字图书馆建设,探索更加广泛的数字图书馆技术与数字资源建设的合作共享机制,进一步丰富数字图书馆资源总量并提高质量,在对信息资源整合的基础上,形成一批高质量的专题资源库群;做好数字图书馆发展研究,不断创新服务方式,提升用户体验,带动中国数字图书馆服务水平的全面提升。

参考文献:

[1] 申晓娟. 国家数字图书馆工程建设回顾与展望[J]. 数字图书馆论坛,2008(8):1-20.

[2][9] 富平. 国家数字图书馆建设思路和发展前景[J]. 图书情报工作,2005(11):5-8,19.

[3] 国家图书馆"十二五"规划纲要[R]. 北京:国家图书馆,2010.

[4] 魏大威. 数字图书馆的科学规划与发展探析——国家数字图书馆的探索与实践[J]. 图书馆理论与实践,2013(4):1-5.

[5] 周和平. 抓住机遇开拓创新加快推进我国数字图书馆建设——在2011年中国图书馆年会暨中国图书馆学会年会上的主旨报告[J]. 中国图书馆学报,2012(1):4-10.

[6] 杨东波,富平. 国家图书馆数字资源典藏管理探析[C]//国家图书馆第九次科学讨论会论文集. 北京:北京图书馆出版社(今国家图书馆出版社),2007.

[7] 国家数字图书馆——公共数字文化服务新业态[N]. 中国文化报,2013-08-01(4).

[8] 富平. 国家数字图书馆标准[J]. 国家图书馆学刊,2005(4):13-15.

（执笔人:魏大威　谢强　薛尧予　胡昱晓　温泉　钟晶晶）

第三章　公共图书馆的数字图书馆建设

　　自 20 世纪 80 年代以来,伴随着互联网技术和数字技术的兴起,以美国著名图书馆学家兰开斯特为代表提出的"图书馆消亡论"甚嚣尘上[1],公共图书馆面临着前所未有的挑战。是墨守成规还是顺应潮流,关系着公共图书馆的生死存亡,要想在新的信息环境下继续生存与发展下去,作为一个"生长着的有机体"[2],公共图书馆转型升级势在必行。无独有偶,也正是在这一时期,以美国为代表的西方国家,率先提出并投入巨资开展"数字图书馆"建设[3],且将数字图书馆的建设水平纳入本国信息基础设施水平的重要评价标志[4]。

　　鉴于数字图书馆的时代性与先进性,一经提出就在图书馆行业内反响热烈,得到了广泛的认同,被普遍认为是图书馆在信息时代、数字时代的自我突破,是图书馆发展历程中的高级阶段。李岚清副总理在 1998 年 10 月视察国家图书馆时就曾明确指出,"图书馆未来的发展模式是数字图书馆"[5]。为了抢占信息时代的制高点,我国也在 20 世纪 90 年代开始了数字图书馆相关的理论探索与建设实践。在国家层面上,文化部联合国家图书馆相继推出了"中国试验型数字式图书馆项目""中国数字图书馆工程项目""中国数字图书馆试验演示系统""全国文化信息资源共享工程""国家数字图书馆推广工程""县级数字图书馆推广计划""公共电子阅览室建设计划"等一系列国家级重大项目,极大地推动了我国公共图书馆领域数字图书馆建设的进程。特别是 2002 年推出的"全国文化信息资源共享工程"[6]、2005 年实施的"国家数字图书馆推广工程"[7]和 2010 年实施的"公共电子阅览室建设计划"[8],被誉为是三大"文化惠民工程",它们旨在将公共文化数字资源推送到人们身边,使任何群体、任何个人都能与人类知识宝库近在咫尺,随时随地从中受益,最大程度地消除人们在信息获取方面的不平等[9]。在国家的强力引导下,省(自治区、直辖市)、市、县(区)各级图书馆均不同程度地开始了数字图书馆的建设,一个覆盖全国的、基于公共图书馆服务网络的数字图书馆网络架构正在逐步成型。

　　由此可见,公共图书馆建设数字图书馆,是"应时之需,得地之利,聚众之智"[10]。它是公共图书馆利用现代先进的生产力对丰富的文献资源进行存储、传输、管理与服务,是传统文化与现代科技深度融合的产物。数字图书馆的建设,使公共图书馆在公共文化服务体系和公共数字文化建设中发挥主体作用,使公共图书馆成为满足人民群众基本文化需求的重要阵地,对于"普遍均等惠及全民"[11]的公共文化服务体系建设,具有非常强烈的现实意义。

本报告旨在通过公共图书馆的数字图书馆建设研究,系统总结归纳过去一段时期范围内(自发展初期至2013年年底)我国公共图书馆的数字图书馆建设背景、建设内容、建设特点与建设成就等,分析探讨其在建设过程中涌现的一些典型经验和存在的一些突出问题,对未来一段时期范围内公共图书馆数字图书馆建设热点领域进行了探索与研究,使大家对我国公共图书馆的数字图书馆建设情况有一个总体的把握和全面的认识,为公共图书馆的数字图书馆建设继续向纵深发展提供参考,同时也为新时期、新环境下的公共文化服务体系建设提供借鉴依据。

第一节　建设历程

关于我国数字图书馆研究与建设具体起步时间,目前尚没有一个准确的说法。有学者认为数字图书馆的概念是1994年引入我国信息科学研究领域;也有学者认为国家图书馆是1995年开始跟踪国际数字图书馆的发展动向,了解其相关标准、规范和技术,并及时将有关技术引入到相关的研究项目中;还有学者认为我国的数字图书馆发展是从1996年算起,因为这一年北京召开了第62届国际图联(IFLA)大会,数字图书馆成为该会议的一个讨论专题。通过这次会议,我国正式提出数字图书馆概念[12]。

无论是从1994年算起,还是1995年或者是1996年算起,至今我国数字图书馆已经经历了近二十年的发展。在这二十年中,我国的数字图书馆建设取得了长足的进步,在文化部、国家图书馆的牵头、组织与协调下,开展了一系列的重大文化项目,极大地推动了我国数字图书馆建设的进程。

根据公共图书馆的数字图书馆建设内容和成果,我们可以将整个20年的建设历程划分为四个阶段:

(1)试验研究阶段(1996—1999年):该阶段处于摸索、试验阶段,受到国外数字图书馆发展的影响,国内图书馆已经认识到了发展数字图书馆的意义和必要性,但由于理论及实践的欠缺、软硬件环境的不足,数字图书馆的发展

尚未取得实质性的成果,但已经开始了中国数字图书馆工程的筹备工作;

(2)立项建设阶段(2000—2005年):随着国家"十五规划"将"国家图书馆二期暨国家数字图书馆基础工程"列为重点建设项目,我国的数字图书馆建设正式步入正轨,同时大批企业涌入到数字图书馆建设行列;

(3)全面推广阶段(2006—2010年):该阶段除了前期重点发展的部分公共图书馆外,全国各省市图书馆的数字图书馆建设也取得了实质性的进展;

(4)纵深发展阶段(2011年至今),我国各级各类公共图书馆的发展颇不均衡,越是偏远落后的区域,越是缺乏公共信息服务。此阶段重视县级数字图书馆的推广,使我国已取得的数字图书馆建设成果能够惠及更多的公众。

一、试验研究阶段(1996—1999年)

1. 基本情况

1990年,美国密执安大学提出数字图书馆的概念并在美国形成了研究热潮,我国图书情报界于1994年引入数字图书馆概念。国家图书馆于1995年开始跟踪国外数字图书馆发展动向,1996年申请立项了"数字图书馆实验项目",1997年国家计委批准该项目,称为"中国试验型数字式图书馆"[13],由国家图书馆牵头上海图书馆、南京图书馆、辽宁省图书馆、广东省立中山图书馆、深圳图书馆等6个单位,国家图书馆任组长单位,拟建一个多馆协作、互为补充、联合一致,实现由多类型、分布式、规范化资源库组织的试验型数字图书馆。六馆联合在数字信息资源库设计、专用软件工具和检索标准化等方面取得了十分宝贵的初步成果,为全面开展我国数字图书馆建设奠定了基础,该项目的实施是中国数字图书馆建设开始的标志。

1998年我国数字图书馆建设开始升温,其标志是1998年7月国家图书馆提出的中国数字图书馆工程项目。文化部为此专门成立了"中国数字图书馆工程"筹备领导小组,并先后于1998年9月两次召集相关领域的专家和学者进行讨论,论证中国数字图书馆工程的必要性和可行性。1998年10月2日,国务院副总理李岚清视察国家图书馆时指出:21世纪是知识经济的时代,知识信息的开发利用及知识创新对于知识经济至关重要,并批示要将国家图书馆二期工程建设成为数字图书馆。根据这个指示,国家图书馆集中了大量人力物力,与相关部委、北京市有关单位大力合作,在网络、计算机、软件、数据加工等各个方面组织攻关,奠定了数字图书馆全国中心的基础。1998年12月,由文化部牵头,中国国家图书馆、中国电信集团公司、中国科学院、航天工业总公司、国家广电总局广播影视信息网络中心、清华大学、北京大学等单位联手合作，诸多专家学者共同参与的宏大文化工程——中国数字图书馆工程筹备立项，确立了中国数字图书馆工程的目标，即建立起一个跨地区、跨行业的巨大文化信息资源网络，使之成为我国的"国家信息基础设施"。同年，在科技部的支持和协调下，国家863计划智能计算机系统主题专家组设立了数字图书馆重点项目"中国数字图书馆示范工程"，这是一个由国内许多单位联手参与的大型文化工程，首都图书馆成为中国数字图书馆工程首家示范单位。1999年4月14日，中国数字图书馆有限责任公司经国务院批准成立。1999年年初，国家图书馆完成"数字图书馆试验演示系统"的开发，同年3月，国家图书馆文献数字化中心成立，扫描年产量3000万页以上。

1999年6月28日，中国数字图书馆发展战略研究组、中国科学院计算技术研究所、863计划智能计算机主体专家组、中华文化信息网、中国计算机学会在北京联合举办"99数字图书馆论坛"，邀请了多位国内外著名专家，从规划、管理、技术、法律等角度，共同探讨中国数字图书馆的发展走向。这次盛会成为中国数字图书馆建设的奠基礼，标志着中国数字图书馆建设进入新的阶段[14]。与此同时，我国数字图书馆建设的相关技术条件也已逐步到位。中国科学院、北京大学、清华大学等在相关的技术领域开展了研究工作，特别是在海量数据库软件的引进开发和数据仓库技术开发等方面积累了成功经验，并培养了一批人才。这些单位所进行的国际技术合作和引进技术运用等工作，达到了国际同期水平，为实施数字图书馆工程提供了技术支持。

在数字图书馆的试验研究阶段，早期是以国家图书馆为主，后来逐步发展成部分省市级公共图书馆也参与进来。比较典型的有上海图书馆的数字图书馆项目、广东省立中山图书馆在数字图书馆框架上建立的"网上图书馆"项目、天津图书馆数字化建设工程等。特别值得一提的是辽宁省图书馆数字化图书馆工程，本项目于1997年9月9日启动[15]，是国内首家引进美国IBM公司的数字化图书馆系统，也是全国公共图书馆中首家启动的数字图书馆工程，是试验探索阶段中的省级公共图书馆的典型代表。其典型性体现在该工程既有系统平台选择，也有信息内容的分析与元数据揭示、数字扫描转换、队伍培养，以及对当时国内外数字图书馆的跟踪研究，它把对古籍文献的加工整理作为数字图书馆建设的重头戏，重点加强信息网络建设，采用先进、成熟技术，组建Internet信息发布与服务系统。

2. 主要特点

我国数字图书馆的提出和建设虽然均晚于发达国家,但在试验研究阶段,由于政府的大力支持以及行业的自觉行动,公共图书馆的数字图书馆建设研究取得了有目共睹的成果。

(1)从基本情况我们不难看出,在试验研究阶段,我国的数字图书馆研究主要是由国家图书馆牵头负责,联合社会各界主持了一系列的数字图书馆项目,包括"中国试验型数字图书馆""中国数字图书馆示范工程""数字图书馆试验演示系统"等,这些大型项目的研究与实施,极大地推动了中国数字图书馆研究和建设的进程。

(2)公共图书馆自身的优势在于丰富的馆藏资源,而技术相对比较薄弱,因此大多是与企业或者其他科研单位合作建设,走的是一条资源主导型数字图书馆发展路线,如1999年3月国家图书馆成立文献数字化中心专门进行文献数字化扫描工作。而数字图书馆建设和研究相对前沿的美国,其数字图书馆研究主要由高校牵头,依托高校技术上的优势,在发展方式上走的是一条技术主导型模式。

(3)图书情报界通过与计算机技术界合作开展了大量研究工作。如图书情报界侧重于国外数字图书馆发展、对数字图书馆的认识、数字图书馆与传统图书馆的结合、元数据等,计算机技术界主要研究工作侧重于专门技术、算法和架构,这些研究成果并不是针对数字图书馆开展的,而是把数字图书馆作为应用对象,这些工作是由国家高技术研究发展计划的"信息技术领域智能计算机系统"主题项目和"中国高速信息示范网"专项,以及国家重点基础研究发展规划"网络环境下海量信息组织与处理的理论与方法研究"等项目带动。

(4)数字图书馆是一项系统工程,讲究社会各界的分工与协作,这一点在辽宁省图书馆数字化图书馆工程中体现得尤为显著。辽宁省图书馆数字图书馆工程在IBM数字图书馆系统基础上,由东大阿尔派软件股份有限公司做系统集成和二次开发,辽宁省图书馆在该系统上实现了古籍文献的数字处理、因特网信息发布、多媒体阅览室和VOD点播。这在当时的社会环境与技术环境而言,是一条比较切实的数字图书馆建设路径。

3. 主要障碍与不足

处于试验研究阶段的公共图书馆的数字图书馆建设,尽管包括美国在内的西方发达国家在技术上要强于我国,但也都没有一条可供大家借鉴的成熟路径,因此本阶段的中国数字图书馆事业,大多以探索为主。

（1）缺乏总体的协调与管理。本阶段数字图书馆建设,主要是国家批准立项的一系列数字图书馆建设项目,以及一些省级公共图书馆立项的数字图书馆建设项目。由于我国公共图书馆财政管理体制上"分灶吃饭"的原因,因此在数字图书馆的建设上缺乏总体的协调与管理,特别是数字资源库的建设上,缺乏统一的标准与规范,容易产生信息孤岛和重复建设的弊端。

（2）认识上的不足。究竟何为数字图书馆,数字图书馆该怎么建,在这一时期均无定论。对于数字图书馆的认识,从前述文献调研的情况可以看出,前期主要是基于美国的几个数字图书馆项目介绍,后期才逐步有英国、法国、德国、俄罗斯、日本、新加坡等国家的数字图书馆建设介绍,由于没有建设经验,缺乏原创性的经验积累,因而在认识视野上会存在很大的局限性。

（3）技术上的不足。90年代中后期的中国与发达国家之间IT技术存在着比较明显的差距,而数字图书馆的建设离不开IT技术的支撑。美国作为数字图书馆的发源地,是理念与技术协调发展到一定阶段的必然产物,是自然而然的结果。反观我国公共图书馆当时的实际情况,许多图书馆都还没有开展图书馆自动化工作,仍处于手工操作阶段,更别提馆藏资源的数字化建设、管理与服务。因而这一阶段由某一些技术力量较强的图书馆开展数字图书馆的跟踪、探索、试验,来引领全国的公共图书馆事业的发展,是符合当时的实际情况的。

二、立项建设阶段（2000—2005年）

1. 基本情况

此阶段,我国的数字图书馆建设已形成了一定规模。在国家层面,有文化部和国家图书馆组织实施的国家级数字图书馆项目——"中国数字图书馆工程";在行业层面,有科技部组建的"国家科技图书文献中心",教育部组织实施的"全国高等教育文献保障体系"（CALIS）,中国科学院组织实施的"国家科学数字图书馆工程",以及"军队院校数字图书馆工程""全国党校系统数字图书馆工程"等;另外,有许多地区例如吉林省和深圳市也已经开始规划或建设本地区的数字图书馆项目,这些项目共同构成了我国数字图书馆体系既分布又合作的基本框架。2000年4月,"中国数字图书馆联盟"成立,使数字图书馆的整体建设步入了正轨。

2000年,由中宣部、国家计委、教育部、文化部、信息产业部等10多个部委组成的"中国数字图书馆工程建设联席会议"的召开,标志着中国数字图书馆工程开始启动。其建设目标之一就是在互联网上形成超大规模的、高质量的中文数字资源库群。公共图书馆作为现代社会文化传播的重要部门,其数字资源建设也是中国数字图书馆工程建设的重要组成部分。

2002 年 12 月,国家图书馆二期工程暨国家数字图书馆工程获国务院批准。该项目累积建设了总量近 10TB 的数字资源,内容涉及文学、艺术、法律、科技、教育、旅游等各类信息,并依托国家图书馆馆藏进行了古籍数字化加工工作;在技术研发方面,开发完成了数字资源加工系统、数字图书馆应用系统、数字图书馆区域服务系统和文献数字化工业化生产加工系统;在知识产权问题解决方面进行了有益的探索,并组织开发了版权管理系统;积极参与数字图书馆标准规范的研制工作,制订完成了《中文元数据方案》等标准规范。

2002 年,文化部联合财政部推出"全国文化信息资源共享工程(National Cultural Information Sources Sharing Project)"(以下简称:文化共享工程),该工程旨在促进公共文化的发展和创新,推动文化传播手段的升级换代,将群众喜闻乐见的优秀文化作品通过方便快捷的方式传送到百姓身边,最大限度地弘扬中华传统文化。这一工程对我国公共图书馆的数字图书馆建设影响深远,可以说是奠定了我国公共图书馆开展数字图书馆建设与服务的基础,为开展数字图书馆建设进行了有益探索。数字图书馆工程与文化共享工程相互促进,一方面,文化共享工程取得的成效及积累的先进经验,为数字图书馆的全面普及提供了良好的平台;另一方面,数字图书馆建设也进一步促进文化共享工程更好地发挥作用。

在这一阶段,除文化部和国家图书馆开展的一些重大数字图书馆项目研究与建设以及部分省级图书馆开展的数字图书馆项目建设外,公共图书馆的数字图书馆建设开始向市级图书馆延伸,公共图书馆的数字图书馆建设进入了百花齐放的阶段。一方面相关企业研发出了数字图书馆的软件系统产品,使得市级公共图书馆利用这些软件产品就可以开始数字图书馆建设特别是数字资源库的建设,如杭州图书馆和佛山市图书馆用 TRS 系统开始了数字图书馆数据库的建设;另一方面一些技术力量强大的图书馆开始了数字图书馆软件系统的开发,如深圳图书馆 2005 年结项的"数字图书馆体系结构研究与应用平台开发"项目等。

2. 主要特点

在经历过前期试验研究的初步探索之后,我国公共图书馆数字图书馆建设迈入了正式立项建设阶段。这一段时期,数字图书馆建设与研究不再只局限于国家图书馆或理念比较超前、技术比较强大的省级图书馆,市级图书馆也开始了数字图书馆的建设。

(1)在本阶段,国家正式批准立项了一系列的国家级的、大型的数字图书馆建设项目,如中国数字图书馆工程、全国文化信息资源共享工程等,成功地构建了一批有特色的中国数字图书馆,开展了对数字图书馆某些技术领域的研究,进行了资源数字化的实践,制定了统一的标准和规范,从而奠定了我国数字图书馆建设的基石。

(2)数字图书馆的建设应该由资源和技术联合驱动。在这一段时期,数字图书馆的建设呈现分化现象。文献资源比较丰富的图书馆,立足于本馆资源,开始馆藏资源数字化扫描和地方特色文献数据库的建设工作,解决了数字图书馆资源匮乏的问题;而技术力量比较强的图书馆,则更多地从软件系统的角度,将图书馆自动化系统升级为数字图书馆系统,搭建数字图书馆软件平台,解决了数字图书馆建设过程中出现的一些技术难题。

(3)在资源和技术都已经成熟的情况下,数字图书馆不再只局限于本馆的数字图书馆建设,更多地开始向基层图书馆延伸,逐步形成国家数字图书馆网络。在这一过程中,共享工程所起到的作用是不可忽视的,它通过省—市—县(区)—乡镇(街道)—村(社区)五级公共图书馆网络逐步向基层服务点辐射,从而使文献资源能够通畅地延伸到人们身边,同时也为"数字图书馆推广工程"项目和"电子阅览室建设计划"项目的顺利实施打下了坚实的基础。

(4)数字图书馆的建设是一项系统工程,并非一个图书馆的事情。就本阶段而言,随着计算机技术的不断发展和我国数字图书馆研究水平的不断提高,数字图书馆建设开始由单一资源建设型转向联合建设型,初步形成了跨国界、跨行业、跨系统的合作局面。

3. 主要障碍与不足

在政府的积极领导和倡导下,我国各级公共图书馆开展了很多数字图书馆项目,取得了显著的成就,但在建设过程中暴露出现的一些问题,也是值得我们深思的。

(1)重复建设比较严重。由于我国公共图书馆数字化与网络化建设缺乏一个全国性的宏观规划,各行其政,数字图书馆的系统平台五花八门、互不兼容,各系统之间难以相互联通。在资源建设方面,各数字图书馆不断地重复引进国内外数据库,大量的财力、人力、物力资源浪费在低水平的重复建设上。公共图书馆数字化与网络化在相当的范围和层次上存在重复建设的问题。

(2)基础设施薄弱问题开始暴露。该阶段,虽然有些发达地区或城市的公共数字图书馆已经具有一定的规模,但同一区域内图书馆基础设施发展水平及速度极不均衡,大部分公共图书馆还没有建立起成熟完善的计算机、网络通信、多媒体等技术及建立其上的信息网络基础设施,网络环境不完善,主干网络宽带也不够宽,网上通讯速度慢,站点时常中断,网络设施普及还不够,虽然很多公共图书馆建成了电子文献阅览室,但普遍规模较小,多数没有开发电子文献阅览室管理软件,电子文献普遍缺乏。

(3)特色资源建设的深度、广度不够。在特色资源的建设过程中,有的公共图书馆只是简单地将印刷版资料扫描一下,而不进行进一步地加工处理,比如分类、导航、全息化,片面追求数量和速度,不考虑资源的再生性与二次利用。

(4)高素质数字图书馆建设人才相对比较缺乏。随着数字图书馆的兴起,馆员队伍中专业人员与技术人员少、年龄老化等现实问题显得更为突出。对现有馆员队伍缺乏系统的、有计划的在职学习和培训,馆员的业务水平难以出现质的提高,知识结构和观念落后陈旧,无法适应提供数字化信息资源服务的要求,也是不容忽视的问题。

(5)数字图书馆技术应用不够广泛,智能化、个性化服务程度低。我国数字图书馆的发展时间不长,多数还停留在数字化资源上网的水平,只是简单地将共享资源罗列在页面上供用户检索。国内只有少数几家数字图书馆从用户角度出发,推出了智能化异构数据库统一检索平台和个性化信息服务系统,但是无论从其技术含量还是服务深度来看都与国外数字化图书馆存在很大差距。能够在异构数据库平台中提供检索的数据库还十分有限,个性化信息服务系统也非常不完善,还处于发展阶段。

(6)标准化与规范化问题开始显现。经过几年的建设和研究,我国在数字图书馆的标准和规范方面进行了专项研究,但其涉及的领域还比较片面,研究成果也没有在全国进行广泛的推广。公共图书馆数字化与网络化建设缺乏统一的标准,各馆分别负责拟定各自的建设标准,组织建设的数字资源库在结构、检索界面、检索语言、专业词汇、组织方式等许多方面也存在差异,导致不能联网共享,无法实现网络化和资源共享。

三、全面推广阶段（2006—2010 年）

1. 基本情况

公共图书馆的数字图书馆建设在经历试验研究阶段和立项建设阶段的培育与发展之后，我国的数字图书馆建设步入了一个相对比较成熟的时期，而这一时间我国正值"十一五"时期。

"十一五"时期，我国数字图书馆全面推广的内外部条件已经基本具备。第一，国家加大了文化建设力度和文化体制改革步伐，增加了公共图书馆的投入，据统计，截至 2010 年，中央财政投入专项经费 2.78 亿元，对全国面积未达标的县级图书馆和文化馆修缮给予资金补助。2010 年，各级财政对公共图书馆财政拨款总数达 58.4 亿元[16]；第二，现代信息技术的迅猛发展，以开放获取为主要特征的学术交流环境的出现，对数字图书馆产生了巨大而深刻的影响；第三，先进的计算机与网络设施为图书馆开展信息与知识服务提供了广阔的发展空间，也带来了出版社、书店、网络内容服务商与图书馆展开的技术、人才与服务的激烈竞争；第四，数字资源的出现丰富了图书馆的馆藏，增强了资源获取的便捷性，也引发了数字资源的长期保存与整合利用等世界图书馆面临的共同难题；第五，数字图书馆的建设使图书馆站到了一个新的历史起跑点，也提出了传统图书馆与数字图书馆相互融合、共同发展的全新课题。

在全面推广阶段，我国数字图书馆事业的发展非常迅猛。五年间，公共图书馆文献总藏量和新增藏量逐年增长，服务手段不断创新，信息化水平也显著提升，全国公共图书馆计算机台数、电子阅览室终端数和网站数均大幅增加。据统计，2010 年，全国公共图书馆总藏量为 61 726 万册，比 2005 年增长 28.4%，数字资源总量约 600TB，全国公共图书馆共有计算机 14.3 万台，电子阅览室终端数 83 124 个，比 2005 年增长近 200%[17]。

在这一时期，国家层面上比较重要的事件，就是国家数字图书馆于 2010 年 2 月正式启动了"县级数字图书馆推广计划"，首批 320 个县级公共图书馆无偿获得总量达 1TB 的数字资源，2012 年年底前全国 2940 个县都将具备数字图书馆服务能力[18]，并与国家数字图书馆一起构成分级、分布的全国数字图书馆服务网络。"县级数字图书馆推广计划"的实施，表明我国的数字图书馆建设已经向区县级基层馆延伸。"县级数字图书馆推广计划"一方面将国家图书馆优秀的数字资源通过文化共享工程的服务平台推送到全国每一个县;另一方面,使这些县级图书馆成为国家数字图书馆服务的延伸,使全国的县级图书馆都进入数字图书馆时代,形成资源总量丰富、资源更新及时、服务方式便捷、服务手段多样的县级数字图书馆服务体系,使数字图书馆成为在网络时代保障人民群众基本文化权益的重要途径。"县级数字图书馆推广计划"的实施使县级图书馆在普及科学文化知识、活跃城乡人民群众精神文化生活方面真正发挥作用,由此带动县级图书馆、乡镇文化馆(站)以及社区文化室的公共文化服务,使其具备普遍开展数字图书馆服务的能力,以更好地满足基层群众日益增长的精神文化需求,丰富人民群众的文化生活。在省市级层面上,全国大部分省市都在积极开展数字图书馆建设,各地还结合实际,采取总分馆制、图书馆联盟、"一卡通"、流动图书馆、城市街区 24 小时自助图书馆等形式,积极推进公共图书馆服务体系建设和服务创新,越来越多的人开始了解并使用公共图书馆。

各地图书馆在数字图书馆建设过程中还结合新的 IT 技术表现了新的服务形式,如 2010 年首都图书馆推出了手持阅读器和 U 阅迷你书房服务,方便读者利用移动设备获得数字资源服务[19];2008 年,天津图书馆家庭虚拟图书馆系统开通;同年,上海图书馆开通了手机图书馆服务,截至 2010 年年底,使用人次已达 10 万左右;重庆图书馆从 2006 年开始对馆藏 7.7 万册民国图书和 1.5 万册民国期刊进行数字化加工,并提供网络服务。可以说,数字图书馆已经成为推动我国公共图书馆事业发展的重要引擎。

2. 主要特点

数字图书馆作为一个分布式的、无时空限制、便于使用、超大规模的信息中心,是信息时代传统图书馆的延伸与发展,具有一种全新的组织和管理方式。在数字图书馆的全面推广应用阶段,我国的公共图书馆的数字图书馆建设已经初步显现了信息时代数字图书馆的优势与威力。

(1)全国各地公共图书馆开始走向区域性数字图书馆建设,包括天津、江苏、上海、浙江、北京、湖南、湖北、广东等地建立了区域数字图书馆的数字资源服务体系。区域性数字图书馆建设,从根本上改变了区域文化信息资源存储、管理、传播、利用的传统方式和手段,克服了文化信息资源得不到有效利用和共享的弊病。

(2)数字图书馆建设不断吸纳进新的科学技术,以 Web2.0 最为显著。Web2.0 是一种以用户为中心的网络技术与服务,它是从一个由资源内容为主的 Web 而成为一个向最终用户服务的应用平台,其核心就是服务。文献调研结果显示,Web2.0 兴起于这一段时期,图书馆界研讨 Web2.0 的文献就达954 篇之多,2010 年达到了研究的顶峰,当年就有 294 篇,充分体现了这一时期 Web2.0 技术对于数字图书馆建设的重要性。

（3）区县级基层图书馆全面建设数字图书馆的条件已经基本具备。虽然区县级基层图书馆馆藏文献不足,并且技术力量也非常薄弱,但由于总分馆制的推行,使得国家图书馆、省级图书馆以及市级图书馆可以通过互联网络将丰富的资源推送到基层馆,使它们成为国家数字图书馆工程的区县级支中心。

3. 主要障碍与不足

全面推广阶段,国家图书馆和省级图书馆的数字图书馆建设已经基本成型,但区县级基层图书馆才刚刚起步,因此,这一段时期公共图书馆的数字图书馆建设的主要障碍与不足体现在区县级基层图书馆。

（1）基层图书馆特别是小城市的图书馆、县及县以下基层图书馆,技术水平还比较落后。据统计,截至 2008 年,我国平均每 3.23 个图书馆才拥有一个网站,每 1.4 个地、市级图书馆或 5 个县（含县级市）级图书馆才拥有一个网站,网络实际可访问率仅为 19.64%[20]。

（2）基层图书馆的技术、网络环境不成熟。大部分基层公共图书馆不仅数字图书馆建设尚未开始,部分县级馆甚至连网络都未普及。在网络环境、网络设备等技术因素方面存在着一定的差距。

（3）基层图书馆的人力资源危机。基层图书馆对高学历、高技术、高层次的管理人才和技术人才缺乏吸引力,在现今信息时代的基层图书馆人才队伍中,专业人员知识老化、知识结构单一,大多数馆员缺乏综合性知识,不懂新学科知识、缺乏新技术的应用能力,服务手段落后、服务理念比较被动、文献资源开发和加工的力度不够,难以适应信息化、数字化社会的要求和图书馆现代信息技术发展的需要。

（4）经费成为基层公共图书馆发展的瓶颈。长久以来经费不足普遍成为基层公共图书馆发展的瓶颈,导致图书馆自动化、网络化起步较晚,甚至有些基层图书馆还停留在手工操作业务的阶段,还没进入到自动化发展阶段。

四、纵深推进阶段（2011 年至今）

1. 基本情况

自我国公共图书馆开展数字图书馆建设以来,国家和各级地方政府在财政投入、硬件基础设施、资源共享等方面给予了极为有力的支持。自"十二五"开始,国家三大公共数字文化惠民工程即文化共享工程、数字图书馆推广工程和公共电子阅览室建设计划,极大地提升了数字图书馆的服务效能和服务水平,我国公共图书馆的数字图书馆建设开始步入纵深推进阶段。

在纵深推进阶段,文化部主导的三大公共数字文化惠民工程互为支撑,互相促进,形成合力,共同在公共图书馆的数字图书馆建设中发挥重要作用。

文化共享工程自2002年开始实施,相继列入国家"十一五"规划和"十二五"规划,从2011年开始,文化共享工程将进一步加大整合力度,完善覆盖城乡的服务网络,建设"公共文化数字资源基础库群",截至2015年,资源总量达到530TB,基层服务点达到100万个,入户覆盖全国50%以上的家庭。同时注重与公共电子阅览室建设计划相结合,加快建设以公共图书馆、学校电子阅览室、社区文化活动中心为载体的未成年人公益性上网场所,更好地满足人民群众特别是广大青少年的精神文化需求。

从2011年开始,数字图书馆推广工程加强资源共享,扩大资源总量,形成规模效益,扩充全国各级公共图书馆的数字资源,全面提升各级公共图书馆的文献保障水平和信息服务能力,拓展服务渠道,丰富服务手段,为广大公众提供多层次、多样化、专业化、个性化的数字图书馆服务,打造基于新媒体的服务新业态。至2015年,公共图书馆数字资源总量将达到10 000TB,比与2010年年底的480TB相比翻一番;省级数字图书馆可用数字资源量达100TB,市级数字图书馆达30TB,县级数字图书馆达4TB。这些资源和服务将借助手机、数字电视、移动电视等新兴媒体,通过互联网、移动通信网、广电网三网融合,覆盖到全国省、市、县、乡镇(街道)、村(社区)。

公共图书馆实施公共电子阅览室建设计划,将进一步完善全国各级公共图书馆的软硬件设施,增强公共图书馆的数字文化服务能力,把更多适应人民群众需求的数字资源传送到城镇社区和农村。至2015年,公共电子阅览室将在全国乡镇、街道、社区实现全覆盖。

2. 主要特点

在经历近二十年的试验研究探索、立项建设、全面推广应用等多个阶段的建设,公共图书馆的数字图书馆建设使其越发体现出一个国家的精神文明和物质文明的发展水平。处于纵深推进阶段的公共图书馆数字图书馆建设,由于三大公共数字文化惠民工程的实施,数字图书馆不再只局限于学术研究或者是省市级馆读者使用,而是越来越贴近百姓的生活。这一时期,公共图

书馆数字图书馆建设主要特点体现在:

(1)由于国家对于三大公共数字文化惠民工程的高度重视,各级地方政府(如珠海、绍兴、九江)也充分意识到数字图书馆建设的重要性,纷纷将数字图书馆建设提升到小康社会建设的全局高度,将数字图书馆纳入当地政府工作规划、"文化惠民工程""实事工程"。作为一项政府主导工程,政府推进数字图书馆建设所带来的影响是不容忽略的。

(2)文化共享工程解决了公共图书馆网络体系建设问题,数字图书馆推广工程解决了数字图书馆建设、管理与服务过程中的技术问题,而公共电子阅览室的建设,则是将数字资源推送到人们身边,解决了数字资源从公共图书馆到居民工作、生活、学习区"最后一公里"的障碍,数字图书馆覆盖面越来越大,渗透程度也越来越深。

(3)在经历过前几轮的部署与建设,我国公共图书馆的数字图书馆建设思路和方法都已经基本成型,纵深阶段所要解决的问题,是保持数字图书馆建设与现代科技同步协调发展,通过各个领域的微创新来推动数字图书馆的发展与繁荣。

(4)目前我国公共图书馆的数字图书馆建设,在数字资源已经丰富、服务网络已经成型的情况下,数字图书馆已经从重建设逐步向重服务倾斜,重点培育中西部地区以及区县级等基础比较薄弱的公共图书馆的地方特色资源数据库的建设能力,实现数字图书馆建设的内生增长与发展。

3. 主要障碍

数字资源随着数字图书馆推广工程的不断推进,逐渐向基层图书馆转换,越来越多的基层图书馆基本具备数字图书馆服务的能力,但在发展过程中还存在着诸多障碍:

(1)整合与协同推进问题。数字图书馆建设过程中,协同性不足的问题始终存在。数字图书馆的建设并不是在某一个领域或者某一个方面单兵突围就可以实现的,而是需要从硬件、软件、资源等基础设施到人才建设、标准规范等一系列领域协同推进,才能产生效果。

(2)纵向体系构成的层次分工问题。目前国家级的数字图书馆建设,主要体现在三大文化惠民工程的推进。毫无疑问,这三个工程对于推动公共图书馆特别是基层图书馆和中西部地区图书馆的数字图书馆建设所起到的作用是显而易见的。但目前这三大工程所构成的纵向体系,在层次分工上可能会存在错位的问题,即无法准确界定三大工程的边界,从而造成管理上的盲区。

(3)标准规范的制定与落实问题。数字图书馆是一项庞大的工程,涉及各行各业方方面面,有元数据标准规范、数字资源加工标准规范、资源征集标准规范、资源译制标准规范、资源验收标准规范、数据交换格式标准规范等,因此做好标准规范的建设尤为重要。然而各级公共图书馆在实践过程中,特别是在资源库建设以及软件系统平台开发方面,却并未完全遵循国家或国际标准,产生了信息孤岛,因此国家在数字资源建设等方面验收时,一定要把好关,尽量避免重复建设浪费现象的发生。

(4)资源版权问题。版权问题一直困扰着数字图书馆的建设,谷歌数字图书馆、百度百科就曾因为版权纠纷问题而受到影响。因此资源建设必须高度重视版权问题,明确资源征集的范围,对于建设过程中存在的版权问题要采取法律框架范围内的合法途径予以解决,避免因版权问题而影响工程质量与数量。

(5)组织形态和队伍问题。数字图书馆要建设、要推广、要应用,离不开人才队伍的建设。但由于各种原因,公共图书馆特别是到基层一级的图书馆,包括乡镇、街道、村、社区一级的基层服务点,普遍存在人才不足的情况,每个基层服务点往往只有1—2位员工,有些基层服务点人员甚至是兼职,人员匮缺情况极大地影响了数字图书馆的服务。

第二节　数字图书馆建设与典型案例

一、总体建设情况

随着城市化进程的加快,图书馆在城市化建设中的作用也日益凸显,特别是数字图书馆建设已经成为现代数字城市、智慧城市建设的重要内容。公共图书馆是公共文化服务体系建设的重要基础性设施,也是各级政府向人民群众提供公共文化服务的重要场所,数字图书馆作为当今公共图书馆业务建设的重要组成部分,是数字化、信息化、网络化环境下图书馆新的发展形态。我国数字图书馆建设进入纵深推进阶段,数字图书馆建设总体趋势向好。

据国家图书馆在《2013年第一季度数字图书馆推广工程实施情况报告》统计结果显示,截至2013年第一季度,国家图书馆通过资源镜像、虚拟网等手段,分批遴选了约165TB的资源面向全国共享,范围覆盖全国17个省,共享资源总量达到2385TB,网站访问人次6.02万(UV,独立IP数)、页面访问量

55 万余页(PV,页面数),较 2012 年同期分别增长 374% 和 134%[21]。在地方公共图书馆的数字图书馆方面,已有 25 家省级馆、103 家地市级馆获得地方数字图书馆建设经费总投入约 5.14 亿元,超过工程规划配套经费的 147%。其中东部地区 9 家省级馆财政总投入约 1.44 亿元,45 家地市级馆财政总投入约 1.24 亿元,超过工程规划配套经费的 120%;中部地区 7 家省级馆财政总投入约 9923 万元,33 家地市级馆财政总投入约 5033.08 万元,超过工程规划配套经费的 152%;西部地区 9 家省级馆财政总投入约 5435.7 万元,25 家地市级馆财政总投入约 4269.08 万元,超过工程规划配套经费的 255%。

表 3-1　部分省级公共图书馆的数字图书馆建设情况一览表①

图书馆名称	总数据点(个)	无线接入点(个)	资源获取方式
陕西省图书馆	1134	55	数据库列表与导航
江西省图书馆	787	24	数据库列表与导航、电子资源整合检索、跨库检索系统
四川省图书馆	220	—	数据库列表与导航、电子资源整合检索、跨库检索系统
贵州省图书馆	500	35	数据库列表与导航、电子资源整合检索、跨库检索系统、其他
河北省图书馆	2089	62	数据库列表与导航、电子资源整合检索、跨库检索系统、其他
广东省立中山图书馆	1578	85	数据库列表与导航、电子资源整合检索、跨库检索系统
海南省图书馆	1532	36	数据库列表与导航、电子资源整合检索、跨库检索系统
吉林省图书馆	268	17	数据库列表与导航、电子资源整合检索、跨库检索系统

①　表格数据来源于《中国图书馆事业发展报告(蓝皮书)·数字图书馆卷》撰写过程中发放的《数字图书馆建设情况调查表》。各表填写的统计数据截止日期为 2012 年年底。

续表

图书馆名称	总数据点（个）	无线接入点（个）	资源获取方式
湖北省图书馆	4000	110	数据库列表与导航、电子资源整合检索、跨库检索系统、知识发现系统
上海图书馆	1392	132	数据库列表与导航、电子资源整合检索、跨库检索系统
首都图书馆	4000	33	数据库列表与导航、电子资源整合检索、跨库检索系统

表 3 - 2　部分市级公共图书馆的数字图书馆建设情况一览表①

图书馆名称	总数据点（个）	无线接入点（个）	资源获取方式
佛山市图书馆	460	10	数据库列表与导航、电子资源整合检索、跨库检索系统
宁波市图书馆	464	8	数据库列表与导航、电子资源整合检索、跨库检索系统
青岛市图书馆	1500	15	数据库列表与导航
西安图书馆	1596	32	数据库列表与导航
重庆图书馆	1500	34	数据库列表与导航、电子资源整合检索、跨库检索系统
厦门市图书馆	1450	9	数据库列表与导航、电子资源整合检索、跨库检索系统
深圳图书馆	3000	60	数据库列表与导航、电子资源整合检索、跨库检索系统、知识发现系统、其他（深圳文献港）

---

①　表格数据来源于《中国图书馆事业发展报告（蓝皮书）·数字图书馆卷》撰写过程中发放的《数字图书馆建设情况调查表》。各表填写的统计数据截止日期为 2012 年年底。

续表

图书馆名称	总数据点(个)	无线接入点(个)	资源获取方式
沈阳市图书馆	1378	0	数据库列表与导航
成都图书馆	579	15	数据库列表与导航、电子资源整合检索、跨库检索系统
广州图书馆	3905	225	数据库列表与导航、跨库检索系统、其他(原文传递)
南京市金陵图书馆	—	—	数据库列表与导航、电子资源整合检索、跨库检索系统、知识发现系统
东莞图书馆	2000	31	数据库列表与导航、电子资源整合检索、跨库检索系统

　　经费的持续投入与保证带来了公共图书馆数字图书馆基础设施的改善,至 2013 年第一季度,已有 21 家省级馆(东部 6 家、中部 8 家、西部 7 家)、94家市级馆(东部 40 家、中部 29 家、西部 25 家)按照数字图书馆推广工程的要求配置了相关设备,分别占到已实施省市级馆的 63.64% 和 50.8%。然而,我国幅员辽阔,各区域经济发展水平参差不齐,公共图书馆的建设水平决定了数字图书馆的建设水平,特别是在一些欠发达地区,图书馆自动化都还没有起步,就更别提数字图书馆的建设了。

二、总体特点

　　与传统图书馆相比,数字图书馆在功能、特征、馆藏建设、读者服务方面都有了许多新的发展,能向读者提供更为先进、广泛和便捷的服务,总的来说具有信息资源数字化、信息传递网络化、信息利用共享化、信息实体虚拟化等共性的特点,就公共图书馆来说,首先从对象来看,公共图书馆的数字图书馆服务对象是社会全体成员,为所有读者提供了可供选择的便捷的学习方式;其次从资源来看,由于对象的不同,公共图书馆的数字图书馆服务目的更侧重于满足读者个人兴趣爱好或自我价值提升等,因此在资源建设方面有别于高校图书馆等其他系统的数字图书馆;最后在开放性方面,由于公共图书馆的数字图书馆是面向全社会所有读者开放的,比其他系统、行业的数字图书馆读者使用更具自由性、开放性,使人们可以根据工作、生活、休闲等需要,在可能的场合随时随地自主进行学习,随时获取知识、提高能力。此外,从另一个层面分析,省、市、县级公共图书馆,由于其功能和定位的不同,他们在数字图书馆建设方面也各有其特点,包括省级公共图书馆的数字图书馆建设目标是实现全省范围内的数字资源共享;市级公共图书馆的数字图书馆建设在服务上则是充分发挥网络节点作用,一方面实现与省级公共图书馆的虚拟网连接和软件平台部署,另一方面也要加强本地的数字资源建设,提高保障水平和信息服务能力,积极向县级公共图书馆联通,以带动市域范围内实现数字资源共享;而县级公共图书馆作为最基层的图书馆,在数字图书馆建设时可侧重于利用省级、市级的数字资源开展服务即可。

三、主要建设内容

纵观国内各级公共图书馆的建设途径与建设模式,数字图书馆的建设内容主要包括标准规范体系建设、资源体系建设、平台体系建设、网络体系建设以及服务体系建设。

1. 标准规范建设

标准规范是数字图书馆建设的基础,也是数字资源共建共享的基本保障。为了实现全国各级数字图书馆系统的互联互通,首先要统一"交通规则",本着"联合、开放、共享"的原则,围绕数字资源生命周期,构建从资源创建、描述、组织管理、服务到长期保存各环节的数字图书馆标准规范体系。经过多年的发展,数字图书馆相关标准规范的涵盖范围已从数字资源加工与描述标准为主,逐渐扩展到覆盖数字资源生命周期全过程的标准规范体系,标准规范的研制主体也逐渐从单个数字图书馆扩展到多个数字图书馆的联合系统。

目前我国已经建立了一系列包括资源、管理、服务和技术等方面在内的多项标准规范,资源方面的标准规范主要包括对象数据规范、元数据规范、知识组织规范等[22]。对象数据规范主要用于数字资源的内容创建过程,包括内容编码、数据加工、对象标识等规范,如汉字处理、对象数据加工、唯一标识符标准规范。管理方面的标准规范是专门针对数字图书馆建设中面临的各种管理问题而建立的规范,包括长期保存、版权管理、数字对象管理、用户管理以及数字资源统计、评估等内容。其中,长期保存规范主要是支持数字资源长期保存与利用的相关标准规范,涉及保存策略、保存元数据、资源封装等内容。服务方面的标准规范主要是数字图书馆在资源发布、检索服务、应用服务等方面应遵循或建立的标准规范。技术方面的标准规范主要是针对互操作、系统平台接口、应用软件接口、统一访问接口以及数据集成等问题而建立或选定的标准规范。

虽然我国数字图书馆标准规范体系还不十分完善,许多公共图书馆在建设过程中也并未完全遵循相关的标准规范,但未来我国将进一步加大标准规范的推行力度,优先采用国际已有成熟标准,并结合我国数字图书馆建设的实际情况制定应用指南。同时,还将进一步加强与 ISO、IFLA 等国际组织的联系,将经过我国数字图书馆建设实践检验的标准上升为国际标准,推动我国的数字图书馆建设标准化工作的国际化进程。

2. 资源建设

数字资源建设一直是数字图书馆建设的核心,是数字文化服务的生命线。全国各级图书馆都非常重视数字资源的建设。以福建省为例[23],至 2012 年年底,福建省图书馆已整合各类资源 42.15TB,包括 134 万册电子图书、17 313 种中文电子期刊、7735 种外文电子期刊、1629 种电子报、36 万余篇国家级会议论文,30 多个大型数据库和影视、戏剧、讲座及科普节目等视频资源 40 748 部(片)。在加大自建资源建设力度的同时,引导全省各级图书馆数字资源的建设。其中福建省图书馆就开发了"海西红土地"党建信息库、"福建文化记忆"非物质文化遗产数据库、闽南文化专题资源数据库、客家文化专题资源数据库、福建地方志全文数据库、福建家谱联合目录数据库、福建家谱提要数据库、馆藏台湾文献介绍;厦门市图书馆自建的"厦门记忆"资源库和外购数据库总量达到 26TB;泉州市图书馆自建的"泉州文史"资源库和外购数据资源总量达到 20TB;龙岩市图书馆则有 13 万册的电子资源和地方文化资源。

因此,从全国各级数字图书馆数字资源建设情况来看,数字图书馆首先面临的是数字化资源的建设问题,在数字图书馆中,数字化资源对象的表现形式多种多样,主要包括图片(含插图、照片、图形、全景图形)、动画、音频、视频、电子文献(含电子图书、电子期刊、电子报纸)、网络信息等多种类型的多媒体资源、素材及其合成的综合资源。各公共图书馆在此基础上,首先能通过建立与完善馆藏书目库,作为信息资源建设和对外服务的基础资源,其次能通过形成特色多媒体数据库,保存与传承地方特色文献资源,再次可以创建二次文献库,深度揭示文献内容。以《中国图书馆事业发展报告(蓝皮书）·数字图书馆卷》撰写过程中专门发放的《数字图书馆建设情况调查表》的部分图书馆对象为例，截止到 2012 年年底，深圳图书馆在资源获取方式方面，除了普遍采取的数据库列表与导航、电子资源整合检索、跨库检索系统、知识发现系统几种方式外，还建设了深圳文献港，为深圳市民提供全文电子图书及论文题录信息等文献资源；目前正在使用的数字资源服务平台包括 5 个自建平台、2 个基于开源软件开发的平台、3 个外购的商业平台。江西省图书馆目前正在使用的数字资源服务平台包括 6 个自建平台、6 个基于开源软件开发的平台、11 个外购的商业平台。

在各级公共图书馆数字图书馆建设的基础上，建立资源共建共享机制，实现各级图书馆数字资源的统一规划、统一登记、联合建设和协同服务。首先进行数字资源的统一登记，搭建统一揭示平台，以掌握已建资源的具体情况，支持各馆在这个平台上进行资源共享，避免重复建设；其次对国家图书馆和地方各级图书馆的各类型已建资源进行充分整合，形成有序的资源集合；同时，全面加大资源建设力度，根据需求牵引的原则，建设一批优质特色资源，争取到"十二五"末，形成全国数字资源分级保障体系。

3. 应用平台建设

数字图书馆应用平台建设包括硬件平台建设和应用软件平台建设两个方面。

标准化的硬件平台是搭建数字图书馆软件平台的载体，是开展数字资源建设和提供数字图书馆服务的设施基础。为指导全国各级公共图书馆硬件平台的建设，国家根据各级公共图书馆的建设规模及其在全国数字图书馆服务网络中承担的不同职责，按照省、市分别确定硬件的配置标准，分别制订了《省级数字图书馆硬件配置标准》《地（市）级数字图书馆硬件配置标准》[24]，有些省或者地（市）级图书馆还会根据本地区的建设规划，为县级以下基层图书馆确定硬件配置标准。硬件配置包括必配硬件和选配硬件，其中必配项为各馆应达到的基本要求；选配项中的设备，各图书馆可以根据当地的实际情况选择。全国各级公共图书馆非常重视硬件平台的建设，以福建省为例，省图书馆就配备了 35 台服务器、100T 存储、300M 网络带宽；福州市图书馆配备了 13 台服务器、20T 存储、60M 带宽；厦门市图书馆配备 32 台服务器、68T 存储器、400M 带宽等，不一而足。在《全国文化信息资源共享工程县级支中心设备配置标准》中，为县级支中心确定了设备配备标准：按照 68 万元标准进行配置，包括必配项和选配项，其中必配项为各县级支中心必须配备的设备，包括中控机房的应用服务器、管理服务器、交换机等,多媒体演示厅的摄影机、电视机等以及多功能扫描仪、打印机、移动硬盘等;选配项中的设备由各地根据实际情况选择。

软件平台是数字图书馆进行管理与提供服务的基础。目前,国家图书馆围绕数字资源生命周期建设了一系列应用系统和业务系统,它们是全国各级公共图书馆建立规范、易用的业务软件平台的基础。为实现数字图书馆的总体功能要求,文化部下发了《文化部关于加快实施数字图书馆推广工程的意见》[25],提供了《省级数字图书馆软件配置方案》《地(市)级数字图书馆软件配置方案》,为各省、市公共图书馆提供必配软件,各馆还可以根据自身数字图书馆建设的实际需要,安装选配软件。同时,为了避免重复建设,对于各馆已经建设的、满足功能需要的类似系统,将提供开放接口,支持各馆通过二次开发实现与工程平台的无缝连接,共享平台资源与服务。以江苏省数字图书馆建设为例,南京图书馆就配备了一整套的数字图书馆软件平台体系,包括数字资源采编类软件、数字资源加工类软件、数字资源组织管理类软件、数字资源整合调度类软件、数字图书馆服务门户类软件、数字图书馆用户管理和统一认证类软件、数字图书馆专业服务和服务平台类软件、系统运维管理等管理类软件以及互联网安全管理类软件等。

另外,对于基础设施、软件平台比较完善的公共图书馆,可以先行实现双向服务功能,即一方面接受国家数字图书馆推广工程的资源与服务,另一方面也可以反哺国家数字图书馆推广工程,为国家数字图书馆推广工程做出自己的贡献。而对于其他一些地区,可以先以接受资源、提供服务为主,等各项功能逐步完善之后再实现双向服务功能。

4. 网络平台建设

文化共享工程依托省、市、县级公共图书馆建设统一的全国性技术服务平台,实行统一服务、分级管理,采用现代信息技术手段,对中华优秀文化信息资源进行数字化加工和处理,其网络平台建设主要是充分利用中国现有的通讯主干网络,通过在各级中心运行的系统,实现文化信息资源的共享。当前采用的主要技术模式包括 IPTV 技术、有线电视(数字电视)、CDN + VOD 技术及 VPN 虚拟专用网技术。VPN 虚拟专用网可以为全国各省、市级数字图书馆间系统互联、业务整合、服务协作提供可靠安全的链路保障,可进行资源传送利用,也可对下级中心进行远程管理维护等,是数字图书馆建设的基础性建设之一,也是全国各地数字图书馆资源与服务全面共建共享的基础支撑。

2011 年 5 月,财政部、文化部联合下发《财政部、文化部关于实施"数字图书馆推广工程"的通知》[26],通知明确规定,数字图书馆推广工程将推广国家数字图书馆工程的理念、技术、标准,建设分布式公共文化资源库群,形成以国家数字图书馆为核心,以省级数字图书馆为主要节点的全国性数字图书馆虚拟网,依靠互联网、移动通讯网、广电网等网络通道,支持包括计算机、手机、智能移动终端、数字电视等各种用户终端设备,在大流量高并发的情况下,实现方便快捷、畅通无阻的连接访问服务。

在 VPN 虚拟专用网建设过程中,由国家图书馆牵头完成省级馆的虚拟网建设,由省级馆负责实施市级馆的虚拟网建设,最终实现国家图书馆与各省、市级馆在虚拟网络上的互联互通。从全国 VPN 虚拟专用网建设的情况来看,2011 年 6 月,四川省图书馆成为首个与国家图书馆连通虚拟网的省级馆,到2013 年 8 月,国家图书馆已经实现了与全国 46 家副省级以上图书馆、3 家市级图书馆的虚拟网连通,另外有 50 余家地市级图书馆通过省级馆的网络接入了虚拟网。全国虚拟网已经覆盖了包括国家图书馆在内的百余家图书馆[27]。其中浙江省图书馆、湖北省图书馆、黑龙江省图书馆、山西省图书馆均已实现数字图书馆虚拟网全省联通,虚拟网骨干网络基本搭建完成。

通过 VPN 虚拟专用网络,国家图书馆可以向已开通 VPN 连接的公共图书馆开放资源,据统计,国家图书馆已向黑龙江省图书馆、浙江图书馆、福建省图书馆、贵州省图书馆、广西壮族自治区图书馆、辽宁省图书馆、广东省立图书馆、厦门市图书馆等 8 家副省级以上公共图书馆开放了总量超过 120TB的中外文数字资源,当地读者可以方便快捷地访问全国各地建设的特色资源。另外地方公共图书馆还可在省内各馆间便捷地进行数据传输,实现数字资源与服务的共建共享。

VPN 虚拟专用网络建设过程中,仍然会存在一些问题,比如说设备多样性、网络拓扑差异较大、涉及层面众多等,因此还是要继续加大 VPN 研究的深度与广度。

5. 服务体系建设

数字图书馆服务是数字图书馆建设的出发点,也是数字图书馆建设的落脚点,因此数字图书馆应建设覆盖全社会的服务体系,具体包括数字图书馆服务平台的建设和服务网点的建设。

服务平台应高度集成各级公共图书馆所能够提供的各类型资源和服务,依托互联网、移动通信网和广播电视网等多网络平台和手机、数字电视、移动电视等多媒体终端提供惠及全民的数字图书馆服务。在这个平台上,各级数字图书馆之间将逐步实现用户的双向认证和资源的双向共享,从而最终实现全国数字图书馆服务体系内的用户统一认证和资源"一站式"获取,使用户能够随时随地方便快捷地获取任何一个图书馆的资源与服务。在此基础上,借助智能化信息处理技术,不断优化数字图书馆的用户界面,建设互动式知识服务环境,实现人机良好交互,并针对不同应用媒体、用户人群提供不同的服务平台,如可针对互联网、手机、电子阅读器、数字电视等多种终端设备提供相应的服务平台,针对少年儿童、视障人群、普通用户、专业研究人员、政府机关、企业、学校、普通家庭等提供不同的服务平台,从而为用户提供专业化、个性化的信息与知识服务。

数字图书馆应加强分馆及服务网点的建设,通过公共电子阅览室的建设,逐渐形成"中心—分中心—基层服务点"服务体系。如杭州加强了图书馆服务网点的建设,截至 2012 年年底,杭州已建成区、县(市)图书馆 11 家,乡镇(街道)图书馆(室)174 所,村(社区)级基层服务点或图书流通点 2000 多所,主题分馆或专业分馆 8 家[28]。建立了一个以市馆为中心,县(区、市)馆为总馆(分中心),乡镇(街道)、社区(村)为基层服务点的四级图书馆服务网络,体系架构基本完成,并通过采用统一的技术平台、业务系统和服务标准,实现了数字资源的共建共享[29]。

四、服务方式及效能

数字图书馆是基于信息用户的信息使用行为、习惯、偏好、特点及用户的实际需求,极大程度地满足数字图书馆用户的个体信息需求的服务,其服务方式综合起来主要包括信息分类定制服务、信息推送服务、信息智能代理服务、信息垂直门户服务、信息帮助检索服务、数据挖掘服务、信息呼叫中心服务方式及个人图书馆等。

数字图书馆个性化服务产生于社会的个性需求,是图书馆针对不同读者、不同层次的文献信息需求提供差异化、有针对性的个性服务的过程;是图书馆满足社会信息需求个性化的必然结果。社会信息的个性化需求,决定着图书馆读者服务的个性化。通过个性化服务,可促进图书馆开发特色资源,优化读者服务,增强竞争力,在个性化服务过程中,提高图书馆声誉,拓展生存空间,促进图书馆组织的不断完善与发展[30]。

五、典型案例

随着数字图书馆建设不断向纵深推进,我国公共图书馆系统开展了很多数字图书馆项目,取得了较好的成效,其中涌现出了一些典型案例,通过对这些在不同时期或不同范围有代表性的数字图书馆建设发展的案例的分析和归纳,我们将对公共图书馆的数字图书馆建设有一个比较清晰的思路。

1. 首都图书馆"北京记忆"项目

"北京记忆"是由首都图书馆主办的大型北京文化多媒体资源数据库,是首都图书馆在"数字北京"建设中的创新文化服务品牌,是一个以百年馆藏为依托建立的北京历史文化资源性网站。项目主要内容包括以数字文献的形式提供北京经典文献的全文资源、北京历史照片资源、北京地方艺术多媒体资源以及舆图、金石拓片和艺术档案等地方文献资源。项目于2002年11月启动,推出了"北京记忆"历史文化网站,2007年网站面向公众开放。网站通过适用的技术手段保护北京文献遗产,使之能为广大公众利用,并在世界范围内提高对地方文化遗产,特别是那些具有世界意义的地方文献的认识[31]。"北京记忆"的建成和开通是我国地方文化资源数字化建设的重要组成部分,它不仅提供了全面系统的北京特色文化信息产品,为图书馆公共文化服务增添了新内容;同时也开创了地方文献资源整理与呈现的新形式,在国内业界起到了积极的引领和促进作用[32]。

2. 上海数字图书馆项目

上海数字图书馆项目运用先进成熟的数字技术和网络技术,采取统一的界面、统一的软件、统一的管理。充分考虑满足当前需要、适应资源共享和可持续发展的目标,实现远程、快速、全面、有序、智能、特色六大服务优势,是我国公共图书馆进行数字图书馆建设的突出代表。1997年在上海市政府的支持下,通过每年设立数字图书馆专项投入启动了数字化工程,开展了古籍数字化项目,并参与中国试验型数字图书馆项目。1999年同时进行了7个数字化项目,2000年经过系统集成和应用开发,完成一、二期建设工程,初步建成上海数字图书馆[33]。

上海数字图书馆项目在技术上充分研究、跟踪并采用了国际上数字图书馆的主流技术。采用IBM Digital Library Version 2.4作为主要开发工具应用平台,体系结构上支持面向对象的分布式资源组织模式,内容管理采用以Dublin Core为基础的资源描述元数据方案,允许多种元数据方法并存,并以

XML/RDF 方式进行封装,保证了原始素材内容管理中元数据的完整性与互操作能力,整体上开放式的设计为将来国际国内数字图书馆的互联打下了良好的基础。上海数字图书馆的主要特点是它通过宽带高速互连的计算机网络,把大量分布中国的各个数字图书馆信息资源组成联合体,通过易于使用的方式提供给读者,超越空间和时间的约束,使读者在任何时候、任何地方都可以在网上远程跨库获取任何所需的信息资源,达到高度的资源共享,同时它也是面向对象的数字化多媒体信息库[34]。

3. 广东省"新世纪电子图书馆"项目

"新世纪电子图书馆"是 1995 年由广东省立中山图书馆和广东省信息中心合作的项目,该项目并被列入广东省信息高速公路建设规划,它的实施对推动广东省经济和科学、文化事业的发展,实现广东省公共图书馆的现代化具有重要和长远的意义。

"新世纪电子图书馆"以广东省立中山图书馆和广东省信息中心的 IBM AS/400 系统为基础,以文献开发和数据库建设为核心,以提供优质的文献检索服务为目的,全面建设面向社会、面向家庭、面向 21 世纪的现代化图书馆,力争成为广东省信息高速公路的重要文献信息库,成为广东省图书馆自动网络中心。

整个项目分两期工程建设,第一期为 1995 年 1 月至 1996 年 12 月,扩充现有的 AS/400 系统,购置网络设备和增设市话线路 35 对,建成 10 个以上的全文型和事实型数据库,大量发展包括家庭电脑在内的远程联网用户;第二期工程为 1997 年 1 月至 1998 年 6 月,开通 CD-ROM 远程光盘检索系统、多媒体和图像检索系统,远程通信线增加到 100 对以上,使电子图书馆在信息服务方面登上新的台阶[35]。为达到上述预期目标,广东省电子图书馆由三部分组成:各类用户界面;各类型通信设备;各类型信息资源、数据库管理和检索系统。其中能为不同类型的个人计算机和工作站提供友好界面,使用自然命令语言或选单等方式进行操作,还需要有联机帮助和联机培训信息;通信系统方面,研制通过 X.25 分组交换网、电话网和 DDN 数字交换网构成的图书馆网络及其通信系统,使众多的家庭电脑能够方便地访问电子图书馆的资源;信息资源方面,除建设传统的书目型数据库外,还将建设更多的事实型数据库和全文数据库。

4. 辽宁省图书馆数字化图书馆工程

辽宁省图书馆数字化图书馆工程在我国数字图书馆建设中具有探索性

标志意义,它是国内首家引进美国 IBM 公司数字化图书馆系统,也是在全国公共图书馆中首家启动数字图书馆工程的图书馆。1997 年,辽宁省图书馆在新馆建设中,重点加强信息网络建设,采用先进、成熟技术,组建 Internet 信息发布与服务系统。一期工程主要建立古籍图书子系统,Internet 信息发布以及多媒体阅览室三个部分,构成一个通过 Internet 查询影像和声音的"网上图书馆"。整个系统包括图书馆信息系统的体系结构、数字图书馆系统、计算机综合布线系统、计算机网络系统、计算机信息存储系统即主服务器系统、国际互联网分中心节点的软硬件平台[36]。

辽宁省图书馆开展数字化图书馆工程项目,缘于辽宁省图书馆比较扎实自动化基础,以及对于图书馆由传统型向现代化迈进过程的三个阶段:图书馆自动化、数字化图书馆、联合数字化图书馆。在开展本项目之前,辽宁省图书馆已经基本实现了自动化管理,在文献采访、编目、流通、检索、连续出版物等主要业务工作以及办公方面都采用了计算机管理,同时充分发挥馆藏优势,开展数据库建设。1997 年 6 月 6 日召开的专家论证会通过了数字化图书馆方案,确定了 IBM 数字化图书馆技术平台和先期实现的重点功能为古籍图书数字处理、Internet 信息发布、多媒体阅览室及 VOD 点播。鉴于当时 Web 资源标识创始初期,DC 元数据仍不完备并处于快速发展变动中,为使数字化图书馆的多媒体平台特性得以充分展现,辽宁省图书馆组织业务人员对专题信息元数据构成进行分析研究,形成 DC 基础上不同载体形态的元数据集,如离散图片(照片)、连续图片(古籍)、事实数据(二次文献)、全文数据、音视频数据等,确定信息类型、建立数据模型、规范数据格式、明确相互关系,然后进行数字化加工、转换、标识、保存,并将其存储到数字图书馆服务器中,向用户提供图书馆多媒体信息服务[37]。

5. 浙江网络图书馆

浙江网络图书馆于 2009 年 5 月底开通,是以浙江省公共图书馆为成员馆建设的网络化数字化图书馆,它是以浙江省文化信息资源共享工程和全省公共图书馆的传统文献与数字资源为基础,以"共建、共享、共通、共赢"为目标,以促进全省公共图书馆整体、协调、均衡发展为宗旨,运用先进的网络技术,打破地域限制,提供读者"一站式"资源检索和文献服务的统一平台[38]。

在浙江网络图书馆建设以前,浙江有 94 家县级以上公共图书馆,资源分布、服务能力和发展水平不平衡,文献信息资源主要集中在省市级图书馆,县级馆存在经费短缺,缺乏技术、人才和资源等问题,各地读者所能享受的图书馆服务存在明显差异,其实这种情况也是全国基层公共图书馆普遍存在的问题。浙江网络图书馆通过对全省各馆传统文献和数字资源的整合,实现了全省公共图书馆用户信息和资源的统一认证,实现了浙江省公共图书馆和文化信息共享工程基层服务点资源统一使用,实现了浙江省范围内的电子文献传递和纸质文献的馆际互借。浙江网络图书馆的开通为浙江省公共图书馆共同走向数字化、信息化迈出了坚实的一步。

目前浙江网络图书馆可提供1.7亿条中外文文献信息、260万种图书书目信息、180万种图书原文传递、6亿页全文内容检索、1万多种电子期刊、2000余万篇论文原文传递或全文下载、2万多部视频、众多地方特色数据库以及浙江省公共图书馆馆藏目录信息,而且数据量还在逐日递增。浙江省公共图书馆局域网范围内的所有读者,利用注册用户或借书卡证号在平台统一登陆,即可使用共享资源和经过授权的数字资源。

6. 杭州"文澜在线"数字图书馆

杭州图书馆通过与华数传媒、龙源期刊等多家社会机构的合作,初步实现以"三网融合"为基础的数字图书馆建设,将数字电视平台、智能移动终端平台与网站平台整合成综合性的杭州数字图书馆——"文澜在线",该馆于2010年12月29日正式开通向市民提供服务。

"文澜在线"利用网站平台提供各种网络服务,帮助用户获取所需的资源或享受服务。杭州数字图书馆网站有九大栏目,涉及三个方面服务内容:一是为用户提供书目查询、预约续借等个人图书馆服务;二是馆内活动信息、国内外文化资讯查询服务;三是涵盖多学科的数据库资源服务,是集中体现现代图书馆文献收藏、文化传播、社会教育和信息服务等功能的综合性重要平台。"文澜在线"电视平台开设有图书检索、个人空间、心随阅动、数字杂志、视听专区、活动预告等栏目,提供书目查询、预约续借、借阅情况等,并定期更新借阅排行、新书推荐,第一时间发布图书馆信息、活动预告,让读者足不出户即可了解图书馆的各项活动,利用图书馆资源,享用图书馆服务。"文澜在线"手机平台根据手机等移动终端的特点,开发手机平台提供图书检索、预约续借、借阅查询等借阅服务。

多平台、多终端、开放性、无时空限制,整合社会资源,是杭州数字图书馆的最大亮点。目前网站平台提供用户数字资源50.38T,其中外购库26个,特色资源库17个,出版数字刊物13种,馆藏音视频资源1000多小时,超过2T;"华数宽频"提供最新的影视资源,包括电视剧600多部、电影1200多部、高清视频 91 部、综艺节目 16 000 多部、视频短片 45 000 多部等;手机平台提供最新近 3000 种在线杂志;电视图书馆提供 69 个主题系列的视频资源,每个系列 20 集[39]。将杭州图书馆的资源与服务带到用户身边,实现了数字图书馆的"无所不在、触手可及"。

7. 东莞图书馆数字图书馆

东莞图书馆是一个"以数字图书馆为基础、体现知识交互理念、融合传统图书馆功能的现代化城市中心图书馆",是国内地级市积极应用 IT 技术提升图书馆服务的代表。2003 年 9 月 24 日,东莞数字图书馆正式开通,采用北大方正 Apabi 数字图书系统,在互联网上向全市读者提供电子图书远程借阅服务。

在应用平台搭建方面,东莞图书馆积极探索基层图书馆事业管理方式和区域图书馆整体协同发展道路,通过研发新一代图书馆集群网络管理平台 Interlib,将东莞地区图书馆的自动化管理、图书文献的馆际物流传递、信息资源的数字化传播与读者服务的网络化应用等有机整合,实现了区域图书馆群整体上的资源整合和业务工作的统一管理,初步建立起公益、开放、丰富、便捷的图书馆公共服务体系[40],进行区域图书馆集群管理,按照总馆—分馆—服务站的形式向基层延伸图书馆服务,实现了图书馆全年 365 天每天 24 小时的全天候服务,和覆盖全市 32 个镇(街)的体系化服务。

8. 榆林市数字图书馆项目

榆林市数字图书馆是全国首家民营数字图书馆,是一个集各种数字资源借阅服务、干部群众学习读书网、榆林特色资源制作与共享于一体的学习平台。数字图书馆自 2010 年开馆运营,采用政府引导、民企投资的模式,通过不断优化馆藏资源,积极创新服务模式,至 2013 年,读者登录达 900 多万人次,注册读者突破 2.8 万人,日平均登录读者达 1.7 万人次[41]。

图书馆先后与国家图书馆、上海图书馆和陕西省图书馆合作,采购了国内最大的数字图书资源产品"中华数字图书苑"和精品期刊资源"龙源期刊",加上自身加工的数字报纸和榆林地方特色等资源,形成了集图书、期刊、报纸、地方特色资源等为一体的大容量、多应用、高效率的数字图书馆。目前,馆藏数字图书 200 多万册、数字期刊 2800 余种、数字连环画 28 万页、数字报纸 1000 余种、榆林本地特色资源数十万条,馆藏量达全市实体图书馆总和的两倍以上。在服务方面,在全国独创了读者不受 IP 地址限制的登录阅读模式,将部分馆藏资源打包建成免费阅览室,建成了榆林电子读书报信息平台和榆林网上书店；与榆林市网吧协会合作，对网吧进行改造，附加了公益性的电子图书阅览室，开了国内网吧先河。

9. 河南省滑县数字图书馆

滑县数字图书馆是河南省首家数字图书馆，该馆于 2010 年 1 月 16 日正式对外服务。

滑县数字图书馆的建设，开创了中原地区县级图书馆数字资源建设与对外服务的先河，是对文化信息资源共享工程县级支中心作用的进一步提升。为了滑县数字图书馆的顺利建设，河南省图书馆赠送了 300GB 数字资源，包括国家图书馆的电子图书、专家讲座等音、视频资源，并借助北京英富森信息技术有限公司的易瑞远程访问系统，异地查询河南省图书馆的电子图书、电子期刊、电子报纸、道琼斯财经等数据库，实现了滑县图书馆与河南省图书馆的资源共享。除此之外，滑县还建设了地方志数据库、中原姓氏文化数据库、"感动中国"人物数据库、中国红歌数据库、中国法律数据库、中国电子书数据库等六个专题资源数据库。

滑县是一个人口超百万的农业大县，农村人口占全县人口的 90%，通过数字图书馆建设，极大地丰富了该县图书馆的资源，提升了图书馆的服务手段，拓宽了图书馆的服务面，使滑县图书馆由单纯的纸质服务扩展成纸质与电子信息服务相结合的复合型图书馆，使用户特别是广大农民足不出户就能得到他们所需要的信息。

第三节　未来建设热点扫描

近些年来，云计算技术、大数据技术、移动互联技术等新兴技术日新月异地发展，对社会信息交流环境和人们的信息获取行为产生了深刻的影响，使得数字图书馆建设的内外部环境发生改变。通过对数字图书馆未来建设的热点进行扫描，可以认清和把握图书馆事业发展的新趋势，充分利用现代信息技术积极推动数字图书馆建设，从而整体提升我国图书馆事业发展水平，使图书馆在经济社会发展中发挥更大作用。

一、标准规范体系与数字图书馆建设

标准规范体系对于数字图书馆的建设是不言而喻的，它是数字图书馆发展的一个重要基础,是保证数字图书馆的资源和服务在整个数字信息环境中可利用、可互操作和可持续发展的重要保障。随着计算机和互联网技术在数字图书馆领域的广泛应用,以及跨地区、跨系统数字图书馆合作的普遍开展,标准规范体系的重要性也越来越凸显。

在标准规范体系建设方面,我们应采取开放建设的机制。各级公共图书馆应该应用已有标准规范成果,如果不能满足需要,可以提出新的标准规范制定需求,并由若干个有一定研究能力和实践基础的图书馆共同制定;对于已有标准规范也应通过建立有效的应用反馈机制,使各馆在应用过程中能将发现的问题或者进一步改进的意见与建议及时进行反馈,以不断完善各项标准规范。

随着移动技术、云计算技术、大数据技术等新兴技术的不断涌现,对数字图书馆新的标准规范体系建设提出了新的需求。我们应该在国家数字图书馆已经形成的标准规范基础上,借鉴各级各类图书馆已有成熟标准规范成果,建立较为完善的数字图书馆标准规范体系,研制一批适用的标准规范,并指导各地制定相应的标准应用指南,以实际指导数字图书馆的资源建设、资源服务及软硬件平台搭建,保证数字图书馆建设的标准化、规范化。在此基础上,争取形成一批关于数字图书馆的国家标准和行业标准,进而推进全国数字图书馆建设的标准化和规范化进程[42]。

二、基于移动技术的数字图书馆

移动技术的快速发展给数字图书馆带来了挑战,也带来了新的发展机遇。2010 年美国大学与研究图书馆协会(ACRL)在预测影响学术图书馆现状和未来发展趋势的报告中指出,图书馆的发展趋势之一就是"移动设备指数增长,新的应用将推动新的服务[43]"。关注新技术催生的新的信息行为与新的信息需求,发展与完善面向新的移动用户的服务项目,从而打造以"移动技术 + 移动设备 + 图书馆资源"为核心服务链条的"移动图书馆""智慧图书馆",将成为未来 5 到 10 年数字图书馆发展的一大热点。

移动图书馆一方面拓展了传统图书馆服务,另一方面利用图书馆的数字资源,特别是移动智能终端的出现为移动图书馆服务提供了更为广阔的空间[44]。所谓移动数字图书馆,是指用户通过移动终端设备(如手机、PDA)等,以无线接入的方式接受图书馆提供的服务。数字图书馆和移动图书馆是一个图书馆的两个方面,数字图书馆只是从它的内容数字化的这个特性来说的,移动是从服务方式的角度来说的,信息的获取方式是移动的。任何技术的普及都需要一个阶段和过程,很多图书馆已经有了大量的数字资源,但是还没有提供移动服务。移动图书馆并不是要取代数字图书馆,而是移动图书馆是数字图书馆的一种,在不久的将来当移动方式取代桌面方式成为获取信息的主流方式之后,移动图书馆的服务方式一定会占领主流地位。

目前移动图书馆在国内还没有形成局面。据国家图书馆在 2012 年 6 月进行的全国公共数字图书馆建设情况调研,在被调查的 48 所副省级以上公共图书馆中,有 23 所都提供了一定的移动图书馆服务,且大部分都是直接购买商业软件,如超星移动图书馆、书生移动图书馆、图创移动图书馆、方正电子图书移动阅读平台,仅有少量是图书馆自主开发的 WAP 网站。服务内容也大多以图书馆公告、书目信息检索、图书馆展览/讲座信息、书刊推荐、参考咨询等基本、辅助服务为主,服务形式较单一。随着移动终端设备、移动网络的迅速发展,移动 3G/4G 的商用化应用,用户已经开始接受和认可移动服务,移动图书馆也将逐步开发和应用更多样化更深层次的信息服务内容,如电子书查询和阅读、音视频资源下载点播、有声图书借阅、实时互动的图书馆导引服务等,为读者提供内容丰富、便捷易用的移动图书馆服务,届时移动数字图书馆将可以提供"读者在任何时间、任何地点享受到图书馆的服务"。

三、基于云计算技术的数字图书馆

云计算以其资源动态分配,按需服务的设计理念,具有低成本解决海量信息处理的独特魅力,为数字图书馆建设带来了技术变革,是 IT 行业炙手可热的技术趋势。2011 年全球技术研究和咨询机构 Gartner 发布了 2011 年及未来重大 IT 趋势和技术预测,Gartner 认为云和虚拟化将是 2011 年最热门的两项 IT 技术[45],全球将有更多企业采用云和虚拟化技术重新定义他们的基础设施。

就数字图书馆建设而言,云计算带来四大优势,首先,云计算提供了最可靠、最安全的数据存储中心,用户不用再担心数据丢失、病毒入侵等烦恼;其次,云计算对用户端设备要求低,不需要高性能的电脑来运行基于 Web 的云计算应用,使用起来也最方便;再次,增强的计算能力,云计算利用成千上万台计算机和服务器的能力,可执行超级计算类的任务;最后,无限的存储容量,云存储可以提供近乎无限的空间,再也不用为数据存储烦恼。云计算在数字图书馆中的应用包括:①软件服务,即各类软件应用,采用本地安装形式的图书馆自动化系统、办公自动化系统等,都以一种网络服务的形式提供;②云存储服务,大量的数字资源,不论是自建的还是购买的,都可以存放于"云"上,而不再需要"镜像"于本地;③中心图书馆作为"云"提供商,提供本地数据中心或者其他业务支持;④平台服务,大型图书馆引入"云"设施,利用商用的云计算解决方案、架构满足本地或局部应用的"私有云"平台;⑤互联网整合服务,图书馆作为一种服务中介,需要整合多家平台和资源,利用各类公共"云",实现不同"云"之间的互操作,向读者提供更专指、贴心的服务。

云计算深刻地改变数字图书馆的 IT 基础架构、应用软件架构、服务模式等,云计算针对数字图书馆领域的应用与研究已陆续展开,重塑数字图书馆生存和发展的环境、推动数字图书馆自身变革是云计算环境下数字图书馆发展的未来趋势。鉴于云计算还处于探索阶段,应用模式尚无定论,还存在一些问题尚未解决,如数据安全问题、版权问题、隐私问题、标准问题等。

四、基于社交网络的数字图书馆

近年来,国外以 Facebook、Twitter、MySpace 为代表,国内以新浪微博、腾讯微博、微信、豆瓣网、人人网为典型的各类社交网站及应用已深入渗透到了人们的日常生活中。据中国互联网络信息中心在《2012 年中国网民社交网站应用研究报告》中的调查统计,58.5% 的用户每天都要访问社交网站,其中38.2% 的用户每天访问多次,20.3% 的用户每天至少访问一次,并且这个数据还在不断增加[46]。

随着社交网络的不断发展,社交网络服务 SNS 对数字图书馆建设产生了一定的影响,有助于打造个性化的数字图书馆,促进图书馆在线资源展现形式的多样化,可以有效地扩大图书馆读者群,为数字图书馆的发展提供了崭新的服务模式,并为数字图书馆吸引用户和建立交互型社区提供新的机遇。借助社交网络的形式,数字图书馆可以增强用户黏度,充分发挥知识宝库的作用,通过互动共享的模式进行丰富的知识服务。对于公共图书馆而言,所面对的服务对象也越来越成为社交网络网站及工具的主要用户,因此借力社交网络的迅速发展和广泛覆盖性,公共图书馆的数字图书馆发展将有新的发展机遇和广阔前景。据调查统计,国内外各图书馆正尝试利用 Facebook、Flickr 等社交网站共享资料、图片和计划等,为用户提供了解在线图书馆的机会。同时,图书馆利用 RSS、微博等社交网络工具,促进知识共享和传播,并为用户提供广阔的信息交流平台。截至 2013 年 10 月,新浪微博用户名中包含

"图书馆"的认证用户有四百多家,其中认证用户"国家图书馆"有15万粉丝,"上海图书馆信使"拥有26万粉丝。认证图书馆微博,通过实时发布图书馆相关活动信息,与读者产生各类互动,极大地扩大了读者与图书馆沟通的效率,受到了广大读者的好评。

社交网络的兴起,对数字图书馆的发展产生了重要的影响。但是社交网络也不可避免地存在一些问题,如无法有效地保护个人隐私,存在大量恶意软件和垃圾邮件,青少年易沉迷于社交网络等。目前社交网络在数字图书馆中的应用还不够完善,有些还处于尝试阶段,但从长远来看,社交网络在数字图书馆领域的应用前景是良好的。利用社交网络,可以帮助数字图书馆建立与用户互动的关系,拉近与用户的距离,培养广大用户的黏度。我们相信,未来的数字图书馆会更好地利用社交网络,让数字图书馆真正成为广大用户获取知识的平台,并为更多的用户提供满意的服务。

五、基于大数据技术的数字图书馆

2011年5月,全球知名咨询公司麦肯锡发布《大数据:创新、竞争和生产力的下一个前沿领域报告》,首次提出了"大数据"的概念,而美国政府于2012年3月29日拨款2亿美元推出的"大数据的研究和发展计划"[47]则把大数据的应用提升到了全球战略的高度。

基于数字图书馆的大数据技术还没有得到大规模的应用研究。但从目前来看,大数据能在数据挖掘与数据管理、数据可视化分析、辅助决策机制以及读者的行为分析等方面产生巨大的影响。在数据挖掘与数据管理方面,数字图书馆的运营将产生来自于馆藏文献、读者、服务、设备等在内的大量的业务和运维数据,数字图书馆通过自上而下的强制性征集以及自下而上的数据提交,进而手动或者自动(半自动)地获取数字图书馆运行中所产生的各类数据,建立起公共图书馆数字图书馆数据仓库,进而为后续的数据分析建立坚实的基础。在数据可视化分析方面,大数据技术将给数据分析带来简洁直观的展示效果,包括时间、空间、地理位置等不同维度的结合展示,以及强大的互动图形用户界面(GUI)控制功能,同时未来的可视化数据分析将不仅仅只是统计结果的多维度展示,而是结合了情境分析以及辅助决策支持的综合解决方案。在辅助决策机制方面,数字图书馆通过建立起规范化的数据集,借助数据挖掘的相关技术,可以对其业务及运营建立起各类决策模型。如通过对电子资源利用进行聚类分析、关联分析等,就可对图书馆的采购经费管理、电子资源生命周期管理等业务逐步地建立起相应的采购模型,从而为采购工作提供详尽的决策支撑。读者行为分析是大数据重要的一个研究领域,读者在数字图书馆中将产生了大量可供使用的数据,在获得授权的情况下,这部分数据将是数字图书馆非常宝贵的资源,通过分析这些数据,包括读者属性、读者对于图书馆门户、OPAC、参考咨询以及移动服务等利用情况的数据,都将对数字图书馆改进自身的业务形成重要的支撑。

大数据理念的普及,将带动各类数据分析技术的应用,推动数字图书馆"数据立馆"的建设,但其难点在于原始数据的收集和整理,大数据对存储、技术能力的要求等诸多问题都有待解决,但我们应该看到,这些并非主流,大数据在数字图书馆的应用才是主流与趋势。

六、基于资源发现系统的数字图书馆

数字图书馆是分布式的建设,通过资源发现系统可以将公共图书馆中的纸本资源、数字资源、学术资源、网络资源通过各自的平台系统与向读者提供服务的不同载体形态的信息资源有机联结到一起,使数字图书馆资源成为一个有机的整体。

资源发现系统可以集成公共图书馆的馆藏目录与远程数据厂商的文献全文层次数据,提供更快速的检索速度与相关性检索结果排列。通过检索词准确定位资源是查找资源的关键,通过作者、参考文献、主题词等找出密切相关的资源也是发现资源的重要手段,数据关联能提高数据检索深度,是资源整合的发展方向,也是下一代语义网的数据基础。资源发现系统提供类似Google的一站式检索,通过统一资源发现系统后端庞大的知识库,全方位地揭示馆藏。对读者而言,使用更为便利、检索结果响应更迅速、更全面、更及时,对数字图书馆而言,则提高了资源的管理效率和共享。

目前,资源发现系统已经实现对检索结果进行有效组织与揭示,如相关度排序、分面导航、结果精炼以及相关资源推荐,以帮助用户发现最合适的资源。数字图书馆也可依据自身需求对资源发现系统进行二次开发,升级用户使用体验,开展特色服务。有的图书馆利用资源发现系统的元数据,开发了基于海量数据的学科趋势分析系统,还对文献、作者信息进行可视化处理,形成动态的"热词"标签云图等。未来资源发现系统将具有自然语言理解技术的学术搜索引擎,可以正确有效地切分汉字,识别和忽略用户检索词中的错别字,同用户使用自然语言甚至是语音"交谈",并能深刻理解和挖掘用户深

层次的意图。数据库开发商与学术搜索引擎以及学术搜索引擎之间的相互合作也无疑推动了资源发现系统朝着多元智能化的方向发展。

七、建设方向

（1）统筹协调发展。各级图书馆及其主管部门要加强组织领导，统筹安排，把数字图书馆建设纳入本地文化发展总体规划，纳入文化工作和图书馆工作的考核体系，并作为图书馆评估定级和全国公共文化服务体系示范区创建工作的重要指标，使之成为区域社会发展和文化发展的有机组成部分。

（2）加强政策落实。文化部已经颁发了一系列数字图书馆建设相关政策，各级图书馆及其主管部门要认真落实，对区域内各级图书馆的实施进度进行监督和指导，推进区域内省、市、县级图书馆的虚拟网互联、软件平台部署和数字资源建设等方面的工作。

（3）进一步加强资源建设的力度。数字图书馆建设要推动各级公共图书馆数字资源总量的均衡增长，积极开展全国图书馆数字资源联合建设，自建数字资源建设和资源共享工作。

（4）明确各级公共图书馆在数字图书馆建设中的责任，建立并完善由国家馆、省级馆、地（市）级馆和县（市）级馆为实施主体的四级推广工程建设机制，逐步提高各级公共图书馆数字图书馆建设能力与服务水平。

（5）注重数字图书馆服务效果。数字图书馆经历近20年的建设，至目前阶段，各公共图书馆应依托互联网、移动终端、数字电视、电子触摸屏等渠道，借助虚拟网、统一认证等平台，不断展示推广工程的阶段性成果，丰富数字资源、优化服务体系，提升工程的服务效果和社会效益。

（6）注重三大文化惠民工程的融合，充分发挥现有的资源和技术优势，借助公共电子阅览室窗口作用，为县级及以下各基层图书馆和服务点提供资源保障和平台支持，使数字图书馆优秀的数字资源走进千家万户。

（7）加强示范区的引领作用，利用示范区积极探索构建覆盖全国的数字图书馆服务体系的有效路径，形成一批具有创新性、带动性、导向性的示范项目，通过发挥典型的示范、影响和带动作用，整体提升各地数字图书馆建设能力和服务水平。

参考文献：

[1] 景海燕.对"无纸社会"的再思考[J].图书馆理论与实践,2001(4):61-64.

［2］赵笙,张欣毅.图书馆是一个生长着的有机体——图书馆学新老五定律引发的思考
　　［J］.图书馆理论与实践,1999(4):29-32.

［3］曹树金,胡利勇.国外数字图书馆的信息组织与查询研究［J］.图书馆论坛,2004,24
　　(3):3-7,48.

［4］徐文伯在中国数字图书馆发展战略示范单位合作协议签字暨新闻发布会上的讲话
　　［EB/OL］.［2014-02-07］.http://www.ccnt.com.cn/library/luntan/xu/xujianghua.htm.

［5］陈魏魏,孟桂平.浅谈从传统图书馆服务模式到数字图书馆新型服务模式的转变——
　　以国家数字图书馆为例［J］.情报杂志,2011(6):216-219.

［6］全国文化信息资源共享工程［EB/OL］.［2014-02-07］.http://baike.baidu.com/link?
　　url=Jbbg2UcxQPaPU6EbctLcKDUXVlr9CL6AjCdMX8Gy0I-u12v0WU0b3WbQO02gQxYQ.

［7］国家数字图书馆推广工程［EB/OL］.［2014-02-07］.http://www.ccdy.cn/zhuan-
　　ti2011/17dawhjs/content/2011-10/16/content_999018.htm.

［8］公共电子阅览室建设计划［EB/OL］.［2014-02-07］.http://www.ndcnc.gov.cn/yue-
　　lanshi/peixun/201301/t20130114_529057.htm.

［9］数字图书馆:让所有人平等获取信息［EB/OL］.［2014-02-07］.http://hxd.wenming.
　　cn/whtzgg/2010-07/15/content_150674.htm.

［10］于平.在“回顾与展望ILAS二十周年技术研讨会”上的讲话［J］.公共图书馆,2009
　　(2):10-12.

［11］程焕文.普遍均等 惠及全民——关于公共服务普遍均等原则的阐释［J］.图书与情
　　报,2007(5):4-7.

［12］［31］胡燕松.国内公共图书馆数字化建设项目综述［J］.图书馆,2005(4):51-54.

［13］中国试验型数字式图书馆［EB/OL］.［2014-02-09］.http://www.nlc.gov.cn/old/old/
　　dloff/scientific6/sci_7.htm.

［14］莫少强.向数字图书馆迈进［C］//数字化图书馆文集.沈阳:东北大学出版社,1999.

［15］1990年—1999年辽图大事记［EB/OL］.［2014-02-09］.http://www.lnlib.com/news/
　　201174/n819320.html.

［16］我国公共图书馆近年来发展迅速［EB/OL］.［2014-02-09］.http://news.xinhuanet.
　　com/society/2011-10/26/c_111126184.htm.

［17］公共图书馆发展情况及“十二五”发展目标［EB/OL］.［2014-02-09］.http://www.
　　ccnt.gov.cn/preview/special/2305/2311/201110/t20111013_131820.html.

［18］320个县级公共图书馆无偿获总量1TB的数字资源［EB/OL］.［2014-02-09］.ht-
　　tp://unn.people.com.cn/GB/14748/10998776.html.

［19］首图将推免费手持阅读器和U阅迷你书房［EB/OL］.［2014-02-09］.http://cio.itx-
　　inwen.com/2010/1202/188698.shtml.

［20］周和平.充分发挥大城市图书馆作用 带动事业全面发展［J］.国家图书馆学刊,2011

（3）:3-8.

[21] 2013 年第一季度数字图书馆推广工程实施情况报告[EB/OL]. [2014-02-10]. http://www.ndlib.cn/cswjxz/201307/P020130701576146020502.pdf.

[22][42] 赵悦,申晓娟,胡洁,等. 数字图书馆推广工程标准规范体系建设规划与实践[J]. 国家图书馆学刊,2012(5):46-53.

[23] 福建省数字图书馆推广工程建设情况[EB/OL]. [2014-02-13]. http://www.nlc.gov.cn/dsb_zt/xzzt/sztsgtggcgzhy/hyclxz/201210/P020121015618384129671.pdf.

[24] 文化部办公厅关于印发"数字图书馆推广工程"省级、市级数字图书馆硬件配置标准的通知[EB/OL]. [2014-02-13]. http://www.ndcnc.gov.cn/2013zhuanti/tongzhi/201307/t20130712_705532.htm.

[25] "数字图书馆推广工程工作会议"在张家港召开[EB/OL]. [2014-02-13]. http://www.nlc.gov.cn/dsb_zx/gtxw/201209/t20120927_66449.htm.

[26] 王乐春,路龙惠. 数字图书馆推广工程虚拟网体系构建与资源共享实例实现[J]. 国家图书馆学刊,2012(5):40-45.

[27] 从网上去国图 国家数字图书馆建设与推广[EB/OL]. [2015-02-15]. http://news.gmw.cn/2014-01/05/content_10021956.htm.

[28] 杭州市公共图书馆服务体系十年建设掠影[EB/OL]. [2014-02-15]. http://www.cpcss.org/_d276368971.htm.

[29] 杭州市基本建成覆盖全市的公共图书馆服务网络[EB/OL]. [2014-02-14]. http://www.zjwh.gov.cn/dtxx/zjwh/2010-07-02/90181.htm.

[30] 麻莉. 数字图书馆个性化服务方式探讨[J]. 科技信息,2008(25):283,285.

[32] 首都图书馆《北京记忆》获第十五届"群星奖"[EB/OL]. [2014-02-07]. http://www.nlc.gov.cn/newtsgj/yjdt/2010n/6y_2177/201006/t20100613_34236.htm.

[33] 程梅. 浅议我国数字图书馆的发展趋势[J]. 江西图书馆学刊,2002(S1):25-26.

[34] 百度百科. 上海数字图书馆[EB/OL]. [2014-02-15]. http://baike.baidu.com/view/125309.htm? fr=aladdin.

[35] 莫少强. 广东省新世纪电子图书馆的建设与发展[J]. 北京图书馆刊,1995(3-4):85-89.

[36] 辽宁省数字化图书馆启动[N]. 每周电脑报,1997-09-29(21).

[37] 王荣国,卢朝霞. 数字化图书馆文集[M]. 沈阳:东北大学出版社,1999:233.

[38] 胡东,詹利华. 浙江网络图书馆的实践与思考[J]. 图书馆学研究:应用版,2010(10):24-28,39.

[39] 杨向明,寿晓辉. 全媒体时代图书馆建设与服务创新——以杭州数字图书馆"文澜在线"为例[J]. 河南图书馆学刊,2012(2):77-79.

[40] 冯冷,黄文镝,廖小梅. 基于协同视角的区域图书馆业务统筹管理——以东莞图书馆

为例[J].图书与情报,2009(6):14-19.

[41] 榆林数字图书馆成文化产业新亮点[EB/OL].[2014-02-15]. http://www. sxdaily. com. cn/n/2013/0426/c266-5120136. html.

[43] 2010 top ten trends in academic libraries[EB/OL].[2014-02-15]. http://crln. acrl. org/ content/71/6/286. fill. pdf_html.

[44] 文伟.区域性移动图书馆服务建设初探[J].图书馆,2012(3):107-109.

[45] 张鹏.Gartner:以云和虚拟化技术重构企业 IT 基础设施[J].通信世界,2011(4):39

[46] 中国互联网络信息中心.2012 年中国网民社交网站应用研究报告[EB/OL].[2014-02-15]. http://www. cnnic. net. cn/hlwfzyj/hlwxzbg/mtbg/201302/P0201302196116510 54576. pdf.

[47] 韩翠峰.大数据带给图书馆的影响与挑战[J].图书与情报,2012(5):37.

（执笔人：李东来　李晓辉　刘晓娟）

第四章　高校图书馆的数字图书馆建设

第一节　高校数字图书馆建设发展阶段

数字图书馆的概念,发端于 20 世纪 60 年代美、欧、日、俄等国学者对未来图书馆的研究。由于当时我国相关技术的落后,高校图书馆经费严重不足,数字图书馆建设从 20 世纪 80 年代初期开始,经过了十几年的跟踪交流、实践研究,直到 2000 年前后才正式进入到建设服务阶段。

一、跟踪与交流阶段(20 世纪 80 年代—1994 年)

20 世纪 80 年代初,我国图书情报界、出版界开始跟踪国外对未来图书馆、电子图书馆的研究。一开始多是将国外的研究成果介绍到国内来,关注的焦点主要在电子出版物上。这方面的代表成果是张晓林 1983 年发表的《现代信息革命两大前沿之一:电子出版物》[1]一文。该文非常详尽地归纳总结了 1983 年 3 月前已出现的各类电子出版物的类型,包括磁带目录、联机资料库、全文资料库、电子小说等。这篇文章涉及的各类电子出版物到现在仍是各类数字图书馆的主流数字资源基础。

《大学图书馆通讯》(《大学图书馆学报》的前身)在 1985 年第 6 期、1986 年第 1 期和第 2 期,分三次连续刊载了美国伊利诺伊大学研究生院图书馆学教授 F. W. 兰卡斯特于 1972 年出版的著作《电子时代的图书馆和图书馆员》[2-4]的缩编。该文对于帮助最早关注电子图书馆的高校图书馆界专家们,从时代进步的角度了解电子时代,深入理解数字图书馆的实质,起到非常大的作用。

在此阶段,由于缺乏必要的技术支撑、资源条件和经费支持,高校图书馆均无力组织开展数字图书馆建设和系统化研究的工作,研究人员多处于"单打独斗"的形态,除研究文献外,只能利用出国考察,请国外专家来国内讲学等方式,密切关注着国外的发展,通过撰文向国内介绍各种进展,在观念和应用理论基础上不断积累[5-8]。

二、实践与研究阶段(1994—1999 年)

进入 1994 年后,部分高校图书馆已经构建了内部的 Novell 局域网,部署了早期的图书馆自动化系统,并拥有一些光盘数字资源。我国高校数字图书馆领域的先驱们,开始尝试各种技术手段,在局域网里把印本资源目录和光盘数字资源整合起来,搭建数字图书馆的雏形。

作为这个时期标志性的工作之一,是 1994 年汕头大学图书馆斥资 200 万港币建设的"三库一联机"图书情报保障系统。到 1994 年 4 月,该项工程已经实现了馆藏中外文书目数据库、自建的国内文献数据库(由从国内一些专业情报中心套录 ISO 2709 格式目录数据合并而成)和包含 7 驱光盘塔组成的光盘库(6 种光盘 200 多万条目录数据)接入校园网,这已是我国高校在电子图书馆建设实践方面,在当时的技术条件下所能达到的最高水平了。以后来的眼光来看,这是一种最为原始的电子图书馆雏形[9]。

另一个重要的标志是数字图书馆研究已经不再是某一研究人员单打独斗的工作,清华大学、北京大学、上海交通大学、复旦大学、华南理工大学等院校在这个时期都先后组建专门的队伍开始了数字图书馆建设的前期研究工作。从简单地跟踪国外的发展,开始转向研究实践和系统化设计。越来越多的图书馆开始提出电子图书馆建设的设计方案,并不断完善,以待时机。

这一时期,一个典型的例子当属上海交通大学图书馆杨宗英发表在《中国图书馆学报》1996 年第 2 期上的《电子图书馆的现实模型》[10]一文。这篇论文标志着高校图书馆在一个单馆的数字图书馆体系建设方案设计上已达到相当高的水平。从总体架构设计上可以看出,上海交通大学图书馆要打造一个将传统图书馆与数字图书馆融为一体的复合型图书馆。在该文基础上,杨宗英和他的同事,又分别于 1997 年、1998 年发表了《上海交通大学数字图书馆原型的设计考虑和实现》[11]《上海交通大学数字图书馆雏型》[12],对原方案进行不断的细化。2000 年,上海交通大学数字图书馆雏型正式上线服务[13]。由于当时数字资源还非常匮乏,依托国家或地区大环境建设的条件尚不具备,导致一些在《电子图书馆的现实模型》中规划的部分,如咨询服务系统、联机编目与馆际互借系统等并未实现,所以只称为"数字图书馆雏形",但其总体设计思想和打下的基础极具前瞻性,持续指导着上海交通大学的数字图书馆建设,为推动高校数字图书馆健康发展做出了贡献。

与此同时,北京大学图书馆和清华大学图书馆不约而同地采取了另一种策略,即把数字图书馆建设的突破口选在资源型数字图书馆建设方面,先增强数字资源服务能力,再逐步与图书馆传统业务整合。因此,它们的研究重点在于有关数字资源描述和组织管理的元数据方面。例如,经过一段时期各自为战的跟踪研究后,1999 年 9 月,中国高等教育文献保障系统(China Academic Library & Information System,简称 CALIS)管理中心、北京大学图书馆与原北京大学计算机系联合成立了北京大学数字图书馆研究所,第一项工作就是成立中文元数据标准研究项目组,以 CALIS 项目和北京大学古文献数字图书馆建设为背景,开展基于 Dublin Core 的元数据标准研究。研究成果"中文元数据标准框架及其应用"[14]成为高校数字图书馆元数据标准研究方面的重要基础之一。

三、建设与服务阶段(1999—2012 年)

1999 年,上海交通大学图书馆、清华大学图书馆、北京大学图书馆等均启动了本校的数字图书馆建设项目。在 2000—2001 年间,上海交通大学图书馆的"数字图书馆雏型"[15]、清华大学图书馆的"建筑数字图书馆"[16]、北京大学图书馆的"古文献数字图书馆"[17]先后上线服务,标志着高校数字图书馆建设进入了工程实施和服务阶段。

这一阶段按其建设背景、内容、模式和特点等还可以粗略地分为以下几个阶段①:

1. 数字资源的单馆、单库建设阶段(1999—2004 年)

这一期间高校数字图书馆建设的主要任务是数字资源建设,核心是要解决网上数字资源极度匮乏的问题;同时也是想通过数字资源建设,在短时间内快速提高图书馆对读者的可供文献量。

(1)数字资源建设方式

数字资源建设的主要方式有两种,一是购买,比较经济的方式是组团采购;二是自建,除少数图书馆外,自建数据库多是以二次文献库为主,如建立

---

① 本报告以下内容均来自于中国高等教育文献保障系统(CALIS)、中美百万册图书数字化国际合作计划(CADAL)、高校图书馆数字资源采购联盟(DRAA)以及 CALIS 各期子项目建设和各省级中心各期建设方案和历年来的总结报告,不再一一标注出处。

目录数据库或导航数据库,少量有经费的图书馆则开始购置仪器,持续地数字化纸本或缩微形式的馆藏资源;缺乏经费或想节省经费的图书馆则以向数字加工外包商免费或低价提供文献母本,通过允许加工商与自己分享文献数字化后电子副本的方式让商家免费为自己加工。

这一时期对高校图书馆总体数字资源增长影响较大的一是 CALIS 组织的国外数字资源集团采购和 CALIS 地区中心组织的中文数字资源集团采购;二是以超星公司为代表的数字加工外包商,这些公司以帮助图书馆用户免费扫描的方式来换取被扫描后数字资源的使用和销售权,在不考虑知识产权保护的情况下,客观上起到了帮助许多高校图书馆获得首批数字资源的作用。前者主要是解决高校图书馆整体外文文献资源极度匮乏的问题,后者则为许多高校图书馆提供了中文数字资源加工的解决办法。

（2）数字资源建设特征

这一时期数字资源建设的主要特征,一是呈单馆或单库的建设模式,即尚未有较为统一的数字图书馆标准规范来指导各单独图书馆的数字图书馆建设。不仅各馆自建的电子资源库各不相同,组团购买的各个库也分布在不同的平台上,检索方法、结果展示及全文获取方式等各不相同,通常需要对用户进行大量的培训才能有效使用这些资源。即使是 CALIS 或 JALIS（江苏省高等教育文献保障系统）组织的特色数据库建设,也仅仅是在某个所建数据库层面上,各参建馆采取统一的元数据标准,而库与库之间并未考虑到未来整合服务的可能需求。各数据库系统均是自成一体的异构平台,不具备开放性、互通互联和互操作性。

二是主要靠政府项目拉动。这一时期全国范围组织的特色数据库建设有 CALIS 项目,"九五"期间组织了 25 个图书馆,分别建设了 26 个特色数据库。学位论文文摘数据库和中文期刊目次数据库建设项目则组织了近 60 个图书馆参与共同建设,共享目录。比 CALIS 早启动近一年的 JALIS 项目,在江苏省组织了 8 个特色数据库建设（其中有一个数据库得到 CALIS 经费支持）,除目次库外,还包括图像、多媒体等类型数据库。这些特色数据库大部分都没能继续在线服务,但为高校成规模组织建设数字图书馆积累了宝贵经验,通过实践培养了一批数字图书馆建设的新型馆员。

2. 大规模数字图书馆建设阶段（2004—2010 年）

数字图书馆的性质决定了各个图书馆和信息服务商分别建立的数字化服务系统一定要走向互联互通,而由于相当多的建设内容是重复或说可重复利用的,多馆(机构)合作共建将极大地节省建设经费,且可共享人力资源和彼此的数字资源。例如江苏、上海、天津等地的高校采取联合共建的方式,把各单独图书馆的数字图书馆建设协同整合起来,增大了各馆建设成功的可能性。同时,随着数字资源数量和种类规模的不断增加,这一阶段的核心任务转化成了如何管理庞大的数字资源和数字服务体系,以提供更为稳定可靠高效的数字服务,由此,高校数字图书馆发展逐渐进入到大规模数字图书馆建设的新阶段。这一阶段的特征主要包括以下几个方面:

(1)相对统一的数字图书馆标准规范

为了保证高校数字图书馆建设的可持续发展,这一阶段的首要任务就是要建立起相对统一的数字图书馆标准规范。2003 年 11 月中国高等教育数字图书馆标准规范研制工作正式启动,CALIS 联合高校图书馆专家参照国家科技部科技基础条件平台工作重点项目《我国数字图书馆标准规范建设》的研究成果,建立了《中国高等教育数字图书馆技术标准与规范》(以下简称《标准规范》),形成了包括数字资源加工与存储、数字对象分类与描述、元数据标准与互操作、系统模式与互操作、服务模式与规范等方面的标准和规范,并对国内主要软件厂商的部分数字图书馆软件先后多次进行了 CADLIS(中国高等教育数字图书馆)技术标准规范兼容性认证,为 CADLIS 的建设以及高校数字图书馆之间的互联互通提供了保障。该《标准规范》作为 CADLIS 项目的强制标准,同时提供给各地方、各馆数字图书馆建设作为参考依据,得到广大成员馆和 9 个数字图书馆领域软件开发厂商的支持。此外,CALIS 还编纂了《CALIS 联机合作编目手册》《引进资源工作规范》《高校馆际互借业务规范》等业务标准和规范,为高校建立开放式的、互联互通的数字图书馆体系奠定了基础。

(2)集成的数字图书馆门户

这一时期数字资源的快速增加促进了图书馆新型服务的开展,让服务越来越成为数字图书馆的工作主导,资源检索和导航服务、用户培训服务、传统借阅与咨询服务等均通过网络作为第一入口来实现。上述各类服务的发展,使得"整合"再次成为高校数字图书馆建设普遍关注的"焦点"。没有整合,资源与服务只能处在一种零散的状态,不能成为一个完整的体系,而数字资源和服务整合的最终体现是数字图书馆门户。数字图书馆门户包括用户统一认证、资源检索、学科导航、虚拟咨询、用户培训、文献传递、资源调度等诸多服务在内,在这一阶段中成了高校图书馆的主要建设目标。此外,各校的数字化校园建设也给门户建设提出了新的课题,如与校园卡(一卡通)衔接的统一认证系统等。

除了 CALIS 在"十五"期间开发了数字图书馆门户系统,主要在 CALIS 体系各省级中心部署外,一部分高校图书馆购买了以色列 ExLibris 公司的 MetaLib 软件,构建数字图书馆门户。

(3)基于联邦检索和调度知识库技术的资源整合

这一时期数字资源和数字化服务都已经初具规模的图书馆会利用统一检索和资源调度等工具整合数字资源,这些工具中比较有代表性并得到应用的国产软件有 CALIS 组织开发的统一检索和资源调度软件。CALIS 采用资源联合共建和集中引进采购相结合的方式,由多个 CALIS 参建馆共同建设高校范围内的数字资源;采用资源元数据集中服务和数字对象集中与分布式服务相结合的原则,在 CALIS 各中心建立了多个集中式的数字资源仓库。每个系统相对独立,每个馆彼此独立,相互关联。

这期间,部分高校图书馆通过购买以色列 ExLibris 公司的 SFX 软件,构建自己的资源检索和资源调度服务。

(4)虚拟参考咨询服务

虚拟参考咨询服务是随着资源的利用而开展起来的新型服务,目标是在互联网上提供随时随地的远程咨询服务。国内最早开展这类服务的是上海交通大学图书馆和北京大学图书馆,进而全国各大高校图书馆均相继开展了实时咨询服务,纷纷建立了 FAQ(Frequently Asked Questions)系统,利用 QQ、MSN 等开展实时网上咨询。部分图书馆则租用了 OCLC(Online Computer Library Center,Inc)与美国国会图书馆联合开发的联合虚拟参考咨询系统 QuestionPoint。CALIS 也开发了联合虚拟参考咨询系统 CVRS(Collaborative Virtual Reference System)在高校图书馆中部署使用。

(5)开放互联的分布式数字图书馆系统

在技术支撑环境建设方面,这一阶段 CALIS 建立了具有数字资源制作、管理、组织、存储、访问、服务等功能的分布式、系列化的高等教育数字图书馆应用系统,具有多种开放的应用服务接口,并分别在 CALIS 中心和北京大学图书馆、清华大学图书馆等各个参建馆进行了部署、集成和使用,支持面向多馆的资源共建共享和服务协作,并支持整个 CALIS 范围内的统一认证、统一计费与结算、统一调度、统一检索、开放链接等服务。该服务平台整合了纸质资源和数字资源、商业资源和自制资源以及网络资源、一站式服务和代理式服务等。虽然服务平台上的软件(连同通过认证的第三方软件)种类多样、功能各异,但都遵循统一的技术标准规范,具有标准化的互操作接口,通过分布式的松散耦合方式集成为一个有机整体。该系统与浙江大学图书馆牵头负责的"中美百万册图书数字化国际合作计划"项目(主要对数百万册量级的纸本资源进行数字化)共同构成了中国高等教育数字图书馆(CADLIS)。

从分布规模上看,CADLIS 系统是目前世界上最大的数字图书馆系统。这种大规模、标准化、分布式集成、互连互通的数字图书馆服务平台作为整个高校文献保障体系的运行平台,大大缩短了我国和国际一流大学在学术文献信息服务方面的差距,推动了高校图书馆向现代化发展的步伐。

(6)大规模数字加工(CADAL)

"中美百万册图书数字化国际合作计划"(简称 CADAL)的主要任务是以扫描加工的方式给 CADLIS 提供面向教育和科研的百万册扫描版中外文图书文献(中文图书 50 万册、英文图书 50 万册),完成图书的数字化工作并提供相应的服务,丰富 CADLIS 及其成员馆现有的数字资源体系。CADAL 是中美两国计算机科学家共同发起的合作计划,美方由 NSF(National Science Foundation,United States)和企业界提供相当于 1000 万美元的软硬件设施,并组织卡内基梅隆大学、西蒙学院和数字图书馆联盟(Digital Library Federation,DLF)的大学成员参加,中方则由浙江大学图书馆牵头的数十个高校图书馆参加,由各承建单位配套自筹经费 1 千万元人民币(国家另通过 CADLIS 项目拨款 7000 万元)。该项目开发出 30 个左右的大型特色数字资源库,推动了海量数据存储、管理、检索和多媒体处理等方面的研究工作,促使我国在大规模数字图书馆建设和信息服务领域向世界先进水平迈进。

(7)国家项目和众多的省级项目

这一阶段我国高校数字图书馆的发展规模和步伐非常之快。教育部"十五""211 工程"建设的公共服务体系重点建设项目"中国高等教育数字化图书馆建设项目"(简称 CADLIS)开展后,各"211 工程"院校都在各校的"十五""211 工程"中,把数字图书馆建设列为一项重要内容,作为提升学校综合实力的一项重要举措,大大推动了我国高校数字图书馆的建设和发展。此外,在"九五"建成的 CALIS 三级保障体系的基础上,进一步加强了 4 个全国文献信息中心、7 个地区文献信息中心的建设,提升了它们的服务和协调能力,并增设了 15 个省级文献服务中心、22 个数字图书馆基地,建成了由多馆参加的馆际互借/文献传递网络、联合参考咨询协作网络、数字资源和服务共建共享网络等。

这期间,得到各省(自治区、直辖市)政府投资建设的省(自治区、直辖市)级数字图书馆(高校资源共享体系)主要有(按中文拼音排序):

安徽省高等学校数字图书馆

北京地区高校图书馆文献资源保障体系

福建省文献信息资源共享平台

海南省教育科研数字图书馆

河北省高等学校数字图书馆

湖北省高等学校数字图书馆

湖南省高等学校数字图书馆

江苏省高等学校数字图书馆

江西省高校数字图书馆

上海高校网络图书馆

天津高校数字图书馆联盟建设项目

云南高校数字图书馆共享平台

浙江省高校数字图书馆

重庆市高校数字图书馆

3. 移动数字图书馆与云服务阶段(2010 年至今)

随着新兴信息传播形态和阅读形式不断升级,这一时期的数字图书馆也逐渐向多元化发展,移动化、智能化和泛在化的数字图书馆成为主流趋势。同时,随着云计算、大数据技术在高校数字图书馆建设中的融合应用,高校数字图书馆跨入了"云服务"发展时期,以满足高校读者用户的个性化服务需求。这一阶段的特征和新兴服务类型主要包括:

(1)移动数字图书馆(门户)

移动图书馆是指用户可通过移动客户端,以无线网络接入的形式,实现图书馆资源与服务的泛在化使用。国内多所高校在这一时期已开始进行移动图书馆建设,如清华大学、北京大学、上海交通大学、重庆大学等,他们开展的服务主要有 SMS 短信服务(图书续借、预约、到期通知等)、WAP 服务(馆藏目录查询、预约续借等)、门户信息推送(图书馆公告、活动通知、新书信息等)。除了高校图书馆各自开展移动图书馆建设外,部分高校借助第三方软件,如超星移动图书馆等实现客户端功能。此外,在高校联盟中,由北京理工大学、重庆大学等 9 所大学组成的卓越联盟率先开通手机版图书馆知识共享服务平台(g. superlib. com),该平台实现了本馆馆藏数据(包括图书、期刊、学位论文)的挂接和电子资源的整合,并提供图书、期刊和数据库的导航。

(2)云服务

云计算是一种将分布式计算、网格计算、并行计算以及 Internet 结合起来的新的 IT 资源提供模式。这一阶段 CALIS 数字图书馆体系建设全面采用这种云计算技术,建立了面向图书馆联盟的"云上的"信息服务协作网络,从图书馆、共享域和全国三个层面初步解决了图书馆在资源加工、整合、交换、发现和获取等方面的协作和共享问题。CALIS 数字图书馆云服务平台(称为Nebula Platform)是一种用于建立支持多馆协作的,集应用、服务、交换、运维为一体的分布式"云"服务平台,适合于构建跨地区的大型公共应用服务网络,能将分布在网络中各个环节的资源和服务整合成为一个可控的自适应的新型服务管理体系,支持新的资源和服务的快速加入和集成,支持馆之间的透明协作,支持各馆用户的聚合和参与,支持基于多馆协作的社会化网络的构建和管理,是构建下一代分布式 Library 2.0 的基础性平台。

(3)新媒体

这一时期数字图书馆建设随着微博、微信等新媒体的发展也涌现出了新的活力。高校图书馆提供的新媒体服务主要包括微博服务、微信服务、RSS 订阅服务等等。其中,微信服务主要包括通知消息、馆藏分布、图书查询、书刊检索等,大多属于初级探索阶段。高校图书馆微博信息服务的内容主要是馆藏资源、相关活动的介绍等,利用微博的转发评论等功能与粉丝互动扩大自身的影响力,更好地了解用户的需求,为读者提供更深层次的服务。随着新媒体技术的不断发展,高校新媒体服务也将渐趋完善与深化。

(4)学科门户与服务

这一时期数字图书馆建设的另一特点是建成了各具特色的学科门户并提供各类学科专题服务。CALIS 全国文献中心分别从文理、工程、农学、医学四个方面提供各类特藏文献服务,并建立相应网络平台门户,为读者提供所需的各类专题文献服务。同时,CALIS 还整合国内其他文献服务工作机构和海外文献服务合作机构的资源,通过 CALIS 云平台能够直接为高校图书馆和师生提供其特色或专有文献服务,无须高校读者到这些机构申请开通借阅服务,极大提高了高校读者获取国内外文献的便利性和快捷性。

（5）数字资源管理

随着数字资源不断开发和积累,这一时期数字资源已呈现出多样性、海量性以及整合的复杂性等趋势。各类海量资源包括各馆的纸本和电子图书、各类期刊文章、学位论文、报纸、年鉴、百科知识、教学参考书、课程、课件以及其他各类特色数据库等,因而建立统一的数字资源汇集与管理平台体系尤为重要。CALIS 技术中心借鉴了 Hadoop 分布式模式,开发了统一资源汇集和交换平台(Unified Exchange System,简称 UES)以及资源处理与管理平台(Data Management System,简称 DMS)。其中,UES 平台主要用于汇集和交换不同来源、不同格式的资源,DMS 平台主要用于各类数据的清洗、验证、规范化、格式转换、查重合并、数据整合、数据完善、数据关联等处理,对处理好的海量资源(元数据、数字对象、馆藏、日志等)进行存储和管理。

（6）基于元数据仓储的发现系统

CALIS 在经过资源处理与管理平台的数据规范化、查重合并、数据完善等步骤处理后,已建设成统一的海量资源仓储。在此基础上,进一步进行知识挖掘和整合,为各馆提供知识搜索和各种决策支持。图书馆和共享域的业务管理员在资源发布平台可以订制个性化的发布策略,发布各类资源元数据、知识索引和数字对象,使其成为读者可以检索和获取的文献资源。读者对高校文献资源的检索和获取是通过资源发现云平台和资源获取云平台联合实现的,通过资源发现平台检索到的文献可以通过全文下载、试读、在线借阅、馆际互借和文献传递等不同方式来获取,这些获取方式深度集成于发现系统,可以在检索完成后直接调用。

（7）泛在的数字图书馆服务

随着大数据、移动互联网、智能计算等信息技术的迅猛发展,高校图书馆"泛在化"服务意识得到广泛认同,图书馆用户对图书馆服务的需求也在发生变化,希望图书馆可以提供无所不在、无时不在的图书馆服务,以激发和满足其阅读需求和其他信息需求。高校移动数字图书馆、CALIS 云服务平台、高校图书馆新媒体平台等也使得"泛在的"数字图书馆服务逐渐成为数字图书馆发展的潮流与趋势。

第二节　高校数字图书馆建设的几个主要方面

一、数字图书馆标准规范建设

为了确保 CALIS 数字图书馆体系中各个系统能够无障碍地互通互联,高校数字图书馆建设在规范化、标准化方面始终紧跟国内外先进水平,技术研发方面始终关注前沿技术标准。CALIS 在从 1998 年开始的共三个阶段的建设中,始终把标准规范建设放在非常重要的位置,并且结合国际最新动态和数字图书馆标准规范的发展趋势,在数字资源加工与存储、数字对象分类与描述、元数据标准与互操作、系统模式与互操作、服务模式与规范等涉及数字图书馆建设的基础性工作方面,建立了符合国际主流的标准规范体系,为建设开放性的中国高等教育数字图书馆提供保障。

1. "九五"建设围绕解决文献保障问题

解决文献保障问题的重点在于联机编目系统和馆际互借网络建设,而这两部分的顺利开展非常依赖于相关的标准规范的制定和推广。为此,在联机编目系统的建设方面,CALIS 联机编目中心编纂了《CALIS 联机合作编目手册》,为 CALIS 积累高质量、标准化的编目数据,培养高素质、高水平的编目团队发挥了不可或缺的作用。直到如今依然影响深远,已然成为高校图书馆编目员的掌中宝。在馆际互借网络建设方面,直接采纳馆际互借国际标准 ISO 10160/10161 作为馆际互借系统研发必须遵守的规范,这种措施充分利用了国际先进的已有馆际互借成果,加快了 CALIS 高校馆际互借网络的建设,节省了重复研发规范的成本。

2. "十五"建设围绕解决系统互联互通问题

"十五"期间,CALIS 目标是建成由各个中心和各个参建馆本地系统组成的分布式数字图书馆,包括各类资源的分布式加工和共享,各个应用系统之间的整合以及各个数字图书馆之间的互联互通。为确保实现这种大范围内的互操作,CALIS 需要建立一组可操作性强的技术标准规范和元数据规范,以指导各个应用系统的招标和开发、第三方软件的认证、数字资源的建设、系统之间的集成以及项目的管理。为此,CALIS 管理中心在此期间组织和编制了《中国高等教育数字图书馆(CADLIS)技术标准规范》,于 2004 年 11 月发布了正式稿,在 2005—2008 年期间进行了多次修订,与国际和国家标准保持同步。

中国高等教育数字图书馆技术标准规范包括以下几个部分:

(1)有关资源方面的标准规范

对于元数据,在等同采用了科技部重大科技专项《我国数字图书馆标准规范研究》中 14 种描述性元数据规范的基础上,对这些元数据的必备性、可重复性、取值规范以及私有元数据映射规则制定了一系列的专门规范。对于数字对象,CALIS 制定了数字对象的管理型元数据规范、数字对象逻辑模型与 METS 包基本规范、几种常规资源的 METS 包结构规范、数字对象唯一标识符命名规范。对于这些资源的数字化加工,CALIS 制定了相应的加工规范。

(2)有关系统功能方面的标准规范

对于 CALIS 主要子项目,CALIS 制定了这些子项目专用的技术规范,包括 CALIS 门户和各个子项目门户的建设规范、门户组件开发规范、高校分布式联合虚拟参考咨询系统、高校重点学科网络资源导航库本地和中心系统、高校专题特色数据库本地和中心系统、高校学位论文全文数据库系统本地和中心系统、高校教学参考信息管理与服务本地和中心系统所需遵循的技术规范。其中的特色库和学位论文本地系统功能规范用于对第三方软件进行功能性认证。

(3)有关接口方面的标准规范

为了确保 CALIS 各个应用系统之间的顺利集成,CALIS 针对主要应用系统制定了相关的接口规范;为了保证第三方软件能够更好地支持这些接口,CALIS 还专门编写了这些接口的参考实现方案。如:统一认证接口规范、数字对象唯一标识符本地解析规范、数字对象唯一标识符参考实现方案、细览信息(Details)接口规范、异构资源元数据检索接口(ODL)规范和开发指南、OpenURL 资源调度规范、日志文件与格式规范及其日志统计子系统参考实现方案、馆际互借网关接口规范、虚拟参考咨询系统问题提交接口和知识库查询接口规范、数字版权保护 DRM 接口规范、电子商务计费与结算接口规范。

(4)有关资源交换和仓储的标准规范

为了确保元数据和数字对象数据的收割和交换的可靠性、可控性和便利性,CALIS 专门对 OAI-PMH 协议进行了扩展,制定了一系列具体规范,使得扩展后的 OAI 协议能同时传输 METS 数字对象和相应元数据。这些具体规范包括:元数据命名和 OAI 仓储规范、数字对象交换协议规范、OAI Record 格式和发布规范、OAI 与 METS 数据导出规范、OAI 数据供应服务器记录查询接口规范、OAI 与 METS 数据收割服务器联动收割参考实现方案、特色库本地系统和学位论文本地系统的数据质量检查功能规范、特色库仓储部署规范等。CA-LIS 各个子项目中的本地系统和中心系统都支持这些规范,这些中心系统能够自动汇集各参建馆本地资源,建立集中式的资源仓储,并进一步汇集以形成更大的联合仓储,从而能为读者提供一站式的高校资源发现和获取服务。

(5)联机编目规范

除了上述 CALIS 技术标准规范外,CALIS 联机编目中心在"十五"期间专门编撰了多达 21 种数据规范和相关的各类手册,重新修订了《CALIS 联机合作编目手册》。

"十五"期间 CALIS 各类标准规范保证了 CALIS 各系统之间以及 CALIS 中心与 CALIS 地区/省中心之间以及 CALIS 地区/省中心与参建馆之间的集成;同时,也为 CALIS 系统与图书馆业务系统之间的集成奠定了基础。另外从国内数字图书馆发展角度,CALIS 作为最大的国内数字图书馆联盟,是科技部重大科技专项《我国数字图书馆标准规范研究》中 14 种描述性元数据规范最大的应用组织,其标准规范的建设与应用对我国数字图书馆标准规范建设从理论到实践起到重要的作用。

3. 三期建设围绕解决普遍服务问题

CALIS 在三期建设期间全面采用云计算技术,建立了面向图书馆联盟的"云上的"信息服务协作网络,从图书馆、共享域和全国三个层面初步解决了图书馆在资源加工、整合、交换、发现和获取等方面的协作和共享问题。在解决这个普遍服务问题上,涉及业务、系统范围之广,系统研发与集成相关的技术之深,应用与服务受众之多都是远远超过 CALIS 前两期的。在此期间的标准规范建设也是紧紧围绕解决普遍服务问题而展开的,结合 CALIS 项目建设要求,调研国内外已有的相关标准规范,尽可能遵循已有的国际、国家标准和行业标准与规范,在此基础上制定和完成本项目承担的规范编制。在研制过程中,本着"边研制边实践"的原则,编制的内容随后采用原型或真实应用系统进行验证,以确保编制内容的可行性。从类型上原分为 16 大类、100 多项,重新修订后改为如下 14 大类:

(1)基本信息规范

CALIS 体系内的资源与服务做集中揭示时,需要对资源与服务进行统一的描述、命名与注册,从而需要一套规范来解决相应的资源标识、编码、命名及注册等问题,从而编制了基本信息规范:《数字资源唯一标识符规范》《数字资源类型编码规范》《资源库/仓储注册/服务机构注册管理规范》《节点、N-Server、应用服务、元数据格式注册管理规范》。

(2)资源存储规范

现今科研和教育领域用户日益依赖数字化资源和网络化服务,必须充分保障这些数字信息资源能够长期、可靠、方便和经济地被广泛利用,因此必须考虑数字资源的长期保存。由于经费等原因,CALIS"十五"期间并未进行数字资源长期保存的工作。CALIS 三期项目采用两级分布式云服务平台来建设、存储、管理和利用各类数字资源,致力于解决数字资源的长期保存和有效利用。同时,由于 CALIS 资源的多级多点分布以及 CALIS 服务体系的多级结构 CALIS 需要制定具体的数字资源存储和管理规范和数据异地镜像分级存储的管理规范,以指导和规范相关的信息系统开发工作以及相应的数据保存管理工作。

(3)资源检索规范

CALIS 为了定义通用的检索语言,使检索系统支持这项规范,从而减小对各类检索系统的集成难度而制定了通用检索语言规范。CALIS 从多种资源类型、文献类型的角度,通过传递检索表达式,达到检索并获取联合仓储资源系统元数据及其相关数据的目标,而制定了元数据检索规范。CALIS 为统一导航服务系统接口,实现获取各类资源导航数据的目标,制定了资源导航规范。

(4)资源获取、展现与调度规范

考虑到各种资源类型数字对象的差异性,在获取、展现和调度时的调用方法和接口也不尽相同,CALIS 分别针对各种资源类型定义了数字资源的获取规范、展现规范和调度规范。

(5)平台技术规范

CALIS 三期建设的难点在于既要建立多级共建共享中心,又要为不同规模的高校图书馆提供低成本、本地化的数字图书馆解决方案,同时,这些中心和图书馆又能彼此互联,具有很好的扩展性和灵活性。IT 界日益兴起的云计算技术为 CALIS 分布式数字图书馆建设提供了新的技术。CALIS 三期将通过建设 CALIS 数字图书馆云服务平台以低廉的成本满足中小馆的服务需求,为来自各 CALIS 公共服务平台、图书馆本地平台以及其他 ISP 的服务提供统一的 API 托管服务,以降低服务集成的困难和成本,并为图书馆带来新的服务模式。

此外,为降低不同系统的集成难度,快速适应基于业务变化不断产生的需求,CALIS 三期将引入 SOA 技术,将所有的系统服务化,系统之间通过服务进行交互。

同时为了提高应用系统的可维护性,支持软件的自动安装与动态更新,CALIS 三期引入 OSGi 技术设计开发了 CALIS 的应用开发平台。

对于这些平台所需遵循的技术规范,是 CALIS "十五"成果没有涉及的,需要在 CALIS 三期项目建设中制定和完善,为此 CALIS 制定了对应的技术平台规范,包括《SaaS 平台基本规范》《客户端门户组件规范》《服务端服务组件规范》以及《N-Serer 基本规范和应用规范》。

(6)数据与系统安全规范

近年来,各个领域的安全事件数量迅速增加,因这些事件导致的资源、数据损失也在迅速增多,系统与服务提供者也越来越意识到保障安全的重要性。安全问题存在系统性、多面性、发展性、关联性等特征,解决安全问题并不是一个简单问题,远不是购买几台安全设备就可以一劳永逸地解决问题。现实情况是,多数系统和服务提供者缺乏安全方面的知识和防范策略,面对复杂多变的安全形势无所适从。因此,CALIS 有必要针对安全问题制订一套切实可行的规范要求,可以给服务提供者以切实的帮助和指导。

(7)资源发布规范

为体现 CALIS 服务的一体化效果,规范资源的发布策略,方便实现 CALIS 体系内资源的统一检索,制定统一的资源发布规范十分必要。该类规范给出不同资源的发布流程与规则,目前并无专门的资源发布标准与规范可以参考。CALIS "十五"项目也仅在子项目专用技术规范中定义了网站的发布功能要求,同时在文献资源加工标准中定义了针对不同数字对象的不同发布要求而推荐的加工标准。

CALIS 三期的资源发布规范包括数据索引规范、数字资源的发布策略与流程规范、不同类型资源在发布时的基本信息、不同类型数字对象的发布格式与标准等。

(8)数据加工规范

随着数字图书馆的发展,很多资源都以复合数字对象的形式存在,并可在此基础上组成资源集合。因此,CALIS 三期还需要制定复合数字对象的描述、数字对象的封装与收割等规范。在 CALIS 三期建设中,此类规范不但要将原有成果对照最新科技部项目的成果进行修订与完善,还需增加复合数字对象的规范描述、对象数据的封装与收割规范。

（9）应用系统集成与互操作规范

为了实现项目成果的开放性与系统集成的便利性，最终能实现各成员馆与其他信息服务机构的资源与服务之间的紧密互联，CALIS 制定和完善公共服务与应用服务层的各种应用集成规范和互操作接口规范，以此作为基础支撑。通过应用系统集成规范，可使 CALIS 成员馆快速、方便地集成 CALIS 各应用服务系统。

（10）基础业务规范

为了体现 CALIS 服务的一体化效果，规范 CALIS 基础业务操作，包括数据维护管理办法、系统运行维护管理、软件许可证注册、成员馆及用户管理业务等。信息技术的快速发展，为 CALIS 三期项目带来了新的技术手段和服务模式。原来已经制定的标准规范需要完善和重新制定，增加新的满足 CALIS 三期项目建设要求的标准规范，一些新出现的国际和行业标准将结合 CALIS 三期项目进行细化，对于新的服务流程和整合方式需要制定新的管理业务规范。CALIS 三期的基础业务规范包括：数据维护管理规范、统一认证业务管理规范、系统运行维护管理规范、软件许可证注册管理规范、共享域业务管理规范。

（11）信息与知识组织规范

对于数字图书馆实践中发展出来的新领域，特别是知识组织、知识标引等方面，还没有相关的标准规范出现，以 CADAL 为主立足自身研究和实践，基于十余年来数字图书馆建设的思路和探索，制定了一系列标准规范（包括多维度标签分类标准、知识标引标准规范集和知识组织服务标准规范集），填补了该领域的空白。

CALIS 这边也相应互补地制定了资源集合元数据规范、CALIS 分类规范、CALIS 分类法与教育部学位分类法的对照规范、CALIS 分类法与中图分类法的对照、CALIS 分类法与杜威十进制分类法的对照等规范。

（12）联合目录相关规范

包括印刷型中文连续出版物 MARC 记录编制细则、印刷型乐谱 MARC 记录编制细则、小语种编目规则、日文联合目录联机编目工作规范、CALIS 联合目录中文名称、题名规范等。2000 年正式出版《CALIS 联合目录合作编目手册》，并根据国际上相关标准规范的最新进展，编撰第二版。

（13）数据转换规范

包括图书等元数据与 MARC 映射规范、各种资源元数据到联合仓储通用元数据格式映射规范、各种资源元数据规范到基于 RDF 描述的映射规则和 METS 与 ORE 相互转换规范。

（14）资源和服务评估规范

包括资源评估规范总则、引进数据库资源评估规范、特色资源评估规范、书刊类资源评估规范、论文类资源评估规范、古文献资源评估规范、音视频资源评估规范、服务评估规范总则、馆际互借与文献服务评估规范、参考咨询服务评估规范、论文类服务评估规范等。

二、数字资源建设

在"211 工程"建设中,高校信息资源整体环境建设是重要的基础工程。在 20 世纪 90 年代中期以前,高校信息资源存量不足,质量不高,难以共享,是国内大学教学、科研条件落后于发达国家的主要原因之一,比实验设施落后更严重地制约着教学、科研和学科建设的发展。经过十余年的建设,CALIS 构建了国内最大的高校文献联合目录体系,较为全面地揭示了高校的电子资源和纸本资源,切实改善了全国高校教学科研的文献信息资源环境。依托 CA-LIS,我国高校已配置了较为完备的国内外主要学术数据库。为高校间大规模的资源共享提供了条件。

1. 外文数字资源采购与长期保存情况

（1）外文数字资源采购情况

在 1998 年以前,国内购买的国外数字文献资源都是光盘形式,利用光盘塔等方式在局域网内提供服务,且种类稀少。

1997 年年底,清华大学图书馆购买了网络版 EI village（工程索引）数据库,拉开了国内购买国外数字文献数据库的序幕。

1998 年年初,CALIS 购买了第一个供全国使用的网络数据库 Science Online,随后在九五建设期间,由 CALIS 全国文理中心北京大学图书馆、CALIS 全国工程中心清华大学图书馆牵头组织高校成员馆集团购买国外优质文献数据库。十五建设期间,CALIS 成立引进数据库工作组,由各全国中心、地区中心牵头负责集团采购谈判事宜。截止到 2009 年,CALIS 共组织了 554 次集团采购,27 474 馆次参加,引进的数据库超过 100 个。

2010 年 5 月,CALIS 不再直接负责高校引进数据库集团谈判事务,该项工作交由以北京大学图书馆、清华大学图书馆等 22 个高校图书馆为主自发成立的高校图书馆数字资源采购联盟（简称"DRAA"）承担集团采购组织工作,并由这些图书馆牵头负责组织谈判工作组与外商谈判。截止到 2014 年，DRAA 共发展了 570 多家成员馆。

CALIS 与 DRAA 历年采购数据库组团情况统计如下：

图 4 - 1　CALIS 与 DRAA 历年集团采购资源数据库数量统计（单位：个）

2014 年度 DRAA 总共组团采购了 134 个各类外文数据库。数据库数量与类型分布如下：

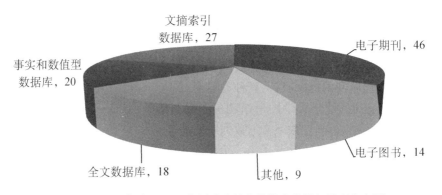

图 4 - 2　2014 年度 DRAA 集团采购外文数据库数量与类型分布图

（2）外文数字资源长期保存情况

集团采购的引进资源，一般情况下购买的仅仅是资源的使用权。为了保证引进资源的长期使用和存档问题，CALIS 对于集团采购的大部分数据库、数据库商采取了多种方式解决资源保存问题。主要包括本地服务保存模式、数据库镜像保存模式以及其他保存模式等几类。

①本地服务保存模式

CALIS 在谈判过程中,除为各成员争取存档政策外,还通过建立本地服务等方式,为集团成员进行公共存档,成员馆可以永久访问所订购的资源。截至 2010 年,CALIS 已有的本地服务数据库包括:Kluwer、IOP、RSC、Nature、PQDD 学位论文全文等。下面以 PQDD 学位论文全文数据库为例,介绍本地服务资源的存档模式。

PQDD(ProQuest Digital Dissertations)是国外著名的博硕士学位论文数据库。2002 年开始,在 CALIS 的组织下,国内各高等院校、学术研究单位以及公共图书馆共同采购了国外优秀博硕士论文,建立了 PQDD 博硕士论文全文数据库,实现了学位论文的网络共享。PQDD 博硕士论文全文数据库的运作模式是凡参加集团采购的成员馆皆可共享各成员馆订购的资源;各馆所订购资源不会重复;一馆订购,全国受益;且随时间的推移,加盟馆的增多,共享资源数量也会不断增长。到 2010 年为止,该数据库已有超过 21 万篇学位论文全文,可供包括部分香港大学在内的 124 所学校和科研院所使用。

所有参加 CALIS 集团采购 ProQuest 学位论文全文库的成员馆都能得到自己所订购篇目的 PDF 论文全文的永久使用权(全文以光盘方式提供),并可访问中国集团 ProQuest 学位论文全文库镜像站点的网络数据库,共享中国集团购买的论文全文。与此同时在中国设立了三个镜像站点,由数据库商提供集团成员所购买学位论文全文的裸数据及其相应的元数据,这些裸数据分别存放在 CALIS 管理中心、上海交通大学图书馆和中国科学技术信息研究所。CALIS 镜像站点的服务器由 CALIS 出资购买,服务器的升级与维护和镜像站系统的日常运行维护都是由 CALIS 提供。ProQuest 学位论文全文库的采购和使用模式保证了资源可以长期保存、永久访问、异地镜像,成为全国高校资源共建共享和共同保存的典范。

②数据库镜像保存模式

为了加强引进资源的容灾能力,同时针对 CERNET 国际网计费的方式,通过和数据库商的协商,CALIS 的全国中心和地区中心共建立了 26 个镜像服务器,对数据库进行备份,保证用户不间断的访问,同时也为各高校节省了大量的经费。这种情况下的保存,目前只能说是一种临时性的保存,或者说是为使用而进行的保存。但是这种模式在一定程度上也解决了许可证制度下电子资源使用的后顾之忧。CALIS 建立的数据库镜像站点见表 4 − 1。

表4-1　CALIS各中心建立的数据库镜像站点清单

序号	镜像的数据库名称	服务的起止年	序号	镜像的数据库名称	服务的起止年
1	Science Online	1997年—2004年	14	SpringerLink 线上丛书	2003年—现在
2	EI Village	1998年—现在	15	BioOne	2004年—现在
3	CSA	1999年—现在	16	Beilstein/Gmelin	2004年—现在
4	NTIS	1999年—现在	17	CRC	2005年—现在
5	SDOS	2000年—现在	18	SAGE	2005年—现在
6	Genome Database	2000年—现在	19	SIAM	2005年—现在
7	Zb1. Math	2002年—现在	20	ASTM	2005年—现在
8	SpringerLink 电子期刊	2002年—现在	21	DIN	2005年—现在
9	ACM	2002年—现在	22	Nature 系列医药期刊	2005年—现在
10	WSN	2002年—现在	23	IEEE Computer Society	2006年—现在
11	Emerald	2003年—现在	24	Ingenta	2006年—现在
12	RefWork	2003年—现在	25	Micromedex Health	2006年—现在
13	INSPEC	2003年—现在	26	Bowker	2006年—现在

③其他保存模式

除了购买本地服务实现引进资源的永久保存和建立镜像站点实现引进资源的临时保存外,数据库商提供的其他资源保存方式主要有光盘、裸数据加检索软件、出版商存档、纸本存档、国家级存档等,详见表4-2。

表 4 – 2 部分引进资源存档方式

介质	存档方式	数据库
光盘	集团免费存档	Micromedex、Cambridge、Oxford、ASCE
	集团免费存档 + 成员馆购买	APS、AIP、Willey
	免费提供给成员馆	EB Online、Agricola、CAbi、ISI、Emerald
	成员馆选择性购买	ASME、SPIE、SIAM、Reviews. com、IEEE
裸数据 + 检索软件	免费提供给成员馆	Biosis Previews、Web of Science
	成员馆选择性购买	INSPEC
出版商存档	成员馆免费访问	S. Karger、Sage、IGroup 电子图书
	成员馆付费访问	IWW full text collection、Netlibrary、Thieme E-journal(5 年内免费)
纸本存档	免费给集团提供一份纸本	Science Online、Embase
	成员馆优惠购买纸本	Taylor&Francis
国家级存档	由一个保存机构,担负整个国家长期保存的责任	SpringerLink eJournal
其他	订购期间,直接从网上下载或打印纸本各一套	SpringerLink eBooks

其中,最值得推介的就是"国家级存档"方式。2009 年 9 月,中国科学院文献情报中心与施普林格(Springer)签订了数字资源长期保存协议。国家科学图书馆作为中国境内的保存机构,对 Springer 现刊数据库进行长期保存,在 Springer 现刊数据库服务失效时,提供服务。这是我国信息资源保障体系建设中具有开创性意义的大事,是图书馆界和出版商合作的重大举措。国家级存档保障在任何情况下,我国订购 SpringerLink 的用户都可以无障碍地访问 SpringerLink 学术内容,同时探讨针对中国国内订购用户停止订购后的检索和获取服务的方式,对引进资源可靠的长期保存具有积极的示范作用。

2. 中文数字资源建设情况

至 2014 年 11 月底,CALIS 云服务平台整合的各种类型资源已成规模,其中包括有章节全文的图书 170 万种、学位论文 460 万篇、中文期刊 2.3 万种、报纸条目近 6000 万条、年鉴/工具书条目近 1700 万条;已汇集和整合了 2900 多家图书馆的各类馆藏资源,其馆藏记录总数超过 434 亿条。此外,CADAL 项目数字化的中文资源总量为 50 万册(卷)左右。其中,现代学术著作、图书

20万册以上,硕士、博士学位论文10万篇左右,民国期间(1911—1949年)书籍10万册,古籍及其他珍贵的传统文化资源10万卷(件)以内。

3. 自建数字资源情况

CALIS自建的资源包括书目数据库和全文数据库两类,书目数据库也指各类二次文献数据库,全文数据库主要包括各类特色数据库。

(1)各类二次文献库

二次文献数据库主要指书目数据库,书目数据库主要包括中外文联合目录数据库、西文期刊目次库和重点学科网络资源导航库。由于不涉及版权问题,这些数据库可以集中存档、免费服务,其长期保存是比较有保证的。截至2010年,中外文联合书目数据库中已包含257万条书目、85万条规范数据及2800万条高校馆藏,西文期刊目次库包括2400余万条数据,重点学科导航数据库覆盖79个一级学科和15.8万个学术网站。至2014年11月底,CALIS云服务平台整合的中外文图书目次达到1530多万条、外文期刊篇名目次1亿条、中文期刊篇名目次近7000万条。

(2)各类特色数据库(一次文献或一、二次混合模式的特色数据库)

在CALIS的支持和带领下,成员馆合作建设的全文资源主要有:高校学位论文、高校教学参考书和高校专题特色库。这些自建资源的元数据已经纳入CALIS元数据仓储,可通过CALIS元数据仓储集中揭示、报道和保存。由于版权等问题,这些全文资源的存档,具体情况各有不同。其中学位论文和特色数据库的服务和存档方式是:分散存档集中服务,即由成员馆分别存储全文,对于获得授权或者没有版权的全文可以通过OpenURL开放链接到本地系统。入库的部分文献可通过馆际互借与文献传递提供全文服务。教学参考书数据库是通过与北大方正电子有限公司合作,建立了一个CALIS集中存档,可供高校师生在线阅读,解决了版权问题的64 055种教学参考书的全文电子书库。这些电子教学参考书是具有永久存档权的,目前由子项目建设单位复旦大学保存,设有3000个并发用户数,在51家参建馆范围内永久免费使用。高校专题特色库主要包括中国工程技术史料、古文献等50个跨学科专题特色数据库及部分工具性数据库。

三、数字图书馆平台与应用系统建设

1. CALIS发展历程

中国高等教育文献保障系统(China Academic Library Information System,

简称 CALIS)发展至今已有 16 年历史,已成为全国高校文献资源公共服务的重要基础设施,建成了迄今世界上最大规模的国家行为的网络化文献资源共享保障体系。

按发展阶段划分,CALIS 经历了三个大的发展阶段。第一阶段(1998—2001 年,"211 工程""九五"项目建设)建立了全国最大的自动化时代印本资源共享体系,从编目入手,实现了馆藏资源的共建共享,标志性的系统是联机编目、联合目录、馆际互借三大系统;第二阶段(2002—2006 年,"211 工程""十五"项目建设)建立了分布式高等教育数字图书馆,实现了分布式环境下数字图书馆系统的构建和互联互通,重点解决了跨馆跨库的文献检索和获取,主要提供门户构建、统一认证、统一检索、开放链接、馆际互借与文献传递、参考咨询、数字版权保护等服务;第三阶段(2010—2012 年,"211 工程"三期项目建设)全面采用云计算技术,建立了面向图书馆联盟的"云上的"信息服务协作网络,从图书馆、共享域和全国三个层面初步解决了图书馆在资源加工、整合、交换、发现和获取等方面的协作和共享问题。

2. 第一阶段(1998—2001 年,"211 工程""九五"项目建设)

建立了"全国中心—地区中心—高校图书馆"三级文献信息保障模式的服务网络,分别负责全国范围、地区范围和学校范围的资源协调与联合建设、文献信息共享服务等工作。按文理、工程、农、医建立了 4 个全国文献信息中心,7 个地区文献信息中心,构成了广域网上的 CALIS 公共服务平台。

应用系统建设方面主要开发了三个系统,解决高校馆在公共服务方面的问题,联机合作编目系统专用于 CALIS 中外文书刊联合目录(含古籍)的建设,实现广域网的联机共享编目和书目数据下载;联机公共检索(OPAC)系统实现数据库网上检索功能,并提供馆际互借系统读者的借阅申请和查询服务界面;馆际互借与文献传递系统具有符合国际标准的馆际互借功能,可实现文献扫描输入、传递和打印。

"九五"建设形成了较完整的 CALIS 文献信息资源服务网络,建成了文献保障体系的基本框架,为全面开展资源共享和文献信息服务提供了先进的应用平台、服务环境与手段,为开展大范围信息资源共建共享起到了示范作用。

3. 第二阶段(2002—2006 年,"211 工程""十五"项目建设)

本阶段强调互联互通,采取自主研发和合作开发的方式,组织开发了 17 个应用系统,涵盖资源加工、资源管理、资源交换和资源服务等方面,构成较为完备的中国高等教育数字图书馆 CADLIS 技术支撑体系。

系统具有以下显著特点:①松耦合性:每个系统相对独立,每个馆彼此独立,相互关联;②分布式:各个系统彼此互联互通,支持"全国、地区、馆"三级部署;③标准化:每个系统遵循同样的功能/服务规范、数据标准、接口标准;④开放链接:每个系统、服务、资源彼此集成;⑤协同性:支持多馆联合共建、协同服务、彼此共享。

实现以下层次的整合:①馆内整合:馆内各应用系统之间实现无缝集成;②馆与数字化校园的整合:馆门户和统一认证系统需要与校园门户和统一认证系统实现无缝集成;③馆间整合:图书馆之间实现协作和共享,包括用户联合认证、联合参考咨询、资源联查、数据交换、馆际互借与文献传递、统一费用结算等;④馆与中心之间整合:图书馆与区域中心之间实现资源的共建共享和互联互通,如资源/知识库的协同加工/汇集/整合、中心的联合目录/联合仓储/集中检索/统一导航、服务集中调度和分布式获取等;⑤馆与社区的整合:图书馆可向社区提供全方位的数字图书馆服务,包括机构和服务分级管理、统一读者管理、统一费用结算、统一服务等。

支持整合方式包括:①表现层整合(统一入口):内嵌式接口、Ajax、富客户端、统一风格/操作、综合门户/个人门户、统一认证、统一读者管理;②应用层检索整合(知识发现):一体化搜索、统一导航、内容聚合/服务协同;③应用层服务整合(知识获取):资源调度、参考咨询、文献传递、版权保护、计费结算、安全访问等;④数据整合:统一用户、统一资源、统一知识库、统一日志等;⑤跨域整合:不同层次数字图书馆之间的互联互通;⑥SaaS服务:在各区域中心部署SaaS平台,直接为该区域中小馆提供专业应用(租用)服务,降低其部署和运维成本。

CADLIS项目的成功实施使我国的高等学校图书馆基本上完成了从过去"一校一馆、自我保障"的发展模式向"联合协作、整体保障"的发展模式的转变。实现了文献信息资源的共建、共知、共享,深化了信息资源的开发和利用,进一步提高了高校图书馆文献信息保障和服务水平。

4. 第三阶段(2010—2012年,"211工程"三期项目建设)

主要是解决普遍服务问题,充分利用信息化手段和云计算技术。共开发和升级了46套应用系统,绝大部分都是围绕着建立"分布式数字图书馆",或说"数字图书馆协同服务网络"来构建,主要成果如下:

建立全国高校三级统一认证体系,以分布式统一认证系统为核心,采用基于云计算的两级分布式架构(中心和共享版),通过与成员馆本地认证系统集成,构成全国高校三级读者统一身份认证体系,实现高校读者在CALIS两级云平台和成员馆本地系统之间的跨域单点登录以及基于成员馆的统一用户管理和统一授权,从而实现"一个账号、全国漫游"的目标。

以分布式统一数据交换系统为核心,采用基于云计算的三级分布式架构,通过与成员馆图书馆自动化系统和其他本地系统集成,将其多种资源数据依次汇集到省中心和管理中心,分别形成高校资源发现体系——e读学术搜索引擎所需的省级和国家级资源仓储,从而实现了海量分布式资源在全国高校的统一交换、共享和发现。

以资源调度和服务调度为核心,以 CALIS 文献传递网为依托,通过整合文献传递、馆际借书、按篇订购(PPV)、电子书租借、电子原文链接形成了一套完整的分布式的具有多馆协作和多资源商支持的原文获取系统——e 得云平台,旨在帮助读者快速获取原文,实现"一个账号、全国获取"的目标。

以联合资源订购平台为依托,通过与图书进出口商和图书馆 OPAC 集成,为各成员馆提供图书、论文等资源的自主采购和协调采购服务,优化和平衡各馆的资源采购配置,避免重复采购,提高经费使用效果,实现各馆相关资源的互补和共享。整个平台的服务对象包括各个高校负责图书订购的采访馆员、相关领域的专家、订单审核员以及进出口公司业务经理等。

以分布式虚拟参考咨询系统为核心,采用基于云计算的两级服务架构,构成中心咨询台和成员馆本地虚拟咨询台,彼此互联互通,形成面向高校图书馆的支持多种协作方式的两级联合参考咨询平台、信息素养教育平台以及高端学科咨询应用示范。

5. CALIS 应用体系成果

到目前为止,CALIS 已基本建成七大体系,由不同应用系统支撑。一是多种图书馆联盟体系,包括所有省级共享域联盟、部分城市共享域联盟和学科共享域联盟;二是国外文献资源联合采购体系,支持集团采购、协调采购和自主采购等方式;三是全国联机编目体系,通过采用联合编目、套录、数据规范化、数据清洗、数据回溯等多种方式进一步保障和提升数据质量;四是全国高校文献资源整合和发现体系,包括数字资源交换、数字资源整合和管理、多层次资源发现、外文期刊网(CCC)、联合目录 OPAC 以及各类专题资源搜索服务等,从不同层面和不同角度为读者提供资源发现服务;五是全国高校文献传递(获取)体系,通过统一身份认证和文献获取等云平台建立"一个账号、全国获取"的文献获取服务模式;六是数字图书馆云服务技术支撑服务体系,对一系列 SaaS 服务提供不间断的系统运维保障和技术支持服务。七是馆员培训体系,提供在线培训系统,提升馆员业务水平。

6. CADAL 建设成果

在"十五"期间,CADAL 项目的数字图书馆技术环境建设子项目是为支撑百万册数字图书制作、管理与发布服务的,建设的应用系统包括:数字对象制作系统、数字对象管理系统、门户、视频结构化与摘要生成、多媒体信息检索、珍贵濒危文物数字化修复与整容、多媒体数字资源的综合推理、知识管理与服务、双语服务、多模式文语转换、虚拟现实应用等。

CADAL 二期紧密围绕数字资源生命周期中各个环节的实际需求,规划实施了 13 个子项目,涉及数字资源加工、整合、组织、利用、检索、服务等各个环节,涉及系统包括:门户服务、主动信息服务技术、跨媒体智能搜索与推理技术、海量跨媒体信息的知识管理与挖掘、多语言自动翻译系统、新型跨媒体数字图书馆体验平台、数字图书馆新型输出技术平台、数字化工作流管理平台、海量数字图书馆新型体系结构和存储机制、中国书画系统、中国文学史研究信息系统、中医药综合信息服务系统、疾病资源数字化信息系统等。

7. 展望

随着大数据、移动互联网、智能计算等信息技术的迅猛发展,图书馆用户对图书馆服务的需求也在发生变化,泛在化、移动化、智能化是图书馆未来的发展目标,图书馆多种形式的业务外包以及馆间的服务整合和高效协作将逐渐成为常态。CALIS 也在积极探索下一代图书馆发展和服务模式,努力建设以"普遍服务"为指导思想的"精细化""层次化""社会化"和"国际化"的以数字资源和数字化服务为主要支撑的图书馆协同服务平台。

第三节　高校数字图书馆发展趋势

一、数字图书馆资源建设

1. 从数字资源整合走向数字资源聚合

"数字资源整合"是把不同来源的异构数据库的数字资源进行优化组合的过程,即是把各个相对独立的数字资源(库)结合为一个新的有机整体,清除彼此间的冗余信息,减少内容重复,链接一、二次文献等。由于数字资源越来越呈现出海量、非结构化、多类型的特征,上述整合方法已难以满足实际的需求。

"数字资源聚合"不同于传统的一、二次文献链接,用目录库方式整合资源,而是旨在通过信息单元间的语义关联,从而构建一个内容相互关联、多维度、多层次的资源体系,形成集概念主题、学科内容和科研对象实体为一体的立体化知识网络。更进一步的聚合,则是通过知识广度关联和基于语义揭示实现多维聚合组织,由关注"本体"等特定领域的应用研究,转向关注知识间"等同""等级""相关"等逻辑层面的联系。

2. 开放学术资源已成为学术研究不可或缺的资源

开放获取出版者的增加、出版模式的创新、机构知识库对学术论文开放获取的促进以及科研人员和科研资助机构对开放学术资源的支持,促进了开放学术资源的迅速发展,开放获取期刊和开放获取论文的数量迅速增加,开放获取期刊的影响力不断增强,传统期刊出版商积极进入开放获取市场,研究机构共同推动 SCOAP3(国际高能物理开放出版计划)转换开放模式(将文献采购费转换为开放出版服务费,将高能物理领域高水平论文全部实行开放出版,同时取消订购费和论文处理费)。

3. 更加关注地方或特色资源建设

目前图书馆数字馆藏同质化严重。在大数据时代,围绕特色优势进行专题数据采集,建立特色数据库变得十分重要。

4. 科学/研究数据成为图书馆关注热点

网络和计算技术的广泛使用,使可获得的各类数据呈爆炸性增长。利用计算机对这些数据进行分析总结,可以获得从实验研究、理论研究和数字模拟难以得到的理论成果,导致出现数据密集型科学,亦即科学研究的第四范式。服务于教学科研的高校图书馆也由此开始密切关注科学数据,并尝试着收集、组织和开发利用,服务于新时代的研究范式。

5. 纸本馆藏的共享/协调管理

OCLC 通过研究纸本馆藏的动态变化、图书馆参与研究和学习的行为以及学术交流的发展趋势,预计图书馆馆藏资源的关注重点、边界及其价值变化。图书馆从关注本地馆藏和服务转向对基础设施建设的合作(Cooperative Infrastructure)、集合馆藏(Collective Collections)、共享技术平台(Shared Technology Platforms)以及超越机构之上(above-the-institution)的管理策略。OCLC 预测现有分布在众多图书馆的印本馆藏,将有很大一部分在几年之内进入协调或共享管理(Coordinated or Shared Management)。

二、数字图书馆技术与系统

1. 逐步放弃传统的集成管理系统,采用基于云服务的管理系统

目前已有包括图书馆在内的许多机构,逐步转向不再自己维护本地的数

据、系统、软件等,而是委托'云服务'机制来提供服务。云服务不但降低了图书馆的使用和运维成本,还便于海量数据以网络规模被方便地集成。离开了网络云服务的广泛吸引力和服务力,单一的系统难以被发现、被大规模地利用,因此难以证明其经济价值。这已不是简单的技术模式的转移,实际上带来的是把建设与发展的焦点从技术转移到服务上。OCLC 的云服务愿景是面向图书馆的网络(Web-Scale)管理服务,图书馆可利用这些网络化服务来实现自己的综合资源管理、采购许可管理、虚拟本地目录等,把几乎所有的后台管理置放到网络化服务云中,以便自己集中精力与用户交互来提供真正的服务。

"数字图书馆联盟基础服务云"将是未来各类数字图书馆联盟的共同的基础性平台,由各联盟成员共同承担其费用。这个平台通过整合联盟成员或联盟外的各种资源,向联盟成员提供云服务,嵌入本地数字图书馆体系,提升成员的能力。

2. 新一代图书馆服务系统崭露头角

由于数字资源越来越多,读者的需求和行为方式也发生了很大改变,远程访问、移动阅读已十分普遍,传统图书馆自动化系统既无法管理全媒体时代图书馆所需面对的所有馆藏类型,也无法管理与数字资源相关的获取、揭示、入库、整合、利用等生命周期整个过程的业务流程。"新一代图书馆服务系统"是对现有的、以纸质文献为主要馆藏的图书馆业务和服务的一种升级,具有"全媒体"资源管理能力、完整的业务流程管理能力和"全网域"的资源发现能力。从技术上看其特点是采用 SOA(即"面向服务的架构")和云计算技术。

3. 关联数据在图书馆的应用越发广泛

国外已有不少图书馆和项目将图书馆资源发布成关联数据,如 OCLC 利用 SRU 服务向 VIAF 提供关联数据,WorldCat. org 书目元数据也以关联数据发布。利用关联数据可以扩展资源发现服务,实现数据融合与语义检索,改善图书馆信息资源的组织、利用和检索服务,将图书馆的信息资源与网络上资源连接起来,提高图书馆的可见度和价值。

三、数字图书馆的服务

1. 数据挖掘与分析服务

大数据时代下,用户的信息素养越来越高,对信息的数量与质量的要求也不断提高,因此,对图书馆产生了更新、更高的服务要求。图书馆应迎合用户的需求做出相应的服务策略转变,从大量的数据中分析挖掘潜在的价值。这将成为大数据时代数字图书馆的一大主要业务。在大数据时代,图书馆的数据处理范围、方式、对象、目的等将发生巨大的变化,需要据之制定新的服务方案、策略。同时图书馆的传统业务将向数据分析、数据挖掘方向转移,对大量数据的分析与处理将成为图书馆的主要业务,为社会机构如政府、企业提供一定的数据分析服务、数据挖掘服务将会成为大数据时代图书馆的常态服务内容。

2. 知识服务

开放数字信息时代,数据、信息变成知识单元,信息成为可计算的知识,用户不仅需要信息,更需要知识或者解决问题的方法。用户对信息服务的需求,正逐步转向对知识服务的需求。高校数字图书馆作为高校提供知识服务的主要平台和载体,还需进一步整合多元信息资源,满足用户多维、个性化需求,提供深度数字参考咨询服务,同时还应与移动服务、新媒体服务、云服务等新兴服务相接轨,以提高和拓展知识服务水平。

3. 移动服务

当前,移动设备将成为获取信息内容、服务的主要渠道。依托无线网络、互联网和多媒体技术,人们可在任何时间、地点方便灵活地获取图书馆服务。目前国内很多公共图书馆、高校图书馆都提供了移动服务。可以说,移动数字图书馆的发展,真正实现了将数字出版技术、新媒体技术和硬件设备进行完美结合,有效解决了数字图书馆在用户中的进一步广泛应用及推广问题,将成为国内外图书馆界所关注和发展的热点与重点。

4. 协同服务

当前图书馆服务向精细化、专业化的方向发展,单一图书馆依靠自身资源和力量很难满足用户各种各样的需求。在数字图书馆中,可以通过协同服务打破资源(人、财、物、信息、流程等)之间的各种壁垒和边界,提高数字图书馆资源利用效率和服务质量。

5. 数据监管服务

数据监管(Data Curation)是为确保数据当前使用目的,并能用于未来再发现及再利用,从数据产生开始即对其进行管理和完善的活动。通过这项服务,研究者可以发现数据、检索数据、保证数据质量、增加数据价值,随时可复用数据。

参考文献:

[1] 张晓林.现代信息革命两大前沿之一:电子出版物[J].图书情报工作,1983(5):38-41.

[2] 兰卡斯特 F W. 电子时代的图书馆和图书馆员[J]. 陈颖,刘淇,吴正,编译. 大学图书馆通讯,1985(6):47-52.

[3] 兰卡斯特 F W. 电子时代的图书馆和图书馆员(续一)[J]. 陈颖,刘淇,吴正,编译. 大学图书馆通讯,1986(1):52-57.

[4] 兰卡斯特 F W. 电子时代的图书馆和图书馆员(续二)[J]. 陈颖,刘淇,吴正,编译. 大学图书馆通讯,1986(2):59-64.

[5] 安银海,李连福. 电子时代的读物[J]. 图书与情报,1984(Z1):179-180.

[6] 周旭洲. 国外未来图书馆研究的考察与思索——评"图书馆、印刷品消亡"说[J]. 图书情报知识,1984(3):64-67.

[7] 道林 K E. 电子图书馆[J]. 吴则田,摘译. 图书馆工作与研究,1984(3):22-24.

[8] 于鸣镝. 关于信息时代图书馆的设想[J]. 广东图书馆学刊,1984(4):5-7,4.

[9] 黄宏雄. 汕头大学图书情报保障体系的方案和实施[J]. 现代图书情报技术,1994(6):58-60.

[10] 杨宗英. 电子图书馆的现实模型[J]. 中国图书馆学报,1996(2):24-29.

[11] 杨宗英,郑巧英,王榕榕. 上海交通大学数字图书馆原型的设计考虑和实现[J]. 图书馆杂志,1997(4):12-15,24.

[12] 杨宗英,叶爱芬,王榕榕,等. 上海交通大学数字图书馆雏型[J]. 现代图书情报技术,1998(5):3-6,43.

[13] [15] 林皓明,叶爱芬,杨宗英. 上海交通大学数字图书馆雏型设计[J]. 上海交通大学学报:哲学社会科学版,2000(1):123-128.

[14] 肖珑,陈凌,冯项云,等. 中文元数据标准框架及其应用[J]. 大学图书馆学报,2001(5):29-35.

[16] Xing C,Zhou L,Zeng C,et al. THADL:A Digital Library for Chinese Architecture Study[C]//The 12th Intl. Conf. on New Information Technology,Beijing,China,2001:373-382.

[17] 秘籍琳琅——北京大学数字图书馆古文献资源库[EB/OL]. [2014-01-26]. http://rbdl. calis. edu. cn/aopac/pages/Introduction. htm.

（执笔人：陈凌）

第五章　专业图书馆的数字图书馆建设

　　我国专业数字图书馆是指由国家各研究院、各级国家部委系统图书馆所创建的、面向本系统用户的数字图书馆。每个部门下属的数字图书馆主要服务于本部门读者,服务重心不同,建设成绩也存在很大差异;各研究院、国家部委的行政职能、社会责任不完全一致,组织目标也有差异,这些都会影响其所属数字图书馆的战略目标。本报告使用专业数字图书馆对其进行统称,主要是为了与报告中的公共数字图书馆、高校数字图书馆等称谓相呼应,便于保持本报告的逻辑结构、行文体例、学术价值完整性。

　　专业数字图书馆属于与公共数字图书馆、高校数字图书馆相并列的一级主类目,各研究院、国家部委所建数字图书馆则属于该类目之下的二级分类目。尽管报告执笔者可从学术角度使用专业数字图书馆来统称各研究院、各国家部委所建数字图书馆,但具体到某一部门所建数字图书馆,该馆与其他部门所建数字图书馆却很难找到具有学术价值的共性。本报告具体分析了国家科技图书文献中心、中国科学院、中国社会科学院、军队医院系统、党校系统所属专业数字图书馆。未对它们进行再浓缩,这种体例保持了它们各自的原生态特征,方便学者阅读。

第一节　国家科技图书文献中心发展报告

　　国家科技图书文献中心由九个专业系统的文献信息机构组成。该中心开发的网络服务系统已收录 2.2 亿条数据,它是公益性的科技文献信息服务平台,汇集了各类型、语种、载体的文献,能辐射到全国的科技文献信息服务体系。未来,国家科技图书文献中心所充当的国家层面的协调统筹功能、联合服务机制、联合参考咨询、联合业务培训等将进一步增强。

一、国家科技图书文献中心的建设背景

　　国家科技图书文献中心(National Science and Technology Library,NSTL,以

下简称中心）是科技部联合财政部等六部委，经国务院批准，于2000年6月12日成立的一个基于网络环境的科技信息资源服务机构。由中国科学院文献情报中心、中国科学技术信息研究所、机械工业信息研究院、冶金工业信息标准研究院、中国化工信息中心、中国农业科学院农业信息研究所、中国医学科学院医学信息研究所、中国标准化研究院标准馆和中国计量科学研究院文献馆九个文献信息机构组成。中心实行理事会领导下的主任负责制，负责各项工作的组织实施与管理。理事会是领导决策机构，由跨部门、跨系统的著名科学家、情报信息专家和有关部门代表组成。科技部牵头对中心进行政策指导和监督管理。中心设信息资源专家委员会和计算机网络服务专家委员会，对相关业务工作提供咨询指导。

国家科技图书文献中心以构建数字时代的国家科技文献资源战略保障服务体系为宗旨，按照"统一采购、规范加工、联合上网、资源共享"的机制，采集、收藏和开发理、工、农、医各学科领域的科技文献资源，面向全国提供公益的、普惠的科技文献信息服务。中心发展目标是建设成数字时代的国家科技文献信息资源的保障基地、国家科技文献信息服务的集成枢纽和国家科技文献信息服务发展的支持中心。

经过十几年的建设和发展，国家科技图书文献中心已经成为我国收集外文印本科技文献资源最多的科技文献信息机构，初步建成了面向全国的国家科技文献保障基地。

二、国家科技图书文献中心网络服务系统建设现状

国家科技图书文献中心网络服务系统（www. nstl. gov. cn）是一个公益性的科技文献信息服务平台，集多语种科技期刊、图书、会议录、科技报告、学位论文、标准、专利、计量规程和工具书等类型文献的文摘、题录、全文于一体，数据总量达2.2亿条。以"用户为本，诚信服务"为宗旨，"以资源到单位，服务到桌面"为目标，面向全国用户提供文献检索、全文传递、网络参考咨询、引文检索等多种文献信息服务。此外，根据不同创新主体的需求，不断创新服务模式，深化服务内容，将资源融入用户熟悉的信息环境，将服务推送到用户桌面。积极面向国家重大战略决策和技术创新群体开展知识化服务的探索。拓展用户管理平台、嵌入式服务系统、开放接口等多类型服务模式，建立了应对自然灾害和突发事件的快速应急文献保障服务机制。国家科技图书文献中心以网络服务系统为核心，依托地方和行业科技信息机构，合作建立了辐射全国的科技文献信息服务体系,建设了 41 个服务站,覆盖全国 31 个省市自治区,为全国用户更加充分地利用中心的科技文献信息资源创造了便利的条件,提升了地方科技文献信息的保障能力和服务水平,推动了全国范围的科技文献信息共建共享。

2011 年科技部正式启动了国家科技支撑计划重点项目"面向外文科技文献信息的知识组织体系建设与应用示范",其目标是构建适用于各类科技文献、能对文献的知识内容进行有效组织、揭示和关联的科技知识组织体系(Scientific & Technological Knowledge Organization Systems, STKOS),支持我国科技文献的组织利用,实现国家科技文献战略资源(尤其是海量外文科技文献资源)的有效组织、深度揭示和知识化关联。项目任务包括:构建科技知识组织体系,形成应用规范;构建科技知识组织体系的协同建设平台和辅助工具,实现协同建设与统一管理;构建开放式的知识组织引擎;构建国家科技文献战略资源的知识检索服务体系;构建以科技知识组织体系为基础的知识服务关键技术研究与应用示范。

国家科技图书文献中心始终坚持推进开放获取和数字信息资源本地仓储与长期保存,不仅先后资助了我国科研机构和高校引进 ACS、AIP/APS 等学科领域知名商业数据库,2013 年还全额承担了中国加入国际高能物理开放出版计划(SCOAP3),实现了高能物理领域 10 种高水平学术期刊在我国的开放获取,全国范围内科研工作者均能免费获取和发表论文。同年,中心还依托中国科学院国家科学图书馆启动了建设国家数字信息资源长期保存中心的试点工作。

三、国家科技图书文献中心网络服务系统的未来展望

经过十多年的努力,中心已建设成为国内外文资源最多、功能领先,国际上有广泛影响的国家科技数字图书馆。其提供的普惠便捷的文献信息服务,受到科技界的普遍赞许。它的建立被誉为我国科技文献发展史上的里程碑和共建共享的典范。"十三五"期间,中心将继续坚持"战略保障、创新引领、共建共享、公益普惠"的原则,推进"资源保障、知识服务、人才强业"三大战略,为国家科技创新体系建设做出新的贡献。

中心已拥有丰富的科技类资源,它也有能力将这些资源转化为遍及全民的科技信息服务能力,能够将信息服务覆盖到各类大中型企业,也能够为中小型企业、各研究机构提供定制化服务。在新一代智慧互联网环境下,中心将提供更加智能的个性化、差异化信息服务。其所提供的信息服务将逐渐由文献传递服务转向能够进行内容抽取、关联检索、知识自动获取等跨学科、跨专业、跨领域的数字化、可视化的知识服务。

曾建勋等提出:用户需要对分布的多元资源进行集成检索,需要进行知识获取、问题求解,这些新的变化需要国家科技图书文献中心按个性化需求动态检索、关联、链接和集成各类信息内容,支持需求驱动、情景敏感、流程耦合、无缝链接的服务;继续支持第三方信息服务机构的增值服务能力,将国家科技图书文献中心的资源、服务与其他机构的本地文献检索、文献传递和信息咨询等服务有机链接[1]。未来,国家科技图书文献中心所充当的国家层面的协调统筹功能、联合服务机制、联合参考咨询、联合业务培训等将进一步增强。

（执笔人:孙坦）

第二节 国家科学数字图书馆发展报告

2001 年,国家科学数字图书馆启动,是为满足读者网络化、数字化的文献资源需求而建立。2013 年年底,国家科学数字图书馆已开通数据库 107 个,引进网络数据库 155 个。国家科学数字图书馆所提供的服务包括集成服务、智能系统、开放获取、科技文献长期保存等。除此之外,国家科学数字图书馆还对开放资源进行了研究。未来国家科学数字图书馆将朝综合数字知识资源体系和数字知识发现服务平台的方向深入发展下去。

一、国家科学数字图书馆的建设背景

2001 年 12 月,中国科学院国家科学数字图书馆(简称 CSDL, http://www. csdl. ac. cn)建设项目正式启动,是为满足读者网络化、数字化文献资源需求而设的项目。该项目的启动促进了中国科学院文献情报中心从传统图书馆服务模式向复合型图书馆服务模式的转变。国家科学数字图书馆成立的意义在于,推动了中国科学院文献情报中心的工作人员走上情报研究与知识服务的发展道路。国家科学数字图书馆成立的最初目的主要是方便用户获取电子资源,这类电子资源原文既可以是全文,也可以是摘要。为了向用

户提供权威、可靠的目录导航,2002年6月,国家科学数字图书馆开通了学科门户网站,该门户是由图书馆员挑选和组织因特网上专业学科的文献信息资源和服务的门户。2003年12月,国家科学数字图书馆开通了中国科学文献服务系统(ScienceChina)。2005年10月,国家科学数字图书馆开通了中国科学院学位论文系统,该系统收录了自1978年以来中国科学院博士和硕士论文。12月,国家科学数字图书馆为全院开通31个数据库。2006年3月,中国科学院国家科学图书馆成立,它由原科学院所属的文献情报中心、资源环境科学信息中心、成都文献情报中心和武汉文献情报中心四个机构整合组成,实行理事会领导下的馆长负责制。总馆设在北京,下设兰州、成都、武汉三个二级法人分馆,并依托若干研究所(校)建立特色分馆。该馆立足科学院、面向全国,主要为自然科学、边缘交叉科学和高技术领域的科技自主创新提供文献信息保障、战略情报研究服务、公共信息服务平台支撑和科学交流与传播服务,同时通过国家科技文献平台和开展共建共享为国家创新体系其他领域的科研机构提供信息服务[2]。2013年5月,国家科学图书馆北京分馆的4D机房正式投入使用。2013年6月10日,国家科学数字图书馆所开发的科学文化传播平台正式面向全馆开展服务。

截至2013年6月,国家科学图书馆通过集团采购开通数据库107个,其中外文全文文献数据库64个。通过国家科技图书文献中心(NSTL)提供外文全文数据库43个,另还有1个方正电子图书数据库。借助国家平台开通数据库44个,集成开通开放获取数据库20个。保障院内科研用户即查即得外文期刊(现刊)达到1.6万种,国外博硕士论文近40万篇,外文会议录3.2万卷,外文图书、工具书4.5万册,中文电子期刊1万余种,中文博硕士论文184万篇,中文图书41万余种、43万余册。

2013年年底,国家科学数字图书馆组织引进网络数据库155个。是年,国家科学数字图书馆可链接使用的外文电子期刊17 997种,外文电子图书45 948卷/册,外文电子工具书6 026卷/册,外文电子会议录35 718卷/册,外文学位论文414 772篇,外文行业报告1 833 078篇;中文电子期刊14 168种,中文电子图书338 468种/364 865册,中文学位论文2 150 366篇。2013年,国家科学数字图书馆全文数据库和二次文献数据库的使用量分别为4032.41万次和1374.32万次。

二、国家科学数字图书馆的建设内容与现状

1. 集成服务的内容与现状

2001 年 10 月,国家科学数字图书馆成立,是中国科学院文献情报中心组织全院文献情报系统共同建设的数字化、网络化的科技信息集成服务体系。国家科学数字图书馆的集成服务主要有:

(1)检索与获取服务

检索与获取服务是国家科学数字图书馆所提供最基本的服务。该项服务的内容包括:集成检索与整合浏览,比如集成电子文献与印本文献,集成中国科学院系统内的文献与中国科学院系统外其他机构所收藏的文献;馆际互借与原文传递服务;资源保障服务等方面。

①集成检索与整合浏览

中国科学院联合目录集成了国内 400 余家成员馆的印本资源和电子资源信息,内容包括全国中、西、日、俄文期刊联合目录数据库、中国科学院图书联合目录数据库和电子资源知识库。截至 2010 年 12 月,通过中国科学院联合目录可以查询所有成员馆收藏的 9.8 万余种中文、西文、日文、俄文印本期刊,90 万种中文、西文印本图书,12 万种中文、西文电子图书,5.3 万条中文、西文电子期刊数据以及部分开放获取电子期刊的有关信息,可查看成员馆所拥有的 477 万余条各类文献馆藏信息。国家科学数字图书馆购买了国内外较有影响力的 13 种外文全文数据库的使用权,数据库的内容涉及:数学、物理、化学、生命科学、社会科学、天文学、电气与电子学、计算机科学等领域,其范围覆盖了 2863 种核心期刊,6409 种西文会议录。

国家科学数字图书馆还提供跨库集成浏览服务(http://www.csdl.ac.cn/ejournal/),用户如果需要查找一种期刊的全文而不知道它在哪个数据库,就可以使用跨库集成浏览。可以按期刊刊名的字顺、学科大类和数据库 3 种方式浏览 3000 种外文期刊,并获得原文传递、最新目次、引文连接、期刊引用报告等。它能对 16 个全文数据库、12 个文摘数据库、4 个电子图书库和多个图书馆公共目录数据库同时进行检索,用户在统一的界面输入检索关键词,就可同时检索多个数据库。

在整合浏览中,国家科学数字图书馆还自主开发了联合目录集成服务系统(http://union.csdl.ac.cn/)。该系统能检索国内 400 多家图书馆收藏的中外文期刊和中国科学院文献系统收藏的中西文图书,联机提交原文传递请

求;提供与网络期刊、网络图书的全文链接,并报道全院最新收藏的中外文图书。该系统能检索全院期刊联合目录,通过网络请求并获得院内 83 个研究所图书馆的文献。覆盖近 10 万种中外文期刊和 85 万种中西文图书。在 2 个工作日内通过电子邮件或邮寄方式获得全文。

在国家科学数字图书馆所提供的开放链接(OpenURL)服务中,它不仅是一种解决不同数字资源系统互操作、进行资源整合的方法,更是一项技术标准。它可以解决二次文献数据库到原文服务的动态链接问题。通过开放链接,可为用户提供情景敏感的服务菜单,实现各种资源的相互链接。

②馆际互借与原文传递服务

2003 年 3 月,国家科学数字图书馆建立了馆际互借与原文传递(http://dds. las. ac. cn/)系统,它能检索中国科学院所购买的期刊联合目录。用户只要通过网络请求就能获得中国科学院图书馆及各研究所图书馆的文献。国家科学数字图书馆的工作人员在 2 个工作日内通过电子邮件或邮寄的方式,就能为用户提供全文。

国家科学数字图书馆的所有成员馆均可通过文献传递与馆际互借系统为院内科研人员或研究生提供期刊、图书章节、会议文献、科技报告、标准文献、学位论文等各种文献类型的全文文献的查询、传递服务。在国家科学数字图书馆的馆际互借服务系统中,中国科学院所属研究所(院、校)的读者可进入文献传递读者系统的"图书代借"栏目,登录后检索中国科学院图书联合目录和院外第三方图书馆的馆藏目录,并通过系统直接填写图书代借申请单发送到本所图书馆,由各所图书馆代理提供图书代借服务,除了代借图书外,该系统还能够提供图书返还服务。

(2)咨询与推广服务

①数字参考咨询服务

在国家科学数字图书馆开设的联合网络参考咨询服务(http://dref. csdl. ac. cn/)中,研究人员可通过网络实时或非实时向图书馆员和学科专家提问,国家科学数字图书馆的工作人员将在 3 个工作日内解答研究人员的提问。参考咨询服务的范围主要有:图书馆常规服务指南、各类文献资源查询指引、信息检索方法和工具指导、科技常识解答、问答知识库检索、网络资源导航等服务。仅 2013 年,国家科学数字图书馆为各研究所用户提交了学科咨询报告 253 份,接收电子邮件咨询 11 271 件,读者电话咨询 12 354 次,即时通讯咨询21 837 次。

2014 年 1 月 15 日,国家科学数字图书馆的新版参考咨询系统(http://newdref. las. ac. cn)正式启用。新系统实现了 QQ 与微信两种即时通信工具的有效集成,读者可以用这些工具直接获取参考咨询服务;增加了语音咨询和文件传送的实时咨询方式,丰富了实时咨询场景,拉近了学科馆员与用户之间的距离;开发了支持 APP、Web 等多种信息环境使用的实时咨询开放接口,方便了第三方平台的个性化集成;新系统应用 IP 与 E-mail 情景敏感机制,实现了参考咨询表单问题的全自动分配功能,即系统自动将表单问题发给相应的负责人,为管理员代理解决了繁重的问题分配工作。

②资源和服务百所行

"资源到所、服务到人"是国家科学数字图书馆的一贯追求。自 2006 年起,国家科学图书馆开始开展"资源和服务百所行"活动。该活动由国家科学数字图书馆组织中国科学院全院的图书馆员和学科专家,联合数据库提供商开展。每年到院内的各个研究所、各个研究生教育基地举办国家科学数字图书馆数据库和服务系统的使用培训,帮助研究人员更好地利用国家科学数字图书馆提供的各种数据库和服务系统。

"资源和服务百所行"活动又称为"资源到所与服务到人"活动。仅 2013 年,国家科学数字图书馆组织的服务下所次数就达到了 2296 次。这些研究所不仅有国家科学图书馆总分馆中同一区域的研究所,还包括不在同一区域的研究所。"资源到所"指的是国家科学数字图书馆提供英文期刊全文数据库、文摘数据库、引文数据库、事实数据库、西文学位论文全文数据库、中文科技期刊数据库、中文电子图书库、科学文献数据库等 20 多个数据库。"资源到所"分为专业文摘检索、外文全文获取、外文科学数据获取以及中文科技期刊和电子图书获取。"服务到人"指的是每个科研人员和研究生在实验室和办公室就能方便地使用全院图书馆员通过网络提供的服务。这些服务包括跨库检索服务、跨库集成浏览服务、馆际互借与文献传递服务、参考咨询服务和学科信息门户网站、随易通服务等。

③学科化服务

学科化服务是由中国科学院国家科学图书馆的图书馆员精心挑选和组织因特网上的信息,并将这些信息汇总到国家科学数字图书馆的网站,为用户提供权威、可靠的目录导航。已建成化学、资源环境、生命科学、数学物理和图书情报 5 个学科门户,青藏高原研究、微生物、长江流域生态和环境、天然产物和天然药物、科技政策与科研管理等 5 个特色专业信息门户网站,2004 年 9 月又启动了海洋学科、种子植物、新生传染性疾病等 5 个特色门户网站建设。

国家科学数字图书馆已建成的学科信息门户网站有:综合性学科信息门户,如:物理数学学科信息门户(http://phymath. csdl. ac. cn/)、化学学科信息门户 (http://chin. csdl. ac. cn/)、生命科学学科信息门户 (http://biomed. csdl. ac. cn/)、资源环境学科信息门户(http://resip. csdl. ac. cn/)、图书情报学科信息门户(http://tsg. csdl. ac. cn/)。特色专业信息门户,如:微生物特色专业信息门户(http://spt. im. ac. cn/)、青藏高原研究专题信息门户(http://159. 226. 136. 234/qtp/)、长江流域生态和环境特色专业信息门户(http://yangtze. csdl. cn)、天然产物和天然药物特色专业信息门户(http://nm. csdl. ac. cn/)、科技政策与科研管理特色专业信息门户 (http://pmg. csdl. ac. cn/)。

(3)移动服务

①随易通服务

2004 年 6 月,国家科学数字图书馆开通了随易通服务,全院研究人员可远程免费查询国家科学数字图书馆的数据库,就如同在馆内使用电子资源一样。随易通(https://q. csdl. ac. cn/)是分布移动用户认证系统,它为中国科学院的用户提供了通过用户名/密码的认证方式,用户以此方式访问国家科学数字图书馆开通的网络文献数据库。用户无论在家、在外地还是在会议途中,只要能够上网,就可以使用。随易通普通注册用户可以访问中文全文、文摘数据库和外文文摘数据库;持有电子钥匙(E-Key)的用户在此基础上,还能访问本所订购的外文全文数据库。截至 2005 年 3 月 1 日,中国科学院已有 96 家研究所、文献情报中心、野外台站等申请了随易通服务,共注册了 5037 个用户,其中 1605 个用户已使用了随易通 E-Key。

2013 年,针对旧版随易通系统日益不稳定、不可用的实际情况,国家科学数字图书馆信息系统部集中力量安排相关工作,进行了随易通服务的升级改造。2013 年 12 月,新版随易通系统开始试运行,并具有几大优点。一是解决了应用可靠性问题,它基于稳定成熟的 VPN 代理设备,资源代理访问的稳定性及性能明显提高;使用更加灵活,能够支持可访问资源间的跳转,解决了基于动态脚本的资源无法代理访问的问题。二是解决了系统兼容性问题,老用户可无缝迁移到新系统上;兼容旧版 E-Key,即旧版 E-Key 可以马上在新系统中使用;新的 E-Key 更兼容各版本 Windows 操作系统,比如 Win7 和 Win8 操作系统,支持多种 IE 兼容浏览器。三是系统管理、资源配置简单;用户与 E-

Key 直接绑定,安全性更好。新版随易通系统在 2013 年组织了两次面向学科馆员和研究所图书馆员的介绍和试用意见听取。新系统的可靠性、兼容性和易用性,得到用户的一致认可。

②e 划通服务

e 划通 v2.5(eclick)(http://eclick. las. ac. cn)是一种面向个人和研究团队的进行文献调研的免费信息工具。主要用于文献调研过程中科研素材的发现、收集、组织、分享和利用。它能通过"一键式"(鼠标划词/快捷键)操作将文献调研中所需的服务(检索、摘录、评注、分享等)嵌入到应用"现场",并将此过程中产生的信息片段进行知识化组织和管理。该系统能围绕具体的研究主题,从文献调研应用入手(研究综述、动态快报、基金申请等),面向文献调研中知识发现、收集、利用全过程,提供集成化文献检索、知识点摘录、评注、数据同步、专业词典查找、团队协作、报告制作等工具集。其主要功能包括:文本知识单元摘录、图片截取、文献检索、在线词典查找、文献知识管理、团队协作摘录等。

③移动文献信息服务平台

2013 年 12 月,国家科学数字图书馆新版移动文献信息服务平台主体工作完成,实现了 Android 版客户端系统的研发工作。该系统在参照国内外各移动服务系统基础之上,根据国家科学数字图书馆当前资源及服务接口情况,设计了系统应用场景。根据移动终端的操作特点,首页设置了 7 个模块,即:论文查找、图书阅读、期刊浏览、馆藏借阅、二维码、我的文档、走进国科图等。在国家科学数字图书馆的馆务平台上已发布了 APK 安装包、安装说明文档,以及移动 Web 入口链接。对于非免费文献资源,系统可用单位 WiFi 下载。馆藏借阅中的数据为用户真实借阅记录。

2. 用户广泛参与的智能系统建设内容与现状

(1)智能检索与知识融汇

①智能检索系统

国家科学数字图书馆的智能检索系统能够实现可视化的分面集成检索,能对全馆可服务资源进行汇集与索引。该平台实现了国家科学数字图书馆订购数据的资源汇集,收割集成了 VIP、SWTS、印本及电子馆藏、NSTL 加工数据以及 PMC 和 arXiv 等开放获取期刊数据,总数据体量达到 6330 万,覆盖了国家科学数字图书馆所订购的 69 个全文数据库中的 51 个,还覆盖了国家科学图书馆及各研究所集团订购 40 187 种电子期刊中的 31 941 种,覆盖率达到

79.9%。智能检索系统能够自动清理并重建新知识库,保障数据可获取性的指示灯准确,实现重要常用数据库检索结果定位到篇;能够实现数据更新机制和自动调度 DataHub 平台,使数据以较高频率更新。

另外,国家科学数字图书馆的智能检索系统还完善了平台的各项功能。如添加关键词云、期刊、时间分布、类型四个方面的可视化展示功能;加快了大数据量的索引更新和检索响应速度;完成了数据检索接口,浏览推荐接口,知识库查询接口,下载定位接口等。新版可视化分面集成检索已经嵌入了 8家省科学院信息服务平台,即山东、新疆、江西、河北、河南、甘肃、贵州、山西省的科学院。

②情报监测系统

"网络科技信息自动监测系统"在战略情报团队和研究所一线得到了广泛应用,已经形成了支撑 5 个战略情报领域(科技战略与政策、空天科技、资源与环境、能源科技、信息科技)和 5 个研究所(青岛生物能源与过程研究所、上海光学精密机械研究所、上海药物研究所、大连化学物理研究所和生物物理研究所)的常规化自动监测服务体系,有效提升了这些情报团队和研究所对本领域内科研活动的洞察能力、监测能力和态势把握能力。截至 2013 年,网络科技信息自动监测服务平台支撑了 19 个面向战略情报研究团队、研究所和课题组的战略情报监测服务,形成了规模化的科技信息监测服务群。

③融汇组件构建平台服务(iMasup)

国家科学数字图书馆除了开发上述智能系统之外,还自主研发了融汇组件构建平台(http://crossdomain.las.ac.cn/mashup/mashup.html)。该平台能够实现用户个性化的嵌入式服务,即用户能够将国家科学数字图书馆的该项服务嵌入到自己的个人网页中。

(2)综合科技信息资源集成系统

①开放资源建设

国家科学数字图书馆自 2009 年起,便开始试验以多种方式支持中国科学院作者在具有较高质量和影响力的开放出版期刊上发表论文。开放期刊出版支持服务顺应了中国科学院推进科技信息开放获取的精神以及国际众多著名科研教育机构的实践趋势。国家科学数字图书馆主要开展了 3 个方面的开放资源建设工作[3]:一是启动了开放会议采集和服务系统[4]、开放课件网、开放资源登记系统[5]等项目,构建不同类型开放资源的集成和服务平台。截止到 2012 年年底,开放资源登记系统已累计发布 27 484 篇开放会议文献,开放会议系统遴选登记各学科领域的各类综合科技资源1.8万余条,其中各类综合资源集合9400多条、科研机构5500多条、最新学术会议3200多条,月均更新2000余条,2012年全年访问量82万次。二是与国际上大型开放资源系统合作,建设本地化镜像,提供开放服务和资源保存。在2012年China OA week上,国家科学数字图书馆宣布中国arXiv站点的建立及其服务推广[6]。三是争取国际知名开放资源的长期保存合作,目前实现了开放获取期刊BMC系列期刊在国家科学数字图书馆的长期开放存储。

国家科学数字图书馆还在试验支持中国科学院作者在部分高质量开放出版期刊上发表论文,为作者在开放出版时资助一部分论文处理费。国家科学数字图书馆不是支持作者向某一种期刊或某一家出版商投稿,而是支持作者以开放出版的形式发表研究成果,促进研究成果的开放共享。截至目前,国家科学数字图书馆试验支持作者出版开放论文的期刊有:BioMed Central旗下的系列期刊;IOP出版的期刊New Journal of Physics。

②综合科技信息资源集成系统

综合科技资源集成登记系统(http://irsr.llas.ac.cn/)重点遴选和登记重要国家、重要机构和重点学科领域的科学数据、科研项目、学术会议、软件工具、文献数据库、科学博客、专题网站、多媒体资源、教育资源等各类学术资源,建立了集成化揭示的综合科技资源服务体系。已遴选登记各类综合科技资源2.7万,月均更新2000余条,提供集成检索和浏览服务。该系统的接口包括:OAI、SRU、Webservice等接口,主要是获取各类综合性信息。

(3)知识组织工具与平台

2010年,国家科学图书馆开展了开放知识组织引擎(OpenKOS)(http://openkos.whlib.ac.cn/)建设。该项目是中科院国家科学图书馆"十二五"规划的先期启动项目,于2011年开始了试点应用。试点应用的数据库为中科院机构知识库,该机构知识库包括中科院力学研究所、半导体研究所等9个知识库。数字知识资源环境开放组织引擎是多个叙词表、分类表的集合,涵盖数学、物理、化学、天文学、地球科学、生物科学、环境科学、农业科学、医学、工程技术等学科领域。OpenKOS是将多个叙词表中表示相同含义的概念和词关联起来,生成一个中间的概念集(CAS概念),一个CAS概念将关联到多个叙词表中相同含义的概念(术语),形成一个概念网和同义词环网络,大大丰富了概念的同义词数量,丰富用户的检索用词,扩大查全率和查准率。该系统所提供的接口为Webservice接口,能够获取概念词、分类、上下位词、相关词等信息。当前,开放知识组织引擎能够实现如下服务:对机构知识库论文的自动主题标引;用户检索过程中的检索词提示;用户检索词的扩展;检索结果按DDC分类法聚类;机构知识库论文按主题统计和排序。

(4)用户群组知识环境

①专业领域知识环境建设(SKE)

2008年年底,国家科学数字图书馆启动了专业领域知识环境(Subject Knowledge Environment)项目建设,成立专业领域知识环境关键技术研究项目组,对专业领域知识环境建设的关键技术进行研究并开发试验系统,开展试点应用。项目组经过调研,决定以康奈尔大学的vitro系统为基础系统,对其进行本地化改造和扩展功能开发,来构建专业领域知识环境平台(SKE平台)。专业领域知识环境通过集成和个性化定制数字图书馆公共文献服务体系资源,通过搜索采集遴选集成社会网络中的相关资源,形成面向研究所、课题组、研究领域的个性化知识环境。一方面,专业领域知识环境与研究所文献集成平台、机构知识仓储共同构成了研究所数字知识环境;另一方面,专业领域知识环境又与远程会议系统、虚拟研究社区、科学工作流系统等共同构成了用户科研信息环境[7]。

SKE平台是一个基于统一的平台,可灵活定制个性化知识环境构建的解决方案。SKE平台根据中国国情,在系统中实现从发布管理到服务的知识资源生命周期的管理机制,融入了以用户为主导的,资源建设人员和学科馆员作支撑的知识环境建设机制。SKE平台采用"一个平台,多个门户"体系结构,支持用户基于SKE平台自主建立面向重大科研项目、重点研究领域、特定研究机构(研究所、实验室或课题组)的个性化知识环境。在一个平台,多个门户的体系框架下,实现知识资源的动态发布、更新,实现门户与门户既相互独立,又共享合作的知识资源管理模式。基于目前SKE平台能力,用户可以动态发布关于科研人员、科研项目进展情况、科研成果等科研过程中涉及的知识资源的信息,也可以随时集成网络相关资源、RSS新闻等内容。这样一个平台将会成为用户科研过程中必备的知识管理、知识交流和知识发现工具[8]。

在SKE平台中,注册用户可在权限范围内发布、共享、编辑、删除、管理、评价资源记录,确定资源记录允许公开/修改的程度及范围,并选择记录是否发布至公共门户,同时可在权限允许范围内浏览、编辑、管理本门户其他用户发布的信息,共同管理、丰富本门户的信息资源,构建大家熟悉的信息交流方式,形成领域研究的学术社区,从而实现团队内部知识的严格控制与共享,领域知识的合作发行与交流。图书馆员可以通过 SKE 平台向用户推荐经过评价遴选的领域知识资源,并通过添加 RSS 源,实现相关信息网站、核心期刊等资源的动态采集,达到实时跟踪、获取科研最新进展的目的[9]。

当前,国家科学数字图书馆建有三个试验性的知识环境:中科院专业领域知识环境,西南生物多样性知识环境,生物医学与健康知识环境。SKE 被誉为是"宣传科研人员工作成果的新窗口,是用户共享信息的平台"。国家科学数字图书馆的 SKE 应用模式主要有面向特定学科领域的知识平台建设,面向研究群组的知识平台建设,面向研究项目的信息发布平台建设和面向研究团体或重大科研项目的协作平台建设[10]。SKE 平台将整合参考咨询服务与学科馆员服务,让两类服务与用户实现无缝对接。

2013 年 11 月,国家科学数字图书馆的 SKE 团队密切协同,结合研究所建设特点,重点针对共性需求,已经完成 SKE 平台升级提升技术方案的制定,完成基于论文的合著者网络(Co-Author Network)、基于项目的合作研究网络(Co-Investigator Network)可视化分析、本体定制导航、Sparql 本体高级检索等研发工作。

②集成融汇服务平台(iLibrary)

iLibrary(http://ilibrary. las. ac. cn/web)是中国科学院国家科学图书馆新推出的集成融汇服务平台。它支持科研用户利用小工具方便、快捷地构建个人主页、个人网络起始页,它还支持构建社科研社区,发布社区信息,建立社区内信息交流、共享空间。iLibrary 系统还提供 iMashup 工具,支持用户根据需求,集成融汇网络资源,创建新的小工具,公开发布、支持广泛共享,共同构建图书馆小插件服务云。

③集成信息平台(CASIIP)

中国科学院集成信息平台(Chinese Academy of Sciences Integration Information Platform,CASIIP)(http://iip. casipm. ac. cn),为科研群组提供了一个信息资源获取、数据处理、协作和交流的虚拟环境。国家科学数字图书馆依据《中国科学院文献情报系统"十二五"发展规划》,针对研究所重大课题组或实验室需求,于 2011 年启动研究所群组集成知识平台可持续服务能力建设项目,建立可靠高效和可持续的用户群组知识环境,提升和丰富研究所个性化知识化服务能力。CASIIP2. 0 已经为全院 20 多个研究所的 40 多个课题组提供了群组知识环境的建设服务。

集成信息平台具有如下特点[11]：

* 简单、灵活、实用，用户通过本系统可根据科研用户习惯自主进行页面调整、更新等操作，可简单、方便地使用内嵌的多种组件进行综合科技信息资源揭示与导航等服务。

* 专业数据库服务，本平台实现了专业数据库紧密集成，用户可通过本平台快速建设科研信息专业数据库，方便地进行知识内容的采集、加工、组织与发布服务。

* 构建多社区服务，本平台支持构建多个实验室、课题组的科研社区主页，发布科研社区信息；定制常用资源和服务，构建个性化的团队公开信息服务空间。同时依据需要，可为社区创建内部主页，供团队内部管理使用，实现团队资源共享，支持团队成员的管理和交流。

* 集中式管理，本平台通过控制面板实现集中式功能管理，包括创建科研社区页面、管理社区用户、添加信息、系统设置等。

3. 开放获取服务与研究的内容与现状

开放资源服务（http://open-resources.las.ac.cn）是国家科学数字图书馆提供的服务中的一大特色，它指的是国家科学数字图书馆为用户提供各种免费使用的网络资源或者这些资源的指引网址。国家科学数字图书馆除了购买外文数据库使用权之外，还注重收集国外开放存取的网络资源，比如提供Science网络期刊的链接，提供DOAJ、FreeFullText、美国斯坦福大学图书馆的Highwire，医学和生命科学全文期刊BioMed等网络免费全文科技期刊库。

开放知识资源系统建设面向科研用户和第三方系统需求，逐步组织和建立起来开放知识资源可靠和可持续的服务，建立了人工推荐登记与自动监测抓取结合的资源更新机制以及完备的数据质量控制机制，登记资源数量和质量持续提高；基于用户需求和用户体验登记系统服务功能持续优化升级，加强开放知识资源服务能力建设，开发了核心期刊规范名称服务系统、中科院科研机构名称规范服务系统、开放知识资源登记系统英文版，名称规范服务已开始面向中科院IR系统提供开放调用服务。在国家科学数字图书馆不断宣传培训与应用推广的影响之下，开放资源系统应用服务呈持续增长态势，仅2013年的访问总量就达3300多万次。开放资源系统中面向第三方系统开放调用与个性定制服务初见成效，已在12个研究所22个用户群组平台中嵌入应用。

国家科学图书馆通过各种渠道收集了20个开放获取的全文数据库，学科内容涉及数学、物理、生物、医学、计算机、图书情报等领域。还提供了 30 个外文文摘索引和事实型工具型数据库(不包括 CSA 的 56 个子库)。在中文数据库方面,提供了 6 个中文全文文献数据库,包括中文期刊、电子图书和博硕士学位论文、5 个中文事实工具型数据库。另外,还提供了 KUKE 数字音乐图书馆、网上报告厅等多媒体数据库。

(1)开放获取服务

①重要会议开放资源采集与服务系统

"重要会议开放资源采集与服务系统"是中国科学院知识创新工程的重要方向。该项目于 2009 年 9 月启动,2010 年 7 月初步完成试验系统的开发,2011 年 11 月申请了域名 or. clas. ac. cn,并于 2011 年下半年开始试运行。经过 3 年多的建设,现已初具规模,并形成了一定的服务能力。该项目的用户服务平台(http://or. clas. ac. cn)能提供会议及会议论文的浏览、检索、下载、保存、RSS 定制、推荐等功能,并为第三方系统应用提供了 Web Service 接口,并在群组集成知识平台(IIP 平台)和 SKE 平台开发了重要会议开放资源系统组件,在兰州近代物理研究所等 3 个研究所的 10 余个课题组进行了部署和个性化定制。2013 年,该项目二期建设启动,对会议门户网站、AIAA Springer、Wiley 等学协会等会议信息进行了分析集成,提供会议目次页链接,指引用户链接到相应的全文数据库获取摘要或全文。

在国家科学数字图书馆的"重要会议开放资源采集与服务系统"项目建设中,已形成各类研究报告、工作方案、系统文件、工作规范等成果文档 28 个,课题组成员及研究生共有 7 人以第一作者身份公开发表论文 13 篇。"重要会议开放资源采集与服务系统"项目建设产生了较大影响力。截至 2013 年,该系统已发布 1.7 万个学术会议的 3.1 万篇开放会议文献。2013 年 1 月 1 日至 12 月 25 日,该系统点击量为 4 481 836 次,其中用户点击量 1 168 772 次,蜘蛛点击量 3 313 064 次,日均点击量 12 484 次。

②开放知识资源登记系统

开放知识资源登记系统建设始于 2009 年。项目名称为"综合科技资源登记系统建设",其目标是建设一个可扩展的集中式综合科技资源与服务的登记注册系统,支持对分布式、异构的科技资源以及多样化的服务进行登记、管理与发布,支持中国科学院科研用户对综合科技资源的发现与利用。在 2010 年,该系统已完成对中科院重点学科领域开放知识资源的系统化遴选与规范化登记,并开始为用户提供服务,登记各类开放知识资源总量 3.2 万条,覆盖地球与环境科学、生物科学、物理学与天文学、医药与健康、农业科学、工程技术等学科领域,并开始开展开放知识资源语义化描述与转化实验,为下一步开放知识资源语义组织与服务扩展奠定基础。2012 年,"综合科技资源集成登记系统"进入二期建设阶段,并命名为"开放知识资源登记系统"。它是在前期综合科技资源集成登记系统基础上,进一步扩大开放知识资源登记的范围,建设覆盖中国科学院各主要学科领域、重要国家、重要机构的开放知识资源知识库,有效支持科研用户对各类开放综合知识资源的发现与利用,有效支持第三方系统对开放综合资源的调用、定制与集成。

开放知识资源系统建设面向科研用户和第三方系统需求,逐步组织和建立了开放知识资源可靠和可持续的服务,建立了人工推荐登记与自动监测抓取结合的资源更新机制以及完备的数据质量控制机制,登记资源数量和质量持续提高;基于用户需求和用户体验登记系统的服务功能持续优化升级,加强了开放知识资源服务能力,建设开发了核心期刊规范名称服务系统、中科院科研机构名称规范服务系统、开放知识资源登记系统英文版,其中名称规范服务已开始面向中科院 IR 系统提供开放调用服务。

③开放科技课件采集服务系统

开放科技课件采集服务系统(http://ocw.las.ac.cn/)将全面采集国内外一流科研教育机构发布的开放科技课件,包括制定开放科技课件遴选标准,建立规范的资源遴选、采集、保存、服务流程,形成可靠的开放科技课件资源服务;充分利用院内、馆内已形成的服务系统建设经验和成果,搭建资源采集服务平台,提供稳定服务;与研究所、科研用户紧密协同,充分利用社会网络和众包方法,通过用户参与的资源采集与组织,建立资源共建共享机制、合作建设与运行机制,保障系统建设与服务的可持续运行。

2012 年 3 月至 10 月,国家科学数字图书馆项目组开展了开放科技教育资源现状与需求分析调研。2012 年 3 月至 9 月,开展了用户需求调研,调研形式采用问卷调查、面谈会以及深度访谈等方式,调研的重点群体为:中科院博硕士研究生、在职科研人员以及承担科研教学授课工作的科研人员。2012年 3 月至 8 月,开展了资源调研,该调研以"基本科学指标"(ISI Essential Science Indicators,ESI)2001 至 2011 年间学科排名数据为主,同时辅以"QS 世界大学排名"(QS World University Ranking)2011 年首次公布的 20 个学科排名数据,确定了 960 所科研教育机构为调研对象。2012 年 3 月至 8 月,开展了资源组织方法研究与遴选,并深入调研 IEEE LOM、DC-Education、GEM 和

SCORM 等主流教育资源元数据标准,提出了具有本馆特色的开放课件元数据建设方案。在调研基础上完成了教育资源元数据、教育资源建设技术规范和资源内容组织方法研究,初步完成可持续机制研究和建设。

当前,开放科技课件采集服务系统已完成部分主要包括:

• 课件采集,采集经过遴选的目标机构的高质量课件元数据及全文,完成符合知识产权约定的 3.9 万个课件数据的本地化采集。

• 系统平台开发,根据服务系统功能需求,与开发方密切协作,确定系统技术框架,充分发挥开放资源和开放系统建设理念降低系统开发费用,利用馆项目研究成果 KOS 引擎自动推荐标引关键词,完成系统一期核心功能开发并组织功能和流程测试。

• 资源组织规范研究,结合前期对主流教育资源元数据标准的研究结果,研究确立本系统应用的元数据标准。

• "众包"建设探索,与学科馆员团队合作,探索以科研用户为主体的资源"众包"深度标引组织与服务机制。

2013 年年底,开放科技课件采集服务系统已取得的主要成果包括:本地化采集符合知识产权约定的 3.9 万个课件数据,完成该系统一期核心功能开发与测试。

④开放社会经济信息集成揭示与服务系统

2013 年,国家科学数字图书馆二期项目启动。该项目名为"开放社会经济信息集成揭示与服务系统"。该项目的主要建设目标是:针对我院在面向产业前沿技术创新、技术集成创新、工程化研发和成果转移转化研究中的信息需求,面向重要国家、地区、产业、行业的各类技术、市场、经济、社会信息,先期以能源行业相关领域作为试点,实现对相关信息资源的发现、遴选、描述、组织,开发可供移植的一站式开放社会经济信息集成与服务示范系统,并逐步扩展应用到新材料、生物医药、电子信息、节能环保等行业及相关领域。

该项目研究内容主要涵盖了:

• 全面、准确地发现和遴选中国科学院"十二五"重点产业化行业(如能源、新材料、生物医药、电子信息、节能环保等)重点研究领域所涉及技术、标准、市场、经济和社会等信息资源;

• 在尊重知识产权的前提下,设计合理规范的资源采集流程和检验、审核等质量控制体系,将采集到的信息资源按不同颗粒度、多维度进行组织;

• 构建面向应用的一站式开放社会经济信息集成揭示与服务示范系统,

实现对相关领域社会经济信息源的动态跟踪、采集和保存,并逐步扩展应用到其他行业及相关领域。系统提供集成检索服务,支持知识挖掘、知识发现、可视化呈现和关联导航和个性化知识服务,支持第三方系统开放调用和集成;

● 建立院所协同可持续发展的资源建设、系统运行服务和管理机制。

2013 年年底,"开放社会经济信息集成揭示与服务系统"实现了能源行业的应用(http://ose.whlib.ac.cn)。以能源行业太阳能综合利用、新能源汽车领域等方面的应用为例,这一系统主要集成的信息资源包括:新闻资讯、政策法规、行业报告、公司机构、统计数据、生产技术(技术动态、科研成果、标准、专利)、分析评论和监测信息源。目前的数据量大约有 10 000 多条。每种资源类型可以分别按照研究领域、信息来源渠道(或信息来源渠道性质)、资源内容类型、国家、年代等提供分类导航和关联信息链接。系统还提供用户对信息源、资源内容信息推荐,用户使用意见及建议反馈的交互功能。

⑤开放获取期刊采集服务体系

2013 年 9 月,国家科学数字图书馆启动了"开放获取期刊采集服务体系"项目。该项目建设目标是规模采集符合中科院学科发展需求的 OA 期刊,构建中国科学院重点保障的 OA 期刊体系,提供多维度的资源浏览、检索和个性化定制的集成服务,并实现资源的开放存储。研究内容包括关键保障 OA 期刊的遴选标准和采集方式,研究面向应用的 OA 期刊的知识组织方式、集成方式、资源开放评价方式,研究基于 OA 政策和许可协议的开放存储模式,研究支持 OA 期刊浏览、检索、评价以及嵌入用户使用环境的技术和方法,开发 OA 期刊采集和服务体系软件。

⑥开放课件系统

2012 年 3 月,国家科学图书馆开展了开放课件系统(http://ocw.las.ac.cn/)项目建设。根据开放课件遴选依据,经调研统计,960 所科研教育机构中有 83 所提供开放课件,符合遴选条件的课程有 2216 门,共计有 49 108 个开放课件。并于 2012 年 3 月至 8 月进行了资源组织方法研究,遴选并深入调研 IEEE LOM、DC-Education、GEM 和 SCORM 等主流教育资源元数据标准,结合对中科院研究生院课程组织体系的深入分析,提出适用于开放课件建设的元数据方案。

2012 年 10 月至 2014 年 9 月,为开放科技课件采集服务系统建设阶段。此阶段建设目标为:全面采集国内外一流科研教育机构发布的开放科技课件,包括制定开放科技课件遴选标准,建立规范的资源遴选、采集、保存、服务流程,形成可靠的开放科技课件资源服务;充分利用院内、馆内已形成的服务系统建设经验和成果,搭建资源采集服务平台,提供稳定服务;与研究所、科研用户紧密协同,充分利用社会网络和众包方法,通过用户参与的资源采集与组织,建立资源共建共享机制、合作建设与运行机制,保障系统建设与服务的可持续运行。

(2)开放资源研究的内容

2012年12月至2013年7月,国家科学数字图书馆完成了"开放资源的评价和遴选研究""开放资源获取与利用的技术规范研究""开放资源的开放利用模式研究"等项目。"开放资源的评价和遴选研究"项目的研究目标是建立开放资源的评价遴选机制和方法,主要包括开放资源评价指标体系建设、开放资源质量控制机制建设,以及面向中国科学院科研需求的关键开放资源的遴选机制建设。具体成果包括:《开放资源评价调研报告》《开放资源评价指南》等。该项目提出了开放资源评价指标体系,包括质量指标、影响力指标和开放性指标。"开放资源获取与利用的技术规范研究"项目提出了开放资源利用的技术实现框架、开放资源使用政策限制的再利用建议、推荐的互操作标准和指南、推荐的开放资源元数据标准等理论。其项目成果包括:《开放资源获取与利用的技术规范调研分析报告》《开放资源获取与利用的技术规范指南》等。"开放资源的开放利用模式研究"项目提出了6种开放资源再利用服务模式:开放资源的集成检索服务、不同类型开放获取资源之间的关联服务、利用开放获取资源分析学术引用网络、对开放资源进行语义丰富后再提供数据的开放利用、利用开放获取资源进行专题聚合形成虚拟开放期刊服务、开放获取资源的使用统计服务。其项目成果包括:《开放资源的开放利用调研分析报告》《开放资源的开放利用实践指南》等。

(3)数字科技文献长期保存服务

数字科技文献资源长期保存已成为国家科技安全的重要体现,国家科学数字图书馆主动承担了在国家数字科技文献资源长期保存中的责任与义务。截至2013年年底,国家科学数字图书馆已对7家出版社(Springer、IOPP、BMC、RSC、NPG、NAS和维普)的16 105种重要科技期刊文献、2家出版社(Springer和RSC)的26 493种电子图书、1家出版社(Springer)的30 000种实验室指南进行了长期保存,并实现了对全球最大电子预印本库arXiv.org中的906 675篇预印本文献的本地镜像保存。目前,国家科学数字图书馆是上述重要数字科技文献资源在国内唯一实现长期保存的机构,为中国科学院和国家科技创新提供了重要的战略性保障。

在此基础之上，国家科学数字图书馆和 Springer 分别与 DRAA（高校图书馆数字资源采购联盟）、中国医学科学院图书馆和中国农业科学院图书馆成功签署了 Springer 数字期刊的合作保存协议，从而使国家科学数字图书馆保存的 Springer 数字期刊实现了在中国科学院和上述机构的覆盖，为这些国内主要科研、教育机构提供了可靠的资源保障。

在中国科学院数字资源长期保存一期、二期、三期项目的支持下，国家科学数字图书馆的数字科技文献资源长期保存服务系统已从早期实验性的原型系统发展到目前包括保存管理平台、合作机构服务平台、用户访问服务平台和异地备份系统在内的功能完善、运行稳定的实用系统，初步实现了对保存数字对象生命周期的管理，初步实现了面向国家和中国科学院的战略需要、长期保存多种重要国际科技数字科技文献的目标。国家科学数字图书馆还建立了合理、规范的数字科技文献长期保存工作流程，严谨、高效的长期保存组织管理机制，不断完善的长期保存执行、操作规范，形成了一系列可供查阅、检验的规范文件。

三、国家科学数字图书馆未来展望

国家科学数字图书馆的未来发展目标是全面建设融入数字科研过程、依赖大规模数字内容与计算分析的集成融汇、知识组织、知识发现、信息咨询、情报分析、应用交互的数字知识服务模式。重点内容是综合数字知识资源体系建设和数字知识发现服务平台建设。

1. 综合数字知识资源体系建设

重点围绕基础研究、应用研究、产品开发、市场应用和决策咨询的创新价值链，采取多元资源建设和集成揭示机制，集成组织数字化学术文献、开放与即时学术信息、科技综合资源、市场与经济社会信息和政策信息，支持动态融汇各类资源的基于语义的网络化知识发现与关联探索，支持个性化动态化的集成知识环境建设，支持基于云计算的分布式数字信息资源长期保存服务，实现综合科技信息资源的集成化知识化和知识资源的可挖掘可计算化，形成支持自主交叉融合创新的数字知识资源体系。重点任务包括：

完善数字文献资源保障体系；

建设重要开放资源集成服务系统；

建设综合科技资源集成组织揭示服务系统；

建设综合创新信息资源集成保障体系;

建设重要科研档案和自有数字资产服务系统;

逐步建设科技信息集成化知识组织体系;

建设核心数字资源长期保存体系;

逐步建立用户数字化的协同建设与支持服务机制。

2. 数字知识发现服务平台建设

面向一线科技创新需求,建设跨越各个学科领域、综合集成各类型信息资源、基于知识内容性质与关系、集成利用多种探索与分析工具、支持用户无缝知识探索与利用过程的数字知识发现体系。通过有效的知识组织、语义关联、集成融汇和可视化交互等技术手段,构建一个可以让用户在各类相关知识内容之间平滑移动的、体验式的知识探索和发现环境,实现知识发现服务系统由以文献检索服务系统为主向以知识内容的分析探索为主的转变。重点建设任务包括:建设跨域跨应用开放关联集成标准规范体系;建设开放知识组织引擎;建设数据开放关联引擎;建设内容与服务开放融汇引擎;建设开放式可视化知识发现引擎;建设用户群组数字知识环境配置引擎;建设可柔性配置的多元交互内容集成服务平台。

(执笔人:孙坦　吴汉华)

第三节　中国社会科学院数字图书馆发展报告

中国社会科学院数字图书馆的存储设备、自动化应用系统、中外文数据库为社科院提供了可靠的文献资源保障。图书馆提供的数字资源检索和利用服务,不仅能实现数字资源的发现、整合与获取一体化服务,而且还支持数字资源远程访问,提供个人文献管理工具。中国社会科学院数字图书馆开展送书上门、数字资源到所培训、专题文献跟踪服务等多项服务模式。用户使用量逐年提高,年均访问量已达10万人次。中国社会科学院数字图书馆将开发学术期刊数据库、古籍善本数据库、科研成果数据库等特色数据库,并将开展综合集成实验平台建设,对馆藏文献进行数字化整理。

一、中国社会科学院数字图书馆发展历程

中国社会科学院图书馆系统由中国社会科学院图书馆和 4 个分馆、26 个专业研究所图书馆和资料室，以及 2 个书库构成。目前藏书总量达 500 余万册，收藏范围覆盖哲学、社会科学及人文科学的所有分支学科，包括文物古籍、图书报刊、声像资料和电子资源等多种类型。中国社会科学院图书馆的建设和发展一直得到院领导和广大科研人员的大力支持。早在新馆落成之际，时任中国社会科学院院长李铁映同志就指示要把新馆建设成"国内一流，国际领先"的数字图书馆，此后的多位院领导也都很关心数字图书馆的建设问题。

2001 年，中国社会科学院（以下简称：社科院）院重大课题"数字图书馆理论、实践与中国社会科学院数字图书馆建设"正式立项，随后又有十余个院级、所级课题围绕数字图书馆进行研究，为数字图书馆的建设打下了良好的理论基础。社科院图书馆一直关注国内数字图书馆的发展，并积极申请"社会科学数字图书馆"的建设项目。从 2002 年起，曾多次上报有关数字图书馆的报告、方案。2010 年 7 月，图书馆向院领导提出将"社会科学数字图书馆"项目纳入院"哲学社会科学创新体系"的建议，并提交相关的科研报告，得到院分管领导的批示。中国社会科学院数字图书馆建设一直得到社科院领导的高度重视，在《中国社会科学院哲学社会科学创新工程实施意见（2011—2015）》中将"做强国家级哲学社会科学专业图书馆和数字图书馆，构筑完整的国家哲学社会科学专业图书馆体系"列为院创新工程的主要任务之一；《中国社会科学院"十二五"（2011—2015）信息化建设规划》中明确提出"逐步推进图书馆数字化建设"。2013 年年底，为进一步推进社科院信息化建设，社科院出台了《中国社会科学院信息化体制机制改革方案》，原社科院调查与数据信息中心并入图书馆，图书馆开始全面承担全院的数字化、信息化建设任务，着力建设社会科学海量数据库，建设"数字社科院"。图书馆制定了《关于构建哲学社会科学海量数据库和综合集成实验平台的三年规划（2014—2016 年）》，计划用三年时间，把海量数据库和综合集成实验平台打造成学术辐射发力点、重大决策支撑点、科研服务闪光点和社会效益增长点，科学规划、精心布局、突出重点、循序推进，逐步建成代表国家水平和具有哲学社会科学特色的国际一流海量数据库与综合集成实验平台。

虽然社科院大规模的数字图书馆建设项目尚未正式立项,但与此相关的若干个中小型项目建设和技术研发已相继展开,数字资源自建和引进、网络基础设施装备、数字资源的相关服务等方面也取得一定建设成果。目前,社科院数字图书馆的雏形已基本形成。

1. 硬件设施的建设

2001 年,社科院图书馆新大楼建成。新馆大楼网络平台采用了千兆主干、百兆到桌面的高速以太网,图书馆自动化服务器采用了高性能的小型机,为社科院学者提供了可靠的文献资源保障。2004 年,院图书馆建设了新的存储备份系统。新存储备份系统采用了基于 FC-SAN 存储架构的独立存储网络模式,对各应用系统的数据进行统一管理和存储,对图书馆的小型机、PC 服务器和后台 Oracle 数据库文件提供自动备份。

2. 应用平台建设

(1)图书馆自动化系统及社科院联合编目系统

图书馆自动化系统是数字图书馆建设的基础数据平台之一。社科院图书馆先后于 2002 年和 2012 年分别引进了韩国 ECOLAS 图书馆自动化系统和以色列 Aleph 系统,实现了全面的业务流程信息化。2005 年,由中国社会科学院牵头,全国各省市自治区社科院系统参加,共同建设了全国社科院联机联合编目系统。目前,该系统有成员馆 43 家,共收录各类书目数据近 160 万条,有 10 余家地方社科院正在使用该系统进行在线联合编目工作。

(2)数字资源服务与整合系统

2003 年,为满足广大科研人员对高质量即时国际新闻信息的需求,建设了数字卫星电视传播系统。该系统一共引进了包括 CNN、NHK、BBC、凤凰卫视等在内的 13 套卫星电视节目,在 IP 网络内采用组波方式进行实时播放。2007 年,开发了跨库检索系统 RefLib、西文电子期刊导航系统,引进个人文献管理系统 NoteExpress,开始初步尝试对数字资源的整合和深度服务。2012 年,引进以色列 Primo 系统,全面整合各种系统资源,提供灵活的定制功能,实现图书馆全部资源的一站式发现与获取。

(3)读者服务系统

社科院图书馆开发和引进了多种读者服务系统,包括图书馆"一卡通"系统、虚拟参考咨询 QuestionPoint、Weblink 图书荐购系统等,提升了图书馆的服务能力。

（4）国家哲学社会科学学术期刊数据库

2012 年 3 月,全国哲学社会科学规划领导小组批准建设国家哲学社会科学学术期刊数据库(www. nssd. org) ,由中国社会科学院承建。国家哲学社会科学学术期刊数据库是国家级哲学社会科学开放获取信息平台。系统于 2013 年 7 月 16 日上线开通。2014 年 6 月推出第三版,收录 600 多种期刊,200 多万篇论文。从体量上看,国家哲学社会科学学术期刊数据库已经成为国内最大的开放获取平台。

（5）科研成果数据库

2013 年 12 月,社科院科研成果数据库启动。该项目旨在深入开发和应用中国社会科学院所属各级科研机构的成果资源,构建统一的信息共享平台。2014 年,科研成果数据库开展了全院资源的情况摸底和需求调研,开展了标准规范制定、政策制定、数据采集等数据库建设的基础工作。科研成果知识门户一期于 12 月上线开通。

3. 数字资源建设

资源建设是图书馆建设的重点,近十余年来社科院图书馆逐步加强了电子资源的采购,电子资源成为重要的文献资源类型。到 2014 年年底,已先后引进中外文数据库 130 多个,覆盖了全院各个学科领域,类型包括电子期刊、电子图书、年鉴、报纸、工具书、统计数据库等。

中国社科院图书馆系统也建设了一批数字资源。院图书馆建设了"中国人文社会科学引文数据库""国外中国学数据库""中国社会科学院信息综合支持系统"等。各分馆、所图书馆也建设了一批专题数据库,如"9·11 事件专题全文数据库""美国问题中文报刊论文资料全文数据库""中国经济大事辑要数据库""经济全球化文摘""亚太所参考资料数据库""朝鲜半岛资料数据库""世界历史年表"等。

总之,通过十余年的建设,社科院图书馆系统的数字资源数量、服务能力和服务水平都有较大的提高,逐步走向现代化的图书馆。

二、数字资源服务类型与内容

中国社会科学院图书馆系统的数字资源面向全院科研、管理、科辅人员提供服务,依靠"总馆—分馆—资料室"三级文献保障体系,在总馆的统筹协调下,协同支撑研究所科研人员与研究生的文献信息需求。数字资源服务的主要类型和内容如下:

1. 引进数字资源的检索和利用

中国社会科学院图书馆从 2002 年开始陆续引进国内外重要的学术数据库。截至 2012 年年底,可保障全院科研用户即查即得外文期刊近 1 万种,部分可以追溯到创刊号;中文电子期刊 9000 余种,外文全文电子期刊 10 000 余种;中文电子图书 240 多万种,外文电子图书 36 万余种;中文学位论文 114.1 万本,外文学位论文 8.4 万本;中文会议论文 48.2 万本,外文会议论文 17.2 万本。此外还有数值数据、工具书、报纸、年鉴、古籍等多种类型的电子资源。其中大部分资源的服务范围为全院各研究所。

社科院图书馆引进的数据库资源覆盖面广,类型丰富,涵盖了人文、社会科学各学科的内容,特别是中文期刊和中文图书数字资源覆盖较全,同时注重加强重点学科的资源建设。在资源结构方面,结合读者需求和纸本馆藏的特点,既能重点满足经济、法学、社会学、国际问题等对电子资源需求强的学科的需求,也兼顾了文史哲等对纸本文献依赖较强的学科;在语种方面,考虑中外文多语种需求,以中文和英文为主,也包含少量小语种文献;信息时效性方面,既保障最新书刊的订购,也适当引进回溯型数据库,以满足不同层次的需求;信息质量保障方面,以著名出版社、学/协会的期刊、研究报告、图书为重点引进对象,注重权威机构发布的资源。这些引进的数字资源基本符合社科院的研究重点和研究特点,为研究人员开展各领域研究提供了坚实保障。

2. 数字资源的发现、整合与获取服务

(1)书目检索服务

社科院图书馆从开始实施图书馆自动化系统以来,就一直致力于统一书目系统。早期使用丹诚系统建立联合编目系统。2002 年开始使用韩国 ECOLAS 系统实现多馆统一编目和统一检索。2012 年,引进以色列 Aleph500 系统,全面推进全院共用一套图书馆自动化系统,实现书目的共享和馆藏的集成揭示,规范和协调各图书馆业务,方便读者对书刊的利用。同时升级 OPAC 功能,实现了中文纸本图书与读秀中文电子图书的通检。

(2)资源统一检索

从 2005 年开始,社科院图书馆着手进行资源整合工作。2007 年,开发完成跨库检索系统 RefLib,开始初步尝试对数字资源的整合和深度服务。但是,跨库检索由于速度慢、整合效果差并未得到广泛利用。随着资源发现与检索技术的发展,2012 年,引进以色列 Primo 系统,全面整合纸本及电子资源,实现了各类资源的链接,检索结果可以进行相关性排序、分面导航、结果归组,具备 Web2.0 功能。Primo 统一资源发现服务,简化了科研人员的检索方式,增强了对图书馆资源的揭示深度和广度,提升了图书馆检索服务的质量和水平。

（3）集成期刊目录

利用 Primo 资源发现系统,用户可以按照期刊刊名字顺、学科大类、出版商/数据库等方式浏览约上万种外文期刊。用户可直接在线浏览原文,或在线请求原文传递,或进一步了解该刊的详细信息等,简化了使用程序。

（4）文献传递服务

为了扩大用户可利用的资源范围,提升资源保障力度,中国社会科学院图书馆先后与中国高校人文社科文献中心（CASHL）、中科院图书馆、国家图书馆合作,开展文献传递服务。2006 年 3 月,图书馆与 CASHL 实施战略合作,在上传本馆期刊目次数据的同时,也可以利用 CASHL 所收藏的近 2 万种人文社会科学外文期刊原文传递服务,其中核心期刊 4505 种。社科院图书馆与中国科学院国家科学图书馆的文献传递合作始于 2011 年 4 月,目前可传递资源包括中科院系统等 147 家成员馆的馆藏文献资源。

3. 资源访问与管理

（1）数字资源远程访问服务

由于引进的数字资源大都采取 IP 地址认证的方式,而社科院的研究人员一般都在家办公,因此,数字资源远程访问是成为社科院图书馆数字资源使用遇到的瓶颈问题。从 2007 年开始,图书馆着手调研基于虚拟专用网络技术的远程访问系统。2011 年正式开始提供院外合法用户对院内数字资源的远程访问,使科研人员在院外各处都能随时随地获取丰富的文献信息。

（2）提供个人文献管理工具

从文献的查找、保存到文献的整理、引用和撰写,参考文献管理一直是贯穿学术研究的重要环节。参考文献管理最初采用纯粹的人工管理,2006 年社科院图书馆开始为用户提供基于网络的文献管理工具 NoteExpress,2011 年开始提供 EndNote web 版。借助这些工具,用户可以在线下载参考文献数据,并将参考文献数据与实际的参考文献原文进行关联,大大提高了数量众多的学术文章、书籍的组织效率。另外,文献管理工具提供辅助写作功能,可直接标引并生成参考文献,最后通过内置的期刊投稿格式,生成特定期刊的投稿格式。

4. 资源宣传与用户培训

社科院图书馆面向用户提供到馆咨询、电话咨询、电子邮件咨询以及在线实时参考咨询服务。2005 年开始使用 OCLC QuestionPoint 参考咨询平台，2012 年启用 QQ 用户群开展实时参考咨询服务。每个工作日的上午 9 点到下午 5 点，工作人员会通过网络随时在线回答用户有关文献信息利用上的各种问题。其余时间研究人员和研究生也可通过表单、电话向图书馆员提问，并可在 2 个工作日内得到答复。问题包括图书馆馆情咨询、各类文献资源查询指引、信息检索方法和工具指导、定题服务、文献传递和馆际互借、成果评价认证等。

为了使读者充分了解和使用数字资源，提升信息素质与数字资源检索技能，社科院图书馆开展了经常性的用户培训服务，与科研人员进行面对面的座谈和专题讲座，组织用户参与数据库商提供的网络在线培训，进行外文期刊投稿讲座等。

总体而言，中国社会科学院图书馆数字资源服务的发展呈现平台集成化、管理开放化、交流双向化和用户社区化的特点。图书馆不遗余力地进行资源和服务的整合，为用户提供一站式检索与获取服务，根据情景敏感提供个性化的资源，将服务集成到用户日常科研活动中，同时应用 Web2.0 相关技术，积极开展与用户的交流互动。图书馆还积极开展用户行为研究，进行数据库使用统计分析，深层次挖掘用户利用数据库的特点，并据此积极调整服务内容和形式，提高资源使用率。

三、数字图书馆服务能力与效果

1. 服务模式和服务队伍建设

服务是图书馆工作的生命和灵魂。新型图书馆的标准是服务的深度、快速服务的能力、对科研教学的嵌入和支撑程度、对科技创新的贡献能力。对此，中国社会科学院图书馆逐步突破传统图书馆的物理概念，在服务模式上不断拓展，开展了送书上门、数字资源到所培训、专题文献跟踪服务等多项服务模式，受到相关科研人员的普遍好评。在此基础上，逐步朝嵌入式服务、个性化服务、知识定制等新的服务方向努力。如在嵌入式服务方面，尝试嵌入用户的科研环境和科研过程，为院里的重大活动、科研团队、学科评估等提供专题咨询服务、情报分析以及知识产品。在知识定制服务和个性化服务方面，对不同层次的个人用户和科研团队用户进行个性化服务。借助信息化技术和上门服务等方式实现"O2O"服务，为相关科研人员和项目组提供信息推送和专题定制服务。此外，在横向服务拓展和共享服务方面，在与院内各分馆、所馆、资料室共同开展资源共享和服务协作的基础上，积极与国内知名文献情报机构,如国家图书馆、国家科学图书馆等机构合作,开展馆际互借和文献传递服务,努力构建全国范围内的资源共享服务保障联盟。

相关的服务实践工作锤炼了图书馆的服务队伍,拓展了服务的视野和模式,为未来新型图书馆服务能力的构建打下了基础。

2. 数字图书馆的服务效果

服务效果是检验数字图书馆服务水平和服务能力的最终标准。中国社会科学院以人文社会科学研究为主,而人文社会学科的学术研究对文献信息资源的依赖程度很高。据统计,中国社会科学院图书馆网站访问量年均 10 万人次。随着电子资源采购经费和力度的不断加大,电子资源占图书馆馆藏比重越来越大,在科研信息保障工作中发挥着越来越重要的作用。

从总体来看,图书馆引进的电子资源得到了较好的利用,大部分数据库的使用量平稳增长,持续表现出人文社会科学用户的使用特点,中文期刊数据库的使用量最大,中文图书阅读量增加很快,外文期刊全文数据库也得到较好利用,外文图书的使用量也有所增加。一些资讯类数据库和文献集成类数据库的检索率很高。以 2010 至 2012 年为例,全院电子资源(统计以电子期刊和电子图书为主)使用量呈现增长趋势(见图 5 - 1);三年间检索总次数达到 1314.1 万次,全文下载篇数达到 982.7 万篇。其中 2012 年的使用数据为,电子资源总检索次数达 844.8 万次,全文下载篇数为 362.8 万篇。这些都充分体现了我院引进数据库的价值和作用。

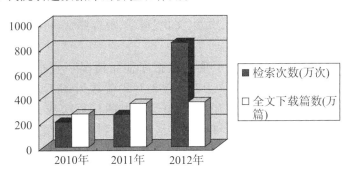

图 5 - 1 2010—2012 年中国社会科学院图书馆数据库使用情况汇总①

① 备注:根据 CNKI 后台统计,2012 年 CNKI 资源总的检索次数为 705.7 万次,比 2011 年高出将近 500 万次的检索次数,推断原因是 2012 年全面开通了 CNKI 所有资源的试用,促使检索量剧增所致。因此,2012 年数据库总检索次数剧增至 844.8 万次。

从不同学科的使用情况来看,经济学、政治学、社会学、法学类等应用型学科使用情况比较好。以 JSTOR 为例,商业、经济学、政治学、语言与文学、语言学、人类学、历史、社会学等电子资源使用量较大,详见图 5 - 2。

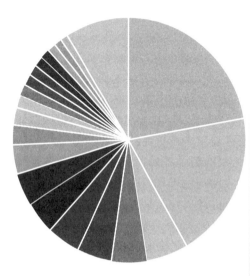

- ■ Business
- ■ Economics
- ■ Political Science
- ■ Language & Literature
- ■ Linguistics
- ■ Anthropology
- ■ History
- ■ Sociology
- ■ Asian Studies
- ■ Philosophy
- ■ Mathematics
- ■ Finance
- ■ Education
- ■ Law
- ■ Management & Organizational Behavior
- ■ Middle East Studies
- ■ Public Policy & Administration
- ■ American Studies
- ■ Geography
- ■ American Indian Studies
- ■ other

图 5 - 2　2011 年 Jstor 数据库各学科期刊使用情况

读秀学术搜索平台的使用中,政治、法律类资源使用最多,占总访问量的21%,其次是历史和地理、经济、文学、文化、科学、教育等学科,也超过了 5%,详见图 5 - 3。

从资源类型来看,全文电子期刊数据库使用情况一直很好。2012 年电子期刊的检索次数为 220.3 万次,全文下载篇数为 257 万篇。电子图书的使用量也呈现上升趋势,2012 年电子图书的检索次数为 47.7 万篇,下载次数 11.7 万篇。随着定量研究方法被社会科学广泛采用,数值数据库日益成为重要的资源,中国统计应用支持系统、CEIC、世界银行数据库等使用效果都比较好。此外,研究报告、参考工具数据库等也越来越多地被用户重视。

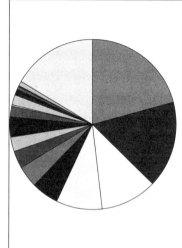

政治、法律
历史、地理
经济
文学
文化、科学、教育、体育
哲学、宗教
社会科学总论
综合性图书
语言、文字、艺术
马克思主义、列宁主义、毛泽东思想、邓小平理论
古籍
工业、农业
自然科学总论
军事
天文学、地球科学
医药、卫生
数理、生物、化学、环境科学
交通运输、航空
未知分类

图 5 - 3　2011 年读秀学术搜索各学科使用情况

从语种来看,中文资源始终是最重要的资源。2012 年中文电子资源的检索次数为 821.3 万篇,下载总次数达 333 万篇;2012 年外文电子期刊的检索次数为 23.5 万次,全文下载篇数为 29.8 万篇。在外文资源中,英文资源还占主要部分,但是科研人员对俄语、阿拉伯语、西班牙语等小语种资源的需求也日益增长。

用户使用数据是数字图书馆服务效果的一种重要参考指标,除此之外,我们还要从专家评价、用户评价等定性角度、从馆藏整体布局、资源发展政策等多个方面进行综合考虑。电子资源使用率的不断提高也与图书馆的培训和宣传有直接的关系。2010 至 2012 年年底,累计参加面授培训讲座的人员超过 500 人次。通过这些培训活动,使科研人员加深了对图书馆资源和服务的了解和利用,图书馆也与用户建立了直接联系,了解了用户的需求。在电子资源引进过程中,得到了很多科研人员的大力支持,他们积极试用数据库,提供反馈意见和相关线索。

有些隐性的效果还需要更长的时间来检验。但是,全院科研人员在中国社会科学院图书馆的文献信息保障下,学术成果不断推出,每年出版数百余部专著,发表上千份的学术论文和研究报告,在国内外的学术影响力不断提升,这是一个不争的事实。

四、中国社会科学院数字图书馆未来发展展望

数字图书馆建设将成为中国社会科学院近期的重要任务。在中国社会科学院报刊出版馆网库名优工程中,"建好一馆(数字图书馆)"是其中的重要任务之一。

目前的总体规划是:要在统筹规划基础上,力争用三年时间实现"数字社科院"战略布局中三大核心数据库(学术期刊数据库、古籍善本数据库、科研成果数据库)的基础建设,逐步打造国内第一、国际一流的哲学社会科学海量数据库,完成综合集成实验平台建设,全面支持在此基础之上进行模拟量化实验。其建设思路是:着力构筑学术辐射发力点、重大决策支撑点、科研服务闪光点和经济效益增长点,科学规划、精心布局、突出重点、循序推进,逐步建成代表国家水平和具有哲学社会科学特色的国际一流海量数据库与综合集成实验平台。具体的建设内容如下:

1. 三大核心数据库建设

(1)国家哲学社会科学学术期刊数据库

从全国人文和社科期刊中,筛选出 600 种左右精品期刊,借助中国社会科学学术评价中心的评价体系支持,打造中国哲学社会科学核心期刊全文数据库。

(2)科研成果数据库

科研成果数据库以社科院先期资助的各类研究成果为基本内容,以后期购买的优秀学术资源为相应补充,在即时收录和历史回溯两个方向同时发力,争取在三年内形成汇总和展示社科院科研实力的学术成果库。

(3)中国社会科学院古籍善本数据库

计划 2013 年年底完成对我院收藏的 70 000 余种古籍的普查登记,并着手古籍善本的修复和保护。在确保古籍安全的条件下,用三年时间对其中约 7500 种古籍善本进行数字化扫描和存储入库,实现古籍善本的图像版、文字版的在线浏览、全文检索及个性化信息服务,编纂以《中华古籍总目·中国社会科学院卷》为代表的系列古籍目录。

2. 综合集成实验平台建设

综合集成实验室是以现代信息技术为支撑,模拟国家宏观管理和微观运行,直面重大经济社会问题研究的跨学科、多元化、多层次的实验平台。通过与有关研究院所密切合作,将在构建该平台赖以支撑的庞大数据系统的基础

上，运用定量化的、基于逻辑运算和仿真技术的新型研究方式，建立模型并科学把握关键性社会参变量，尝试开展探索性模拟量化实验，逐步实现对经济社会发展部分领域乃至全部进程的分析和预测，为党和国家科学决策提供有价值的参考咨询服务。

3. 馆藏文献的整理和数字化

社科院图书馆系统藏有大量珍贵古籍和其他文献，因此对这些内容进行普查、整理，并对有价值的内容进行数字化，是下一阶段的重要工作。

（1）中国社会科学院近代中文报刊（1894—1949）普查登记与整理保护

对中国社会科学院图书馆系统馆藏的近代中文报刊进行普查登记，完成《中国社会科学院中文报刊（1894—1949）普查登记档案手册》《中国社会科学院近代中文报刊联合目录（1894—1949）》《中国社会科学院馆藏近代珍稀报刊目录》，制定《中国社会科学院馆藏近代珍稀报刊数字化方案》及《中国社会科学院馆藏近代报刊修复与保护方案》。

（2）中国社会科学院近代中文平装书普查登记与整理保护

对中国社会科学院图书馆系统馆藏的近代中文平装书进行普查登记，完成《中国社会科学院图书馆系统馆藏民国图书总目》《中国社会科学院馆藏珍稀民国图书目录》，制定《中国社会科学院馆藏珍稀民国图书数字化方案》《中国社会科学院馆藏民国图书修复与保护方案》。

（3）其他文献整理工作

完成近代外文图书的普查登记，编纂《中国社会科学院近代外文图书（1549—1949）联合书目》以及《中国社会科学院近代外文图书（1549—1949）普查登记手册》。完成1986年以来院内外各项重大活动的摄影、摄像资料的整理和数字化工作。

（执笔人：蒋颖　孔青青　包凌　赵以安）

第四节　军队系统数字图书馆发展报告

20世纪90年代，军队系统数字图书馆开始探索起步。图书馆数字资源引进的依据主要是调研。图书馆注重应用资源整合系统的建设，注重专业信息资源共建共享和文献传递服务的建设，注重各类专业数据库的研发。军队系统数字图书馆信息资源建设成效明显,信息服务保障效能稳步提升。未来,军队系统数字图书馆将完善军事特色资源体系,推进资源共建共享,进一步加强对科学数据的监管与挖掘,推进移动图书馆服务。

一、军队系统数字图书馆的建设背景

军队系统数字图书馆的探索始于 20 世纪 90 年代初,经历了研究探索、信息资源数字化、服务网络化等阶段,发展模式逐步由资源主导型过渡到服务主导型。随着新兴技术的不断应用,军队系统专业图书馆的数字图书馆建设进入了一个快速发展的阶段。

1990 年,解放军医学图书馆利用小型机研发图书馆自动化管理系统并运行;1994 年,该馆建立图书馆局域网,率先在军内开展局域网环境下图书馆自动化管理系统的研究,自主研发成功并实际应用;1997 年,利用互联网接入商提供的通讯信道接入互联网;1998 年建设 Web 网站,成为国内较早的医学专业网站之一。

1993 年,解放军医学图书馆自主研发《中国生物医学期刊文摘数据库》(CMCC),将图书馆馆藏纸本资源数字化建库,标志着图书馆信息资源数字化的开始。之后,军内各图书馆逐步开始了将特色馆藏资源数字化加工建库的工作,并逐步加大了电子资源的采购力度。1999 年,解放军医学图书馆牵头实施总后卫生部下达的"全军医学图书信息资源网络共享工程"建设任务,构建了丰富的数字资源服务平台,开始为全军卫生单位和卫生科技人员提供信息服务。

2006 年,军事综合信息网正式开通运行,依托军事综合信息网基础设施平台,军队系统的专业图书馆将服务阵地由互联网扩展到军事综合信息网,标志着军内各专业图书馆信息服务范畴又得到新的拓展。是年,军内各专业图书馆不断探索信息资源服务新途径,引进应用资源远程访问系统,使本单位合法用户随时随地地访问图书馆数字资源。

2011 年,解放军医学图书馆引进了 Metalib/SFX 资源整合系统,成为军内首家引进资源整合产品的图书馆,使数字图书馆资源得到了更好地揭示与利用。从 2011 年开始,为进一步贯彻落实中央关于加强文化服务体系建设的精神,国家图书馆分别与总后勤部、沈阳军区、第二炮兵合作,共建军营网上数字图书馆,依托军事综合信息网平台,面向全军官兵提供包括图书、视频、报刊、珍贵图片等在内的各类文献信息,为丰富官兵的文化生活开辟了新的空间。

二、数字资源建设的内容

1. 调研引进数字资源

军队系统专业图书馆注重数字环境下馆藏发展策略调研,调查分析专业领域各类文献数据库,根据用户信息需求,开展馆藏信息资源保障能力评估,为数字资源订购工作提供参考数据。在此基础上,引进权威数字资源。以军队医学专业图书馆为例,引进了清华同方、万方医药、维普医药国内三大权威中文期刊数据库,Elsevier、Springer、Wiley 国外三大科技出版社电子期刊全文数据库,NEJM、BMJ、JAMA、Lancet 四大著名医学周刊全文库,Nature、Science、Cell 高影响力期刊全文库,ACS、Taylor、Thieme、Reaxys 等化学学科文献数据库和 Web of Science、MEDLINE、EI、BP、EM 等主要常用医学检索工具。

2. 引进应用资源整合系统

随着图书情报领域信息技术与信息系统的不断发展,军队专业图书馆对馆藏信息资源的整合利用提出更高要求,部分图书馆引进了应用资源整合系统,实现了各类馆藏数字资源的联邦整合检索。

3. 不断加强专业信息资源共建共享

组织专业信息资源的集团采购。以军队医学专业图书馆为例,从 2006 年开始,先后组织完成了《维普医药信息资源系统》《BMJ 英国医学会期刊》《LWW 外文电子图书》的联合采购,同时,梳理汇总全军主要医学图书情报机构高影响因子外文期刊总目录,分析各馆馆藏期刊重复订购情况,协商合作订购 IF≥5 的生物医学期刊,减少期刊重复订购。

4. 积极开展文献传递服务

以医学专业图书馆为例,构建了以解放军医学图书馆为核心的军事医学数字图书馆文献保障体系,面向全军卫生单位特别是军队医院图书馆免费开展文献传递服务。部分军内专业图书馆引进开通 CALIS"e 读"与外文期刊网(CCC)服务,向 CALIS 上传馆藏纸质刊目数据,实现与 OPAC 系统的衔接。不断加强与国家科技图书中心(NSTL)、北京地区高校图书馆文献保障系统(BALIS)、中国科学院国家科学图书馆等单位的协作,积极开展文献传递服务。

5. 持续推进门户网站建设与服务

军队系统专业图书馆对基于互联网环境的门户网站建设日益重视,网站服务功能更加系统化和人性化。部分大型图书馆实现了网站内容的有序组织以及网站功能与资源整合系统的无缝集成。随着军事信息综合网(以下简称:军综网)的建成应用,为了满足广大官兵在军综网上的专业信息需求,部分专业图书馆开展了军综网环境的门户网站建设工作,完成了网站硬件平台、通信信道及信息系统建设及数字资源的发布应用。

6. 自主研发各类专业数据库

军队系统大型专业图书馆致力于各类专业数据库的研发建设。以解放军医学图书馆为例,该馆率先在军内外开展数据库产品研发工作,1995 年自主研发《中文生物医学期刊数据库》(CMCC)并在全国推广应用,后相继研发推广《中文生物医学期刊引文查询系统》(CMCI)、《中国医学学术会议论文数据库》(CMAC)和《中国疾病知识总库》(CDD)等系列信息产品,新产品《中国生物医学期刊引文数据库——机构知识版》和《引文在线搜索整合平台》拟于近期正式推广使用。积极开展专题信息服务平台的研建,建设完成"全军卫生训练教材库""生物军控与履约综合信息化服务平台""军事认知与心理卫生网站""高原病数据库"等。机构知识库建设是数字图书馆建设的重要组成部分。解放军医学图书馆率先围绕所属机构的知识产出开展了军事医学科学院机构知识库软件系统的建设工作。

7. 启动开展学科化信息服务

军队专业图书馆积极跟踪行业发展动态,不断探索新型信息服务模式,近年纷纷组建学科化服务部,全面开展融入数字科研过程的学科化服务。学科馆员采取实地下室、电话或邮件联系、参加研究室例会、网络参考咨询等多种方式,开展了馆藏资源与服务宣传、学科信息推送、课题跟踪服务、信息利用培训等多种形式的数字信息服务。

8. 不断深化情报研究服务

军队系统专业图书馆近年普遍开展了基于数字资源及数据分析的情报研究服务。部分图书馆引进 TDA 情报分析工具,综合利用多种情报研究方法,完成大量情报研究报告,面向军内单位,提供覆盖课题全过程的情报分析服务。

三、数字图书馆的建设现状

1. 信息资源整体建设成效明显

一是协作推进资源共建共享。近年军内各专业图书馆数字资源建设的数量增长较快,质量不断提高,同时,各专业图书馆也十分注重专业资源的共建共享工作,多次组织专业信息资源集团采购活动,不断加强外文期刊的协调订购工作,互通有无,尽量减少外文期刊的重复订购,全军专业文献信息资源建设整体水平有了较大幅度的提高。为了全面掌握专业文献分布情况和文献信息需求情况,各专业领域的图书馆积极组织对本领域的专业期刊馆藏的摸底调查,基本掌握了各馆军事专业期刊的分布特征和馆藏情况,为下一步组织编制《全军军事专业期刊联合目录》、建设军事专业文献信息数据库打下了坚实的基础。

二是不断拓展文献传递服务。信息技术的发展推动了文献传递服务的不断拓展,各种文献传递系统给用户带来了更加便捷的使用体验。军队系统专业图书馆大都根据用户需求引进了特定的文献传递系统。例如,第二军医大学图书馆根据生物医学科技人员信息检索习惯引进基于 PubMed 的检索与馆际互借系统。解放军医学图书馆引进应用多种文献传递系统,为北京军区总医院、总参总医院等军内 25 家单位开展免费全文传递服务,满足率高达 90% 以上,较好地满足了军队卫生科技人员的文献需求。

2. 信息服务保障效能稳步提升

一是网络平台服务能力显著增强。各专业图书馆互联网网站服务功能日趋便捷和完善。随着图书馆自动化集成管理系统、资源整合系统、远程信息访问系统、移动图书馆系统等应用系统的建设完善,专业图书馆基础业务工作的信息化水平得到显著提升,实现了分布环境下馆藏资源的深入揭示、科学管理和有效利用,满足了全军科技人员对更广范围文献信息的高效查找、定位和获取需求,网站主页访问量逐年上升。以解放军医学图书馆为例,目前年访问量为 35 万余人次,网站资源点击量 300 余万次。同时,各专业图书馆也在紧锣密鼓地建设军综网门户网站,现已有不少图书馆在军综网上发布了大量的专业信息和自建数据库,极大地丰富了军综网的各类专业资源。

二是数据库研发工作成效斐然。《中国生物医学文献数据库》(简称 CM-CC)系列数据库产品的生产加工流程得到明显改进,数据质量监控不断加强,产品的可持续发展能力稳步提升,取得了良好的社会效益和经济效益。大型专业图书馆根据军内外需求不断研发新型数据库产品,部分新产品的市场推广取得了较好的反响。全军卫生训练教材库在总后卫生部信息中心的统一组织下,已于 2013 年初在全军远程医学卫星网上开通运行,面向部分全军卫生基层单位提供服务。完成基于 B/S 模式的专业信息组织管理平台,成功在军事医学科学院军事兽医研究所和武警医学院以及两项军事类课题中推广应用。军队系统的大型专业图书馆及时跟踪机构知识库技术进展,采用分面检索引擎探索构建所属机构的机构知识库平台，主要包括各种功能模块的研发以及机构知识产出的数据收集、加工和整理工作。机构知识库的建设得到了相关机构领导的重视和肯定。

三是学科化、知识化服务不断拓展。专业图书馆学科馆员通过建立用户个人科研学术档案和研究团队档案，动态嵌入数字科研环境，深入做好课题立项、在研和结题等不同科研阶段的学科化服务工作，重点保障军队重大专项课题的专业信息需求，得到用户的一致认可和肯定。情报研究工作稳步推进，以军队医学图书馆为例，近年完成"全军医院 2006—2011 年科技产出分析""军事医学科学院 2011 年度、2012 年度 SCI 论文统计分析研究报告""国外卫生信息化建设情况调研""国外疾病预防控制体系发展现状调研"等情报研究报告。解放军医学图书馆完成的科研产出统计分析报告作为军事医学科学院年度科技工作白皮书的重要组成部分下发全院。

四、军队系统专业数字图书馆未来展望

随着大数据时代的到来，科学数据的产生和积累呈指数级增长，图书馆逐渐成为数据的保管者和组织者。军队系统各专业图书馆积极适应信息环境变化，紧紧围绕用户的个性化、知识化信息需求，充分利用各种信息技术，加强对科学数据挖掘的研究，以期成为军队建设的智慧服务中心。数字图书馆的基本要素是数字化资源、网络式存取及分布式管理，要最大程度地实现数字图书馆的服务效能，全军层面甚至是国家层面的顶层设计和标准体系建设至关重要。国家图书馆在"十二五"规划中提出了在全国范围内实施"国家数字图书馆推广工程"，全国信息与文献标准化技术委员会推出了数字化信息采集标准等数字图书馆标准体系。各类数字图书馆系统将在更加统一的建设规划和标准规范的指导下，进一步相互结合，整体更加通用易用，逐步实现更大范畴的资源与服务保障能力。其未来发展方向主要体现在以下几个方面：

一是完善军事特色资源体系。由于军队专业图书馆服务对象的特殊性，除了对常规信息资源的需求外，更多的是对军事相关信息资源的需求，因此数字图书馆的建设必须突出军事特色。军事信息资源体系要更加完整、系统、权威，一方面要加强自有数字资源的建设，另一方面也要加大对国外军事相关信息资源的采集力度，完善军事信息资源服务体系。

二是馆藏资源向数字化主导的方向发展。为满足用户日益增长的数字信息资源需求，军内各专业图书馆不断加大了数字资源的采购力度，从短期来看,虽然纸本馆藏在图书馆资源建设中仍然占很大比重,但是从长期来看,数字化馆藏资源将成为图书馆资源建设的主导资源,是专业图书馆馆藏资源发展的必然趋势。

三是推进信息资源的共建共享。加强军队系统专业图书馆馆藏资源共建共享的合作力度,加强全军图书馆的沟通与协调,组织开展信息资源的集团采购,解决信息资源的重复建设问题;加大对开放获取期刊、会议文献等免费网络文献资源的采集与加工力度;积极开展军内自有知识资源数字化长期保存机制建设;加大数字信息资源建设力度,按照"共建共享、优势互补、平等自愿、共同发展"的原则,联合军队各专业图书馆,建立军队专业文献信息资源共建共享平台。实现信息资源管理与馆际互借、文献传递、参考咨询等信息服务的无缝集成,提高全军文献信息资源建设的整体水平。

四是信息服务向知识化发展。面对信息环境变革形成的压力和动力,军队专业图书馆的信息服务逐渐转向面向战略决策、面向学科领域的嵌入式知识服务,图书馆的服务将与用户需求紧密结合,与用户建立合作伙伴关系,提供即时、有效的深度信息服务。

五是加强自有知识资产管理。军队专业图书馆日益关注所属机构内部产生的原生资源(如学位论文、机构刊物、会议文献、研究报告、多媒体资源等),特别是军事特色自有知识资产的数字化建设和管理,通过研建机构知识库等来实现对各类有价值的知识产出的统一收集、集中管理、长期保存和检索利用。

六是加强科学数据监管与挖掘研究。科学正在走向大数据时代,数据密集型研究快速发展。对军队系统专业图书馆来说,仿真模拟、数值计算、生物计算等科研过程产生的海量数据,不仅要用来实现仿真模型和其他类型的研究验证和再利用等目的,而且要实现对数据的分析挖掘。数据图书馆员将专门从事科学数据的监管、挖掘、保存和归档。

七是推进移动图书馆服务建设。随着移动通信技术和移动计算技术的不断融合,短信服务、WAP 网站服务、客户端应用服务、二维码服务等移动图书馆服务日渐成为普及与流行的图书馆服务模式。军队系统专业图书馆要积极适应技术发展与用户需要变化,加大移动图书馆服务模式研究与实践,将图书馆服务扩展到移动服务领域。

(执笔人:陈锐　张利)

第五节　医院系统数字图书馆发展报告

医疗技术提升和科研能力发展促进了医院数字图书馆建设。医院系统数字资源建设的内容包括数字资源建设、电子阅览室与网站平台建设、定题信息服务、学科化服务、数据库研发等。医院系统数字资源已实现了共建共享，并产生明显效果，其服务能力提升明显，数字资源利用率、网站访问量、自建数据库等获得突破。医院数字图书馆未来需要加强医学资源特色化建设，需要持续推进资源共建共享协作体系，还需提升知识服务效能，研发移动图书馆服务。

一、医院系统数字图书馆的建设背景

随着计算机网络技术与医学数字资源的迅猛发展，医务人员需要不断提高学习创新能力，掌握最新的医学前沿技术并转化到医疗、科研工作中，促进医院医疗技术的提升及科研能力的发展，因此医院数字图书馆应运而生。各大型三级甲等医院都提出了建设研究型医院的理念，而研究型医院的发展依赖于科学技术的创新。利用数字图书馆可以方便及时地收集国内外生物医学方面最前沿的科技信息，医院系统数字图书馆的地位和作用日益彰显。

我国医院系统图书馆受办院方针、中心任务、经济实力、领导观念等因素的制约，多为小型图书馆，其中省级及省级以上医院或三级甲等医院图书馆的整体情况要好一些，在数字图书馆建设历程上，与专业图书馆、高校图书馆相比，起步较晚，发展不平衡。其发展主要经历了以下阶段：

1. 数字图书馆建设初期

20 世纪 90 年代，随着网络技术、数字技术的发展，为满足用户信息需求，医院图书馆加大自动化管理系统、网络基础设施及数字资源建设的力度。一方面加强互联网基础设施的建设，研发并引入图书馆自动化管理系统，逐渐告别了手工管理方式，进入图书馆业务和馆藏书目数字化管理的时代，极大地提高了业务工作和信息服务工作的效率。1990 年，解放军医学图书馆利用小型机研发图书馆自动化管理系统并运行；1994 年，该馆率先在军内开展局域网环境下图书馆自动化管理系统的研究，1996 年研发成功并实际应用；北京大学第三医院图书馆于 1999 年率先引进金盘自动化管理系统，为该院数字图书馆的建设拉开了序幕。在网络化建设上,通过电话拨号等方式连接国际互联网,向所属人员提供信息查询服务。1992 年 9 月,解放军医学图书馆开通与四所军医大学的小型地面卫星通信网络系统,入网单位可通过网络查询《解放军医学图书馆原版期刊目录》《全军外文期刊目录》和《解放军医学图书馆书刊目录》数据库;1993 年 10 月全军第一届医学图书馆学术研讨会上,在总后卫生部的指导下,参会的 24 个单位商讨同意成立《全军医学图书馆文献资源共享协作网》,通过了《资源共享条例》;1993 年 12 月,经总后卫生部批准,由解放军医学图书馆牵头,分别在该馆和四所军医大学间建立的全军医学图书馆卫星通信网通过专家技术鉴定;1997 年 9 月,利用互联网接入商提供的通讯信道接入互联网,1998 年建设 Web 网站,成为国内较早的医学专业网站之一。另一方面,在加强网络软硬件设施建设的同时,医院图书馆非常重视引进数字资源以及自身馆藏资源的数字化工作,1986 年 11 月,解放军医学图书馆的前身军事医学科学院图书馆在国内首先引入 Medline 磁盘数据库,开启了国内利用数字资源产品的先河;少数大型医院图书馆将本馆纸本馆藏扫描后进行数字化加工建库,通过互联网向所属机构人员提供检索服务。最具代表性的是,解放军医学图书馆于 1993 年底研发《中文生物医学期刊文摘数据库》(CMCC),并以软盘为介质提供单机使用,成为国内最早研发医学数据产品的图书馆;中国医学科学院医学信息研究所研发了《中国生物医学文献数据库》(CBMDisc)。这一时期医院数字图书馆建设的特点是开通网络连接服务,在局域网范围内向医护人员提供信息检索服务。

2. 数字图书馆建设中期

21 世纪初,医院图书馆普遍加大数字资源采集力度。同时,馆藏数字化建设被部分大型医学图书馆列入数字图书馆建设的重点工作,选择性地对本馆具有使用价值和保存价值的文献进行数字化,建设二次文献库,从而实现馆藏文献的检索与利用。中小型医院图书馆受馆藏资源和实力的影响,虽不能自主开发建设数据库和进行馆藏数字化加工,但大多根据自身的具体情况,以单馆订购或联合订购的方式引进一些文摘及全文数据库以及其他类型的数字资源。多数医院图书馆以订购中文数据库为主,外文数据库为辅,主要包括 CNKI、万方数据、中国知识仓库医学专题全文数据库、维普、书生、超星、CMCC、CBMdisc 等中文资源,以及 MEDLINE、SPRINGER、Williams & Wilkins、EM(荷兰医学文摘)、OVID 循证医学数据库、Primal Pictures 3D 人体解剖模型库等外文资源。

3. 数字图书馆建设的高峰期

"十一五"以来,数字图书馆建设得到了各医院领导层的重视,加大了数字图书馆建设的经费投入,数字图书馆建设迎来了高峰期。一是投入大量经费购买电子资源,丰富图书馆的数字馆藏;二是加强互联网网站建设,建立电子资源导航,将本馆纸本馆藏和购买的电子资源进行整合揭示,部分医院图书馆还引入了 VPN 技术,用户在工作区外仍然可以访问本馆订购的电子资源;三是加大与 NSTL、CALIS、BALIS 等系统的文献传递服务,弥补本馆馆藏资源的不足;四是部分大型医院图书馆引进资源整合与资源发现系统,为用户提供资源一站式获取服务;五是依托信息资源优势,大力开展学科服务和情报研究服务。从总体上来看,数字图书馆建设取得了极大的进步,但是也存在一些问题,各医院数字图书馆建设发展不平衡,相互之间还存在着很大的差距,在未来发展中还需做好数字图书馆建设的整体规划与实践。

二、数字资源建设与服务的内容

1. 数字资源建设的模式

一是组建局部系统的资源共建共享联合体。医院图书馆往往以隶属关系、行政地域或专业系统组建区域图书馆联盟或联合体,在数字资源评估、采购、用户培训等方面依托系统内各成员单位的协作实现数字资源的共建共享。局部系统内联合建设是医院图书馆数字资源建设的基本模式。北京地区有北京大学图书馆系统、首都医科大学图书馆系统、国家卫计委系统、北京市卫生局系统等;上海医院图书馆主要归属复旦大学医科馆系统、上海交通大学医学图书馆联盟、中医药大学系统、医学会(二级医院)系统、同济大学系统、疾控系统等;湖北地区有省卫生厅系统、武汉大学图书馆系统和华中科技大学图书馆系统;天津、河北等医院图书馆也通过成立协作体、开通网络链接等形式,共建共享资源。其他地区情况也基本类似,各地医院协会也发挥了资源协作的积极作用,医院图书馆因地域和经济实力的影响,整体发展不平衡。

二是参与大型文献保障系统的资源协作共享。部分医院图书馆依托所属机构积极参与跨系统共建,加入国家科技图书中心(NSTL)、高校图书馆文献保障系统(CALIS)、北京地区高校图书馆文献保障系统(BALIS)、全军医学文献综合资源协作网等全国性、地区性大型文献保障系统,实现全国范围的资源共享。

　　三是各馆独立建设电子资源。除了参与各类资源共建共享系统,医院图书馆依据各自的学科需求和经费能力,独立订购部分数字资源,主要以中文数据库为主。广东省医院系统基本采取独立建设的模式,主要保障本院的医学信息需求。

　　2. 建设电子阅览室与网站平台

　　三级甲等医院图书馆普遍开设电子阅览室,为本院医护人员提供数字资源的检索、查询和下载服务。各级医院图书馆对网站平台的建设日益重视,网站功能得到进一步的完善和提升,逐步开展了图书馆自动化集成管理系统、VPN远程访问系统及专业数据库平台等应用系统的建设和集成。

　　3. 开展特色定题信息服务

　　围绕学科或项目研究,针对固定的读者对象主动地定期提供有关最新信息或文献,是图书馆传统服务的延伸和升华。数字资源为开展定题服务提供了更为广泛的资源收集范围和准确快捷的获取方式。各医院图书馆根据服务群体的个性化信息需求,积极开展特色信息服务。如医大附院、省级医院图书馆面对医院医疗临床、学术科研需求,都不同程度地开展SCI收录期刊认证、中文核心期刊认证、影响因子认证等特色服务。

　　4. 推行学科化服务

　　学科化服务是近年专业图书馆、高校图书馆着力开展的一种创新性服务模式,医院图书馆尽管起步较晚,中小型医院馆甚至还没有开展,但学科化服务的理念和成功的实践经验,已影响并指引医院图书馆的信息服务向学科服务方向转型。部分大型医院图书馆积极开展学科化服务的实践探索,如为了配合医院建设,及时向医院管理层提供医药改革信息;为满足专科医院医护人员的信息需求,收集编译制作电子期刊等。

　　5. 其他数字资源服务

　　(1)实施情报调研服务

　　医院图书馆为满足国家卫生体系建设和医院建设的需要,围绕信息时代医护人员日益增长的深层次知识服务需求开展专题情报调研,为医改、医院发展以及医院图书馆信息资源建设和服务提升提供参考依据。

　　(2)开展全文传递服务

　　数字资源的全文传递是近年各医院图书馆间开展馆际互借的主要方式,利用文献传递系统免费或以较低的费用快速获取他馆资源,受到各医院图书馆特别是中小型医院图书馆的普遍欢迎。

（3）研发各类数据库

大型医院图书馆纷纷研建各类专业数据库，如广州市第八人民医院图书馆成立课题组，研发"艾滋病临床医生事实型数据库"。

三、数字图书馆建设现状

1. 数字资源共建共享效果明显

医院图书馆利用各种资源共建共享体系较好地满足了医护人员的文献信息需求。具体来说，北京大学医学部图书馆拥有100余个国内外医学文献数据库，为北大医学部所有附属医院图书馆提供连接，这些医院图书馆可以同时免费使用学校图书馆购买的电子资源；首都医科大学图书馆与部分本系统的医院图书馆实行电子资源共建共享，医院图书馆缴纳一定费用就可以使用学校图书馆所购买的大部分电子资源；陕西省部分高校附属医院参与校本部资源的联合共建，可获得校本部图书馆数字资源的使用权；上海交通大学图书馆系统医院图书馆在2008年成立交大医学图书馆联盟，在联盟内建立全文传递系统，进行全文推送，减轻了各馆独立购买数据库的经费压力；复旦大学图书馆系统于2009年成立复旦医科馆联合体，对复旦系统医院的所有中级职称以上员工办理Jaccout账号，所有复旦系统的医院图书馆或在医院内网的任意电脑都可利用复旦大学图书馆的数字化资源；天津医院图书馆委员会为了整合天津市各医院图书馆及相关专业图书馆网络共享资源，拟建立天津市医院图书馆协作网，互通信息并共享资源；山东省医院图书馆委员会于2011年制定山东省医院图书馆资源共享具体规划，通过与高校合作，使青岛地区的部分医院实现了电子文献数据库捆绑订阅与共享；湖北省属医院图书馆通过武大系统获取更广泛的数字资源，同时与武汉大学、华中科技大学附院图书馆进行了联合共建，资源共享效益明显。

2. 数字图书馆服务能力显著增强

（1）数字资源利用量明显上升

医院图书馆建立的电子阅览室，以及连接科室的计算机终端和各类专业中外文数字数据库，为医护人员获取最新专业信息和文献提供了便利。部分医院图书馆统计数据显示，图书馆网站访问量以及数字资源浏览下载量不断提高。以中国医科大学盛京医院图书馆为例，2012年网站访问量169 741人次，电子阅览室利用量54 965人次，中文期刊全文数据库下载456 798篇，外文期刊全文数据库下载73 600篇，中文电子图书下载浏览6624人次，外文文摘索引数据库检索 2045 人次。广东省人民医院图书馆在 2008 至 2012 年期间,网站访问量从 2008 年的 11 251 人次上升到 2012 年 105 555 人次,增长了近 9 倍,近两年来以年递增 1 万人次的速度快速发展。

（2）网站平台建设成效显著

上海交通大学医学院附属瑞金医院图书馆,自 2000 年起应用同济图联图书馆计算机集成管理系统（TALLS）,通过医院内网链接第二医科大学信息资源中心,共享数字化资源;首都医科大学宣武医院图书馆采用 VPN 方式对本院职工提供单位外的网络访问服务;上海交通大学医学图书馆联盟为系统内尚未建立图书馆集成管理系统的医院图书馆建立门户网站和统一建立汇文图书馆集成管理系统,为这些医院数字图书馆的建设奠定基础;重庆医科大学附属医院图书馆实现了自建文献资源数据库在单位局域网内的免费使用,部分市级和区县医院图书馆也开展了这一服务;广东省人民医院图书馆在网站上设置医改信息专栏、国内外医疗科研动态、医疗安全、医疗质量专栏、学术会议信息预告、省医要闻等栏目,内容每周更新;北京回龙观医院图书馆收集编译精神科类相关文献,制作成电子期刊发布在医院网站,每月定期更新,该项服务目前已在北京医院图书馆界推广应用。绝大多数医科大学附属医院图书馆建立了自己的网站,年平均浏览量为 4.70 万人次,少数区县医院图书馆建有网站,年平均浏览量为 0.71 万人次。

（3）原文传递服务发展迅速

医院图书馆纷纷加入各类文献保障系统,签订文献传递服务协议,实现全国范围内的资源共享;利用各种联盟和联合体,为系统内的医院图书馆开展原文传递。北京地区北京大学、首都医科大学等高校附属医院图书馆在北京高校文献保障系统（BALIS）成立之初就加入了该系统的全文传递服务。为满足非高校附属医院图书馆的全文传递需求,2011 年中国图书馆学会医院图书馆委员会北京分会 61 家成员馆集体加入 BALIS,共注册用户 45 人,开展全文传递服务,接受全文申请 49 篇,递交全文申请 1681 篇。首都医科大学附属北京友谊医院图书馆自 2010 年开展全文代查服务以来,共接受读者申请 1267 篇,通过首都医科大学图书馆馆藏资源、NSTL、BALIS 和其他医院图书馆等多种渠道,为读者查找全文 1231 篇,满足率为 97%。上海交通大学医学图书馆联盟在系统内开通全文传递系统（DDS）,增强了文献传递和推送功能,进一步发挥多馆协作的作用,2012 年瑞金医院图书馆所有正高级职称者可通过上海交通大学医学图书馆联盟免费获取原文。

（4）定题服务向精品服务升华

三级甲等医院图书馆瞄准医院科研临床需求，对科研需求中可预期的项目提供主动服务和定题服务，现已发展为精品服务，受到医务人员的普遍欢迎。例如，广东省人民医院图书馆2007至2012年中，共开展定题服务2028人次，年平均338人次，提供论文119 418篇，年平均19 903篇，满意度平均达94%，在业界获得了良好的口碑。

（5）学科化服务呈现良好态势

学科化服务已逐步成为医院图书馆数字资源服务的主要方式。部分三级甲等医院图书馆，紧密结合医院需求，积极主动嵌入医院医教研过程，深入科研临床一线，全程跟踪课题进展，为医护、科研人员及时推送阶段性情报和学科信息。上海交通大学医学院附属瑞金医院的学科化服务受到医护人员的普遍欢迎，第四军医大学西京医院图书馆为国家863计划子课题输血"BCL-2"提供及时高效的学科文献保障服务。

（6）特色信息服务不断贴近需求

中国医科大学附属盛京医院图书馆从2007年率先在国内图书馆界推出了SCI投稿选刊服务，对医学各学科适合中国科研人员投稿的期刊进行了分析，针对不同学科开展SCI投稿及期刊选择的讲座，并在图书馆网站上实时推出供医护人员检索查询。该项服务使医院发表SCI论文数量有了成倍增长，从2006年的十几篇增长到2012年的230余篇。上海交通大学医学院附属瑞金医院图书馆在门户网站及时增加"常用参考数据""常用数据库检索""最新医学信息""SCI核心期刊认证""中文核心期刊认证""IF系数查询"等内容，及时发布各年SCI收录期刊目录、中文核心期刊目录等，以便全院读者利用。

（7）情报调研工作不断推进

受多种因素制约，医院图书馆的情报调研服务能力还不能完全满足医院建设的需求，但目前的情报调研工作对医院图书馆和行业发展也起到了积极作用。北京地区中日友好医院、天坛医院、航天总医院、北京大学肿瘤医院分别开展了调查和调研活动，分析掌握了医护人员对医学书刊的需求年限及信息利用行为等，为医院图书馆开展资源建设和服务提供决策依据。2008年中国图书馆学会医院图书馆委员会组织对67家医院图书馆进行全面的调研活动，分析掌握了部分医院图书馆资源建设、人员结构、服务开展等状况，并完成"67家医院图书馆建设现状调查分析"的调研报告。

（8）数据库研发取得突破

针对国内艾滋病临床诊疗的文献资源相对较少,能够应用的临床事实数据资源更为稀缺的状况,广州市第八人民医院图书馆应用 Dspace 研发"艾滋病临床医生事实型数据库",该库能够比较完善地收集、管理、保存艾滋病病例诊疗过程的全部原始数据并提供再次利用,对医院的科研结果进行规范化管理。医院图书馆各类数据库的建立为本领域专家提供了一个传播原生知识的渠道,为广大的临床医务工作者提供了一个交流获取第一手临床数据资料的平台。

四、医疗系统数字图书馆未来展望

国家图书馆在"十二五"规划中提出了在全国范围内实施"国家数字图书馆推广工程",全国信息与文献标准化技术委员会推出了数字化信息采集标准等数字图书馆标准体系。各类数字图书馆系统将在更加统一的建设规划和标准规范的指导下,进一步相互结合,整体更加通用易用,逐步实现更大范畴的资源与服务保障能力。经过长期的摸索和建设,医院系统数字图书馆建设在理念、规模、能力和效果上取得了很大的进展,积累了许多可借鉴的经验,但整体建设状况不尽如人意。受主客观因素的制约,在决策规划、资金投入、技术人才等方面,中小医院的数字图书馆建设举步维艰。未来医院系统的数字图书馆必须紧密围绕用户的需求,紧密跟踪用户的需求变化,以用户为中心,加强协作合作,充分利用各种信息技术,逐步发展成为能够满足用户特定需求、提供个性化、知识化服务的数据服务中心。其未来发展方向主要体现在以下几个方面:

1. 不断加强医学资源特色化建设

随着数字资源的膨胀,各类信息数据不断增长,各医院独有的特色资源将在信息共享中发挥更大作用。医院图书馆馆藏资源建设由追求"大而全"转而向"专而全"发展,图书馆馆藏建设主体也将由"图书馆建设"向"图书馆与用户共建"发展。医院图书馆要将各馆特色馆藏数字化,主动收集本机构重点专科自身积累的文献信息、会议资料、病例、实验数据、教学和手术视频等资源,一并纳入到特色馆藏建设中来,并建立特色数据库、机构知识库等统一的检索利用平台,方便读者检索利用。

2. 持续推进资源共建共享协作体系建设

资源数字化为区域内及区域间各医院图书馆之间,以及医院图书馆与医学院校图书馆之间开展数字资源共建共享提供了可能。医院图书馆要积极争取国家有关主管部门的政策支持和相关机构的配合,进一步加强以区域、行业和系统为基础的馆际分工协作和联盟建设,采取联合评估和采购的模式,逐步完善资源互补、特色互补的各类资源共建共享协作体系,降低各成员馆的运营成本,进一步提高用户信息需求满足率。

3. 稳步提升知识服务效能

随着网络环境、技术环境、用户需求环境的变化,医院图书馆的信息服务重心也由过去的共性服务、等待服务、文献服务逐渐转变为个性化服务、推送服务以及知识服务。知识服务是未来数字化医院图书馆的发展方向,要求馆员要深入临床、教学、科研、管理一线,了解用户个性化需求。在大数据时代,图书馆员可以利用各种数据分析工具,对数字馆藏进行挖掘和提炼,在海量文献中去挖掘新知识,发现新热点,为医院临床、科研、教学提供深层次知识服务并为重大事件的决策提供情报支撑服务。

4. 逐步开展移动图书馆服务

数字图书馆的服务模式正在从固定场所服务转变为移动服务,医院图书馆在这个大形势下,必将根据自身用户群体的特定需求积极开展移动图书馆建设,方便用户在移动终端设备上更便捷地检索利用图书馆的资源和服务。

(执笔人:马红月　郝继英)

第六节　中央党校数字图书馆及全国党校系统数字图书馆发展报告

2000年11月,全国党校系统数字图书馆建设的序幕拉开了。在中央党校数字图书馆的资源建设中,除了购买数据库外,还开发了具有自身特色的数据库群,比如,《中国共产党历史文库》《马克思主义理论文库》《中央党校文库》等。党校数字图书馆年度数字资源点击量为41万次,全国党校系统年度数字资源点击量为83万次。在全国党校系统数字图书馆建设中,需要发挥党校系统的整体优势,形成党校特色数据库群;在数字图书馆对外合作上,除了党校间的合作外,还要加强同全国数字图书馆之间的合作。

一、中央党校数字图书馆及全国党校系统数字图书馆的建设背景

全国党校系统从中央到省、地（市）、县，再到乡镇，分布合理，规模适中。目前全国县级以上党校有 3350 多所，基本形成了覆盖全国各地的党校教育体系。中央党校校委一直把党校系统的信息化建设特别是数字图书馆建设放到十分重要的位置。1999 年中央党校图书馆参与了我国"中国数字图书馆示范工程"，主要示范单位包括国家图书馆、中央党校图书馆等，技术参与单位包括中国科学院计算技术研究所、北方交通大学等。2000 年 4 月 14 日，中央党校同国家"863 计划"中国数字图书馆发展战略组签署合作协议，中共中央党校图书馆被列为中国数字图书馆示范工程示范单位。

2000 年 11 月，全国党校系统数字图书馆建设工作会议在海南召开，拉开了全国党校系统数字图书馆建设的序幕。会议总结全国党校系统图书馆建设的经验，研究全国党校系统图书馆的发展，即图书馆的信息化、数字化、现代化建设问题，商讨党校系统数字图书馆建设的规划和措施，以适应新形势下党校教育事业发展的需要。会议提出：要争取各方投入来建设全国党校系统数字图书馆；各地方党校要根据本单位的实际财力，多方筹措专项资金来发展图书馆现代化；由中央党校牵头，向国家计委申请工程立项，使整个工程建设有可靠的资金保证。

2000 年 12 月，中央党校就实施全国党校系统数字图书馆工程向时任中共中央政治局常委、中央党校校长的胡锦涛报告，胡锦涛同志认真审阅了报告，在对报告进行认真研究后批示："要抓紧建设，快见成效，同时要防止重复建设。"2001 年 3 月 1 日，中央党校数字图书馆网站建成正式开通。胡锦涛同志出席开通仪式，接见工程技术人员，对数字图书馆工程做了进一步的指示。根据胡锦涛同志的批示精神，中央党校和各地方党校根据海南会议的部署，逐步开展数字图书馆建设的试验准备工作。为了总结经验，加快步伐，中央党校又于 2001 年 5 月在武汉召开了以数字图书馆建设为中心的全国党校系统信息化建设会议。各地党校的数字图书馆建设也逐步开展起来。

2002 年 7 月，中央党校向国家发展计划委员会报送了《全国党校系统数字图书馆工程项目建议书》。国家发展计划委员会对《项目建议书》进行评估并将项目名称改为"中共中央党校数字图书馆工程"后上报国务院。2003 年 2 月，国务院办公会议审议批准了该项建设工程。2003 年 3 月 15 日收到国家发展计划委员会（现更名为国家发展和改革委员会）计社会〔2003〕402 号文

件,中央党校数字图书馆工程项目建议书已经国务院同意。2003年11月中央党校编制完成《中共中央党校数字图书馆工程可行性研究报告》并报送国家发展与改革委员会。2004年9月接到可研报告已被通过,并进行初步设计的通知。2009年4月,接到中直机关事务局《关于中央党校数字图书馆建设项目初步设计方案和投资预算的批复》(中管基发〔2009〕31号),初步设计方案已被通过,批复投资2.1918亿元。

中央党校作为中共中央的一个重要工作部门,肩负着轮训和培训党的高中级领导干部和马克思主义理论骨干的重要职责。建设中央党校系统数字图书馆,是党校顺应时代发展的趋势,力争站在时代前列的需要;是发展党校教育事业、培训大批高素质的领导现代化建设的党政领导干部的需要;是为党坚持科学执政、民主执政和依法执政提供信息支撑和智力支持的需要;是发展互联网上马克思主义舆论阵地的需要。

中央党校数字图书馆工程建设一开始就把做好信息服务作为根本的出发点和归宿。2001年3月,中央党校图书馆在向胡锦涛同志汇报工作时提出,建设中央党校数字图书馆是要为党校的教学科研服务,为党的干部和党员教育服务,为领导决策服务,为建设互联网上马克思主义舆论阵地服务。中央党校数字图书馆工程不仅要服务于中央党校,更要面向党校系统、面向全党。因此,服务对象包括:党校系统教职员工、党校系统学员、各级党政领导干部和党政机关工作人员、中共党员以及普通公众。

中央党校数字图书馆项目是全国党校系统数字图书馆的示范工程,要发挥龙头、源头、领头作用。龙头是指网络、资源均应是全国党校系统数字图书馆的龙头;源头是指在标准、技术、规范等方面成为全国党校系统数字图书馆的源头;领头是指在服务模式、运行模式等方面在全国党校系统数字图书馆建设中起到带领的作用。

中央党校数字图书馆工程建设不是封闭的而是开放的,作为全国数字图书馆总体框架的核心节点之一,项目的建设目标是:建设具有党校教学与科研特色的资源库群;建立满足党校教学和科研需要的资源服务体系;建立立足于党校、面向社会的马克思主义教育和传播基地;充分利用国家已有的信息网络的物理平台,做到与其他核心节点之间互联互通;总体技术水平与国际接轨。作为党校系统图书馆中心,中央党校数字图书馆建设以"分布、联合、先进、安全、可靠、开放"为原则。

在资源建设上,要充分体现分布、联合的原则。即在资源建设上采取分布式结构,不拘泥于中央党校图书馆已有资源,建立一个与国内外相互连通的资源库;要与国内所有有能力开办数字图书馆的单位合作,参与标准制定、技术开发、运行规则等方面的工作。

在系统建设上,要充分体现先进、安全、可靠的原则。项目的建设应该充分采用当前新的成熟技术,高标准地建成独具特色的中央党校数字图书馆。由于项目的特殊性,特别是服务对象的特定性,使得数图的系统安全性和可靠性更加重要,在设备选型上一定要注意,以确保系统的正常运行。

在应用建设上,要充分体现开放性。这既包括对党校系统的开放,还包括对社会的开放。首先在系统基础设施建设上充分考虑硬件、软件、开发平台的开放性、兼容性,在系统开发和资源库建设的各个环节上,高度重视应用软件要支持数据的整合性及软件的可集成性,以便使最终用户能极为方便的存取知识;其次,要对外开放,可以由社会或专业公司去做的部分工作,如文献数字化粗加工等,要充分使用成熟的、先进的、产品化的成果,高起点快速度进行建设;同时发挥自身所具有的能力,如文献传递、资源托管等。

中央党校数字图书馆的建设除了实现一般的数字图书馆功能外,还具备以下特殊功能。中央党校数字图书馆通过建设教学信息资源库,围绕学校的教学、科研,开展多层次、全方位的信息服务,进而为实现"积极建设一个学习型的政党和学习型的社会"服务。决策服务功能:为各级党政机关和领导干部决策提供有关政治、经济、科技、文化、教育等方面的信息。宣传引导功能:提供丰富的、海量的宣传有中国特色社会主义理论体系的数字化内容,用更多的思想文化精品去占领网上阵地,通过优秀的精神产品进一步弘扬爱国主义精神,凝聚人心。

中央党校将建构数字图书馆设施设备的专门空间,其中主要包括建筑智能化系统、通讯自动化系统、办公自动化系统、综合布线系统和计算机网络系统。其中计算机网络系统主要包括:数字资源建设系统、核心服务器和存储系统、支撑平台及应用服务体系、数字图书馆管理系统和安全管理系统。中央党校成立了以教育长为组长的数字图书馆工程建设领导小组,对该项工程实施全面领导,根据国家有关建设项目管理的规定进行管理。根据工程建设内容的不同,有的采取邀标方式,有的采取公开招标。全国党校系统在中央党校图书馆的示范和指导下,建设数字图书馆。目前已经建成近千家数字图书馆,部分副省级以上党校数字图书馆已经初具规模,形成了全国党校系统数字图书馆服务体系。

二、数字资源建设的内容

根据党校教学科研的需要中央党校图书馆购买的数字资源包括：中国学术文献数据库（CNKI）、读秀知识库系统、超星学术视频、全国报刊索引和民国期刊全文库、人大复印报刊资料全文回溯数据库、中国宏观经济数据库、慧科大中华资讯库、超星名师讲坛、读秀知识库、新华智库、中国资讯数据库、经合组织网络图书馆、皮书数据库、超星电子图书、慧科数据库、国务院发展研究中心数据库、人大复印报刊资料系列数据库、人民数据、EBSCO 英文数据库等数据库。

中央党校数字图书馆立足本校广大教师和学员及学生的教学及科研需求，利用自身力量和资源建设了 20 多个全文检索数据库。这些数据库涵盖了中央党校的学科范围和学校的自有资源。另外还紧跟党中央的步伐，实时地建设一些热点问题数据库。建设的特色数据库群主要包括："中国共产党历史文库""马克思主义理论文库""中国国情与地方志文库""中央党校文库"等。

中央党校图书馆积极开展对外合作，先后与国家图书馆、文化部全国文化信息资源建设管理中心、上海图书馆、CALIS 等图书馆签订战略合作协议。加强数字资源的横向联合，促进和推动中央党校数字图书馆的建设。

中央党校图书馆在通过外购、交换等多种方式丰富数字资源的同时，还根据党校服务对象和服务内容的特殊性投入力量建设党校特色数据库。中央党校图书馆根据自身的特色和全国党校系统的优势，在 2006 年 6 月启动了全国党校系统数字图书馆资源共建共享工程，确定了第一批 15 个副省以上党校图书馆参加共建共享工程，包括北京、河北、山西、上海、江苏、浙江、福建、山东、湖南、广东、重庆、四川、陕西、青岛；落实了马克思列宁主义、毛泽东思想、邓小平理论、"三个代表"重要思想、科学发展观、中共党史、中共党建、当代国际政治、党员干部修养、领导学研究、行政学研究、政法干部教育、企业干部教育等 15 个共建共享数据库，目前这些数据库基本建设完成。

2010 年中央党校图书馆根据校委的要求，对党校系统特色数据建设做出的重大工作部署，重点建设"中国共产党历史文库""马克思主义理论文库""中国国情与地方志文库"三大文库。将全国党校系统特色数据库建设纳入全国中高级领导干部教育培训服务中。突出党校特色，突出思想性、开放性、权威性；体现以读者为本、服务至上的宗旨；发挥中央党校图书馆统筹规划、指导协调的作用。将"三大文库"建设纳入全国党校数字图书馆资源建设的共同事业,中央党校图书馆需要从整体上设计好"三大文库"的框架结构,各地党校可按照自愿互利的原则,从自身实际出发,运用当地优势资源,建设整个框架结构中某一个相关方面的内容。各级党校充分发挥和利用好这些资源优势,共同把"三大文库"建成建好。目前"三大文库"建设进入中期评估阶段,已经初见成效,有的已经投入使用。

为了更好地为广大党员干部和互联网提供中央党校图书馆的数字资源,推动马克思主义学习型、服务型、创新型政党建设和学习型社会建设。中央党校于 2010 年成立中国干部学习网。学习网依托中央党校图书馆、数字图书馆和全国党校系统数字图书馆独有的教研资源,以高举党的思想理论旗帜,满足全国党政干部提高思想政治水平、科学思维能力、开阔视野、了解民生、民情、民意和打造思想理论智库为己任,以引领学习风尚、弘扬中国精神、凝聚中国力量、追逐中国梦想为使命,运用现代语义智能技术和网络新媒体技术,打造三网融合的立体化干部学习专业平台。建设面向中国领导干部读书学习、提升能力、理论学习与思想理论研究的创新型新媒体云平台。学习网以文本挖掘和大数据语义分析技术为核心,向全面的大型综合知识组织系统发展,努力打造中国干部学习高端学习平台,为组织学习和个人学习提供优质服务。学习网的资源中心已经制作完成专家讲课的视频课件 4162 部,总时长 8103 小时、电子书 51 037 册、文章 127 036 万篇。学习网现有思想理论、学习中国、资政、党史党建、理论百科、综合专题、干部论坛、科学技术、企业天地、海外风采十大内容板块、27 个一级频道、190 个二级频道,内容广泛、精简化、系统化,形成了体系完整的干部学习平台。

学习网以多维多层的立体系统智能化内容展示、内容技术有机融合的一体化学习服务、分级管理的个性服务、科学化学习管理为主要特色。内容上高端、权威、系统、精简、及时,技术上向语义智能化的大型知识组织系统发展。学习网用不同的内容形式表现同一知识点(或知识体系),使学习内容从简单到精深,有逻辑、有层次地展示出来,如利用知识地图(知识要点和逻辑关系)、视频讲座、电子图书、相关文章和领域本体富媒体知识库五种知识展示形式,表现同一知识点或同一知识体系,使学习内容的表现具有科学的层次性和直观性;将相同、近似或相关的学习内容按照相关度高低系统、有序地排列出来,形成一个小的网状知识体系,节约查找相关知识的时间,实现自助式系统学习;以"减法"为理念重新加工整理内容,提供最精准权威的系统化内容,在海量数据的基础上,精选并重新组织整理的系统内容,同一知识内容可以多维度展示,还可以将内容按照不同的分类体系重新组织;在内容上紧跟干部学习实际,适应干部学习需要,理论热点、时政热点、社会热点、法律制度、网络舆情和分类专业知识一应俱全。

中央党校数字图书馆、全国党校系统数字图书馆和中国干部学习网已经初步建设成一个既有党校特色,又能够突出思想性、理论性、权威性并具有开放性的,适应党校系统需要和党员干部的教育学习平台。

三、数字图书馆建设与使用的现状

中央党校数字图书馆主要为中央党校内网用户包括在校教研人员、学员、研究生等提供服务。通过数字资源共建共享以及向全国党校系统推广数字资源等形式覆盖服务全国党校系统图书馆,部分党校可以通过 VPN 访问中央党校数字图书馆。中央党校图书馆服务范围超过 1 万人、日均访问量 1200人次,年数字资源点击量 41 万次,年数字资源访问量 87 万次,年数字资源下载量 43.8 万次。

全国党校系统数字图书馆主要通过内网为校内用户,以及通过 VPN 为各省、地市、县的教研人员和学员提供服务。据统计,全国党校系统图书馆服务范围涵盖 4.8 万人、日均访问量 4200 人次,年数字资源点击量 83 万次,年数字资源访问量 156 万次,年数字资源下载量 79 万次。

中央党校图书馆通过中国干部学习网面向互联网用户提供服务。中国干部学习网有学习网、多级干部学习平台和多级干部移动学习平台三个平台,其中学习网是针对社会网民的,学习平台是针对特定用户的。多级干部学习平台目前拥有固定用户 2796 人,移动学习平台 3126 人。这三个学习平台合计起来,日均访问量 8137 人次,最高访问量 25 752 人次,最低访问量 937人次,年数字资源下载量 214 万次。

四、中央党校数字图书馆及全国党校系统数字图书馆的未来展望

中央党校图书馆将在数字图书馆工程建设的基础上,引领全国党校系统图书馆的数字图书馆建设。

1. 数字资源建设展望

在数字资源建设方面,基于全国党校系统共建共享工程和"三大文库"建设的经验,利用中央党校数字图书馆工程带动全国党校系统数字资源建设,

充分发挥全国党校系统整体优势,发挥规模化集约化效应,分工合作。通过中央党校牵头协调,防止重复建设,同时拓展图片、音视频等特色资源建设,形成党校特色的数据库群。中央党校数字图书馆未来要为全国党校系统数字图书馆提供有效的、标准化的、可扩展的、馆与馆之间可互联互通的数字图书馆云平台服务。采用云计算技术作为自身的解决方案的基础,搭建以中央党校数字图书馆为中心的由云平台服务体系、共享域级云平台服务体系组成的多级云服务体系。共享域指的是图书馆共享成员联盟,其成员馆可以彼此实现资源共享。共享域既可以是区域性图书馆联盟,如省级党校、地市级或跨地区党校之间的联盟,也可以是面向学科、专题或重点研究课题的联盟。在技术体系中,中央党校数字图书馆建立了中央党校图书馆云平台、共享域云平台组成的彼此互联的多级云服务体系;建立了统一认证体系、资源交换与处理体系、资源与服务整合体系、资源发现与获取体系以及咨询与培训体系,为全国党校系统提供了较为完整的数字图书馆解决方案。

2. 对外合作展望

在对外合作上,要继续加强同全国数字图书馆建设与服务联席会议各成员单位之间的共建共享合作,把全国党校系统数字图书馆建设的成果共享给合作馆,充分发挥党校特色资源的社会效益。同时要争取整合和共享合作馆的数字资源,提高全国党校系统的数字资源服务能力。

随着信息爆炸式增长和复杂度的非线性上升,以及党校系统对于数字图书馆服务需求的细化和深入,全国党校系统图书馆必然会面临新的问题和挑战,数字图书馆的技术体系也将不断改进和完善。在云计算、知识处理和服务、大数据、关联数据、移动图书馆等方面将继续深入研究和拓展服务,以更好应对未来的变化和发展。以文本挖掘和大数据语义分析进行知识组织为党校系统和互联网用户提供个性化的知识服务。建设满足党校系统的大型知识数据库群,建成满足为党校系统教学科研服务、党的干部教育服务、为社会大众服务的信息资源服务体系。

（执笔人:王力力）

参考文献:

[1] 曾建勋,邓胜利. 国家科技图书文献中心资源建设与服务发展分析[J]. 中国图书馆学报,2011(2):30–35.

［2］中心介绍——中国科学院文献情报中心［EB/OL］．［2013-01-16］．http：//www. las. cas. cn/gkjj/.

［3］黄金霞,张建勇,黄永文,等．开放资源建设的措施及工作策略［J］．图书情报工作, 2013(8)：57-61.

［4］朱江,尚玮姣,姜恩波,等．会议文献开放资源采集与服务系统的建设［J］．情报理论 与实践,2010,33(7)：117-119.

［5］综合科技资源集成登记系统［EB/OL］．［2014-02-28］．http：//irsr. llas. ac. cn/.

［6］China Open Access Week，Conference Program：The establishment of arXiv. org China Serv- ice Group［EB/OL］．［2014-02-20］．http：//chinaoaweek. las. ac. cn/dct/page/70003.

［7］［8］［9］宋文,张士男．专业领域知识环境建设的理念与实践［J］．图书馆理论与实 践,2012(1)：30-33.

［10］宋文,黄金霞,刘毅,等．面向知识发现的 SKE 关键技术及服务［J］．现代图书情报 技术,2012(7/8)：13-18.

［11］刘毅,王峰,周子健．基于 CASIIP2. 0 构建研究所群组知识环境［J］．科技信息化技 术与应用,2013(2)：43-49.

|专题报告|

第六章 图书馆数字资源建设

近年来,随着信息技术的快速发展和社会环境的变化,与图书馆资源建设工作紧密相连的出版行业与用户需求也正在数字信息环境的影响下经历新一轮的变革。目前,出版界从传统出版向数字出版转型的呼声不断上涨,越来越多的出版物同时以印刷和电子版本出版,部分出版社甚至仅提供 E-Only(纯电子)版本。与此同时,电子资源使用方便快捷,越来越受到终端用户的青睐。基于此,我国的数字资源建设进程不断加快。因此,本文将从学术研究与建设实践两个方面,对国内数字资源建设的发展历史和现状予以综述,并分析其发展过程中的特点与存在问题,对我国数字资源建设的未来发展走向进行探讨。

第一节 我国图书馆数字资源建设研究的历史与现状

一、我国数字资源建设研究文献计量分析

为了系统清晰地掌握我国数字资源建设的发展脉络,笔者于 2015 年 2 月对 CNKI 中国知网数据库中的期刊文献和博硕士学位论文进行了检索与分析,以揭示相关研究成果的分布规律。

1. 期刊文献

笔者以"数字资源""数字化资源""电子资源""数字式资源""数字型资源""数字信息资源""虚拟资源""网络资源"为第一组检索词,分别对 CNKI 期刊全文数据库的"图书情报与数字图书馆"子库进行题名和关键词检索,并以"资源建设"为第二组检索词,分别在上述检索结果中进行题名和关键词的二次检索,共获得 929 篇期刊文献。文献年度分布情况如图 6－1 所示。

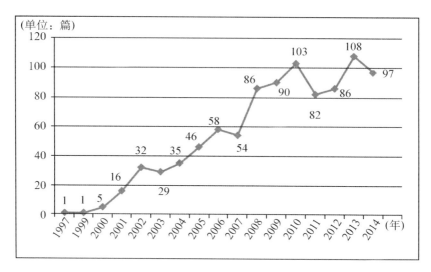

图 6 - 1　CNKI 全文数据库图书情报与数字图书馆子库检索结果年度分布情况

由图 6 - 1 可知,我国图书馆界自 20 世纪 90 年代末期开始关注数字资源建设研究,至 2014 年一直呈现出明显上升趋势,2008 年之后各年度发表文章数量逐步稳定。

对上述文献进行作者分析,929 篇文献的共同作者共计 1367 位,平均每篇文献仅 1. 47 位共同作者;这些作者中,合并同一作者发表多篇文献的数据后,统计得出参与该领域研究的作者共计 1225 人,其中发表 2 篇及 2 篇以上文献的 111 人,占所有作者的比例仅为 9. 1%(详见表 6 - 1)。这说明我国图书馆数字资源建设研究领域作者队伍比较分散,虽然出现了一批研究成果相对比较集中的核心作者(见表 6 - 2),但整体而言研究队伍并不稳定。

表 6 - 1　CNKI 期刊全文数据库图书情报与数字图书馆子库检索结果作者分布情况

成果数量(篇)	1	2	3	4	5	合计
作者数量(人)	1114	89	14	7	1	1225
作者占比(%)	90. 9	7. 3	1. 1	0. 6	0. 1	100

表6－2　我国数字资源建设研究领域核心作者分析

姓　名	成果数量（篇）	姓　名	成果数量（篇）
张　琳	5	林小娟	4
常　青	4	王槐深	4
杨　毅	4	黄艳芬	4
刘　磊	4	富　平	4

2. 学位论文

笔者以"数字资源""数字化资源""电子资源""数字式资源""数字型资源""数字信息资源""虚拟资源""网络资源"为第一组检索词，分别对 CNKI 博硕士论文数据库的"图书情报与数字图书馆"子库进行题名和关键词检索，并以"资源建设"为第二组检索词，分别在上述检索结果中进行题名和关键词的二次检索，共获得9篇硕士论文（见表6－3）。

表6－3　CNKI 博硕士学位论文数据库检索结果列表

题　名	作　者	学　校	学位级别	授予年度
河北省高校图书馆电子资源建设研究	李京达	河北大学	硕士	2014 年
内蒙古自治区特色数字资源建设研究	呼和木其	东北师范大学	硕士	2013 年
西安石油大学图书馆电子资源建设项目管理模式研究	冯　磊	西安石油大学	硕士	2012 年
临床科研与医院图书馆电子资源建设研究——以天津市医学图书馆联网医院为例	张　磊	天津医科大学	硕士	2011 年
社会网络环境下用户参与的图书馆数字资源建设规划模式研究——以高校图书馆为例	林小娟	南京农业大学	硕士	2011 年
基于绩效评估的我国高校图书馆数字资源建设研究	吴瑞丽	山东大学	硕士	2011 年
海峡两岸高校图书馆数字资源建设的比较研究	张巧娜	福建师范大学	硕士	2011 年
高校图书馆特色数字资源建设研究	贾振华	山西大学	硕士	2009 年
我国高校图书馆数字资源建设的调查研究	习卫妮	华中师范大学	硕士	2008 年

3. 国家社会科学基金资助项目

笔者以"资源建设"为检索词,并限定在图书馆、情报与文献学学科类目下,对国家社会科学基金资助项目数据库进行项目名称检索,共获得 17 个项目,对这些项目进行人工筛选,筛选出相关项目资助信息 7 个(见表 6－4)。

表 6－4　国家社科基金项目数据库检索结果列表

项目号目 批准号	项目类别	项目名称	立项时间	项目 负责人	工作单位
12BTQ016	一般项目	网络环境下科技信息资源建设中的质量元数据及评估应用研究	2012/5/14	宋立荣	中国科学技术信息研究所
11BTQ002	一般项目	俄罗斯图书馆国家信息资源建设与保障制度研究	2011/7/1	贺延辉	黑龙江大学信息管理学院
11BTQ043	一般项目	社会网络环境下用户参与的图书馆数字信息资源建设模式研究	2011/7/1	刘　磊	南京农业大学信息科学技术学院
05BTQ028	一般项目	以效率为导向的网络信息资源建设的政策法规调控与配置问题研究	2005/5/18	马海群	黑龙江大学信息管理学院
03BTQ004	一般项目	公共图书馆数字资源建设与共享应用方案	2003/8/11	范并思	华东师范大学信息学系
01CTQ002	青年项目	图书馆信息资源建设和信息技术利用水平对我国科技论文质量的影响研究	2001/7/1	杨春华	中国人民解放军医院图书馆
00BTQ008	一般项目	我国网上信息资源建设知识产权管理政策研究	2000/7/1	陈传夫	武汉大学

由上述对数字资源建设相关研究成果可知,相关研究始于 20 世纪 90 年代末,并逐步得到研究者的重视,历年期刊论文数量呈明显上升趋势,且几乎每年都有项目得到国家社会科学基金的支持,说明数字资源建设这一课题仍

具有较高的研究价值。但是具体到研究队伍而言,研究力量较为分散,多数作者仅发表过 1 篇相关论文,说明数字资源建设领域研究尚未形成完整的研究体系,处在发展之中,有待于更多深层次的研究,形成和完善相应的研究体系。

二、我国数字资源建设研究进展

1. 数字资源建设对象研究

资源建设是数字图书馆建设的根本,对数字图书馆信息资源建设的探讨一直是该领域的焦点之一。对于什么是数字信息资源以及数字信息资源应该包含哪些内容,不同的研究者有着不同的认识,索传军认为信息资源有广义和狭义之分,广义应包括各种载体的文献信息资料、信息技术设备和信息管理系统软件等;狭义是指各种类型和载体的文献信息资料。对于网络化图书馆(由电子图书馆或数字图书馆组成,可以广泛开展电子信息服务和实现信息资源共享的计算机网络信息服务系统),由于信息技术设备在图书馆的地位和重要性更加突出,因而,广义地理解其信息资源较为科学[1]。吴志荣认为数字信息资源即指数字化信息资源或数字化文献,是构成数字图书馆的要素之一。而"数字图书馆的信息资源"或"数字图书馆馆藏",也是指数字化信息资源。因此,这几个概念是基本相同的[2]。目前普遍认为:数字信息资源是以数字形式将图、文、声、像等信息存储在磁光电介质上,通过计算机和相关设备阅读使用的资料,既包括正式出版的数字文献,也包括非正式出版的各种数字资源。数字图书馆的数字信息资源主要包括纸版馆藏的数字化资源、各种电子出版物、购买的各种商业数据库、自建的特色或专题数据库、网络信息资源等。

在 e-Science 环境下,为了进一步满足用户需求,支持技术创新,科学数据资源的积累与共享逐步进入图书馆数字资源建设领域的研究视野。崔宇红介绍了科学数据浪潮和数据密集型计算的新型研究范式,阐述了 e-Science 环境下数据管理的概念演变和科学内涵,从生命周期的角度理解科学数据管理统一连续体的作用边界,重点探讨了研究图书馆的未来角色[3]。肖潇、吕俊生从图书馆科学数据服务的未来发展规划、角色定位、技术应用与合作、信息素养教育以及图书馆在数据服务领域的实践探索 5 个方面,概括 e-Science 环境下国外图书馆科学数据服务的研究进展。这 5 个方面体现出在信息科研环境和科研方式日益转变的情况下,国外研究者对图书馆科学数据服务的新思考[4]。魏东原、朱照宇提出专业图书馆在科学数据共享中的作用包括专业图书馆的信息资源为建设科学数据共享平台提供了基础,人才资源是科学数据共享平台建设的保障,专业图书馆的公益性促进科学数据共享平台的可持续发展。并提出专业图书馆实现科学数据共享应在资源建设、馆员素质培养、开放共享方案和相关制度建设、运行机制、基础设施建设、服务体系等方面采取举措[5]。黄筱瑾等分析了研究型图书馆开展科学数据共享服务的可行性,提出研究型图书馆应根据自身的工作目标、服务能力以及服务对象的需求提供不同类型的科学数据共享服务[6]。

开放存取(Open Access,以下简称 OA)运动的到来同样丰富了当前数字资源建设的内涵,一是通过 OA 方式出版的论文资源的存储,二是本机构内部知识资产的保存与利用。随着 OA 运动的发展,OA 资源质量也将不断提高,从而为图书馆信息资源建设带来新的契机。一方面,OA 资源的出现拓宽了图书馆信息资源选择与采集的范围,另一方面,OA 资源可有效减轻图书馆信息资源建设的经费压力。徐丽芳等对 75 所教育部所属院校图书馆的调查结果显示,高达 89.33% 的图书馆对 OA 资源进行了不同程度的集成和揭示[7]。

2. 图书馆数字资源建设方式研究

在数字信息资源建设策略上,胡渊认为主要有五种方式:一是馆藏资源数字化,二是自建数据库,三是商业型信息资源数据库的采购,四是网络资源采集与开发,五是建立网络信息资源导航或信息门户[8]。施蓓认为图书馆数字资源建设首先要购置或自建数据库,形成数据库群,接下来要对数字资源进行整合和开发,最终实现数字资源共享[9]。陆娜、李纲提出我国数字信息资源建设应分工协作,联合建库;统一标准规范,避免出现各自为政、互不兼容的现象;整合信息资源,尽量避免重复建设;建立合适的指引库;利用统一的平台等。而这些都需要国家从资源整合的角度进行统一规划[10]。翟莹昕认为数字图书馆信息资源建设策略应包括全局统筹规划,资源共建共享;加强全文、多媒体数据库的建设,突出特色;找准定位,重视"获取";保证信息资源的安全[11]。肖希明提出信息资源建设体系中数字信息资源建设应包括单机信息资源的选择与采集、数据库建设(自建与购买)、网络信息资源的选择、组织与开发、数字信息资源的整合等[12]。综上所述,我国数字信息资源建设的策略应遵循数字信息资源建设与服务的流程和生命周期,即初期首先是进行数字信息资源的采集,通常包括图书馆自建数据库和开发网络信息资源两大方面,重点是特色数据库的建设,在此基础上进行数字信息资源的组织与整合,最终目标是实现信息资源的服务与共享。具体到各类型图书馆和数据库商,其数字信息资源建设方式又有所不同。

（1）国家图书馆及公共图书馆的数字信息资源建设方式

作为国家古籍保护中心、国家典籍博物馆、国家总书库、国家书目中心、全国图书馆信息网络中心和全国图书馆发展研究中心的国家图书馆一直是世界关注的中心和焦点。国家图书馆的数字资源建设也是人们关心的重要方面。申晓娟介绍了国家图书馆的数字资源建设规划、数字资源建设方式、数字资源建设的现状以及数字资源共享实践[13]。针对公共图书馆信息资源建设,范并思指出:公共图书馆作为一种保障社会信息公平的制度,应坚持平等和公平服务的原则。基层公共图书馆的主要职能是为社区居民提供基本文献信息服务,其信息资源建设应有别于大学图书馆、研究型图书馆以及具有中心图书馆功能的大型公共图书馆的建设模式,以保障公民信息公平和消除社会信息鸿沟为指导思想,作为社区居民进入因特网的免费接入点,为社区弱势群体服务[14]。李金波则从建设模式、整体规划和具体措施三个方面论述了中小型图书馆数字资源建设的对策[15]。

（2）高校图书馆的数字信息资源建设方式

高校图书馆是高校教学和科研的基础与保障,其信息资源建设一直是学者关注和研究的重点。伏广红指出,高校数字图书馆资源建设应包括馆藏文献数字化、合理订购电子资源、加强网络资源的组织等;而数字图书馆信息资源开发的途径主要有建立电子期刊导航系统、建立统一的检索平台、建立网络资源的学科导航系统、加强网络信息资源检索工具的研究、开展多元化的用户培训等内容[16]。梁红结合深圳大学图书馆在数字信息资源建设方面的实践情况,提出高校图书馆应建立具有馆藏特色的重点学科数据库,包括专业、专题特色数据库、学位、会议论文特色数据库、光盘、音像特色数据库等;合理订购数字化资源;加强虚拟馆藏建设[17]。随着时代的发展,高校图书馆逐渐转变为融实体馆藏、虚拟馆藏、信息技术、信息设施和专业人才于一体的复合信息服务系统,呈现出信息资源数字化、信息传递网络化、信息资源共享化、信息服务泛在化、自助化和即时化等特点。

（3）专业图书馆的数字信息资源建设方式

专业图书馆大多是为所在单位或所在行业的科学研究提供服务的图书馆。由于服务对象以科研人员为主,对信息资源的需求具有专业性强、更新及时、内容权威等特点。随着信息技术的发展,专业图书馆的数字信息资源建设也得到了快速发展。做好专业图书馆的信息资源建设工作,一是要制订科学合理的采购原则,如系统性原则、专业化原则等;二是要采取多种方式进行信息收集;三是要做好传统文献与电子文献的协调购藏工作;四是大力开发利用网络信息资源[18]。以国家工程技术图书馆为例,加强 E-only 期刊的补充建设,以回溯数据库建设为重点、国家长期拥有利用为前提,大力推进"国家授权"模式的数字资源采集,重点加大对国外学术协会资源的国家许可服务的建设力度,积极采购学术协会的网络版全文期刊,并根据我国外文文献的历史缺失情况和全国用户需求,重点购买重要外文文献的回溯数据库,回溯年代跨越 100 多年,并以国外科技报告数字化为支撑,在科技部领导下全面推进我国科技报告资源体系的长期建设工作[19]。同时,随着信息资源共建共享理念的普及,专业图书馆也被纳入资源共建共享的体系中。一方面,专业图书馆可以充分利用其他图书馆的大众化信息资源,另一方面,也可以为其他图书馆提供专业的信息资源服务,满足专业化信息资源的需求。

(4)商业型数字图书馆的信息资源建设策略

肖强对商业数字图书馆信息资源建设进行了探讨,认为商业数字图书馆是由独立的组织或企业通过购买、交换等手段将各类知识资源进行收集,并加以转换、描述,以计算机可处理的数字化形式存贮,以智能化的信息检索方式和统一友好的检索界面,通过各种途径向广大用户提供数字信息服务来实现企业商业目标的数字图书馆。作者指出商业数字图书馆信息资源建设模式主要有规模模式、占有模式、获取模式、创建模式和服务模式,并分析了选择信息资源建设模式的四个关键因素:用户因素、市场因素、信息因素、企业制度文化因素[20]。

(5)出版型数字图书馆的信息资源建设策略

随着数字技术对出版业的影响愈加广泛,传统出版商利用自身的内容资源优势和品牌优势开始着手数字化转型,形成了出版方式的全流程数字化管理,并以自身资源为核心整合国内外相关信息和产品,推出了以专业数字图书馆为核心的数字出版平台,如产生适用于移动终端的 HTML、PDF、FLASH、EPUB、UMD 等格式电子产品,按照一定技术标准存储的资源数据库产品以及在线信息服务产品。以教育类出版社为例,以知识点为目录开发数字化教材,并整合电子课件、电子教案、课程视频、印象、图片、动画、试卷、习题、学生作业、案例等信息资源,通过内容的深度加工、标引,按照知识体系规则及其内在联系,集成"碎片化"和"知网节"的内容知识网络体系,以实现内容的多形态发布和智能化的推送服务[21]。

3. 特色数字资源建设研究

特色数字资源建设包括特色数据库、专题数据库的建设等。有关特色数字资源建设理论的文章多综合论述特色数字资源建设的各个方面,包括特色数字资源建设的意义,建设的标准化、规范化问题,技术,知识产权等问题。丁兰兰提出图书馆专题数据库建设应遵循的三条原则:充分体现特色的选题原则,立足本单位、面向全社会的服务原则,注重实用性、符合科学性的建库原则;还指出了图书馆专题数据库建设中要重视的三个问题:重视文献信息收集的完整性和权威性,重视专题数据库建设中的知识产权保护工作,重视专题数据库中标引的规范化[22]。何坚石、樊国萍则提出图书馆建设特色数据库的原则包括独特性原则、社会需求原则、质量原则、标准化规范化原则、统筹规划原则、联合建库原则。此外,还介绍了图书馆特色数据库建设的步骤:特色数据库选题的可行性分析,数据库开发方案的实施(包括数据库系统软件的开发、数据的收集、数据的加工)、数据库产品的市场开拓[23]。范亚芳、郭太敏基于互联网调查,分析了在特色资源数据库建设过程中会遇到的建设模式、标准化、知识产权、资源共享等问题,并提出一些建设性的意见[24]。蒲筱哥、张敏提出当前特色数字资源建设的发展趋势是投资的国际化、数字信息资源内容的国际化以及数字信息资源生产与联机服务的跨国经营越来越普遍;为此应加强特色数字资源建设的标准化建设步伐、合理解决知识产权问题、加强特色数字资源的产业化发展力度,并在数字信息资源产品的市场开发中引入深层次营销思想,以尽可能地使数字信息资源产品的价值得到最大限度的发挥[25]。

在实践研究方面,裴成发等通过网络调查了我国 34 个省级图书馆的特色数字资源建设情况。调查发现我国公共图书馆的特色数字资源建设包括学科特色资源的建设、地域特色资源的建设、历史文献特色资源的建设等几方面内容,并提出我国省级公共图书馆特色数字资源建设存在的主要问题:资源建设水平不平衡、资源质量参差不齐、资源共享程度整体不高[26]。杨思洛也对我国公共图书馆特色数据库的建设进行了调查,通过网络调查,介绍了 46 个副省级以上公共图书馆中特色数据库的建设情况,并对公共图书馆特色数据库建设提出重视数据库的标准化、合理解决知识产权问题、统筹规范和保证质量、加强认识及共建共享、争取经费并建立新的投入体系等五点建议[27]。

4. 数字资源建设中的知识产权问题研究

知识产权是法律授予智力成果创造者的专有权的组合,它对促进知识创造和文化繁荣是至关重要的。没有知识产权的保护,文化的发展和知识的创造将失去动力,而过分的保护也会阻碍知识的传播,从而不利于知识和文化的进一步发展。就目前各国版权法对图书馆使用作品的规定来看,现有版权法体系并不利于图书馆在数字化环境中生存。图书馆变得角色模糊、权利缺失、行为受缚,因此,根据数字环境的变化,制定图书馆知识产权管理战略规划,实施图书馆知识产权战略管理,有效规避知识产权风险,最大限度地提高信息资源的开发利用率,保障公众自由获取信息的权利,谋求图书馆的最大社会效益,已成为图书馆高效运转的必要前提。

(1)资源馆藏数字化中的知识产权问题

关于如何应对知识产权给馆藏资源数字化带来的挑战,研究者分别从宏观和微观层面提出了相应对策。宏观层面主要是合理调整版权法与公共利益之间的矛盾,一是要适当扩大著作权合理使用的范围,二是要尽快制定数字环境下的法定许可制度,三是要完善著作权授权许可特别是著作权集体管理制度[28]。微观层面,主要是数字图书馆自身应加强知识产权意识,防范知识产权风险,一是要加强对用户的知识产权教育,提高他们遵纪守法的意识,二是可以通过访问控制、数据加密、数字水印、VPN(Virtual Private Network,虚拟专用网,利用可靠度不高的公用互联网络作为信息传输媒介,通过附加的安全隧道、用户认证和访问控制等技术实现与专用网络类似的安全性能。远程用户需用事先设置好的账户名称和密码登录 VPN 服务器进行认证,即可跨越基于 IP 协议的公用网建立起一条安全的数据访问通道,对校园内的数字图书馆资源进行访问)等技术手段加以预防[29]。

对于尚未进入公有领域的馆藏文献资源的数字化,多数研究者认为将受著作权保护的作品进行数字化必须取得法律和版权人的授权,也有研究者认为馆藏资源数字化是一种"合理使用",可以不必征得版权人的同意,也无须支付报酬,但数字化资源不能提供网上服务。这种观点看似合理,但却存在着理想主义成分。首先,我国新《著作权法》第 10 条第 5 款的相关表述、国家版权局《关于制作数字化制品的著作权规定》第 2 条以及《最高人民法院关于审理涉及计算机网络纠纷案件适用法律若干问题的解释》第 2 条等内容,都明确规定了数字化属于版权人的复制权,其他人未经许可不得将受著作权保护的作品数字化;其次,我国新《著作权法》第 22 条第 8 款仅将合理使用限定在为陈列或保存版本的需要,而馆藏资源数字化的目的是提供数字化服务,否则就将失去应有的意义。因此,在法律层面,图书馆对馆藏资源进行数字化加工的合理性仍有待探讨。针对这种困境,如马海群认为应通过著作权制度创新来解决我国数字图书馆信息开发与利用过程中面临知识产权保护过于严格的障碍,包括探讨数字图书馆著作权适度保护,完善著作权合理使用和法定许可等权利制度,包容新的作品使用与传播模式(授权要约、开发存取、机构知识库、创作共用等),改进著作权集体管理制度,确立数字图书馆的信息网络传播权,探索更有效率的著作权授权模式等[30]。

(2)机构知识库建设中的知识产权问题

机构知识库建设中的知识产权问题也是研究者关注的重点。在机构知识库的资源建设过程中,复杂资源产权现状会给机构知识库带来各种潜在的法律风险。于佳亮等从权利所有人的角度对机构知识库存储的各种资源进行分类,明确了各种资源的产权现状,介绍了机构知识库产权管理的策略和法律工具——存储许可协议,强调规范的存储许可协议可以帮助提交者和机构知识库确定各自的权利和义务,并介绍了存储许可协议的主要内容[31]。肖可以、龙朝阳则介绍了机构知识库建设中的软件知识产权问题和资源内容知识产权问题[32]。

(3)数字信息资源长期保存中的知识产权问题

宛玲、张晓林根据开放档案信息系统参考模型,提出图书馆需要解决长期保存资源摄取环节、存储环节和服务中的知识产权问题,需要建立相应的管理机制[33]。张晓艳分析了数字信息资源在知识产权面临的问题,就保存过程中数字资源方的复制权、版权技术保存措施、信息网络传播权与数字资源保存方的存档、存储管理、公共服务的冲突进行分析,指出数字资源长期保存中知识产权中需要解决的问题。提出了解决数字保存知识产权问题的对策和建议,要充分利用合理使用制度和法定许可制度,加强与各方权利主体的协作,以平衡各方利益为原则争取数字保存的顺利开展,同时应加强相关法律法规的修改,学习国际先进经验,积极解决数字信息保存过程中可能出现的侵权问题,为数字信息资源长期保存建立良好的法律环境,促进其快速发展,从而保障有价值的数字信息资源实现长期保存[34]。宋怡对中外各国数字信息从采编到利用服务的全过程中所遇到的知识产权问题进行了详尽剖析,揭示各国在数字信息长期保存中面临的知识产权困境和相关法律法规的制订及不足,并由此提出初步的解决方案与建议[35]。

(4)数字资源建设中的知识产权技术保护措施

数字资源使用的版权保护,通常采取访问控制技术、数据加密技术、信息确认技术、智能代理技术、反复制设备、电子水印、数字签名或数字指纹技术、电子版权管理系统、追踪系统等技术措施。此外,有效的技术预防措施还包括防火墙技术、VPN 技术、CA 认证技术、口令技术等。技术措施对知识产权的保护涉及两个层面的含义,首先是技术措施在技术层面的有效性,即技术措施能够有效控制受版权保护的作品,避免版权人权利受损,防止侵犯其合法权利的设备、产品或方法;其次是技术措施在法律层面的有效性,并非任何保护版权的技术措施都能够得到法律的认可,或者说并非所有的技术措施都受到版权法的保护[36]。

第二节 我国图书馆数字资源建设发展历程回顾

一、起步阶段(20 世纪 90 年代—2000 年)

我国在 1991 年前共建设生产 806 个数据库,到 1995 年达 1038 个。相关统计显示,截至 1997 年,我国公共图书馆已建有 66 个数据库。这一时期,纸质资源是最主要的资源类型,书目数据库在整合和集成检索纸质资源方面的功能显得尤为突出。因此我国在数字资源建设的初期阶段的主要建设对象是书目数据库,“中国国家书目规范数据库”“中国国家书目机读目录”“中国分类主题词表机读版”“中国国家书目”等书目数据库在当时已被广泛使用[37]。北京市农林科学院科技信息研究所则采用自行建库与套录相结合的建库模式,用 CNMARC 格式,将历年收集的国内外各类图书、期刊、报纸、会议文献、学术论文等印刷型载体的信息资源输入计算机,建立本馆的书目数据库,使传统馆藏文献资源转化为电子资源[38]。广东省立中山图书馆直到 1994 年建设的数据库基本上是书目型数据库[39]。长春图书馆自 1992 年开始着手建立本馆机读书目数据库,收录了 1984 年至 1992 年入馆的中文图书书目 51 991 条,1993 年建立回溯数据库,收录了 1976 年至 1983 年入馆的中文图书书目 19 587 条。同时,长春图书还建设了“东北地方文献索引”“伪满地方文献”“满铁联合目录数据库”等专题性、文摘性书目数据库[40]。

在 20 世纪 90 年代后期,为了最大程度发挥资源建设经费的效用,克服地区间经济发展不协调等问题,信息资源共建共享是图书馆的必然选择,而网络化条件的发展提供了更便利的条件。在这一时期,我国信息资源共建共享体系初步建立,各个系统的图书馆都开展了不同程度的合作,并成立了相应的组织机构。在高校系统方面,1998 年 11 月经国家发展计划委员会正式批准中国高等教育文献保障系统(以下简称 CALIS)启动建设,建设目标为初步建设中国高等教育文献保障体系的基本框架,实现系统的公共检索、馆际互借、协调采购、联机合作编目等功能。在专业系统方面,2000 年 6 月组建一个虚拟的科技文献信息服务机构——国家科技图书文献中心(以下简称NSTL),涵盖中国科学院文献情报中心、中国科学技术信息研究所等 9 家成员单位,负责国家科技文献保障任务。同年 4 月,国家图书馆倡议成立“中国数字图书馆联盟”,旨在以国家数字图书馆国家中心为基础,以行业、地区分中心为辐射,逐步建设具有模块化、开放性、互相联通并且稳定可靠、可扩展的计算机网络与存储体系。

二、快速发展阶段(2001—2010 年)

在 20 世纪 90 年代后期,除了建立信息资源共建共享体系外,我国还陆续启动了一大批数字图书馆项目,在国家部委的支持下,开始对如何实现数字图书馆进行技术探索和试验。经过几年的发展,进入 21 世纪的数字资源建设无论是在技术实力还是工作机制上均具备了良好的发展条件,使我国的数字资源建设在这一时期得到较为迅速的发展,与 20 世纪 90 年代相比,主要呈现出以下特点。

全文数据库逐渐成为建设重点。在数据库订购方面,CALIS 在成立之初的订购重点在二次文献数据库,但是从 2000 年起,CALIS 将集团订购的重点转向全文期刊数据库[41]。与此同时,公共图书馆受国家各项数字图书馆工程的鼓励,对数据库建设工作越发重视。广东省各级公共图书馆均建成了一定数量的全文数据库,如中山图书馆订购的全文图书数据库包括超星数字图书和国家图书馆的网上全文图书等。在数据库自主建设方面,全文数据库建设同样受到广泛重视。CALIS 从二期项目起,将自建资源的重点从二次文献数据库和学科导航数据库转向中文全文数字资源建设,主要包括高校研究生学位论文全文数据库、课程指定参考书数据库、精选旧期刊回溯数据库以及其他专题特色数据库[42]。国家图书馆则是自 1999 年即开始制定国家数字图书馆工程建设规划。截至 2008 年年底，国家图书馆自建全文数据总量超过 1.15 亿页，涉及中文古籍文献、民国时期文献以及中文现代文献。

通过 OPAC 和导航系统整合数字资源。数字资源的快速增长使得资源整合问题日益突出，图书馆已经开始意识到众多相对独立的数字资源同样会给读者高效获取有用信息带来很大困难，因此当时大多数图书馆已经开展了数字资源整合工作，主要方式分为 3 种：基于 OPAC 的资源整合、基于数据源的整合、基于系统的整合。基于 OPAC 资源的整合是图书馆数字资源最基本的整合方式，国内大多数图书馆已经达到这一层次的整合，技术相对成熟。基于数据源的整合也是基于资源导航的整合，当时国内图书馆导航整合用得较多的主要是提供字母和主题的入口方式。基于系统的整合主要分为异构数据库统一检索平台和一体化综合整合两种。其中，异构数据库统一检索平台在国内图书馆界较为流行，如北京大学图书馆、清华大学图书馆等一些技术力量较为雄厚的图书馆均已经开发出这种平台。在一体化综合整合方面，国内外应用的热点是采用虚拟法整合数字资源，当时应用较多并得到较多认同的系统有 Exlibris 公司的 Metalib with SFX、INNOPAC 公司推出的 MAP 等系统[43]。

三、深化发展阶段（2010 年以后）

近几年，我国在数字资源建设方面的投入力度持续加大，积累了一大批数字资源。与之前的数字资源建设阶段相比，外购和自建仍是数字资源建设的主要方式，但是在资源建设类型、资源组织加工与整合方面带有明显的大数据特征，数据库类型逐步从全文数据库向事实工具型数据库方向发展，信息组织到知识组织的深化使得数字资源建设也逐步表现出向知识单元及其相互关系靠拢的特点。从资源加工深度来看，图书馆的资源加工深度不再局限于整篇文献，全文数据库中的加工对象已经从题名、文摘等基本信息深入到公式、图表等加工单元，并可根据用户检索习惯自动聚合和推荐相关论文，更有数据库将作者、论文和项目信息关联，帮助用户寻求科研资助。从资源整合系统来看，目前北京大学和清华大学分别已购买发现系统 Summon 和 Primo 系统支持本机构用户检索和利用海量信息资源，CALIS 的外文期刊网 CCC 则是通过与图书馆、数据库商合作构建更大规模的资源集合，帮助中小型院校图书馆整合内外部信息资源。在专业系统中,中国科学技术信息研究所为了有效整合文献信息资源,集期刊文献快速报道、引文关系揭示、学科状况分析和资源开放链接为一体,通过建立基于期刊引文的知识链接门户,形成中文学术信息资源整合平台,提供中文知识成果的科学评价工具,实行一体化知识服务[44]。除此而外,OA 运动正在得到学术界、政府部门等各方积极响应,使得 OA 论文乃至 OA 期刊数量急剧增长,正在成为一项重要的数字资源。因此在这一时期,OA 资源同样受到我国数字资源建设工作者较多的关注。

第三节 我国图书馆数字资源建设实践进展

我国数字资源建设主要分为两个方面:外购数据库和自建数据库。作为公益性信息服务业的主要参与者,图书馆不仅直接从市场上购买正式出版的纸本和电子资源,还根据自身馆藏、地理分布等优势自主构建特色数字资源。

一、图书馆数据库外购情况

1. 馆藏(外购)电子资源投入力度持续加大

电子资源购置经费情况能够直接反映出图书馆在数字资源方面的投入力度,从电子资源采集经费来看,根据王波等在《2013 年高校图书馆发展概况》中的调查结果显示(如图 6 - 2 所示):高校图书馆馆均文献资源购置经费中,纸质资源的购置经费在 2006 年至 2013 年期间呈下降趋势,而数字资源的购置经费则同期逐年升高,从 2006 年的 78 万元增加到 2012 年的 187.9 万元,约占馆均文献资源购置费平均值的 45%[45]。

高校对电子资源经费投入的增加,一方面是电子资源特别是国外数据库年均保持5%左右的涨幅,越来越多的出版物以 E-Only 形式出现,另一方面也反映出高校图书馆为了满足用户需求更加倾向于采购电子资源。以清华大学当前的采集政策为例,在可能的情况下将继续尽量减少纸本期刊订购,优先购买电子资源。由此可见,电子资源已成为高校系统图书馆资源建设的主要对象。

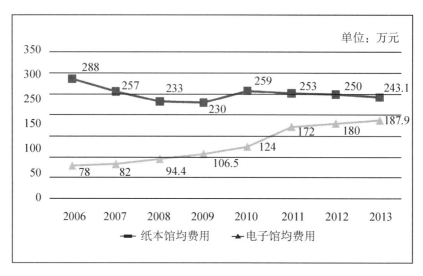

图 6-2　2006—2013 高校图书馆馆均资源采购情况

国家图书馆和专业图书馆同样表现出对数字资源建设的倾向性。2010—2012 年期间，国家图书馆的年总购书经费稳定在 1.6 亿元，但是电子资源购置费的变动较大，从 2010 年的 2625 万增加到 2012 年的 4124 万，增加了 57%。从专业系统图书馆的数字资源订购情况来看，NSTL 以"国家许可"方式订购外文电子期刊（现刊）同样呈上升趋势，年订购量从 2006 年的 75 种逐步增加到 2014 年的 600 余种。

2. 外购电子资源类型趋向丰富

随着数据库服务商推出的数据库类型趋向多样化，从全文、文摘、引文数据库逐步扩展到多媒体、工具事实型数据库，与用户工作流的结合程度愈加紧密，用户对电子资源的使用需求不断提升，为此，图书馆购买了类型多样的数据库。我国 26 所省级公共图书馆截至 2011 年订购的中文商业数据库已达 120 余种，内容涉及电子期刊、电子书、电子报纸、多媒体声像资源、古籍、工具书、支持领导决策类数据库等，数据库主题则涵盖了理、工、农、医、环境卫生以及职业技能培训等内容[46]。

（1）全文数据库

全文数据库集在线文献检索与全文提供于一体，是商业数据库的核心产品，建设领域主要集中在科学技术、工程技术和商业经济等，中文全文数据库尤其关注古籍文献的深度开发、传统期刊和图书出版业的数字化转型。我国图书馆订购的主要中外文全文数据库如表 6 - 5 所示。

表 6 - 5　我国图书馆订购的主要全文数据库

资源类型	中文数据库	外文数据库
图书	超星中文电子图书/书生之家/方正 Apabi 电子图书资源库/四部丛刊全文电子版/文渊阁四库全书电子版/中国基本古籍库/皮书数据库/中国建筑全媒体资源库与专业信息服务平台等	Science Direct/Wiley Online Library/Springer 数据库/Taylor 数据库/ Springer 数据库/Emerald 全文数据库/剑桥大学期刊数据库/牛津大学期刊数据库
期刊	CNKI 中国学术期刊网络出版总库/龙源电子期刊网/万方数字化期刊全文数据库/维普中文科技期刊数据库/中华医学会数字化期刊数据库/人大复印报刊资料数据库等	美国化学学会期刊/美国物理联合会期刊/IEEE/IEE Electronic Library
会议	万方会议论文/CNKI 中国重要会议论文全文数据库/CNKI 国际会议论文全文数据库等	ProQuest 期刊数据库/中图"易阅通" CNPeReading 电子书平台等
学位	CNKI 中国博士学位论文全文数据库/CNKI 中国优秀硕士学位论文全文数据库/万方学位论文数据库等	ProQuest 博硕士论文全文数据库
报纸	方正 Apabi 中国报纸资源全文数据库/慧科新闻/《人民日报》数字报/光明日报报业集团数字报/CNKI 中国重要报纸全文数据库	Access World News（世界各国报纸全文库）/ProQuest Wall Street Journals - East Edition 华尔街日报/PressDisplay 报纸数据库
专利	万方专利技术数据库/CNKI 中国专利全文数据库等	
标准	CNKI 国家标准全文数据库/万方中外标准数据库等	

（2）二次文献数据库

二次文献数据库是指目录、索引、文摘、简介或提要等要素的集成和整合。在中文领域，如联合目录集成服务系统提供国内近 300 家主要文献机构收藏的 8 万种西、日、俄、中文期刊查询,3000 多种期刊的目次文摘可供浏览,近百种网上期刊的全文可供浏览;全国报刊索引是数据量超过 4500 万条、揭示报刊数量达 45000 余种的特大型二次文献数据库,目前每年更新 400 万条;测绘科技文摘资料库是由国家测绘科技信息研究所建设,数据来源为国内外测绘及相关学科的期刊(100 多种)、会议录、报告及专著等,现有数据 7 万余条。其他二次文献数据库还包括中国知网的学术搜索引擎、读秀中文学术搜索、中国历代石刻史料汇编等。在外文二次文献数据库方面,我国图书馆订购内容基本覆盖各领域认可度较高的文摘库、引文库,文摘库包括食品科学领域的 FSTA、工程领域的 Ei Village、化学领域的 CA、图书情报科学领域的 LISTA 等,引文库主要包括 Thomson Reuters 的期刊引文索引(SCI/SSCI/A&HCI)、图书引文索引以及会议录引文索引等,同时,越来越多的图书馆购买 Elsevier 公司的二次文献数据库 Scopus。

(3)事实工具型数据库

事实型数据库是存储如机构、人物、科学数据、工具书等一般事实性描述,具有指导性质的参考数据库。Elsevier 的 SciVal 套件、Reaxys,Thomson Reuters 的 Incites 等工具,以及中文领域的"北大法宝"法律信息数据库、万方的创新助手等事实工具型数据库,基于事实数据,结合数据挖掘、可视化技术,为科技创新决策提供支持与服务,得到众多用户青睐。分析工具及事实工具型数据库由于在内容整合、知识服务方面功能突出,特别受到专业系统图书馆的青睐,近几年这类型数据库的购买数量逐步增加,已成为资源建设的重点之一。在 2009 年至 2013 年期间,NSTL 九家成员单位购买的分析工具及事实工具型数据库数量呈逐年上升趋势,且 NSTL 对该类型数据库的支持力度也在逐年加大,说明除传统的全文数据库外,其他类型数据库已然成为专业系统图书馆数字资源建设的重点之一。受专业特点的影响,分析工具及事实工具型数据库已成为 NSTL 部分成员单位电子资源建设的重点对象。

(4)多媒体数据库

多媒体数据库是集视、听、教、学为一体的信息资源网络平台,涉及艺术、教育、医学、会计等领域,提供视频、音频、图片等内容检索,配有片段保存、双语字幕选择、在线配音朗读等个性化功能。在中文领域,以库克数字音乐图书馆为例,它是国内唯一一家专注于非流行音乐发展的数字音乐图书馆,拥有 Naxos、Marco Polo、美国唱片公司等国际著名唱片公司和中国唱片总公司的资源支持,已收藏世界上 98% 的古典音乐,汇聚了从中世纪到现代 5000 多位艺术家、100 多种乐器的音乐作品,总计 10 多万首曲目。此外,国内商业性多媒体数据库还有外研社外语资源库、超星学术视频、环球英语多媒体资源库、新东方多媒体学习库、正保多媒体数据库、万方视频、天方有声图书馆、知识视届、方正中国艺术博物馆图片库、全国教育数字音像资源总库、点点数字漫画平台等。我国图书馆还订购了部分外文多媒体数据库,如 ASP 学术视频在线数据库,包括新闻片、获奖纪录片、考察纪实、访谈、讲座、培训视频以及独家原始影像等上万部完整视频。

（5）特色专题数据库

商业性专题数据库是指系统、完整地收集某一特定主题领域内或面向某一行业的数字信息资源,并提供多种使用途径的数据库,通过满足用户信息需求、挖掘市场分布和突出专题特色以实现经济效益的最大化。如 E 线图情是面向图情界、企业界和个人提供集数据库服务、深度研究、专业咨询于一体的专业网站,囊括了数字图书馆领域中理论、技术、产品、市场、协会等各个方面的内容;北大法意网是专业法律信息网上查询系统,包含法院案例、法律法规、法学论著、合同文本、法律文书、法学辞典、司法考试等 17 个子数据库,是国内唯一以法学教育、学习与科研应用为目的自主服务平台。其他商业性信息资源服务平台还有万律法律数据库、中国水力发电工程特色资源数据库等。国内图书馆订购的外文专题数据库也较多,涉及法律、经济等众多领域,例如经济领域的经济合作发展组织数据库(OECD)、世界银行数据库(WB)等,以及法律领域的万律(Westlaw China)法律信息平台、Lexisnexis 法律资料库等,均对本领域相关信息资源进行了充分的整合与利用。

3. 电子资源大宗采购规模不断扩大

当前,电子资源的类型层出不穷,且数据库特别是外文数据库的价格持续增长,但是为了在有限的数据库市场上占有更多的份额,数据库商往往非常乐意通过集团采购的方式大批量销售数据库。与此同时,一部分研究价值高但市场需求有限的回溯数据库则成为国家图书馆、NSTL 等国家级文献信息机构通过"国家许可"采购模式下的重点订购对象,以供全国范围内用户使用。

（1）集团采购

高校系统是我国开展数字资源集团采购的先锋,科研系统、公共图书馆系统在独立开展集团采购之前,多数都不同程度地参与过 CALIS 的集团采购[47]。从 1997 年开始组团订购数据库起,集团组织数量逐年上涨,到 2009

年,CALIS 共组织了 107 个(554 次)集团采购,其中 12 个停止组团[48]。但是在 2010 年,由于只有获得中国有关部门批准的图书进出口商才能协助组织国际采购数据库的谈判和签约等相关工作,CALIS 宣布将不再承担资源集团采购的组织工作,取而代之的是中国高校图书馆数字资源采购联盟(DRAA),以集团的名义采购海外数字资源[49]。2012 年合同有效期内的集团采购数据库 129 个[50]。

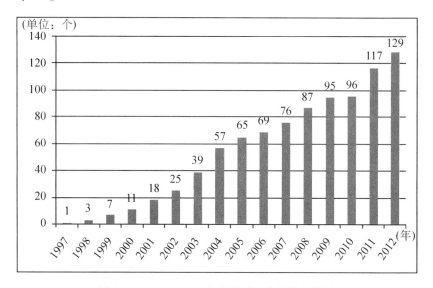

图 6-3　1997—2012 年集团采购资源数量统计

(2)"国家许可"模式

1997 年在科学技术部、教育部和中国科学院联合支持下,国家自然科学基金委员会与美国《科学》周刊达成协议,获得了《科学》网络版《科学在线》(Science Online)在全国开通三年的使用权。《科学在线》是我国最早购买的网络版数字资源,且是一种真正意义上的"国家许可"采购模式。2001 年开始,NSTL 接管了该电子资源的购买工作,并逐年加大了以"国家许可"模式采购国外电子资源的力度,目前 NSTL 已成为国内以该模式购买国外电子资源最主要的文献机构,已订购 MAL、NRC、RSNA 等 16 个回溯数据库,共收录 1683 种期刊。与通常的电子资源订购相比,通过"国家许可"模式采购的电子资源具有以下特点:回溯数据库占较大比例;知名学/协会或出版机构且有一定用户需求的国内低保障率的网络资源;订购资源采购以长期拥有利用为前提,能有效解决国内科技文献资源历史性缺失。目前,NSTL 以"国家许可"模式采购的部分数据库可向全国范围的科研教育等非营利性机构用户提供免费服务,NSTL"国家许可"资源的使用资格需通过非营利性机构向 NSTL 申请获得,个人用户只能在其机构开通范围内使用,不接受个人用户的申请[51]。

除了 NSTL 外,国家图书馆同样担负着全国性的文献资源保障职责,为此,国家图书馆在 2010 年以国家授权方式订购了 Emerald 出版社的回溯期刊数据库和 SAGE 回溯期刊数据库。开通的 Emerald 回溯数据库在线内容包含 178 种全文期刊,超过 11 万篇的全文内容,涉及商业管理、图书馆学、信息科学、材料学及工程学等领域,期刊年代自 1898 至 2000 年;SAGE 回溯期刊数据库在线内容包括 380 多种期刊,数据容量共计 3.2 万多期、460 多万页的 41.8 万篇全文,期刊年代自创刊起第一卷第一期至 1998 年。中国大陆地区的非营利学术型用户均可通过 Emerald 出版社的服务平台免费访问相应的回溯期刊全文数据库,而从 2011 年起,加盟机构通过 SAGE 期刊在线平台访问 SAGE 回溯期刊,需每年向 SAGE 支付平台访问费 750 美金/年[52]。

(3)联合开通补贴模式

为提高采购经费使用效率,平衡各地区/系统间资源分布,我国各大资源共建共享体系之间已采用联合开通补贴方式采购了部分外文数据库。NSTL、中国科学院及 CALIS 等 40 余家高校和科研院所联合购买了国外网络版期刊,面向中国大陆部分学术机构用户开放,购买外文数据库包括美国化学学会期刊 ACS、美国物理联合会期刊 AIP、美国物理学会期刊 APS、PAJ 农业期刊全文数据库以及 PBJ 生物学期刊全文数据库,均已在部分高校和科研院所开通使用。

二、图书馆数字资源自建情况

1. 书目数据库

伴随资源数量的急剧增长以及地区之间的发展差异,书目数据库在平衡地区差异、提高资源使用效率方面的作用日益凸显。在我国,国家、地区层面以及不同系统之间均建有相当数量的书目数据库,供用户检索使用。

(1)中文普通图书书目数据库

全国图书馆联合编目中心成立于 1997 年 10 月。其宗旨是:在全国范围内组织和管理图书馆联机联合编目工作,运用现代图书馆的理念和技术手段将各级各类图书馆丰富的书目数据资源和人力资源整合起来,以国家图书馆为中心,实现书目数据资源共建共享,降低成员馆及用户的编目成本,提高编目工作质量,避免书目数据资源的重复建设,实现书目数据资源的共建共享。中文普通图书书目数据库收录1949年至今中文图书书目数据约218万条,数据采用CNMARC格式,格式结构遵循"文献目录信息交换用磁带格式"标准(GB2901—92,ISO2709),每条书目记录包含书名、著者、出版者、出版年、页数、中图法分类号和主题词等项[53]。

表6-6 中文普通图书书目数据库所含数据情况

序号	子库名称	所含数据
1	五十年数据库(1949—1999)	图书876 618种图书,全套数据库达2亿。
2	数据库(1949—1974)	208 138条数据
3	数据库(1975—1987)	162 483条数据
4	数据库(1988—1994)	234 899条数据
5	数据库(1995)	32 400条数据
6	数据库(1996)	55 088条数据
7	数据库(1997)	45 604条数据
8	数据库(1998)	66 001条数据
9	数据库(1999)	72 005条数据
10	数据库(2000)	72 005条数据
11	数据库(2001)	102 000条数据
12	数据库(2002)	95 000条数据
13	数据库(2003)	87 000条数据
14	数据库(2004)	120 000条数据
15	数据库(2005)	104 370条数据
16	数据库(2006)	114 200条数据
17	数据库(2007)	154 988条数据
18	数据库(2008)	165 327条数据
19	数据库(2009)	172 362条数据

(2)中国科学院的联合目录集成服务系统(UNICAT)

联合目录集成服务系统(UNICAT)以联机联合编目数据库(包括全国中

西日俄文期刊联合目录数据库、中国科学院中西文图书联合目录数据库)和电子资源知识库为底层支持,实现印本资源和电子资源的集成揭示。联合目录集成服务系统独特的情景敏感功能,可以使用户方便地获取许可电子资源的全文,同时了解中国科学院所属图书馆关于该资源印本和电子版的收藏情况以及国内400余家图书馆关于该资源印本的收藏情况。联合目录数据库中的全国中西日俄文期刊联合目录数据库创建于1983年,截至2008年年底,全国中西日俄文期刊联合目录数据库共收录西文印本期刊5.4万种,馆藏26.8万条,收录日文印本期刊7000余种,馆藏2.5万条;收录俄文印本期刊6500余种,馆藏1.8万条;收录中文印本期刊1.9万种,馆藏8.3万条。联合目录数据库中的中国科学院中西文图书联合目录数据库于2004年5月开始提供服务,截至2008年年底,中国科学院中西文图书联合目录数据库共收录西文印本图书38.3万种,馆藏50万条;收录中文印本图书47.5万种,馆藏77.8万条;收录西文电子图书9500种;收录中文电子图书近9万种。2007年,中国科学院中西文图书联合目录数据库开发了图书目次服务功能,可以使读者能准确定位到所需图书的篇章,并将所需章节内容带入原文传递系统中进行原文请求[54]。

(3)CALIS联合仓储目录数据库

CALIS计划将其联合仓储目录数据库建成国内文献目录搜集的集大成者,联合仓储目录数据库内容包括联合目录书目数据库、学位论文数据库、特色资源数据库(CALIS包括古籍)、导航库、CADAL书目数据库、非书资料、原生数字资源、网络免费资源等。经过CALIS三期的建设,联合仓储目录数据库目录总量(去重后)超过700万条,馆藏数据逾1亿条。其中,CALIS联合目录数据库建设始于1997年,秉承"高标准、高品质、高时效、高普及"的建设方针,到2012年年底,联合目录数据库已经积累了680余万条书目与规范记录,来自900多家成员馆的3500万条馆藏信息。目录数据库涵盖印刷型图书和连续出版物、电子期刊、古籍和其他非书资料等多种文献类型;覆盖中文、西文、日文、俄文等语种;书目内容囊括了教育部颁发的关于高校学科建设的全部71个二级学科。外文期刊目次数据库则是支撑外文期刊服务的基础数据库。CALIS外文期刊目次数据库和商业公司合作的模式是向公司购买裸数据,由CALIS加工整理统一揭示给成员馆使用。CALIS外文期刊目次数据库共包括14万种外文期刊,其中有1万余种OA期刊;外文期刊目次的总量已达到8000万篇[55]。

（4）华东地区外国和港台科技期刊预订联合目录数据库

《华东地区外国和港台科技期刊预订联合目录》首期于1989年6月诞生，并于2006年研制开发了《华东地区外国和港台科技期刊预订联合目录数据库》（以下简称：联合目录库）。联合目录库的原始数据由华东六省一市的科学技术情报研究所提供，最后由上海科学技术情报研究所加工处理而成。联合目录库共收录了江苏、江西、浙江、安徽、山东、福建和上海1866个单位预订的1989至2005年外国和港台期刊15 902种259 007份。其主要专业范围有：经济、图书情报、自然科学、医药卫生、农业科学和工程技术等。联合目录库网络版除了可以对主题与分类、国家与地区进行检索外，还可进行期刊的刊号、刊名、译名、ISSN和全字段检索，同时还可以限定订购单位的地域和订购年份，并提供多种匹配方式以及逻辑关系查询。

2. 引文数据库

（1）国际科学引文数据库

2006年，NSTL开始建设国际科学引文数据库，同年10月该项目被纳入国家科技支撑计划项目。2007年12月6日，开始面向全国用户提供服务。目前，数据库收录的来源期刊包括多个学科领域的3000多种优秀西文期刊，覆盖自然科学、医学、工程技术各领域，在全国范围内为用户提供目次检索、文摘检索和引文检索功能，提供NSTL原文传递和代查代借功能[56]。目前引文数据已累积3000余万条，并不断更新数据。

（2）中国科技论文与引文数据库（CSTPCD）

中国科学技术信息研究所从1988年开始承担中国科技论文的统计分析工作，并建设"中国科技论文与引文数据库"（CSTPCD），作为研究项目的国内数据来源。CSTPCD是一个集多种检索与评价功能于一体的大型文献数据库，目前分为网络版和光盘版两种版本，其中网络版覆盖国内发行的重要科技期刊2800余种，光盘版收录核心期刊1300余种，提供的文献信息包括：作者姓名、论文题目、作者单位地址、期刊引用参考文献以及其他重要的文献计量数据。截至2013年，CSTPCD共收录了1994种中国科技期刊作为中国科技论文统计源期刊，引文数据超过900万条。

（3）中国科学院文献情报中心的中国科学引文数据库（CSCD）

中国科学院文献情报中心的中国科学引文数据库（CSCD），收录我国数学、物理、化学、天文学、地学、生物学、农林科学、医药卫生、工程技术和环境科学等领域出版的中英文科技核心期刊和优秀期刊千余种，目前已积累从

1989 年到现在的论文记录 3 778 915 条,引文记录 40 091 506 条[57]。经过定量遴选、学科专家评审和中国科学引文数据库来源期刊遴选委员会的评议,2013 至 2014 年度中国科学引文数据库收录来源期刊 1141 种,其中中国出版的英文期刊 125 种,中文期刊 1016 种。中国科学引文数据库来源期刊分为核心库和扩展库两部分,其中核心库收录 780 种。

(4)中文社会科学引文索引(CSSCI)

在中文人文社科领域,检索论文收录和文献被引用情况主要依托南京大学中国社会科学研究评价中心开发研制的中文社会科学引文索引(CSSCI)。CSSCI 遵循文献计量学规律,采取定量与定性评价相结合的方法从全国 2700 余种中文人文社会科学学术性期刊中精选出学术性强、编辑规范的期刊作为来源期刊。目前收录包括法学、管理学、经济学、历史学、政治学等在内的 25 大类的 500 多种学术期刊,现已开发的 CSSCI(1998—2009 年)十二年数据,来源文献近 100 余万篇,引文文献 600 余万篇。

3. 全文数据库

相比于二次文献数据库,全文数据库建设是数字资源建设的一项深化措施,它实现用户即点即得,完全脱离物理文献资源,实现数字阅读。以高校和专业系统图书馆为例,高校图书馆系统从 CALIS 一期便开始建设的高校学位论文数据库中的学位论文数据总量已达 132 万条。高校学位论文数据库中 83% 的论文来自于国内的"211""985"高校,与国内的其他商业性学位论文系统比较,CALIS 论文系统在收集论文的时效性以及论文来源等方面具有优势。CALIS 论文系统中的大量论文是其他商业性系统中所没有的。除当前的文献资源外,CALIS 从"十五"开始高校古文献资源库的建设,当时只有北京大学等四家图书馆参加,CALIS 三期又吸纳了包括香港中文大学、澳门大学等 20 家具有古籍馆藏特色、古籍馆藏丰富的高校图书馆参加联合古籍资源库建设,参建馆数量达到 24 个。截至 2012 年 5 月,高校古文献数据库数据总量达 63 万条、书影 22 万幅、电子书 8.3 万册,包括古籍和舆图的元数据、图像、电子书等多类型、多层次文献资源类型,开创了古文献资源多元化建设体系,是国内古文献资源多方面联合共建共享之先例。该资源库的建设,不仅为国家各类古籍整理项目在各馆顺利实施提供了有利的条件,同时也为三地古籍文化的深入交流奠定了基础。在专业图书馆系统中,中国科学院文献情报中心利用办学优势建了中国科学院学位论文数据库,收录了自 1983 年以来中国科学院授予的博士、硕士学位论文及博士后出站报告,涵盖数学、物理、化学、地球科学、生物科学、农林科学、工程技术、环境科学、管理科学等学科领域，收录论文 89 811 篇。同时，中国科学院学位论文可通过中国科学引文数据库（CSCD）查找被引用的情况，了解学位论文的影响力，并与原文传递系统连接，为用户提供快速获取更多资源的途径。

4. 多媒体数据库

多媒体数据库是各省市公共图书馆自建数字资源的主要形式，图书馆根据自身地域、文化特色构建了内容丰富、极具特色的专题数据库。借助全国文化信息资源共享工程的发展契机，项目启动之初全国有一半以上省级公共图书馆参加到共享工程的资源建设中。经过多年建设和研发，共享工程各省中心建成一批具有自主知识版权、馆藏特色鲜明、内容丰富、史料性强、图像高品质、建设规范标准的数字资源。江苏文化数据库、江苏地方戏剧视频资源库、江苏省五星工程数据库、抗日战争历史图库、红色记忆、百年商标、百年人物、百年艺苑、奥运世界中华圆梦、中外文学名著插图数据库等自建数据库，自 2005 年 8 月发布以来深受海内外图书馆同仁和读者的关注和青睐。北京市文化信息共享工程以"北京故事""典藏北京"为主线，分主题、分形式地建设地方特色资源。"北京故事"以多媒体资源库的形式，分不同主题展现北京历史文化；"典藏北京"则是专题片系列，以专题片的形式展现北京城的发展历史。上海地方资源建设在选题上选择具有鲜明的地域特色、有较大影响力和深厚群众基础的文化专题，侧重在民族文化、文化遗产、戏剧、旅游文化、曲艺杂技等类资源。在高校图书馆系统，高校图书馆围绕高校师生的教学、学习也建立了一批极具特色的多媒体数据库。例如，清华大学图书馆的学生原创视觉空间，集上传、收集、长期保存等功能于一身，收集资源包括视频资源、照片资源以及海报资源。厦门大学图书馆多媒体中心的厦门大学名家视频则提供了朱崇实、易中天等教师的演讲视频，从多角度展示高校教学成果。

三、图书馆 OA 资源建设情况

1. OA 资源集成揭示

随着 OA 运动的进一步深入，出现了越来越多的 OA 期刊，Wiley、Elsevier 等国外大型出版商纷纷制定了开放出版政策。截至 2014 年 1 月，DOAJ 收录的 OA 期刊已达到 9804 本。由此可见，OA 期刊已逐渐成为数字资源建设的重要部分。目前，我国许多图书馆主要是借助 Exlibris 的 OA 电子期刊查询系统对 OA 期刊进行揭示。该系统是 Exlibris 公司为中国用户联合会成员提供的免费期刊查询服务。除一般检索外,用户可按学科进行快速分类浏览,也可以依据 OA 期刊、核心期刊、NSTL 订购期刊进行查找。同时,该系统还对投稿及全文获取进行了有效的指引。除了对 OA 期刊进行揭示、提供检索外,中国科学院文献情报中心作为国际上首个机构与开放出版集团 BioMed Central 签署了关于数字资源长期保存协议。根据协议,将正式在中国科学院文献情报中心建立 BioMed Central 的全部开放出版期刊资源长期保存的中国站点。2013 年 12 月,NSTL 作为中国集团牵头机构,代表中国加入由欧洲核子研究中心(CERN)发起的国际高能物理领域学术期刊开放出版支持计划 SCOAP3,实质性参与 SCOAP3 的管理和运作。我国应承担的 SCOAP3 开放出版服务费将由国家财政经费全额承担,以有力支持世界高能物理领域科研学术成果的 OA,促进我国科研成果的开放交流[58]。这一做法将更彻底、更深入地扩大 OA 资源在我国的使用范围。

2. 机构知识库建设

机构知识库建设是图书馆参与 OA 运动的一种重要方式,并主要是在专业系统图书馆和高校图书馆中开展,目的在于保存和利用本机构内部的知识资产。

中国科学院于 2007 至 2008 年度启动并完成了力学研究所 IMECH-IR 和中国国家科学图书馆 LAS-IR 试点建设工作,并在试点的基础上于 2009 年启动第一期规模化推广,2011 年启动第二批推广,目前正持续推进。随着中科院机构知识库推广工作的深入和相关支撑服务的不断完善,知识内容采集数量明显呈逐年增长态势,截至 2012 年 10 月,公开服务机构知识库达到万条以上的研究所有 11 家,全院总体数据规模已达 349 003 条。其中,含全文的数据量为 265 016 篇,占 75.94%,可提供对外开放服务的全文数据量 159 131 篇,占 77.5%。当前研究所机构知识库采集的主要知识内容类型为期刊论文(70%)、学位论文(11%)、会议论文(10%)、专利(5%)等,并不同程度地收集了预印本、成果、专(译)著、文集、演示报告、研究报告、多媒体、软件著作权等内容类型。机构知识库访问利用量也显著增长,累积总浏览量 29 330 485 次,总下载量为 4 552 070 篇次,大大提高了中国科学院研究成果的显示度和可见性[59]。

机构知识库建设同样得到了高校图书馆的重视。根据 CALIS 管理中心和北京大学图书馆进行的"2011 我国高校机构知识库建设现状调研"结果显示,在参与调研的 349 家高校中,已建机构知识库的仅有 54 家,且大多资源类型单一(如仅为学位论文)、访问权受限。为此,CALIS 三期规划了中国高校机构知识库建设及推广项目,截至 2012 年 4 月项目通过验收,各参建馆总计完成多种类型资源 76 178 条,其中既包括图书、期刊论文、会议论文、研究报告、学位论文等常见的资源类型,也包括照片、化作、音视频习作、纪实类独立电影、计算机软件等特殊资源类型[60]。2013 年,中国机构知识库工作推进组再次对我国教育科研机构的机构知识库建设情况进行了调研,与 2011 年调研结果相比,存缴内容呈现多元化趋势,且完全开放的比例提高不少。在一些典型高校中,机构知识库已深入到高校的科研管理与评价工作中。例如厦门大学学术典藏库经过 7 年多的探索与建设,数据条目超过 55 000 条。2011年,建设学者 ID 库,为厦门大学学者提供唯一科学研究者身份号,解决同姓同名作者以及同一作者用不同名字发文的识别问题,为厦门大学学者管理个人信息、管理学术成果和展示学术成果提供便利。2013 年建设厦门大学学者论文目录库,科研管理系统和人事管理系统都不同程度地收录了教职工有关科研成果的数据,为课题的结题、考核、评奖、评职等提供依据。清华大学图书馆则通过从数据库中抓取全校论文数据并进行院系划分,院系在此基础上再补充数据,形成了清华大学机构知识库,用于统计学校发表论文情况。但是,机构知识库仍是按照作者单位展示数据的,比如学院—系—资源类型,需要增加一种按照清华作者展示数据的方式,清华大学学者库由此产生,可检索学校教师的背景情况、合作情况等,并实现可视化揭示[61]。

第四节　我国图书馆数字资源建设未来发展策略

一、聚焦新型资源的采集与融合

传统的专著、期刊论文、学位论文等规范性较强的信息资源是我国图书馆历来数字资源建设的重点,但是随着科研用户需求的多元化以及数字资源建设嵌入科研过程的需要,科学数据、课件等新型数字资源理应逐步纳入我国数字资源建设范围。在国外,许多发达国家已开展了诸多相关实践。例如,在国家层面,加拿大科技信息研究所成立了加拿大科学研究数据战略工作组,以保证加拿大国内科学数据的完整性与可持续性获取。美国国家卫生基金会(NSF)等已在项目申请阶段要求申请者提供详尽的科学数据管理规划,已形成一定的约束机制。在机构层面,康奈尔大学图书馆的 DataStar 项目、普渡大学图书馆的 D2C2 项目等都在为科学数据的存储与发布创造条件。同时,OA 运动的发展,使得越来越多的学术期刊实现了在线 OA,我国图书馆应积极关注 OA 资源的发展,通过建立导航和指南的方式,将这部分资源整合进本馆资源中,作为数字信息资源建设的重要组成部分。因此,我国图书馆数字信息资源建设必须重视这类新型资源的采集与保存,并通过有效的组织加工实现传统资源与新型资源的融合,重视文献资源与科学数据等资源之间的关联服务,深化数字资源建设内涵,为用户提供更多有效的信息资源支持。

二、建立全国性数字资源联合建设机制

在我国,公共图书馆系统、高校图书馆系统以及专业图书馆系统均已初步建立相应的数字资源共建共享体系以优化经费使用效率。但是随着交叉学科的不断渗透、外文数字资源垄断带来的价格上涨、地区/系统资源建设发展不均衡以及用户需求变化等多方面、多层次原因,我国局限于系统内部的数字资源建设方式已很难满足在数字信息环境下数字资源的长期完整保存和资源服务的保障要求,亟待建立全国性数字资源的联合建设机制,立足于数字资源体系的整体建设。在元数据层面,元数据采集方式从单纯依靠加工扩展到加工、赠予和购买等多种方式同时进行,对网络资源、开放获取资源等元数据进行实时采集和保存,通过与国外出版商协商获取/购买/补充元数据资源。在此基础上,构建一个统一的元数据完整体系对元数据资源进行有序组织与深度揭示,形成中国数字资源"大元数据"体系,构建国家级资源发现系统,通过分析用户所处网络环境将用户指向最优化的资源存储位置,并为第三方分析等深层次服务提供基础性支撑保障;在全文层面,在以国家级文献信息服务机构发挥主导作用的前提下,制定市场化激励措施,鼓励相关机构参与国家的科技信息资源保障,从集中保存转向集中与分布相结合的保存格局,形成国家数字全文资源保存与服务保障的协同联盟。

三、推进数字信息资源的深度加工与知识服务

当前,数据库的价格特别是分析工具型数据库价格维持在较高的价位,成为数据库出版商新的利润增长点。数据库出版商通过信息资源整合,满足了用户需求,获取了竞争优势,在一定程度上削弱了图书馆在信息服务方面的主导地位,也对我国图书馆的数字资源建设形成挑战。细究数据库产品可以发现,其整合策略主要是从两方面实现,一是对多种信息资源类型重组;二是通过深度资源加工对论文资源中的图表、公式进行关联,进行二次开发,通过精细的数据加工对其全文资源进行碎片化组织,将文中的引文、图片、公式进行关联,提供知识服务。因此,我国图书馆有必要提高数据加工标准以及实现各种类型资源的关联、整合,构建以知识服务为导向的数字信息资源建设,使资源价值得到最大程度的实现。这就要求在积累元数据资源的基础上,通过知识化组织元数据,强化关联数据的处理和形成,进行标题/图标/概念/活动等的标注、规范与数据关联,优化网络平台的检索功能,从海量信息中抽象分析出热点主题、有影响力的学者和有实力的机构,建立可视化的学术关系网络,向研究者提供全面的网络分析与挖掘服务。除了直接在网络平台上使用外,还可拓展服务第三方的解决方案、面向研究人员开放 Application服务或专题情报服务,开拓和支持相应机构的文献计量分析、数据挖掘与监测、事实型情报分析等,实现大数据环境下的学术知识挖掘服务。

四、加大知识产权保护体系构建

发达国家对知识产权的保护力度较大,且法律对相关概念和范围界定更为明确,使国内在利用国外数据库进行文献传递等服务过程中,知识产权问题尤为突出,从而迫使我国不得不加快文献传递服务的规范化进程,完善各项版权措施。从机构层面来说,我国图书馆应重视采购谈判和合同签订等争取利益的重要措施,应着重加强对长期保存权以及是否可以提供文献传递和馆际互借业务等资源使用权利问题的谈判沟通,尽力坚持以中文版本合同为准,双方一旦发生纠纷,则以中华人民共和国法律为判断依据。在使用资源时,图书馆也应该注意加强版权风险管理,合理使用数据库产品,积极履行提醒义务,执行严格的用户管理制度,充分告知用户使用资源时所承担的版权责任。针对用户恶意下载、违规下载等不当行为,图书馆应制定相应的惩罚措施,以规范用户的资源使用行为。从国家层面来说,我国的版权结算制度也有必要尽快完善。在国外,版权结算制度已相对完善,美国版权结算中心(CCC)等复制权管理组织在图书馆文献传递版权结算方面发挥了重要作用。但是我国相关的著作权集体管理组织与国外复制权管理组织的合作仍十分有限,尚未有参与图书馆文献传递服务版权结算的先例。因此,我国相关组织机构也应积极与版权人签署版权代表协议,制定相应许可类型和内容。图书馆也可通过与复制权管理组织签署许可协议,直接向用户提供版权服务,代为收取版权费,从而提高文献传递的效率。

参考文献:

[1] 索传军. 论网络化图书馆的信息资源建设[J]. 图书馆,1999(1):22-25.

[2] 吴志荣. 论数字信息资源建设[J]. 图书情报知识,2000(3):30-32,35.

[3] 崔宇红. E-Science 环境中研究图书馆的新角色:科学数据管理[J]. 图书馆杂志,2012(10):20-23.

[4] 肖潇,吕俊生. E-science 环境下国外图书馆科学数据服务研究进展[J]. 图书情报工作,2012(17):53-58,114.

[5] 魏东原,朱照宇. 专业图书馆如何实现科学数据共享[J]. 图书馆论坛,2007(6):253-256.

[6] 黄筱瑾,朱江,李菁楠. 研究型图书馆参与科学数据共享服务研究[J]. 图书馆论坛,2009(6):177-179,193.

[7] 徐丽芳,刘锦宏. 我国高校图书馆开放获取学术资源集成与揭示现状分析[J]. 出版科学,2011,3:76-80.

[8] 胡渊. 数字图书馆信息资源建设研究[D]. 陕西师范大学,2006:35-40.

[9] 施蓓. 数字图书馆的资源建设和服务[J]. 图书馆工作与研究,2004(1):63-65.

[10] 陆娜,李纲. 论我国数字信息资源建设[J]. 情报科学,2004(2):204-206.

[11] 翟莹昕. 数字图书馆信息资源建设[J]. 长春理工大学学报,2007(2):95-98.

[12] 肖希明. 信息资源建设[M]. 武汉:武汉大学出版社,2008:32.

[13] 申晓娟. 国家图书馆数字资源建设与共享[J]. 数字与缩微影像,2009(4):1-5.

[14] 范并思. 基层公共图书馆数字资源建设:理念、原则与方案[J]. 图书馆论坛,2005(6):190-195.

[15] 李金波. 中小型图书馆数字资源建设的对策研究[J]. 情报科学,2005(6):872-875.

[16] 伏广红. 论高校数字图书馆信息资源的建设与开发利用[J]. 现代情报,2007(6):74-76.

[17] 梁红. 高校数字图书馆信息资源建设探析[J]. 图书馆工作与研究,2005(4):55-57.

[18] 李以敏,江丽丽. 专业图书馆信息资源建设浅谈[J]. 中国图书馆学报,2003(3):99-100.

[19] 贺德方. 国家工程技术文献保障与服务的现状与展望[J]. 数字图书馆论坛,2013(10):1-5.

[20] 肖强. 商业数字图书馆信息资源建设模式[M]. 北京:世界图书出版社,2012:57-80,111-115.

[21] 黄孝章,张志林,陈丹. 数字出版产业发展模式研究[M]. 北京:知识产权出版社,2012:107-112.

[22] 丁兰兰. 图书馆专题数据库的建设和监管评估[J]. 图书情报知识,2002(2):51-52.

[23] 何坚石,樊国萍. 数字图书馆中特色数据库的建设[J]. 图书馆建设,2003(2):33-35.

[24] 范亚芳,郭太敏. 特色数据库建设若干问题研究[J]. 情报理论与实践,2008(4):550-553.

[25] 蒲筱哥,张敏. 特色数字资源建设的相关问题研究[J]. 现代情报,2008(2):84-87.

[26] 裴成发,贾振华,姜云丽. 我国省级公共图书馆特色数字资源建设调查[J]. 图书馆杂志,2008(10):21-24.

[27] 杨思洛. 省级公共图书馆特色数据库建设调查[J]. 图书情报工作,2005(9):105-111.

[28] 李蓉梅. 数字图书馆资源开发建设中的版权问题与著作权权利限制[J]. 图书馆学研究,2005(6):90-92.

[29] 王海欣. 数字图书馆资源建设中的版权保护[J]. 现代情报,2005(7):96-98.

[30] 马海群,等. 面向数字图书馆的著作权制度创新[M]. 北京:知识产权出版社,2011:79-153.

[31] 于佳亮,吴新年,贾彦龙. 机构知识库资源建设中的产权策略研究[J]. 情报理论与实践,2008(3):353-355.

[32] 肖可以,龙朝阳. 机构知识库建设及其法律问题研究[J]. 图书馆学研究,2008(11):39-41,81.

[33] 宛玲,张晓林. 数字资源长期保存过程中的知识产权问题分析[J]. 中国图书馆学报,2005(3):65-69.

[34] 张晓艳. 数字资源长期保存中的知识产权问题研究[D]. 华中师范大学,2009:35-46.

[35] 宋怡. 中外在数字信息长期保存中有关知识产权问题的法律对策异同分析[J]. 大学图书情报学刊,2007(6):3-7.

[36] 陈益君,吕慧平. 数字图书馆建设中的若干知识产权问题探讨[J]. 图书情报工作,2005(2):131-133,140.

[37] 刘荣. 全盘自动化——21世纪初中国图书馆自动化的发展目标[J]. 中国图书馆学报,1999(3):38-41,70.

[38] 郑怀国,邢燕丽,孙素芬. 北京农业信息资源数字化建设实践与探索[J]. 农业图书情报学刊,2002(6):30-31,37.

[39] 潘妙辉. 公共图书馆数据库资源建设研究[J]. 图书馆论坛,2002(2):56-59.

[40] 姚淑慧. 长春图书馆数字资源建设的回顾与前瞻[J]. 图书馆学研究,2002(10):24-26.

[41] 邵晶,许文华,郑庆华. 对我国高校图书馆订购电子资源后续问题的思考及建议[J]. 大学图书馆学报,2003(3):67-69,89.

［42］朱强.CALIS 的数字资源建设及发展[J].河北科技图苑,2001(2):4-5,29.

［43］许萍华,丁申桃.数字资源整合目标与模式探讨[J].图书馆杂志,2005(5):32-34,38.

［44］曾建勋.知识链接及其服务研究[M].北京:科学技术文献出版社,2012:160-179.

［45］王波,刘静,庞琳,等.2013 年高校图书馆发展概况(节录)[N/OL].[2015-01-15].http://xhsmb.com/20141107/news_26_1.htm.

［46］姚勤.省级公共图书馆拥有的商业数据库情况调查[J].图书馆学研究,2011(9):40-44.

［47］宛玲,余向前,董伟.我国图书馆数字资源集团采购的发展历程及特点[J].情报资料工作,2009(6):65-68.

［48］CALIS 订购资源集团采购工作报告[EB/OL].[2014-01-15].http://www.doc88.com/p-672405694121.html.

［49］中国成立高校图书馆数字资源联盟团购海外数据库[EB/OL].[2014-01-15].http://www.chinanews.com/edu/news/2010/05-11/2276003.shtml.

［50］肖珑.2012 年高校订购资源集团采购状况报告[EB/OL].[2014-01-15].http://115.24.177.58/userfiles/files/0515/%E8%82%96%E7%8F%91%202012%E5%B9%B4%E9%AB%98%E6%A0%A1%E8%AE%A2%E8%B4%AD%E8%B5%84%E6%BA%90%E9%9B%86%E5%9B%A2%E9%87%87%E8%B4%AD%E7%8A%B6%E5%86%B5%E6%8A%A5%E5%91%8A%20%E4%B8%8A%E7%BD%91%E7%89%88.pdf.

［51］潘晓蓉,张爱霞,刘华.国家保障学术电子资源评价研究——以 NSTL 订购电子资源为例[J].数字图书馆论坛,2013(5):7-13.

［52］国家图书馆新购 Emerald 出版社回溯期刊数据库为全国开通服务的通知[EB/OL].[2014-01-15].http://dportal.nlc.gov.cn:8332/nlcdrss/szzy/zylb_qgsq_1.htm.

［53］联合编目中心简介[EB/OL].[2014-01-15].http://olcc.nlc.gov.cn/about-zxjj.html.

［54］联合目录集成服务系统简介[EB/OL].[2014-01-15].http://union.csdl.ac.cn/aboutus.jsp.

［55］姚晓霞,张俊娥.CALIS 资源共享建设与发展[J].数字图书馆论坛,2013(1):15-20.

［56］孟连生,张建勇,刘筱敏,等.建设国际科学引文数据库,拓展 NSTL 服务内涵[J].数字图书馆论坛,2010(10):58-61.

［57］中国科学引文数据库介绍[EB/OL].[2014-01-15].http://sciencechina.cn/index_more1.jsp.

［58］国家科技图书文献中心代表中国加入 SCOAP3[EB/OL].[2014-01-15].http://tech.sina.com.cn/d/2014-01-08/16589079051.shtml.

［59］张冬荣,祝忠明,李麟,等.中国科学院机构知识库建设推广与服务[J].图书情报工

作,2013(1):20-25.

[60] 聂华,韦成府,崔海媛.CALIS 机构知识库:建设与推广、反思与展望[J].中国图书馆
学报,2013(2).:46-52.

[61] 曾婷,黄丽,邹荣,等.清华大学机构知识库的扩展服务研究与实践[EB/OL].
[2013-11-26].http://ir. las. ac. cn/handle/12502/6324? mode = full&submit_simple =
Show + full + item + record.

（执笔人:曾建勋　丁道劲　苏静　邢文明　诸葛列炜）

第七章　数字图书馆平台系统建设

第一节　发展概述

数字图书馆系统平台是以图书馆各种类型数字资源和互联网上的各种资源为中心,以便捷的用户使用功能、快捷的信息服务机制为目的,围绕数字资源的加工建设、存储和管理、访问和服务,提供一整套先进、实用、高效的工具,是开发和利用数字图书馆的管理系统[1]。伴随着信息技术的不断发展,数字图书馆系统平台也呈现出明显的阶段性飞跃,主要可以分为主机、局域网、互联网和智慧泛在四个阶段。

一、主机阶段

主机的主要用途是科学计算,供专业技术人员使用,随着分时技术的发明以及小型机的出现,图书馆利用这些计算设备实现了对传统图书馆业务的自动化管理和服务,可视为数字图书馆的初级阶段或基础阶段。国内图书馆在此阶段迈出自动化的第一步,开始研制单功能/局部自动化模块系统或图书馆集成管理系统对图书馆业务进行管理,并且为完善系统性能及延伸服务,还引入或开发了书刊目录查询系统(OPAC)。提供书目检索服务的 OPAC 是数字图书馆系统早期的原型。这一时期国内公共图书馆、高校图书馆纷纷引进计算机设备,进行图书馆管理自动化的实践。以上海交通大学为例,研发的几代图书馆自动化系统均获得国家科技进步奖和上海市科技进步奖。今天大型主机的时代已经成为过去时,但大型主机仍然在数字图书馆中发挥重要作用,支撑各类数字图书馆系统平台的运行。

二、局域网阶段

局域网的兴起使得"PC + 局域网"的模式成为计算机应用的主要形式,同一单位内的计算机之间可以实现实时数据交换,这是第二阶段——局域网阶段。这一时期的数字图书馆系统平台以实现传统业务的数字化管理为主要目标,如图书、图像的数字化处理和本地光盘塔数据浏览等。图书馆通过引进或开发微机局域网系统,建设电子文献阅览室,使数据资源在局域网各计算机终端之间互相联通,而采用光盘塔与光盘库技术的光盘网络检索系统,则提供了便捷的联机光盘资源检索与浏览。

三、互联网阶段

互联网的出现促成了数字图书馆理念的最终形成[2]。1994 年 4 月 20 日,北京中关村地区教育与科研示范网接入国际互联网的 64K 专线开通,实现了与国际互联网的全功能连接,这标志着中国正式接入国际互联网。随着四大骨干网(中国科技网 CSTNET、中国宽带互联网 CHINANET、中国教育和科研计算机网 CERNET、中国金桥信息网 ChinaGBN)的陆续启动,信息技术得到快速发展,支持了中国数字图书馆的实践与进步。国内开始出现数字图书馆方面的引介与讨论,学者们从整体建设规划、开展科学研究、建立实验性数字图书馆、人才培养等方面提出我国数字图书馆的建设方向。1994 年至 2014 年年底,以数字图书馆平台系统为题的期刊论文有 5000 多篇①,国外先进经验的引介以及本土理论研究的深入推动了数字图书馆的建设热潮。通过借鉴与结合国外应用系统,一些全国性、地区性的数字图书馆系统平台项目纷纷进行规划启动或立项建设[3],上海图书馆在此阶段搭建的 Horizon 系统在当时居于世界领先水平。随着高速网络传输系统、海量数字资源存储系统、高性能服务器系统等硬件基础设施平台逐步搭建完成,围绕数字资源生命周期管理的基础软件平台基本成型,建设重点转到扩充和强化网络服务、开展数字化内容的建设、整合和服务上,主页成为数字化服务的主要媒介,OPAC继续承担资源内容揭示的功能。

四、智慧泛在阶段

随着智慧城市、智慧校园的逐步构建,基础网络能力(WIFI、3G、物联/传感网等)逐渐成形,呈现出泛在化、感知化和智能化的特点,全面感知、立体互联和个性互动,可视为超越互联网的网络发展新阶段[4]。泛在化是指在运用有线、无线等多种技术,推动无所不在的网络基础设施,使所有人都能够随时

---

① 数据来源于 CNKI. http://www.cnki.net/。

上网,人与人之间通过社交网络工具实现更加便捷的信息交互。与之相应的,移动终端设备推陈出新,移动阅读成为数字阅读的发展趋势,为了推动与支持移动阅读,数字图书馆推出移动服务平台,将传统图书馆服务向数字图书馆移动服务不断拓展和延伸。而物联/传感网则带来感知化的特点,通过人与人、人与物、物与物之间信息交换,实现具有超强感知能力的信息服务与应用,推动图书馆服务模式从被动服务向主动服务转变。而智能化关注的是未来,试图理解未曾理解的事物,具有预测的能力。数字图书馆系统平台通过引入大数据分析、自然语言处理、人工智能等技术,运用长期积累的知识产生智慧,感知到用户的存在,为用户提供相应的数字图书馆资源和无处不在、形式多样、个性定制、主动灵活的智能服务,带来互联、高效、便利的图书馆使用体验,从而帮助用户实现正确的决策与创造。

目前数字图书馆系统平台仍然在不断地建设发展,在从区域联合向开放共享转变、从互联网阶段向智慧泛在阶段演进、从信息管理向知识管理乃至智慧管理发展,这种发展演变离不开技术的支撑与实践的检验,后文将从系统平台技术与系统平台实践两个角度,进行梳理与总结。

第二节　系统平台技术

一、概述

经过多年的发展,数字图书馆系统平台的类型和数量快速增长,数字图书馆系统正向多元、分布和开放的体系架构转变。这些系统平台之间、数据之间存在着千丝万缕的基于内容和知识的相互关联,使得数字图书馆系统平台从开放链接、开放接口走向开放平台、开放服务。数字图书馆系统平台汇合了多种学科技术,以终端用户的需求为导向,逐步从系统主导型发展成为服务主导型,并在数字图书馆服务环节中取得了不少实践成果。

当然,随着信息技术的不断发展和信息环境的变化,作为数字图书馆重要支撑的系统平台建设,同样面临各种变化带来的挑战。时任国家图书馆馆长周和平在 2011 年中国图书馆年会暨中国图书馆学会年会上,对数字图书馆的发展提出了三个主要的机遇与挑战:

一是信息交流环境剧烈变化。特别是近年来,信息技术、网络技术、数字技术迅猛发展,以 IPv6 为核心的下一代互联网、以光网络和 3G 为核心的下一代通信网络、以数字化为核心的下一代广播电视网迅猛发展,三网融合加快推进,手机上网、互联网电视、数字电视等跨网络业务发展迅速。数字图书馆需要提供基于多网络平台的信息传输途径和服务渠道。

二是数字资源内容日益丰富。信息技术的发展极大地促进了数字资源的生产,数字图书馆资源急剧增长。人们置身于一个信息无时不在、无处不在的环境中,为数字图书馆提供了更加丰富的资源内容。物联网、语义网、云计算、数据挖掘、知识组织等新兴技术不断涌现,为图书馆采集和管理海量数字资源提供了新的技术手段。

三是知识获取途径日趋多样。数字阅读作为一种重要的阅读方式,日益普及,从在线阅读、电子阅读器阅读,发展到以手机、平板电脑等移动终端为载体的无线阅读;搜索引擎及各种社交网络成为人们获取信息的重要渠道。对图书馆开展基于全媒体、多终端的服务提出了新的要求。

这三个挑战正是数字图书馆系统平台技术发展的三个维度。著名数字图书馆研究博客"图谋博客",从核心技术和关键技术角度,对数字图书馆技术进行了全面阐述[5],从服务流程上来讲,数字图书馆系统平台的技术可以分为三类核心技术:

1. 以系统或软件平台为中心的系统支撑技术

数字图书馆利用高端服务器、多类网络通信技术、智能存储系统、将面向对象的软件技术、人工智能技术与先进的知识组织和调度系统相结合,建立具有很好的可扩展性、易用性、可管理性和高可用性以及较强的可持续发展能力的数字图书馆系统和群体,相关技术包括:

- 基于并行和集群技术的数字图书馆中心服务器;
- 通用数字对象命名体系的设计和实现;
- 大型分布调度系统设计与实现;
- 数字图书馆的信息通信基础设施:无线网络、有线网络、宽带网络、P2P网络等相关技术;
- 通用数字图书馆支撑平台的设计和开发;
- 信息安全机制和访问控制技术;
- 海量多媒体信息的采集、压缩、表现和数字化技术等;
- 基于分布、异构、海量环境下的数字图书馆体系结构的研究和设计;
- 商业云计算平台和开源软件;
- 基于多种主体(Agent)的人工智能技术在数字图书馆的应用;

- 中间件技术；
- 数字图书馆系统的运行与维护等。

2. 以内容为中心的内容组织技术

建设数字图书馆的核心是内容建设，也就是用一套中性技术（例如：XML、openAPI 等）对数字知识内容资源加以组织与管理。具有超大规模、分布式的、可扩展的多媒体知识资源库，是发挥数字图书馆作用的基础；加工内容资源必须采用多种国际标准与工业规范去标引和组织，以达到一次加工、长期使用以及多种内容资源可互操作的目的，主要包括：

- 元数据的标准和规范；
- 知识资源（含声、像、图、文）的通用型加工系统；
- 语法层次的大容量文献自动采集；
- 自动篇名生成、自动标引、自动文摘生成的实用化技术；
- 知识概念（语义）体系的建立（实现语义层次的自动标引、自动文摘生成）；
- 大数据处理与分析挖掘；
- 分布式藏品元数据的聚集与元数据库的构建；
- 超大规模多媒体数字资源的长久保存、归档和存储管理技术，包括档案系统等；
- 数字内容藏品的版权管理系统；
- 数字对象和媒体的新型经济与商务模型研究；
- 物联网相关的服务数据；
- 云存储资源的组织管理；
- 与创建和使用数字收藏有关的社会经济法律问题的技术、方法、过程等。

3. 以用户为中心的用户服务技术

数字图书馆的建设以不断改善用户服务为最终目标，必须为用户在知识发现与利用上提供高效方便的工具，并且使得用户可方便地通过数字图书馆的多个资源库无缝获取所需的知识，包括：

- 先进高效的导航、资源整合和知识发现系统；
- Social + Local + Mobile 的全新用户体验；
- 适用于 TB 级数据的高效搜索引擎；
- 开发实用的多语言、多文字、多文化以及个性化用户界面；

- 可视化、智能的主动服务和推荐技术；
- 保证藏品的安全和完整性技术；
- 信息过滤系统；
- 隐私权保护技术；
- 实现数字图书馆群与科学数据库群内容的集成性服务；
- 对新型媒体知识产权处理形成合乎法律框架的经济和商业新模型；
- 移动化阅读和用户工具软件；
- 基于因特网的协同工作技术、工具用户和可使用性研究，包括人—机交互、以人为中介的交流、有特殊需求的用户和机构。

如图 7-1 所示，系统技术为数字图书馆系统发展的基石，内容技术是数字图书馆系统的中间件，用户技术是数字图书馆系统的表现层，三种核心技术相互交叉、相互融合。

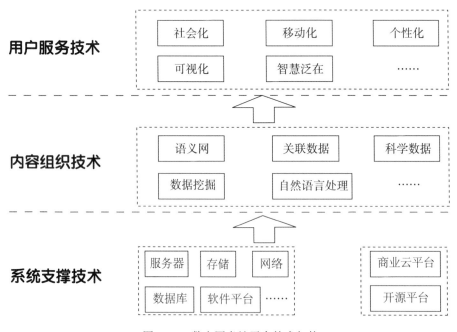

图 7-1　数字图书馆平台技术架构

在数字图书馆系统平台的建设、发展过程中，围绕上述三大核心技术，以下几类技术成为数字图书馆系统平台研究的关注热点[6]：

（1）分布式技术，如虚拟化技术、网格技术、P2P 和云计算架构。网格是把整个网络整合成一台虚拟的巨大超级计算机,实现计算资源、存储资源、数据资源、信息资源、文献资源、知识资源、专家资源等的全面共享。总之,网格可以实现分布在全球的硬件资源、软件资源和各种信息知识资源全面的连通,达到资源的最大共享。

（2）知识组织与智能技术,如人工智能、知识网络、神经网络、专家系统,实现了智能参考咨询;智能藏书决策（采访）、决策支持;智能分编;智能标引;智能搜索;智能信息推送等功能。其中,专家系统由开发环境、咨询环境两大部分组成,四大主要部件为:知识库、推理机、用户接口和动态库。

（3）开放源码技术,主要有数字图书馆自动化系统、服务软件和数字资源服务平台等。开放源码软件是一个新名词,它被定义为描述其源代码可以被公众使用的软件,并且此软件的使用、修改和分发也不受许可证的限制。开放源码软件通常是有版权的,它的许可证可能包含这样一些限制:着意保护它的开放源码状态,著者身份的公告,或者开发的控制。美国 OSI（Open Source Initiative）是国际公认的开放源码产业模式的非官方、非营利的社会团体,在业界具有一定的权威性。声明为"开放源码"的软件可以由 OSI 给予认证标志。

（4）数据挖掘、数据仓库,如自建数据库、联机检索、智能标引、智能推荐与数据可视化服务等。数据挖掘是从数据中抽取有价值的信息,其目的是帮助决策者寻找数据间潜在的关联,发现被忽略的要素,而这些信息对于预测趋势及决策行为是十分有用的。数据仓库是数据挖掘的基础,数据挖掘促进并指导数据仓库的建设。

（5）其他技术,如各类虚拟化技术,虚拟现实、虚拟学习（e-Learning）和大规模在线开放课程（MOOCs）,这些技术能提供虚拟学习、虚拟实习、虚拟考试和在线课堂的环境。其他技术还包括:信息的传递技术、压缩技术;权限管理技术;Web2.0 技术;信息抽取技术;IPv6 技术;数字图书馆的支撑技术（系统集成、Web、数据库、服务器、存储、系统安全）等。

数字图书馆关键技术是数字图书馆核心技术的衍生和拓展。任何数字图书馆建设项目只是采用其中部分技术,而"关键技术"也只是一个相对变化发展的概念;随着数字信息技术的持续发展,一些新的数字图书馆系统关键技术也会随之产生。

二、系统支撑技术

1. 硬件平台技术

数字图书馆系统的 IT 基础硬件设施主要包括服务器、数据存储和网络拓扑等,在服务器的操作系统中运行各类应用软件,数字图书馆大部分信息资源存放在专用存储设备中,通过高速网络提供对外服务。数字图书馆的硬件架构是由其总体系统框架和软件设计体系而决定的。对于以业务流程运作的数字图书馆系统,其数据是按照业务流程的不同,分布在不同系统和子系统之间,因此其系统架构通常是使用分系统建设并最后整合而成。在这其中,由于计算机性能的不断提升,对于数字图书馆服务器和存储设备,虚拟化技术与分布式联合成为数字图书馆系统平台硬件架构的一个趋势。

数字图书馆系统的硬件架构核心目标是支持海量数据存储和并发用户访问,其数据是以适合并发用户访问和大规模检索需求来组织的,通常来讲以索引和文档(文件)等方式存储,依靠索引提供快速检索,通过大容量的存储文件提供不同用户的全文需求。在构建虚拟化和分布式集群架构的过程中,数字图书馆各业务功能子系统进一步细分,如后台存储数据、全文资源、索引信息(服务器)和前台服务进行分离,并利用不同类型的负载均衡调配,满足并发用户访问和海量信息检索等具有高可靠性、高稳定性和高并发性特点的服务需求[7]。

稳定、高速网络是数字图书馆服务的基础,所有的数字资源都通过网络实现对外服务,基于分布式联合,以互联网为主要通道,可以为用户提供多层次、多样性、专业化的数字图书馆服务。同时,通过建立馆间虚拟网,实现图书馆之间的互联互通,实现馆际间的资源共享。国内数字图书馆硬件平台建设逐步以异构、分布和高速互联为核心理念,形成多区域共享架构模式。以国家图书馆为例,自 2013 年至 2014 年年底,开展了数字图书馆专网建设项目,建成国家图书馆到各省级图书馆的专线直连网络,为到馆读者提供高速度、大带宽的网络访问体验,为实现全国数字图书馆系统互联、业务整合、服务协作、可持续发展提供坚强的网络设施保障,而虚拟网将作为专网的冗余备份网络继续为各地图书馆提供服务[8]。

图书馆利用虚拟机技术可以在不增加机房硬件设备投入的基础上拓展更多的数字图书馆服务项目,整合各项硬件资源(如处理器、内存、存储和网络等),扩大硬件的容量,简化软件的重新配置过程,满足读者与日俱增的访问要求;同时提高了数字图书馆系统及数据访问的安全性和可靠性,减轻服务器系统管理人员的劳动强度。数字图书馆系统的虚拟化技术应用大大提高了数字图书馆系统的硬件资源利用和网络服务水平,对图书馆数字化服务的高效性和稳定性起到重要支撑作用[9]。

数字图书馆系统安全性主要包括版权保护和系统安全性的保护。版权保护是数字图书馆能够健康发展的前提。数字图书馆版权保护技术主要目的都是为了实现访问控制和使用控制。目前的版权保护技术主要分为三大类:安全容器技术、数字水印技术和移动代理技术。由于黑客和计算机病毒会直接影响数字图书馆的正常运行,系统安全的保护尤为重要,可采取如下措施:对系统进行加密;安装防火墙来隔离网络的不同部分;运行诊断程序以检测系统的安全问题;备份系统的信息以保证在系统遇到突发事件时可恢复,等等。

2. 云计算技术

云计算(Cloud Computing),是一种基于互联网的计算方式,通过这种方式,共享的软硬件资源和信息可以按需求提供给计算机和其他设备。云计算主要包括三种服务形式:

- SaaS(软件即服务):提供给用户的服务是运营商运行在云计算基础设施上的应用程序,用户可以在各种设备上通过客户端界面访问,如浏览器(例如基于 Web 的邮件)。用户不需要管理或控制任何云计算基础设施,包括网络、服务器、操作系统、存储,甚至独立的应用能力等,用户仅仅需要对应用进行有限的,特殊的配置。

- PaaS(平台即服务):提供给用户的服务是把客户使用支持的开发语言和工具(例如 Java、Python、.Net 等)开发的或者购买的应用程序部署到供应商的云计算基础设施上。用户不需要管理或控制底层的云基础设施,包括网络、服务器、操作系统、存储等,但客户能够控制部署的应用程序,也可以控制运行应用程序的托管环境配置。

- IaaS(基础架构即服务):提供给用户的服务是处理能力、存储、网络和其他基本的计算资源,用户能够利用这些计算资源部署和运行任意软件,包括操作系统和应用程序等。用户不能管理或控制任何云计算基础设施,但能控制操作系统、储存、部署的应用,也有可能获得有限制的网络组件(例如防火墙、负载均衡器等)的控制。

国内数字图书馆云服务平台基础架构以基础设施服务 IaaS 和基础平台服务 PaaS 为架构模式。以 CALIS 数字图书馆云服务平台(称为 Nebula Platform)为例,适合于构建大型分布式的公共数字图书馆服务网络,能将分布在互联网中各个图书馆的资源和服务整合成为一个整体，形成一个可控的自适应的新型服务体系，通过对各种服务进行动态管理和分配，来满足不同层次和规模的数字图书馆需求，支持馆际透明地协作和服务获取，支持各馆用户的聚合和参与，支持多馆协作的社会化网络的构建，支持多馆资源的共建和共享，具有自适应扩展的能力[10]。

而数字图书馆系统的应用服务则以软件即服务 SaaS 为主要云服务类型，越来越多的数字图书馆业务平台将构架于云计算环境上。美国的 OhioLINK 图书馆联盟就使用 Amazon Web Service 云服务托管部分的数字资源；而 Columbia 公共图书馆使用 Amazon EC2 云服务托管网站，使用 Amazon S3 服务备份图书馆集成系统。一些商用数字图书馆系统也已经实现了基于云的服务架构，如 Primo Central 基于云架构实现元数据聚合整合检索，Ex Libris 下一代图书馆系统 Alma 通过数据共享与合作服务，整合图书馆的各项内部业务，全部采用云计算模式进行部署和使用，从而实现远程数据管理、数据关联[11]，为用户提供一个集大数据量运算和存储为一体的高性能计算机的集中地。

在云环境下，厂商为用户提供的基础设施及服务解除了数字图书馆系统运行的硬件成本和相关运行成本，有望为图书馆解决数字资源长期保存问题；系统商帮助用户进行相关信息的处理、存储、备份，而图书馆则集中主要精力投入到用户服务等核心业务上；云计算的运用为图书馆之间的合作提供了机会，可以实现图书馆之间的资源共享，由"云"统一调度和组织图书馆上传的数据，并在统一标准模式下进行互补链接和整合；图书馆一方面可以积极利用外界的云服务作为本馆的补充，另一方面也可以通过"云"提供各类软件应用服务。

3. 开源技术

有统计表明：世界排名前一万的网站中有 74.6% 的网站由运行开源软件的网络服务商支持，而由 Apache 和 Nginx（来自俄罗斯）支撑服务的网站在前一万名中占到了 61% 之多。Apache 是世界使用排名第一的服务器软件，可运行在几乎所有的计算机平台上且有着极高的安全性；而在国内新浪、网易、腾讯等知名门户网站都使用 Nginx 进行服务。

越来越多的网站倾向于使用开源软件，开源计划一直在驱动着网络技术向前进步，开源精神促成的差异化促进了不同开发团队之间的竞争和开源软件的进步。Linux 在 2011 年迎来了 20 周岁生日，在过去的 20 年，Linux 从小群体的爱好成为今天各种计算的基础和所有计算形式的核心。过去开源软件充其量只是程序员自娱自乐的小工具，完全无法同 Oracle 或微软对抗，如今开源已成为各巨头的默认选择。在开源软件分享网站的支持下,各种互助圈子以惊人的速度涌现,满足各种编程需求。

自 2004 年以来,国内外图书馆界通过对数字图书馆系统开源软件研究与实践,已经从最初的仅由一些大学和研究机构进行自由式独立研究的初级阶段,进入到形成开源软件技术联盟进行合作开发的成熟阶段。2006 年和 2009 年,中国举办了两届"数字图书馆与开放源码软件"学术研讨会,对开源软件在中国数字图书馆的应用做出了前沿、理性的思考;对开源软件的应用也不再是一边倒的趋势,而是更加合理、有效地使用开源软件,以在图书馆实现更透明、更互利和自上而下的创新。图书情报行业作为专业领域,对开源软件的看法是仁者见仁、智者见智,应用场景也分重量级和轻量级。其中:

(1)大型图书馆的 ILS 属于重量级应用,需求复杂,较少选用开源软件。但中小型馆选用开源软件 ILS 日渐增加,如 Koha 等。

(2)自建数字图书馆资源库、自建机构库等方面,需求专一,属于轻量级应用,选用开源软件比较普遍,如 Dspace 等。

(3)图书馆主页、新一代 OPAC 门户等图书馆网站的内容发布应用,近几年选用开源软件呈上升趋势,如 Drupal、Blacklight 等。机构知识库系统的发展始于 2000 年英国的南安普敦大学开发的 EPrints 软件,南安普顿大学采用自己开发的 EPrints 软件创建的遵循 OAI 协议的机构知识仓储,该机构知识仓储中目前保存的数据类型、收录的学术内容格式,既有结构化的形式,也有非结构化的形式。

目前在图书馆常用的数字资源内容与服务的开源软件平台主要有:Dspace、EPrints、Fedora、MyCoRe、OPUS 等。根据对国内 120 家图书馆(包括 103 家高校图书馆与 17 家公共图书馆)的调查,截止到 2013 年 10 月,国内图书馆应用的数字图书馆平台中,有 27.5% 的图书馆正在使用基于开源软件的数字资源服务平台,其中应用最具普遍的是 Dspace 和 Drupal 开源软件。

DSpace 是一个免费的开放源码的机构知识库构建软件,由 MIT 和惠普公司联合开发,具有很强的灵活性和可定制性;DSpace 在目前的数字仓储软件中占据了三分之一以上的份额。作为开放源代码,它允许被下载、修改,而且其所使用的第三方软件也都是开放源代码系统。DSpace 可保存任何格式的数字资源,包括论文、图书、图书章节、数据集、学习资源、3D 图像、地图、乐谱、设计图、预印本、录音记录、音乐录音、软件、技术报告、论著、视频、工作文档等。2009 年,Fedora Commons 与 DSpace Foundation 宣布合并组建新机构,新的产品名称为 DuraSpace。

　　国内真正使用 Dspace 等开源软件提供数字资源服务图书馆并不多。2006 年,中国科学院国家科学图书馆兰州分馆曾与中国西部环境与生态科学数据中心合作,基于 Dspace 改造成果,建立了中国西部环境与生态科学知识积累平台,但目前平台已停止服务。国内最有代表性的 Dspace 应用是学生优秀作品数字资源机构库项目(Outstanding Academic Papers by Students,简称 OAPS),项目主要目标为存储本校师生的具有较高学术价值的学术著作、期刊论文、工作文稿、会议论文、科研数据资料,以及重要学术活动的演示文稿等,并提供在线开放获取服务。通过此平台来展示本校学术成果,加快学术传播,提高学术声誉,促进电子出版(e-Publishing)和公开获取(Open Access)运动。项目确定统一使用 Dspace 为开放资源收录平台。OAPS 项目参与馆从2004 年 7 月的香港城市大学、台湾逢甲大学、清华大学三校图书馆,发展到2013 年的以国内图书馆为主的十多家大学图书馆。

　　2005 年 7 月 5 日,美国密歇根州安阿伯市地区图书馆(AADL)在 Drupal 官网上发布了基于 Drupal 的新网站开通的消息,标志着图书馆应用 Drupal 的开端。Drupal 主要实现了网站内容的动态管理,可以提供读者实时咨询,留言咨询和情景帮助等模块,并可对相关网站和图书馆主要资源网站内容的信息聚合实现分类推送,具有集成检索功能。通过 Drupal 开源模块扩展图书馆 OPAC 功能,可以增强图书目录检索功能,实现图书的收藏、评价以及图书封面等附加信息的显示。

　　Drupal 在美国众多图书馆已经得到广泛应用,从图书馆的采编流查询等传统业务系统,到建立专题数据库、参考咨询、协作交流、图书馆网站信息发布、建立移动信息平台等都有广泛的应用。国内清华大学图书馆、解放军医学图书馆、中国人民公安大学图书馆、中国科学院植物研究所文献情报中心等均利用 Drupal 实施了一些比较成功的应用[12]。

　　总体来讲,尽管常用的数字图书馆系统开源软件具有较好的通用性、开放性和可扩展性,促进了数字图书馆的建设与数字资源的共享。但用户在对这些软件的研究和应用中,也发现了它们的很多不足,开源软件系统的兼容性低、系统功能更新对系统开发人员的要求较高,一般图书馆很难完全掌握开源软件的核心技术。目前在流行的数字图书馆系统中,还是以商业软件系统为主。

三、内容组织技术

数字图书馆发展的智慧泛在阶段建立在知识管理基础上,提升图书馆自有资源的服务与利用率,如何能被搜索引擎广泛索引,如何与网络资源进行关联集成,是当前促进数字图书馆进一步发展、消除资源孤岛问题的两个重要方面。数字图书馆系统平台的知识组织管理技术与方法主要包括基于资源元数据架构基础上的语义网、关联数据和自然语言处理等等,通过引入这些内容组织技术,运用长期积累的知识产生智慧,从而实现正确的决策与创造。

1. 语义网

Tim Berners-Lee 提出的语义网构想是在 Web 中引入语义知识表达,即不仅将页面内容和表现形式分离,更增加具有语义的信息,从而保证 Web 页面能被机器理解和自动处理。根据他的设想,语义网由一种分层的体系结构构成,如图 7 - 2 所示。这是一个功能逐层增强的层次化结构,由七个层次构成。

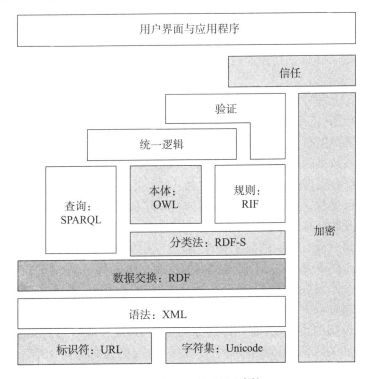

图 7 - 2 语义网体系结构[13]

其中,可扩展标记语言(eXtensible Markup Language,XML)是近年来得到广泛应用的一种基于 Internet 的元数据置标语言。自 W3C 组织(World Wide Web Consortium)于 1998 年发布 XML1.0 以来,XML 以其简单、可扩展、开放、通用等特点逐渐成为 Web 上的通用语言,在数据交换、Web 服务、内容管理、Web 集成等方面得到了重要应用。资源描述框架(Resource Description Framework,RDF)是由 W3C 主导并结合多个元数据团体所发展而成的一个架构,是能够对结构化的元数据进行编码、交换和再利用的基础架构。RDF 定义了一种通用数据模型,即 RDF 数据模型(RDF Data Model),通过资源、属性和值来描述特定信息资源。本体是通用意义上的概念定义集合,从知识共享的角度来说,是在各种知识系统间交换知识的共同语言。在数字图书馆领域,本体构建的方法主要有[14]:基于叙词表的构建、基于 SKOS 的叙词表到本体的转换、利用 OWL(Web Ontology Language)构建本体等。由于本体可用于数字图书馆的信息组织、信息检索以及异构系统间的互操作,并实现数据挖掘,本体在数字图书馆的应用成为国内外业界关注的重要课题。RDF 能在 XML 的基础上提供有限的语义描述能力,而本体是描述语义网语义知识的建模手段,定义了领域内共同认可的知识,是语义技术的核心。

2. 关联数据

关联数据(Linked Data)的普及为图书馆带来了新的机遇,是数字图书馆进行信息资源发布和服务的核心技术之一。Tim Berners-Lee 在语义技术环境下提出发展数据的网络(Web of Data),以数据结构化为基础,设计了语义化关联的关联数据理念,未来将实现有意义的数据集成的美好愿景。从目前关联数据的发展看,越来越多的机构、组织和部门通过遵循关联数据发布原则,开始对外开放自有数据。

图书馆行业有丰富的数字资源,通过应用关联数据,可以将数字资源以关联数据形式发布出去,不仅能提高数字图书馆的利用率,也一定程度上满足了社会公众的文化需求,提升了社会文化生活品质。数字资源的关联数据化可以通过以下几种方式[15]:①OAI-PMH 元数据的关联数据化。按照关联数据四原则的要求,明确 URI 的分配方法,描述关联数据的元数据元素、关联规则和关联信息所使用的生成方法;选定合适的 OAI 仓储,利用 base URL 采集元数据,并且把结果保存在本地元数据库;利用 D2R 等发布工具,将结果生成映射文件,根据上述过程,将本地元数据库中的数据转换为关联数据。通过上述原理将 OAI-PMH 元数据转换为关联数据,然后通过 URI 直接访问记录的元数据,同样可以按照 SPARQL 协议任意设定查询条件,从而实现对元数据的批量检索。②基于关联数据的数字图书馆资源整合。基于关联数据的数字资源整合模式从下往上可以分为数据发布层、数据关联层和数据集成应用层三个层次。数据发布层是指来自信息资源,如书籍、档案、照片、地图、绘画、电影和音乐等。数据关联层是指由于数字图书馆的资源内部可能存在特定的关联关系,如一部电影对应一家或若干家公司,一个人可以有多部著作等,将这些关系通过 RDF 链接联系起来,形成一个数据的网络,不同类型的资源通过关联数据建立链接。数据集成应用层指的是关联数据浏览、SPARQL 检索等基于各种关联数据的网络应用。关联数据为数字图书馆提供了一种资源间的关联与链接机制,有利于不同类型的数据、信息和知识的发现与共享,必然在未来的数字图书馆资源整合与发现过程中发挥更重要作用。

3. 自然语言处理技术

人类的语言可以说是信息里最复杂、最动态的一部分,其复杂和动态的根本原因在于自然语言文本和对话的各个层次上广泛存在的各种各样的歧义性或多义性。在数字图书馆系统信息服务中,自然语言检索就是允许使用者以不限定的自然词语、句法与系统沟通,对使用者的信息素养要求更低,而对自然语言处理技术则提出了更高的要求。因此,基于自然语言理解的检索技术将信息检索功能从基于关键词层面提高到基于知识(或概念)层面,对知识理解与处理能力更加深入,能够实现分词、同义词、概念搜索、短语识别以及机器翻译等服务。在数字图书馆内容组织中,自然语言处理技术主要可应用于以下三个方面:

- 在信息检索模型中加入自然语言处理,建立有机的统一模型。目前在语言模型中引入自然语言处理已经获得了初步的成功。今后,自然语言处理将是信息检索模型构建过程中不可分割的一部分。
- 自然语言处理用于语义网络的构建。自然语言处理用于对 Web 页面进行处理,形成语义理解、找出页面中的实体,获得实体间的关系,从而构建语义网络。基于语义网络的信息检索将为用户提供更为精确的信息。
- 自然语言处理用于问答系统、信息抽取、数据挖掘等信息检索相关的领域[16]。

不同国家的自然语言处理技术(Natural Language Processing,NLP)受其母语的影响,不尽相同,国外主要对英语进行自然语言处理;而在国内数字图书馆系统中,应用最多的是中文自然语言处理。主要通过计算机对包括汉语(字)的形、音、义等信息及词、句子、篇章的输入、输出、存储和识别、分析、理解、生成等多方面的加工处理。

目前数字图书馆界内有不少学者进行中文语义检索、知识本体的研究,为知识理解和自然语言处理提供了不同的解决方案,如由北京理工大学张华平博士开发的基于开源服务的汉语词法分析系统NLPIR,实现了中文分词、词性标注、命名实体识别和关键词提取等功能,最新版本的分词精度达到98.45%,是当前世界上最好的汉语词法分析器[17]。近几年来,在计算机领域,基于语言统计学和神经网络深度学习(Deep Learning)的自然语言处理有了突破性的发展,其中尤以2012年以来Google研究院团队的基于文本和音频的自然语言处理研究成果,取得很高的实践效果。

四、用户服务技术

随着支撑系统和内容组织的技术发展,使数字图书馆信息资源打破了地域性和局限性,数字图书馆系统在用户服务方面,不断进行着拓展功能、丰富内容、优化界面、加强交互、增值服务的各种努力和尝试,向多元、分布、开放的架构转变。在数字图书馆系统发展的同时,数字图书馆用户的需求也在不断地变化[18]:

(1)信息需求的开放化、社会化。数字图书馆的发展使信息资源打破地域性和局限性。图书馆用户可以通过访问数字图书馆网站来接受图书馆对用户的服务。而网络的全球化使这种服务逐渐伸向地球的各个角落。与传统的图书馆相比较,数字图书馆的用户不再是固定的,他们在开放式、交互式的环境下实现信息资源的共享。数字图书馆可以全天候向用户开放,用户访问、检索、获取图书馆网站信息资源将不受时空和地域限制。

(2)信息需求的简捷化、人性化。在网络环境下,数字图书馆的用户来源广泛,大多数用户不可能具有脱机检索与联机检索所要求的较高的专业知识与检索知识,也没有专业检索人员来为之辅导和解答,绝大多数都是"自助式"检索。在这种情况下,数字图书馆系统的简捷性、便利性和友好性尤为重要。

(3)信息需求的多元化、动态化。随着学科间的交叉渗透,用户由原来的片面信息需求扩展到多元信息需求。用户所需信息的形式也由原来单纯的文字形式扩展到文字、图像、声音等多种形式。

（4）信息需求的知识性。在网络环境下，用户对图书馆的信息需求已从单纯的文献服务需求转向文献服务、查询服务、文献传递服务、联机检索服务、参考咨询服务等多位一体的综合信息服务需求。

数字图书馆的发展从最初的以业务流程为中心，以集成为中心、到以用户为中心，目前数字图书馆的服务已经发展为：围绕用户的工作流程构建数字图书馆的服务；使用户不离开工作环境就使用数字图书馆的资源、按照用户的使用习惯组织数字图书馆的资源和服务；根据用户的个性化需求组织和装配不同的资源和服务。社会化技术、移动化技术、可视化技术和个性化技术等是数字图书馆系统智慧化、泛在化用户服务的典型范例。

1. 社会化技术

随着 Web2.0 的应用发展，微信、博客、标签、维基、RSS 订阅等已经成为网络应用的主流，特别是社交网络（Social Network）已成为当前互联网服务发展的趋势。同时，社交网络也对世界用户交流信息以及善用身边技术寻找信息的方式带来了巨大的变化，为用户提供了制作、传播、共享的空间，有效促成信息在网络内的自由流动。在此环境下，数字图书馆系统也需要不断变化服务方式，以支持处在日新月异变化环境中的信息服务用户；数字图书馆社交网络服务，将在传统信息服务基础上，提供更多社会网络化功能来凝聚读者，在图书馆的信息共享和知识传播中发挥更重要的作用，使有相同兴趣的读者能相互交流，分享数字图书馆使用体验。

目前越来越多的图书馆通过 QQ、微博、微信和读者之间建立起一定的社交联系，社交网络在人际交流上有着更明显的优势，它不仅有一对多的特点，而且传播更自由，交流更方便[19]。图书馆服务与社会网络理念的融合，有助于将图书馆传统服务扩展至社会网络空间，为适应未来多边的信息环境提供理论指导和实践案例；有助于图书馆的优质资源与体现读者参与、读者智慧的丰富知识内容相互补充和融合，为读者在复杂和丰富的信息环境中提供分布式的"泛在"服务[20]。近两年，微信成为图书馆和读者联系的最常用社会化联系方式之一，据查询，截止到 2015 年 2 月 25 日①，公共账号中含有"大学图书馆"有 156 个，而在检索"图书馆"的前 200 条记录中，公共图书馆账号占

---

① 　数据源于：搜狗微信搜索 http://weixin.sogou.com/。

了 53% , 大学、高职高专图书馆账号占了 38% 。

同时,用户驱动采访、用户参与资源编目或描述、用户生成内容(User-Generated Content, UGC)已经引起了图书馆的重视。OCLC、EBL、Ebrary、Over-Drive、Intota 等提供了基于用户驱动的采购方式,构建新的馆藏资源建设模式。OCLC 将联合目录的参与者扩大到整个 Web 用户,用户对书目添加的目次、注释与评论信息均被用于检索。Alma 的 Community Zone 也是一个开放型书目数据库,任何人都可以进行上传/下载共享文件。下一代数字图书馆系统将采用更加开放的方式,将面向用户的社会网络功能组件嵌入到图书馆系统中,提供用户参与的图书馆信息资源获取与服务机制。这种把图书馆服务和资源融入用户的社会网络中的方式,将对图书馆与用户互动的方式以及图书馆资源产生重大的影响,成为增强图书馆服务能力的核心基础设施的一部分。

2. 移动化技术

智能手机、平板电脑等移动设备快速普及,移动互联网以远超传统互联网的速度被大众接受。根据国际电信联盟(ITU)2012 年 6 月公布的数据,截至 2011 年年底,全球已有超过 10 亿的移动宽带使用者,移动应用程序总量已突破 100 万,日均 1500 个移动应用诞生。移动设备通过嵌入感应器、照相机和全球定位系统等工具,在电子出版、搜索技术、位置应用、动作感应、增强现实等方面凸显优势,不断影响着人们查询信息、分享信息和交流信息的方式,正在无缝地创建一个全功能的学习体验环境[21]。

移动图书馆是指在移动环境下,基于云服务,借助各类终端设备,实现随时、随地对图书馆任何资源及服务的利用,更进一步,可通过知识重组实现智慧阅读。其中,协同、群组阅读和分享应成为核心模式,不同终端设备担当不同职能。它依托目前比较成熟的无线移动网络、国际互联网以及多媒体技术,使人们不受时间、地点和空间的限制,通过使用各种移动设备(如:手机、平板电脑、E-Book、笔记本等)来方便灵活地进行图书馆各类信息资源的查询、浏览与获取的一种新兴的图书馆信息服务。

目前已有多个海外厂商开发出数字图书馆移动应用,如 SirsiDynix 推出的 BookMyne、Innovative Interface 公司推出的 Encore Mobile 和 Air PAC、Auto-Graphics 公司推出的 Ili2Go、Librarything 公司推出的 Library Anywhere 以及 Ex Libris 公司的 Primo 手机访问等。

国内方面,国家数字图书馆自 2006 年起,逐步推出以手机、平板电脑、手持阅读器等移动终端为媒介的各项服务,如短信服务、掌上国图(WAP 版和 APP 版)等,最终将形成一体化的数字图书馆移动服务平台。上海交通大学图书馆自 2011 年通过设计融入教学的电子教参服务,推出了个性、智能的电子教参 App 服务,利用数字图书馆移动阅读服务优势,与教学相结合,为课程同步提供图书、论文、开放课件、多媒体资源等各种类型电子教参阅读,目前服务推出了 Android 平台和 iOS 两种客户端平台。

总结国内外数字图书馆提供的移动 Apps,主要可分为两大类:

(1)图书馆自身服务 Apps。包括开馆时间、最新消息、馆藏查询、图书馆联系等基本数据,以及特殊流通、虚拟导览、图书馆课程和讲座等。

(2)图书馆提供资源 Apps。包括各类型电子资源(电子书、电子刊、多媒体资源、教学参考资源和特色资源等)检索和阅读等。

2012 年 8 月,腾讯公司在微信的基础上新增功能模块——微信公众平台。个人和企业都可以打造微信公众号,实现和特定群体通过文字、图片、语音进行全方位的沟通与互动。微信公众平台方便快捷的信息传递方式很快被广大用户所接受,实现了沟通方式的变革。高校图书馆在微信服务中不仅可以通过语音、文字、图片等内容吸引广大学生读者,还可以利用 4G 时代智能手机的其他强大功能及不断研发升级的功能,如微信漂流瓶、扫一扫等。而微信公众平台的开发模式服务,赋予公众号运营者相当高的权限,决定自动回复消息的处理逻辑和展现形式,可以作为集成图书馆传统服务的入口,嵌入图书馆热点消息查询、馆藏书目系统查询等功能[22-23]。未来数字图书馆系统将整合更多的移动服务,以不断更新的第三方应用和定位敏感技术帮助图书馆开展更为积极的"用户主导型"服务,提供基于移动互联的用户交互方式,如微信、维基、博客、微博、点评和推荐;开展基于 RFID、GPS 等技术的移动用户位置敏感服务;采用数据挖掘技术分析用户信息行为,挖掘用户的兴趣点,开展动态推送服务,实现更加细致和个性化的服务。

3. 可视化技术

数字图书馆用户界面技术是用户服务技术的重点。对用户服务技术而言,界面的可获取性、系统的可用性和有效性、用户界面个性化、信息检索的可视化与导航都是要研究的重要领域。自 2001 年 JCDL 就数字图书馆用户界面举行专题研讨会开始,数字图书馆用户界面的应用研究成为历次会议学者关注的重点问题。近年来,更多的研究表明,可视化技术的发展为数字图书馆用户界面交互性的改善提供了良好的技术支持。如 2009 年 ECDL《关于数字图书馆用户界面信息检索交互系统设计专题报告》中,对数字图书馆和信息检索的可用性、用户体验进行了较深入的研讨,报告重点是如何促进在信息检索的可视化和数字图书馆用户界面的发展,以及如何创造一个新的关于用户体验的交互性系统[24]。

信息可视化(Information Visualization)是一个跨学科领域,研究大规模信息的视觉呈现,利用图形图像的技术方法,帮助人们理解和分析数据和信息。在没有使用可视化工具之前,传统的数字图书馆系统的服务以文本信息和数据为主,可视化技术可以把非空间数据转换成视觉形式,从而揭示出数据的深层次内涵。即以图形、图像和虚拟现实等能够方便地被人类识别的方式来显示出数据之间存在的错综复杂的关系,揭示潜在信息和今后的发展趋势。通过对图书馆资源与信息可视化处理,利用计算机对抽象数据可视表示,可以增强用户对抽象信息的认知。

在可视化揭示资源的基础上,数字图书馆系统的可视化信息检索也为平台带来了很好的用户体验。可视化信息检索是指将信息资源、用户提问、信息检索模型、检索过程以及检索结果中各种不可见的内部语义关系转换成图形,并显示在一个二维、三维或多维的可视化空间中,帮助用户理解检索结果、把握检索方向,以提高信息检索的效率与性能。对数字图书馆用户而言,可视化信息检索与传统的检索方式相比有着明显的优势:

(1)检索过程可视、透明。可视化信息检索是用图形、图像来显示多维的非空间数据,数据之间的深层关系和数据的含义可以显示出来,帮助用户加深了解。

(2)用户亲自操作检索过程。在传统的检索方式中,用户检索信息后只能得到检索结果,而具体的检索过程是看不见的。可视化信息检索方式用图形的方式将文献和检索要求显示出来,用户能够有目的的控制检索过程,从而来选择对自己有用的文献。

(3)检索过程更直观,检索速度更快。在图形和图像的指引下,用户能更快的检索到相应的信息,加快了信息检索速度。

近几年,基于 Web 的信息可视化技术正在步入规模化应用。为用户提供增加认知资源、减少搜索、提高识别、易化关系推理、强化知识结果的立体化揭示服务,常见的数字图书馆系统信息可视化应用有:

(1)融合了 RFID(无线射频识别,Radio Frequency Identification)三维智能导航功能的纸质图书揭示系统,可以根据读者的位置,结合目标图书的具体架位,以精美的图像和精确的线路给读者最优化的索取图书导航路线。

（2）随时间增长的合作者（co-authorship）网络和基于引文关系的文献耦合网络;

（3）NSTL 的国际引文数据库检索结果的著者合著关系图;

（4）标签云图、关联图等检索结果展示,如国家科学图书馆跨库集成检索系统,为检索结果提供了四个层面的可视化展示效果;

（5）学科服务中的学科趋势分析;

（6）基于学者、合作者、期刊、会议录、文章之间关系的知识网络。

（7）增强现实（Augmented Reality）,也有称为扩增实景,该技术是可视化技术的一种,是虚拟现实（Virtual Environments/Virtual Reality）的升级技术,把信息、图像（电脑生成的或者云生成的）覆盖到现实场景之上。AR 技术让用户看到虚拟事物和现实世界重叠的二维世界。AR 是使用信息技术对现实世界的一种补充和增强,而不是用虚拟化技术制造出一个完全虚拟的世界来取代现实世界[25]。

4. 个性化技术

用户在享受着数字图书馆所带来便捷的同时,也深受其庞大而形式多样的信息资源困扰。对单个读者来说,不可能对数字图书馆的所有信息资源都需要,而同样的信息也不一定会满足所有的读者,造成了读者短时间内无法找到适合自己的有用资源。利用个性化技术能实现资源与用户需求间的完美匹配。

在数字图书馆应用最广泛的两类个性化服务方式:一类是定制,通过用户登录系统,实现个性化通知、个性化检索和个性化模块定制;另一类是推送,借用各类信息获取工具,如网页、邮件、短信、RSS 和 IM 工具,实现各类信息的个性化推送服务。

对于数字图书馆的个性化定制服务,主要有三种服务方法[26]:

（1）根据已有的信息服务。观察和调查用户行为,应用新的信息技术以更好地完善已有的信息服务;

（2）跟踪新的信息技术,使得新一代的数字图书馆系统接近于用户所处的新型信息环境,如目前国内许多图书馆都推出了类似于 Google 的个性化检索方式;

（3）研究用户在新的信息环境中的信息行为,据此应用、改造、开发或淘汰信息技术,从而进行信息服务。

MyLibrary 是数字图书馆个性化定制服务中最典型的应用案例,国内外许多图书馆都基于此架构进行了设计与开发,建设不同的个性化门户(Portal),实现资源与服务集成与应用。它是一个以用户为中心、用户可操作的、个性化地收集组织数字资源的一个门户,即用户从图书馆网站所提供的全部数字资源里,选择自己需要的信息组织在 MyLibrary 中,并通过访问 MyLibrary,获取与此相关的具体内容。此系统的目的是通过允许用户选择定制自己所需的信息资源,并自己进行资源的组织以减少信息超载。

上海图书馆于 2013 年基于 OPAC 系统的用户借阅数据分析,率先在国内图书馆界推出个性化的"阅读账单"创新服务。"我的悦读 2012"不仅为读者提供每人平均借阅书本册数、借阅量最大的读者借过多少册书、借阅频率最高的书被多少读者借过、上海市中心图书馆的规模等统计数据,还为读者量身定制个性化对账单,读者可以知晓自己的借阅情况、借阅偏好等个性化统计和分析[27]。

个性化推送除了用户主动订阅,还有系统智能推荐方式。系统智能推荐通过分析数字图书馆用户的行为,在与用户的交互过程中,主动收集用户的使用习惯、偏好、兴趣、背景和要求等信息并根据收集的用户信息为用户预测、提供其所需信息和服务,同时针对不同的用户采用不同的服务策略,提供不同的服务内容,有效提高了数字环境下图书馆服务质量和信息资源使用效率。

智能推荐技术主要包括基于内容的推荐系统、协同过滤推荐系统和混合推荐系统。数字图书馆推荐的关键即为将用户最需要的信息资源,在用户未感知的前提下,推送给其使用。Ex Libris 公司的 BX 学术推荐服务,实现了当读者浏览一篇论文时,智能提示读者可能会感兴趣的论文或者浏览本文的读者还浏览过的论文信息。BX 依靠收集 SFX 提供访问该馆所有的在线电子资源馆藏的链接解析器(Link Resolver)中的用户使用数据,建立来自多个机构链接解析器中与用户使用相关的数据仓储;在映射各学术社区不同文献数据集之间的结构之后,通过建立进一步定义和验证基于使用数据的指标体系,来提供文章级别的学术推荐和关联增值服务。由 DFG 资助的德国卡尔斯鲁厄大学图书馆开发的 BibTip 推荐系统,在 Andrew Ehrenberg"重复购买理论"(Repeat-Buying Theory)的基础上,基于图书馆管理系统中 OPAC 使用数据,实现图书浏览的推荐服务。

第三节 系统平台实践

数字图书馆系统平台的实践与发展可以概括为三个阶段:以资源数字化为重点、发展数字图书馆服务系统和知识网络为核心。其中涉及三方面工作内容:一是将纸质资源转化为数字资源;二是电子资源的存储、交换、流通和服务;三是在信息资源建设的基础上强调知识发现与交流,构建以数字图书馆系统平台为核心的知识网络[28]。本章基于上述认识,从数字图书馆系统平台的发展阶段出发,将数字图书馆系统平台分为资源管理系统、资源组织系统、资源发现系统,分别进行论述。

一、资源管理系统

资源管理系统是指将图书馆能够获得(付费或免费)的各种载体的信息资源,运用先进的信息处理手段进行加工和整合,形成新的数字化知识体系提供给读者使用的图书馆计算机应用系统[29]。资源管理系统作为数字图书馆的一个重要组成部分,起步于 20 世纪 90 年代后期。数字资源的建设可分自建与采购获取两种途径,相对应地存在两种资源管理系统——文献数字化加工系统和电子资源管理系统。

1. 文献数字化加工系统

数字图书馆文献数字化加工系统主要承担馆藏文献资源的数字化生产加工任务,以资源加工整合为主要目标,是数字图书馆数字资源建设和服务的起点,也是数字图书馆核心业务系统之一。

数字化加工系统利用拍照、扫描、采集、数字水印等技术手段将各类传统文献资源转化为数字资源,并通过编辑、标引等操作对数字资源进行深度加工,如通过图书馆普遍采用的元数据,对资源进行详细或简要地描述,同时提供数字成品管理功能,帮助读者对资源进行鉴别[30]。此时,数字图书馆应用的系统平台该是综合性的、多层次的,以大型分布式平台的方式出现,其核心应该是对数字资源的科学组织与有效利用,目标是形成资源共建共享体系与读者服务体系[31]。

有学者总结了文献数字化加工系统应实现的基本功能[32]:

* 帮助图书馆分主次、有重点地加速建设和形成特色资源。

- 遵循统一的行业标准和国际标准。
- 集成各类资源的建设与管理。
- 提供多层次、分布式、实用化的资源共建共享机制。
- 形成统一、可操作的资产管理与版权管理体制。

当前我国图书馆应用的主流文献数字化加工系统有清华同方的 TPI 信息资源建设与管理系统、北京金信桥公司的 TBS·DPS 数字化加工管理系统、杭州麦达电子有限公司的数字资源管理系统、北京拓尔思(TRS)信息技术有限公司的信息资源管理系统、北京方正阿帕比公司的方正德赛数据加工系统等。

(1)TPI 信息资源建设与管理系统[33]

清华同方光盘股份有限公司研发的 TPI 数字资源加工系统是我国目前覆盖数字信息整个生命周期功能比较成熟的数字资源管理系统,应用得也较为广泛。该系统提供全文检索、电子书制作、文档统一转换、元数据标引、文档分类管理、内容动态发布等功能,实现对文本、图像、音频、视频等各种类型资源的管理,内嵌电子图书制作、分类标引、内容管理与发布、文档提交、光盘出版和通用文件格式转换等工具,支持流式浏览,制作的电子书和 CNKI 数据库共用浏览器 CajViewer,具有专业出版级的显示质量和打印输出效果。文件格式方面,该系统适用 WORD、PDF、HTML、PS、S2、S72、PS2、PSD、TXT、PPT 等常见软件格式,支持 DC、MARC 格式的元数据标准,可进行 MARC、DC 及其他元数据之间的映射与转换。

(2)TBS·DPS 数字化加工管理系统[34]

TBS 数字化加工管理平台通过一个管理流程把多个独立的功能模块(扫描、图像处理、版面还原、辅助著录、自动打包、自动归档等)集成起来而形成的一套完整的资源数字化加工管理系统,由服务器软件、管理员软件、操作员软件组成。该系统支持 DC、MARC 格式的元数据标准,采用专用的文件传输协议,相比文件共享方式、标准 Ftp 协议等更为安全可靠。

(3)麦达数字信息资源管理系统[35]

麦达公司研发的信息资源管理系统包括博文非书资料系统、特色库系统、学位论文系统等子系统,支持 OAI 标准、METS、FETCH 统一验证接口,内嵌元数据制作工具,可使用中图法、学科分类法或者新建自定义分类体系,提供资料加工、著录、标引、网络发布于一体,实现元数据标引、资源加工控制、数据转换、资源入库等功能。

（4）TRS 信息资源管理系统[36]

TRS 信息资源管理系统由北京拓尔思信息技术有限公司开发,提供多种多媒体信息资源加工功能,集加工与发布功能于一体。该系统包括全文数据库系统、关系数据库内容检索引擎、内容发布应用系统、大数据管理系统四部分,支持包括 TEXT、HTML、RTF、PDF、S2/PS2/PS、MARC、MS OFFICE（Word/Excel/Powerpoint）等多种格式文件的存储、索引和检索,兼容 XML 数据管理。

（5）方正德赛数据加工系统[37]

方正德赛数据加工系统是北京方正阿帕比技术公司开发的数字图书馆解决方案,提供各种文献资源数字化技术,并统一成符合国际标准的格式,进行深度数据加工和加密处理,通过网络安全发布,供特定范围内的读者使用。适用对象不仅包括纸质类文献,还可进行图像处理和文字识别。包括系统管理子系统、任务管理子系统、资源加工资系统、数据审核子系统、资源发布子系统、远程提交子系统等部分,支持 DOC、DOCX、XLS、XLSX、PDF、EPS、JPG、TIF、TXT、PS、PS2、S72、S92、S10 以及扫描文件等各类文件。

2. 电子资源管理系统

这里论述的电子资源指图书馆采购的电子馆藏。由于电子资源品种的激增、电子资源内容的不稳定性、电子资源管理的复杂性、电子资源管理与传统图书馆集成系统（Integrated Library System,ILS）的兼容性等原因,产生了电子资源管理系统（Electronic Resource Management System,ERMS）[38]。

电子资源管理应能够记录电子资源管理中的各项信息,反映电子资源管理中的各种关系,并且追踪电子资源的整个工作流程。

- 在产品的考虑和试用阶段,电子资源管理系统负责装载试用,追踪试用的过程,收集反馈信息;
- 在与资源提供方谈判磋商阶段,电子资源管理系统负责协助图书馆员对许可协议进行选择、协商和交流,负责追踪和记录达成的技术要求、商业条款,如检索界面、传输方式、价格、存档方式等等;
- 在使用完善阶段,电子资源管理系统要协调不同角色的图书馆员完成各项服务功能,包括完善电子资源的信息、形成多种可供用户资源发现的服务方式、生成书目记录、与电子资源的第三方服务系统相连接,如链接服务器、跨库检索系统等;
- 在维护评议阶段,电子资源管理系统负责收集使用的统计、收集和更新电子资源的变化信息、收集和抓取电子资源在使用过程中出现的错误,对电子资源的档案进行修订。

国外电子资源管理系统的研究和开发大体上分为图书馆自主开发、ILS厂商开发和数据商开发三种类型[39]。

(1)图书馆自主开发:20世纪90年代初期,基于印刷型资源管理的图书馆自动化管理系统对数字资源不能进行有效的管理,美国一些图书馆根据自身馆的实际需求开发出了用于管理电子资源的功能模块和管理系统,其中具有代表性的系统有:1998年宾夕法尼亚州立大学(Pennsylvania State University)研发的电子资源认证和信息中心系统;1999年麻省理工学院(Massachusetts Institute of Technology,MIT)的虚拟电子资源获取系统(Virtual Electronic Resource Access,VERA);2001年科罗拉多研究图书馆联盟(Colorado Alliance of Research Libraries,CARL)开发的Gold Rush;2002年三学院联盟(Bryn Mawr,Haverford,Swarthmore)开发的ERTS系统;2002年约翰·霍普金斯大学(John Hopkins University)图书馆开发的HERMES系统,并于2003年成为开源软件;2003年加州大学洛杉矶分校(University of California,Los Angeles,UCLA)研发的电子资源数据库(Electronic Resource Database,ERDB)。

(2)ILS厂商开发:2002年ILS厂商开始对电子资源管理系统进行研究。2002年Ex Libris公司开始研发电子资源管理系统,2005年推出Verde1.0,次年推出Verde2.0,该产品集成上下文敏感链接(SFX)和它的知识库。2003年Innovative Interface公司宣布加入电子资源管理系统研发,2004年发布正式的电子资源管理系统III ERMV1.0,该系统能够与ILS集成。2005年Endeavors Information System公司正式发布Meridian1.0系统,能够与其他ILS整合。Dynix公司和SIRSI公司在没有合并之前,各自在电子资源管理系统研发上进行大量探索,Dynix公司在2004年集成Horizon ERM,SIRSI公司在2004年ALA年会上宣布ERM的原型系统,但由于两个公司的合并没有进行大范围用户推广。

(3)随着电子资源管理系统的逐渐应用,数据商也加入到研发过程中,其中具有代表性的系统主要有:ProQuest Serials Solutions公司2005年10月推出的Serials Solutions ERMS V1.0;TDNetInc公司2003年推出的TDNet-Resource Manger V1.0;2005年Ebsco Information Services推出了EBSCO EIS。这些数据商开发的电子资源管理系统作为独立的系统,缺少统一标准,在推广使用上受到了一定的限制。

表 7 - 1 总结了各机构推出的系统名称、时间[40]。

表 7 - 1 主要数字资源管理系统

类型	公司/机构名称	产品名称	推出时间
图书馆自主开发	宾夕法尼亚州立大学	ERLIC	1998
	麻省理工学院	VERA	1999
	科罗拉多研究图书馆联盟	Gold Rush	2001
	三学院联盟	ERTS	2002
	霍普金斯大学图书馆	HERMES	2002
	加州大学洛杉矶分校	ERDB	2003
图书馆自动化厂商	Innovative Interface	ERMV	2004
	Dynix	Horizon ERM	2004
	SIRSI	ERM	2004
	ExLibraries	Verde	2005
	Endeavors	Meridian	2005
数据库商	TDNet	TDNet-Resource Manger	2003
	ProQuest Serials Solutions	Serials Solutions ERMS	2005
	Ebsco	EBSCO EIS	2005

总体而言 ERMS 在国内发展比较缓慢。根据陈大庆的梳理总结[41-42]，国内电子资源管理系统的研究大致开始于 2005 年，2008 年至 2010 年少数图书馆开始尝试引进国外的电子资源管理系统。如清华大学图书馆、国家图书馆、武汉大学图书馆、中国农业科学院农业信息研究所、中国科学院国家科学图书馆等 5 家引进以色列 Ex Libris 公司的电子资源管理系统 Verde[43]。

在系统实施与应用上，目前只有深圳大学图书馆一家自主研发贴近国内图书馆电子资源采购与管理情况的 ERMS。深圳大学图书馆于 2009 年开始自主研发电子资源管理系统，2011 年推出电子资源管理系统 Open ERMS，并在多家高校图书馆进行了试用，该系统基于开源软件开发，开发依据是电子资源生命周期管理。深圳大学图书馆希望借助 Open ERMS 实现采购联盟平台与电子资源管理系统的两层应用,最终实现联盟下知识库的共建共享。

二、资源组织系统

数字资源组织系统将文献数字化、电子资源缴送、网络资源采集等系统产生的各种数字资源进行收集、验证及整合,生成元数据、对象数据,登记相关管理数据,并完成元数据与对象数据的挂接。系统提供数据导出或查询接口,并定期或者根据请求向其他多种外部系统输出数据,实现数字资源的集中调度和管理[44]。

近年来,大学图书馆普遍都订购了数以百计的数据库、数以万计的电子期刊、数以百万计的电子图书,细化到文献分析级则包括数以千万乃至几个亿的学术论文。图书馆的资源结构发生了历史性变迁,数字资源的资源量、经费和使用量已超过纸质资源,因此揭示和管理海量的数字资源对数字图书馆平台是一个新的挑战。数字资源带有与生俱来的异构性、分布性、资源描述的多样性、平台升级的不稳定性,在关联性和复杂性上远高于纸本资源。高端用户基本上不到实体图书馆来,数字资源是他们利用图书馆资源的主要方式;集成管理系统中旧的管理模式无法承担对数字资源的高效管理。因此,国内外图书馆千方百计地寻求各种方法来整合和揭示不断增长的数字资源,需要专业人员将信息重新组织,建立便于利用的资源整合系统。作为数字图书馆面临的主要任务之一,数字资源整合有基于 OPAC 的资源整合、基于资源导航和基于检索平台整合三种主要方式。

所谓数字资源整合,是指依据一定的需要和要求,通过中间技术(数字资源无缝链接整合软件系统),将不同来源和不同通信协议的信息完全融合,使不同类型、不同格式的数字资源实现无缝链接。通过整合的数字资源系统,具有集成检索功能,是一种跨平台、跨数据库、跨内容的新型数字资源体系。目前常见的数字图书馆资源整合平台的形式有:

(1)基于 OPAC 的整合系统。联机公共查询目录(Online Public Access Catalogue,OPAC)发展至今已有 30 多年的历史。它是随着图书馆自动化系统的兴起而兴起的,是图书馆系统面向读者的检索模块,是图书馆自动化系统不可分割的一个部分,也是图书馆自动化系统面向公众的一个窗口。目前绝大部分 OPAC 系统已具备了基于 Web 的架构和基于 Z39.50 协议的跨平台检索功能。基于 Web 的架构是图书馆自动化系统与因特网技术相结合的新一代构架的 OPAC 系统,它因无须专用客户端软件的支持,以 HTML 网页作为服务器的前端,可以使世界上任意一台连接因特网并安装有浏览器的电脑查询到图书馆的书目。基于 Web 的 OPAC 技术原理是以 HTML 或 XML 格式构成友好的面向用户 OPAC 界面,系统以 CGI、ASP 等程序提供专用接口程序连接图书馆数据库,实现与数据库的交互。

OPAC 是图书馆自动化系统的检索平台,用 OPAC 整合数字资源,不需要另外购置软硬件系统。OPAC 在图书馆界长期应用,在图书馆有现成的物质与技术基础,但基于 OPAC 整合数字资源的缺陷也十分明显。基于 OPAC 系统的数字资源整合,是以纸质资源为基础整合数字资源,只是目录级别的整合;而数字资源的分布式、多版本、多权限、更新迅速等特性,使得 MARC 格式不能完全适应数字资源揭示和检索的需求。MARC 是目前公认最完备、最规范的信息描述规范和元数据标准,但字段烦琐,操作不易。基于 MARC 的数据库不支持 WWW 服务,MARC 检索不能与目前流行的 WWW 搜索融合,因而也不能提供很好的 Internet 支持。Z39.50 是一个联邦式的互操作方案,要求各仓储支持统一的搜索语言,或在本地语言和协议语言间能相互转换,能对查询做出快速的实时响应,它要求各数据库在字段级别实现统一,灵活性较差。Z39.50 是基于 TCP/IP 的底层协议,传输层协议是基于 TCP/UDP 的编程,不能提供 HTTP 支持,不能在 WWW 上实现。虽有 Z39.50 的改进版 ZING(Z39.50International NextGeneration),但目前的图书馆 OPAC 系统难以提供有效支持。

(2)基于数字资源导航的整合系统。比较常用的数字资源导航有三种:一是对网上的各个数据库的检索系统和各种网上搜索引擎进行整合,建立一种可以融合几类检索系统和搜索引擎功能的复合检索系统,用户可以利用它同时检索这些系统和搜索引擎所涵盖的网上信息。它只是一个门户,是通过对检索系统的整合而达到对文献信息资源的整合。二是建立特色数据库,把收集到的学术性网络信息资源下载到自己的服务器上,分门别类地加以整理,并创立可以检索这些信息资源的检索系统,用户直接通过检索系统来检索这个服务器上的特色数据库中的信息资源。三是从互联网络信息中寻找导航资源以提供符合用户特定需要的专业信息,对其按照专业分类加以整合后提供给用户使用[45]。

数字资源导航的实现是通过数字资源的 URL 建立数字资源导航系统,按文献类型的不同,建立电子期刊导航系统、电子报纸导航系统、会议文集导航系统及电子图书导航系统等;同时也可根据数据库的不同,建立数据库导航系统。

数字资源导航系统的实现技术比较简单,建立 HTML 或 XML 格式的网页,以主题、分类等形式组织导航结构,通过 URL 链接实现资源的整合。URL 链接有静态链接和动态链接,静态链接指网络资源内部的所有参考链接都是预先计算生成的,并存放在一个链接数据库中,以便供客户端调用,用户直接点击即可实现。动态链接是指资源间的参考链接并不是预先编制的,链接关系通过一种动态方式来进行,信息间的链接是在用户请求时即时产生的。它的实现技术是在标准的 HTML 或 XML 页面中嵌入脚本,或通过开发 ASP、CGI 等应用接口程序,使用这些脚本或接口程序可执行诸如数据库查询、增添、删除等功能和调用执行特定任务的 ActiveX 控件,从而可以容易地建立动态、交互且高效的 Web 服务器应用程序。

数字资源导航系统的缺点在于与传统馆藏目录系统相互隔离,无法统一揭示,且只是形式上的整合,没有深入到内容层面,对资源与服务的揭示层次比较肤浅。

(3)基于检索平台的整合系统。数字资源整合最基本也是最主要的目的是使用户能够高效、方便、快捷地获取高质量信息。因此,建立一个完善的、真正意义上的数字资源统一检索平台就是一种理想的资源整合方式。基于检索平台的整合系统中,用户只需在数字资源检索平台的统一界面处输入需要检索的主题,并根据需要在系统界面上选择所需语种和排序方式等选项,就可以直接获得检索结果。其他的语言转换、数据库选择等复杂步骤均由系统自动完成,用户无须分别登陆每个数据库系统反复输入查询检索式。目前基于检索平台的整合方式有数据整合、跨库检索、元数据获取、SFX 开放链接等技术。不同网络数据库的检索界面是不同的,但是也存在相似性,如检索途径、显示格式等基本功能都具备,只是它们页面的显示字符不尽相同,将这些相似性可形成统一的参数数据表,这为开发跨库检索系统奠定了一定基础。

数字资源整合检索通常采用两种方式[46]:

(1)依赖元数据收集的元数据仓储(Metadata Repository)/聚合型。通过抽取、映射和导入等手段对分布异构资源的元数据(也可能包括对象数据)进行收集和聚合,安装在本地系统或者中心系统平台提供统一的检索和服务。该方式的优势是数据经过收集转换后不仅格式统一,而且结构清晰,可以按照需求建立各种分类体系,或者按照更高级的知识本体对数据进行组织和管理。其劣势一方面是对于类型不同、分布广泛、更新频繁的资源,很难做到即时准确地将数据收集齐全;另一方面是可行性方面存在的较大障碍。

(2)依赖计算机能力和标准协议的元搜索(Metasearch)/技术型。这种方式实际上是借助于计算机强大的处理能力,实时地对分布异构资源进行检索。元搜索充当一个中间代理的角色,接受用户的查询请求,然后基于对资源检索协议和平台的分析实现查询请求的变换。比如通过对资源平台的URL 和 Web 页面的分析来构建查询语法,并行地发出查询请求;接收和分析资源平台的检索反馈,进行排序、查重合并、数据抽取、命中结果的呈现。通过对Web 页面的分析实现资源整合的方法,又称为页面分析法(page-scraping,screen-scraping)。元搜索的优势是查全率高、搜索范围大、即时性好。其劣势是在查准率方面不易控制。

基于检索平台的整合系统可分为三种:

(1)基于电子资源整合检索的数字资源整合,以电子期刊整合检索和开放链接服务系统 SFX 为代表,通过 OpenURL 框架实现数据库之间的无缝链接,主要解决检索结果到全文的链接问题,可以揭示至篇对篇的层次级别。通过提供定制服务,对于部分专业用户来讲,可以提供其关注领域的资源信息;但是资源之间并没有相互的关联,无法提供整体、深入的资源服务。

(2)基于跨库检索系统的数字资源整合,也称联邦检索,以 MetaLib、ResearchPro、MUSE、Swets Wise 等为代表,是将一个检索请求同时转换并发送到多个异构的数据库,将检索结果进行归并和统一展示的整合系统。联邦检索解决了数字资源一站式检索的问题,然而跨库检索系统的使用需要一定用户信息素养要求,只能针对某一层次的用户;数据库并不采用统一标准的、相互兼容的数据库结构,导致异构平台的统一检索往往不稳定、可绑定的资源较少,且网络速度和异构平台本身不稳定,影响异构平台统一检索系统的实际效果。在检索速度、检索结果的去重和排序等方面存在难以克服的缺陷,且只能整合本馆资源。

(3)基于知识发现的资源整合,有人称其为"图书馆的 Google"。知识发现系统不仅可以整合数字资源,通过一站式检索,将相关的数字资源和纸质资源相互联合,呈现在图书馆用户面前,更重要的是,它可以通过数据关联,帮助图书馆用户在信息海洋中发现一些未知的知识资源,并揭示其相互关系。知识发现系统界面简洁、易操作,支持交互式操作,以资源的利用为中心,以资源的发现为主旨。相关的检索结果支持相关度排序和分辨浏览,可以多途径、多层次、多角度整合和揭示资源;检索结果可以整合各种网络资源,并融入多种如 Web2.0 等网络技术的应用,支持用户行为和数据资源分析功能。

基于 OPAC 的资源整合、基于数字资源导航和基于检索平台整合是目前图书馆数字资源整合的主要方式。基于 OPAC 的资源整合对图书馆来说,在技术上相对容易,整合质量也很高,但是较难实现以 MARC 格式编目各类数字资源。数字资源导航是一种资源表层的粗线条整合,无法有效显示资源内容及知识相关性,有很大的局限性。但其可扩展性最高,包容性好,可以整合各类资源,速度更高,查全率等指标,效果最好,基于检索平台整合效果最切合用户需求,目前在国内图书馆界使用最为普遍[47]。

三、知识发现系统

1. 系统比较

资源发现系统是对来自异构资源的海量元数据通过抽取、映射、收割、导入等手段进行预收集,并通过标准的索引方式进行加工,形成统一的元数据索引,以搜索引擎的应用形式向终端用户提供基于本地分布或者远程中心平台的统一检索和服务的系统[48]。资源发现系统既能改变联邦检索系统运行速度慢、返回结果有限的不足,又能进一步实现资源深度揭示与融合,在检索范围、检索速度和检索结果质量等方面都有很大程度的改善。

由于大规模分布式检索技术以及云计算平台的发展和应用,发现服务系统能够借助更强大的平台运算优势,绑定图书馆需要的元数据仓储,整合各种图书馆资源,包括内部的、外部的、纸质的、电子的、自有的、许可的以及可自由获取的数据源,使用统一数据格式进行著录与标引,通过链接解析器链接到全文,并提供统一的界面实现分面筛选和高级检索功能。

陈定权等研究人员根据资源发现系统开发商的性质,将知识发现系统分为两大类:由数据库商推出和由图书馆集成系统开发商推出两种系统[49]。

数据库生产商作为内容生产商拥有大量的数据资源,都是世界上影响力较大的文摘、索引和全文数据库生产商,甚至自身就是大型的期刊或图书出版商,它们基于检索系统或联邦搜索系统中的技术积累推出了发现系统。这类系统的主要代表有 World Cat Local(WCL)、EDS、Summon 以及国内的超星发现等。

(1)WorldCat Local。联机计算机图书馆中心(OCLC)于 2007 年推出

WCL。OCLC 是一家生产文摘、索引和全文数据库的大型机构,其中 WorldCat 是世界上最大的书目数据库。WCL 以强大的 Worldcat 庞大的全球化书目资源为基础,提供了全球各地图书馆的馆藏纸质资源和部分数字资源的记录共 18 亿条,其中 14 多亿篇文献提供全文。该系统的特点:①共享 Worldcat 书目资源。②具有优秀的社群功能和个性化服务功能。③使用 WCL 的图书馆可免费加入 WorldCat. org。④图书馆可以通过 WCL 和国内外的图书馆进行馆际互借、资源共享,并无限量地使用 WorldCat 作为参考服务[50]。2010 年 WCL 在 1300 多家图书馆进行 1419 次安装。

(2)EDS。EBSCO 于 2010 年早期正式推出 EDS。EBSCO 是一家提供文摘/索引和全文数据库的文献服务公司,2011 年收购 H. W. Wilson 公司,成为世界上最大的文摘/索引和全文数据库公司,拥有 6700 余种全文期刊,内容涉及艺术、教育、人文、应用科学、法学、图书馆学、传记等。EDS 的特点:①具有丰富的资源。②可轻松、快速地获取图书馆的全文资源。③以 EBSCOhost 作为建设基础,使用时不需要做多余的培训。④具有广泛、深层次的索引。

(3)Summon。Serial Solutions 是由图书馆员创立的期刊代理商,后被 ProQuest 公司收购,2009 年 Serial Solutions 在 ALA 大会上宣布推出 Summon,目前已有 600 多家图书馆应用,中国大陆地区有 13 家图书馆采购。Summon 的特点:①包含丰富的资源。②提供可用的 API,易集成。③完全依靠集中索引来实现资源发现,不需要联邦搜索的支持。目前国内已有多家图书馆用户使用了 Summon,实现学术资源深度整合。

(4)超星发现。超星公司推出的知识发现系统以近十亿海量元数据为基础,利用数据仓储、资源整合、知识挖掘、数据分析、文献计量学模型等相关技术,较好地解决了复杂异构数据库群的集成整合、完成高效、精准、统一的学术资源搜索,进而通过分面聚类、引文分析、知识关联分析等实现高价值学术文献发现、纵横结合的深度知识挖掘、可视化的全方位知识关联。

ILS 开发商没有自己的数据资源,但它们积极采用和推行开放标准,更加强调资源的开放性和包容性,能够保持内容中立原则,在搜索技术方面有着先天优势。它们在建设大型集中索引时,需要与众多大型的数据库供应商签订元数据收割协议。这类系统的主要代表是 Primo 等。

Ex Libris 于 2007 年推出 Primo,2009 年发布集中索引 Primo Central,使 Primo 的架构扩展到了外部供应商提供的内容。因为其自身不生产数据库,所以 Primo 在资源发现市场能够保持中立。在建立索引之前,Primo 需要与各大数据库生产商或出版商——签订元数据收割协议。Primo 的特点:①内置管道收集所有的图书馆资源。②适用于不同的图书馆集成系统及元搜索许可配置环境。③内嵌 SFX 服务,允许用户分别配置其外部链接和全文获取方式。上海交通大学图书馆和清华大学图书馆均选择了系统平台架构相对较灵活开放的Primo 系统作为资源整合服务的基础平台。

比较来看,Summon 和 EDS 都是数字资源提供商出身,以内容见长,他们的发现系统还主要定位于数字资源的整合,同时兼容了本馆纸质资源的一部分揭示功能,而 Primo 以系统集成商起家,以技术取胜,在深度整合 OPAC 方面略胜一筹,超星发现则在中文资源上有其独特的优势。对于不同图书馆,在选择发现系统方面要综合考虑本馆的资源状况和经费情况,选择最适合本馆的发现产品和服务。表 7 - 2 对四家资源发现系统在资源总量、收录范围、资源深度、集成 OA 资源和免费资源等方面进行了比较分析(分析所用数据截至 2013 年 12 月)。

表 7 - 2 国内外主要资源发现系统的比较

产品	Summon①	EDS②	Primo③	超星发现④
数据总量	10 亿多条数据记录, 100 多种资源类型	7.5 亿多条记录	元数据索引仓储达到 12 亿规模	10 亿引文, 2 亿中文元数据
收录范围	9000 多出版商的内容,超过 60 家内容提供商,近 15 万种期刊文章	涵盖 2 万个期刊出版社及 7 万个图书出版社。包括:17.7 万种学术期刊,全文近 7000 万种	覆盖 152 家数据库资源供应商,涵盖期刊 10 万多种、图书 800 余万种	几乎包含所有的中文资源,外文期刊 15 872万条

① 数据来源:http://lib.csu.edu.cn/pubnews/zndxtsgnew/summon/Summoncpjs.pdf。

② 数据来源:http://lib.xauat.edu.cn/DownLoad/EDS-Find%2B.pdf?id=597。

③ 数据来源:http://www.lib.bnu.edu.cn/cceu/files/2014px/02-Primo%20Updates.ppt。

④ 数据来源:http://www.chaoxing.com。

续表

产品	Summon①	EDS②	Primo③	超星发现④
数据深度	绝大多数都索引到全文级,而且可以进行全文检索	90%都是厚数据	89%包含完整元数据(包括主题或关键词),其中有36%含文摘,49%含文摘和全文	自主建设的元数据库,50%中文图书全文检索,70%报纸全文检索
集成OA资源和免费资源	集成100个以上OA数据库及平台;可检索并访问来自73个机构的257个特藏数据库;可全文检索集成HathiTrust中的全部800多万册图书,并免费获取其中200万册公开版权的图书	集成1100多种OA资源(出版者、提供者或产品)	集成83种OA资源数据库及平台,包括HathiTrust	整合570多万篇目中外文OA资源

此外,国家图书馆自主研发的知识发现系统——"文津"搜索系统(http://find. nlc. gov. cn)于2012年9月29日上线试用。该系统在全面整合国家数字图书馆通过自建、购买、征集、采集、受赠等各种方式所获取的数字资源的基础上,致力于向用户提供一个统一、实时、高效、精准的数字图书馆数字资源元数据搜索服务平台。

2. 应用案例

通过对国内一百多家高校和公共图书馆的调查,截至2013年10月,使用数据库列表与导航、电子资源整合检索和跨库检索分别占95%、72.6%和

---

① 数据来源:http://lib. csu. edu. cn/pubnews/zndxtsgnew/summon/summoncpjs. pdf。
② 数据来源:http://lib. xauat. edu. cn/DownLoad/EDS-Find%2B. pdf?id=597。
③ 数据来源:http://www. lib. bnu. edu. cn/cceu/files/2014px/02-Primo%20Updates. ppt。
④ 数据来源:http://www. chaoxing. com。

54.9%,而使用知识发现系统的目前只占31%。同时对所有图书馆的一站式检索入口的调查发现,目前仅有57.1%的图书馆提供了统一检索入口,如图7-3所示。

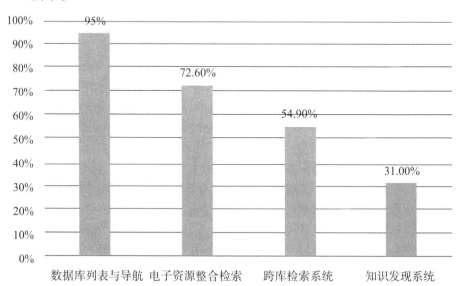

图7-3 国内图书馆四种整合方式的比率分布

当前国内应用较多的知识发现系统包括Summon、EDS、Primo、超星发现。一些系统开发技术力量较强的图书馆参与到知识发现系统的改进与完善中,使其更加贴合各图书馆读者的使用需求,一方面体现了技术在数字图书馆中应用的个性化特点,另一方面展示了国内图书馆对数字图书馆系统平台和技术的发展贡献。

(1)Summon

Summon采用云服务模式部署,所有数据存储在远程服务器。对用户来说,优点在于需花费的成本与投入的技术力量较少,但所有数据都保存在云端,对满足各图书馆安全性与个性化服务的需求略有不足。

中国内地已经有13所图书馆正式采购并应用Summon,包括北京大学、西安交通大学、浙江大学、东南大学等"985"高校[51]。北京大学图书馆对电子资源覆盖率(2011年)的统计显示Summon元数据可覆盖98%英文期刊,覆盖89%(万方)至100%的(重庆维普)中文期刊,在本地的实施内容主要包括:本地馆藏的映射与同步、商业电子资源的订购与配置、检索机制的优化、界面和检索框架的个性化定制、系统发布与服务[52]。

（2）EDS

EDS 在中国推出的资源发现系统 EDS（Find + 版本）是其在中国内地的本地化版本，系统在 EDS 外文资源发现的基础上，由南京大学数图技术实验室提供馆藏目录发现、中文发现、全文导航、学科发现、本地化技术支持和定制化服务，利用 EDS 系统包含的国外出版商授权提供的元数据和先进的多语种搜索技术，结合上述本地化功能和服务，搭建的适合中国地区图书馆用户的资源发现系统。

（3）Primo

Primo 利用系统架构优势整合中外文资源云加本地的方式，数据库数据存储在云端，用户和本地自建特色库安装在本地，因此具有强大的本地资源整合能力。能较好地保护机构隐私，且具有灵活性，易嵌入其他系统，但此模式对技术力量要求较高，维护成本高。目前 Ex Libris 的 Primo 用户共26 家[53]。

清华大学图书馆本地化尝试是与公司合作开发实现 Primo 电子图书导航，导航结果页面与发现系统一致，包括分面、封面等内容，提供字顺导航，提供题名、著者、主题等途径浏览，提供出版社浏览。图书馆在 Primo 应用中进行的本地化改造同样说明了图书馆对技术发展做出了自己的贡献。

（4）超星发现

超星发现作为国内成熟的中文发现系统，具有中文数据的处理与检索技术上的优势，已在西安交通大学、中山大学、天津大学等诸多高校得到推广使用，目前超星发现共有用户312 家。超星为用户提供本馆馆藏、电子全文和邮箱接收全文 3 种获取全文的方式，对于本馆所拥有使用权限的商业数据库资源，能够直接获取全文链接，比如中文期刊文献的获取，可以直接链接到 CNKI 中国知网期刊数据库的全文标题下载界面。对于本馆所没有的中文图书或者期刊文献全文，可通过发现系统中的全国参考咨询服务平台或者图书馆文献咨询服务系统来获取。

（5）发现系统整合

发现系统刚推出时主要应用于外文资源的整合发现，对于图书馆中文资源的整合、发现并获取的效果差强人意；现有外文发现系统对中文元数据的获取不足，在中文数据的处理能力、汉化水平方面都有待提高，中文检索技术不够成熟，对中文的音频、视频等多媒体资源涉及较少[54]。为此国内数字图书馆系统平台开发商不断响应图书馆的需求,设计开发有效的中文发现服务,如超星发现。而目前国内大多数图书馆主要通过中外文两个系统并存的方式提供读者知识发现与资源获取服务,但是读者使用较为不便。上海交通大学图书馆是国内首家整合中外文知识发现系统,搭建一站式资源发现与获取平台的图书馆,在 Primo Central 海量数据的基础上整合超星发现中文学术资源数据,将 Primo Central 和超星中文资源数据有效融合,完成了学术资源与数据检索的升级,有效拓展学术资源的收录范围与获取方式,当图书、文章、学位论文等无法全文获取时,读者可以通过超星的"文献传递"方式,获取资源的部分内容,使得资源获取更方便快捷[55]。

四、新一代图书馆服务系统

经过前两阶段的发展,数字资源不断丰富,其与生俱来的特点,如异构性、分布性、资源描述的多样性等,使它的管理、揭示和使用要复杂得多。同时,原本用于管理、存储和使用数字资源的系统多样且分散,如前所述,包括各种电子资源管理系统(如 Verde、ERM 和 Serials Solutions 360 Resource Manager)、资源发现系统以及存在于各机构内用于资源建设和管理的系统(如 EPrints、Digital Commons、Dspace、Fedora、LibraryFind)等。美国自动化系统专家Marshall Breeding 指出"当前,对来自不同系统、不同格式的多类型资源的揭示、集成和整合成为图书馆核心任务之一,这也是未来图书馆自动化系统要重点考虑的问题。"在这种背景下,图书馆行业正在进入计算机管理系统全面更新换代的升级和转型时期。

业界的开发和应用现状表明,"新一代图书馆服务系统"正呼之欲出,有的称为"图书馆服务平台"(LSP:Library Services Platform),有的称为"全网域管理解决方案"(WMS:Web Scale Management Solutions)、"一体化管理系统"(UMS:Uniform Management Systems)、"统一资源管理"(URM:Unified Resource Management)系统等。虽名称各异,其实质还是一样的,就是对现有的、以纸质文献为主要馆藏的图书馆业务和服务的一种升级,本文统称为"新一代图书馆服务系统"[56]。

新一代图书馆自动化系统将整合图书馆用于管理纸本、电子和数字资源的各种系统,实现资源的统一管理,并将功能扩展至保存、传播和服务,形成一套资源整体解决方案。如图7-7所示,"新一代图书馆服务系统"之新,主要体现在以下三个方面:

（1）"全媒体"资源管理能力

新系统除继续支持印刷型馆藏的管理之外，还纳入了数字馆藏生命周期管理和适应复合型图书馆管理而发展起来的"电子资源管理（ERM）系统"，进一步进化为统一的资源发现系统，真正成为适应数字图书馆需求而提供业务和服务支撑的资源管理平台。

（2）"全流程"业务管理能力

新系统应当支持完整流程和各类全新的开放元数据格式和数据交

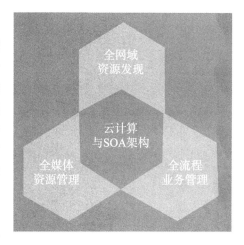

图7－4　新一代图书馆服务系统[57]

换协议，才能涵盖所有数字资源业务管理的需求。当然因为新媒体资源会不断发展而层出不穷，业务流程和模式也会千差万别，因而新系统在考虑工作流的统一性基础上，"灵活可定制"的需求也是必须考虑的。

（3）"全网域"资源发现能力

以读者的行为为中心进行设计，强调各类资源的统一揭示和"发现"能力，不仅提供馆藏资源和订购的"可存取"资源的发现，同时可提供开放存取以及互联网上未订购资源的发现（类似于学科搜索引擎，通过资源发现服务商提供的云服务实现）；在技术上提供更多的分面乃至可视化展现，具有类似于搜索引擎"一键直达"的检索以及提供多种人口的"二次发现"工具，系统的体系结构更加灵活，模块化程度更高。可以说资源发现的界面就是新系统的OPAC。

目前市场已知的产品包括：OCLC 公司的 WorldShare Management Services、Ex Libris 公司开发的 Alma、Innovative Interfaces 公司的 Sierra、Serials Solutions 公司的 Intota、Kuali 公司的 Open Library Environment、VTLS 公司的 Open Skyies 以及 SirsiDynix 公司的 BLUEcloud Suite 等。

殷红、刘炜在 Carl G. 的基础上从主要功能模块和特点、定位类型、架构等角度，对当前六大"新一代图书馆服务系统"进行了总结和比较[58]，见表7－3。

表7－3 "新一代图书馆服务系统"比较

公司和产品	类型	完成度	架构	本地安装	主要功能模块和特点	定位类型	应用案例
OCLC的WMS	换代产品全新开发	2009.4	云服务	不可	采订、流通、编目、互借、ERM、分析、报表、知识库、开放API、移动、多语种、RDA、电子书、资源发现、有限支持FRBR和关联数据、无保存数据、框检索开发。全网域管理和发现	所有类型	Pepperdine大学
Ex Libris的ALMA	换代产品全新开发	2011.1	云服务	不可（Primo可）	采订、流通、编目、互借、ERM、分析、报表、知识库、开放API、移动、多语种、RDA、电子书、框检索、视频流、保存、资源发现可选、有限支持FRBR和关联数据、预约功能开发中、合并工作流	不适用公共馆	Boston大学
ProQuest/Serial的INTOTA	换代产品全新开发	2013	云服务	未知	采订、流通、编目、互借、ERM、分析、报表、知识库、开放API、移动、框检索、资源发现可选、视频流、支持RDA和FRBR正在开发、无保存功能。知识库驱动的支持"多租客"软件模式的SaaS服务	所有类型	
Kuali的OLE	开源系统	开发中	SaaS	可	采订、报表、开放API、知识库、流通、资源发现功能可选、支持关联数据、编目、ERM、框检索正在开发中。完全开放的架构、打破图书馆与其他信息系统的隔阂	仅适用学术馆	63个基金会成员图书馆
Innovative Interfaces的SIERRA	版本进化	2011.4	SaaS	可	采订、流通、编目、互借、ERM、预约、RDA、资源发现可选、多语种、报表、知识库、开放API、移动、不支持关联数据和FRBR、无保存功能、框检索功能有限支持。用开源开发SOA组件	所有类型	
VTLS的OPEN SKIES	版本进化	2013	SaaS	可	采订、流通、编目、RDA、FRBR、电子书、ERM、报表、互借、开放API、移动、多语、视频流、保存、有限支持关联数据和预约功能、资源发现和预约功能未知（该公司有Chamo）	所有类型	香港公共图书馆

从技术上看,新一代图书馆服务系统有两个主要特点:

(1)采用 SOA(即"面向服务的构架")。主要指一组松散耦合的(可以是分布式的)组件在完成各自功能的基础上,还能提供一些基于组件之间彼此通信的服务。SOA 通常是二种 Web 服务,多系统的互操作和共享数据普遍采用开放 API 方式,使得系统不依赖于软硬件,不依赖于特定开发商,系统的迁移升级能够逐步进行。

(2)采用云计算技术。由于图书馆行业的公益性、共建共享以及集约化要求,云计算技术能使图书馆行业的整体融合度和一体化程度大大增强。云计算技术能够在各个方面强化图书馆行业的整体性和服务的协作性,有利于实现信息资源的全域管理和发现、服务的全球化和 SoLoMo(社会化、本地化和移动化应用)等,这些涉及图书馆业务和服务方式的根本性变化,都将体现在新一代图书馆服务系统中。

当然,面对多样性越来越丰富的各类型图书馆,现有的"新一代图书馆服务系统"还是一个非常初级的起步,尚有许多不足。首先,不能完全兼容、支持旧的数字图书馆服务系统,"过渡"形态比较明显。其次,推出的产品均以相关商家为主导,图书馆的参与度偏低,然而没有图书馆员的充分参与,知识的创造不可能实现。充分利用技术,通过馆员服务和用户的参与,新一代图书馆服务系统才能体现图书馆的核心能力并实现其价值。

五、服务效能分析

美国在数字图书馆评估研究方面走在世界前沿,评估在美国数字图书馆研究和发展过程中已经成为管理、宣传和推广的重要手段[59]。数字图书馆评估理论框架构建者萨拉塞维奇(Tefko Saracevic)的系列研究成果为数字图书馆建设提供大量可供借鉴的经验。从 1997 年开始,DELOS 在欧盟和美国国家科学基金(NSF)资助下,连续举办 9 次数字图书馆评估论坛,从评估资源、评估标准和评估方法等不同方面对数字图书馆评估展开全方位研究,以便引导和预测欧洲图书馆的未来[60]。而我国学者的数字图书馆评估研究也日益活跃,出现了一批分析、总结的论著。

根据刘炜等人的研究[61],国外对数字图书馆的评估大致可分为纯技术性指标的评估(针对数字图书馆软件或应用系统)、数字图书馆项目的评估(项目成果评估)和对于提供数字资源服务的实体(即"复合型图书馆")的评估三种类型。从评估指标体系(评估模型)的特点来看又可分为业务主导型和服务主导型,前者以评估数字图书馆相关业务流程的各个环节为主,重点在输入评估(即评估资源配置的程度及合理性),后者以用户的感知和收获(系统绩效)为考察点,重点在输出评估(即考察数字图书馆对服务受众人群的贡献)。

任何评估都是由评估主体根据评估模型对评估客体进行测度与衡量的过程,评估主体、评估客体和评估模型构成了评估的一种三角关系,如图7-5所示。

评估主体是基于一定目的主动实施评估行为的实体。根据图书馆评估的主体不同,可以分为管理评估(来自行业或上级主管部门、中介机构等的评估)、用户评估和自我评估三类。评估主体也可以是以一方为主、包含各方的综合体。

评估客体就是实施评估(被评估)的对象。对同一类评估客体可以根据不同的评估目的,从不同的角度,针对不同的侧重点,建立不同的评估模型进行评估。图书馆的评估客体主要分为以下五类:对资源的评估,对服务的评估,对自动化及技术应用的评估,对用户的评估,对图书馆管理的评估。随着数字图书馆的逐渐发展,评估客体逐渐转移到数字资源馆藏和以技术为支撑的服务上来[62]。

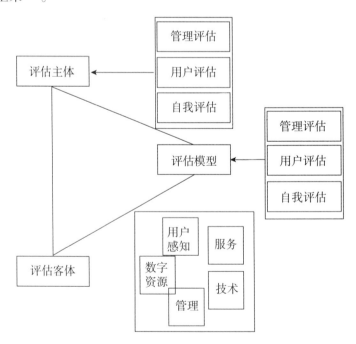

图7-5 评估主体、评估客体和评估模型所构成的三角关系[63]

　　评估模型的建立实际上是基于评估主体对评估客体的认识,抽象出一套测度方法和价值判断体系的过程。

　　指标关系是评估模型中重要的部分。在建立评估指标体系时,一般首先通过一定的方法确立一系列的指标,然后再采用专家调查等方法对不同的指标赋予不同的权重,如果指标较多,还需要进行分类和分层(分级),并分析指标之间在内容上的联系。从评估指标体系方面来看,可以分为基于数字资源的图书馆评估指标体系与基于服务和用户的评估指标体系研究[64]。

　　有研究者结合我国高校数字图书馆的特点,从财务、过程、服务、政治影响四个角度论述我国高校数字图书馆组织绩效的评估内容,并采用德尔菲法设计调查问卷,最终构建了数字图书馆绩效评估指标体系[65]。

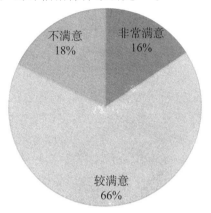

图 7 - 6　数字图书馆使用效能满意度调研

　　根据国家图书馆研究院对国内 120 家图书馆使用数字图书馆平台系统的满意程度进行问卷调研(包括 103 家高校图书馆,17 家公共图书馆),得到有效问卷 88 份。如图 7 - 6 所示,对数字图书馆平台系统的使用效能表示非常满意的有 14 家,占到全体有效问卷的 16%;而表示非常不满的也有 16 家图书馆,占到有效问卷 14%;大多数图书馆的回复表示对数字图书馆平台系统的使用效能较为满意,占到有效问卷的三分之二。因此数字图书馆平台系统的效能还有一定的提升空间,在未来 3 至 5 年内,数字图书馆平台的建设仍然是国内图书馆建设的重点之一。

第四节　发展趋势与思考

　　学术交流和知识信息处理的用户需求,以及移动互联网、云计算和大数据等新技术的冲击,进一步推动数字图书馆系统平台的改变和优化,一些新型/智慧化的数字图书馆系统平台将随着信息技术的不断发展而孕育成型。

图书馆人需要不断保持对技术的敏感度,在新信息环境下跟踪新的生长点,形成新的服务能力和竞争力,更加融入用户的学习、研究过程,使数字图书馆朝着更加智能泛在的目标发展。

一、云服务平台和大数据分析

1. 云服务架构成为系统构建的基础与常态

从全球的大情景看,整个网络正在成为一个大型计算平台,各种各样的系统通过网络与其他系统实现松散的耦合,"Web-based"的系统架构成为现今系统发展的主流。系统技术支撑环境由整体单一的、集中式的应用系统向分布的、相互协调的、基于组件的架构转变,云服务架构成为系统构建的基础。

标准化、开放性、易于与外部关联的技术标准和系统架构正在成为数字图书馆系统发展的趋势,例如:OAI、OpenURL、SRU/SRW 和 Metasearch 等。从系统支撑技术角度,数字图书馆的自建服务系统将逐步减少,系统的功能进一步整合,云服务构架将成为系统构建的常态。

2. 大数据分析主导数字图书馆系统发展

可互操作性和可持续性是数字图书馆系统相互交流的关键。从长远发展的角度来看,在大数据环境下,数字图书馆应该进行数字资源的深层次开发,拓展对原始数据的挖掘、采集、组织、保存与利用,开拓一条数据资源主导型的发展新模式,充分认识到数据在决策当中的重要性。新型的数字图书馆系统将全面聚合和融合数字信息资源、读者信息需求、馆员服务模式、技术环境和基础设施,不断创新发展。

数字图书馆能够在提供信息资源服务的交互行为中,综合个体用户的检索行为历史和特定资源历次被检索的轨迹,为用户提供曾经浏览的内容,关注该主题的用户曾浏览的内容等交互选项,直接为特定用户或相关主题的检索请求推介内容资源,从而把传统的以界面交互为重点的用户研究引向了以内容交互为研究重点的更深层次。

数据挖掘和商业智能技术在商业领域已经取得了很好的应用,但在图书馆系统中的应用还没有发挥其强大作用。对图书馆来说,其信息服务模式与商业领域中的市场营销模式有许多相似之处,通过收集、加工和处理大量的用户行为信息,确定特定阅读群体和个体兴趣、阅读习惯、阅读倾向及需求,最终推断出用户未来的行为。了解用户的行为与需求为图书馆更好地提供个性化的服务提供了依据。因此,基于数据挖掘的图书馆用户行为研究,对于提高图书馆个性化服务质量,最大限度地满足读者的信息需求具有极其重要的现实意义。

我国数字图书馆对用户信息需求与信息获取习惯的变化还不够敏感,缺乏创新理念与服务机制,缺乏与业务流程的融合。因此,对于以知识存贮、利用与开发为己任的图书馆来说,在"大数据"时代,如何提高海量增长的文献处理能力,发现新的数据计算、知识发现及信息服务的技术途径,从大量的数据中分析、挖掘潜在的价值决定着大数据时代的图书馆的发展水平及方向,用数据来决策,是数字图书馆技术发展的关键。

二、知识管理与知识服务

1. 新一代图书馆服务系统的发展

数字图书馆是集馆藏、服务和人为一体的平台,为数据、信息和知识从创建、传播、使用到保存的整个生命周期提供支持。新型数字图书馆系统除继续支持印刷型馆藏的管理之外,还将纳入数字馆藏生命周期管理和适应复合型图书馆管理而发展起来的"电子资源管理(ERM)系统"。

新的数字图书馆系统将支持完整流程和各类全新的开放元数据格式和数据交换协议,涵盖所有数字资源业务管理的需求。数字图书馆的业务范围将调整到对资源的深度聚合,提供语义出版以及满足用户对情报的分析统计和对知识的发现评价。将数据研究和技术支持相结合,在整合底层数据资源的基础上,对项目、机构、人物、引文等实体对象进行数据处理和信息运算,利用智能化的知识分析统计功能,通过推理机制在知识库中寻找满足条件的数据资源,为用户提供可视化形式的面向问题的直接答案,满足用户的知识需求。

2. 语义出版

语义出版主要通过语义工具和数据挖掘手段,揭示数字资源中概念内容和实体间的关联关系,实现不同资料、事件、人物、记录之间的链接和集成,构成并图视化反映科学发展的知识网络。基于语义关系的知识网络研究,可以实现立体化的实体计量和对某个知识单元的有效评价。因此,数字图书馆开始关注语义技术,以期提高知识表示质量、增强知识检索能力、改善知识关联组织以易于用户理解识别,从而将数字资源的"内容为王"最大程度地演化为"语义为王"。

3. 科学数据管理

数据知识组织是文献单元组织的升级形式。运用情报计算、数据挖掘、智能检索等分析处理技术,将所有信息资源碎片化,科学、规范化地提取隐性知识,并进行数据/知识点的分类标引和知识关联,就可以产生用户可定制、可利用的知识产品。

同时随着图书馆生态环境的大规模数字化,数字图书馆系统的数据日益膨胀,近年来,数据管理(Data Management)、数据监管(Data Curation)、数字出版(e-Publishing)、数据服务(Data Service)等成为欧美图书馆的研究热点并正在知识服务方面形成新的业务趋势。

科学数据的组织管理服务与图书馆的其他资源服务相类似,是图书馆开展科学数据服务基础。未来图书馆科学数据服务大趋势是服务中附加更多智力活动,进行数据分析,把科学数据进行关联,帮助用户更好地利用数据。目前逐渐有一些机构仓储在存储数据的同时提供了类似的服务。康奈尔大学组建了研究数据服务组(Research Data Management Service Group),其图书馆作为其中主要成员与校内其他机构合作,提供各种研究数据管理服务,包括存储备份、元数据加工、数据分析、数据发布、协作工具等。康奈尔大学图书馆近两年正在探索开发研究数据检索挖掘工具,建立一套标准符合 NSF 要求的数据管理与服务体系,并且已经建立了一个实验性的数据仓储 Datastar。Datastar 目前主要保存农业与生态系统学科的研究数据,支持研究合作与数据共享,促进研究数据及其高质量元数据的发布存档。哈佛大学的"Dataverse 网络"(Dataverse Network),项目包括科研数据出版、共享、参考、抽取和分析各个方面,为大学或其他机构提供数据出版系统的全部解决方案,并提供数据分析服务。目前可提供数据分析的机构不多,这是图书馆科研数据服务的方向。

三、融入用户环境的技术和服务

在数字图书馆平台设计中,将完全以读者的行为为中心,强调各类资源的统一揭示和"发现"能力,不仅提供馆藏资源和订购的"可存取"资源的发现,同时可提供开放存取以及互联网上未订购资源的发现(类似于学科搜索引擎,通过资源发现服务商提供的云服务实现);在技术上提供更多的分面乃至可视化展现,具有类似于搜索引擎"一键直达"的检索以及提供多种人口的"二次发现"工具,系统的体系结构更加灵活,模块化程度更高。同时,将更加依照用户使用环境的变化,更新、切分乃至颠覆数字图书馆系统平台的现有模式。

2012 年和 2013 年的美国 Horizon 报告提出，当前教育模式正在发生变迁，包括网络学习、混合学习和协作学习，教育越来越强调在课堂中开展更多基于挑战的主动学习，大规模开放在线课程将会替代和补充传统大学课程。新的学术模式给图书馆的学术成果收藏、学术资源服务等方式带来了重要的挑战。内容丰富、形式多样、获取便利的数字图书馆服务体系，是高校从传统的"被动型""填鸭式"的教学模式向"主动型""启发式"的新型教学模式转变，培养创新性高等教育人才的基础保障。在当今移动环境下的数字化学堂中，学生期望置身于学习资源触手可及的智能化环境之中。图书馆需要转变现有的数字资源服务模式，将信息资源服务嵌入、隐身、融入学习者的新环境和新模式之中，并从传统的资源服务走向高端的知识服务和学习服务，提供包括深度知识处理、碎片化阅读、智能检索、智能推送、在线学习等服务，创建集成、移动、泛在的无缝学习环境。

新技术和数字图书馆技术的应用，不是简单地将传统图书馆的资源和功能搬到网上；未来资源从产生到组织方式上的"革命"，信息装置从专业性到普适性的"变革"，将给图书馆带来更大的一波冲击。当信息在手机上、口袋里、开放关联数据中，图书馆如何智慧地发挥信息枢纽和信息中心的作用，需要数字图书馆建设者不断思考、不断探索。

参考文献：

[1] 白广思. 数字图书馆平台建设研究[J]. 情报理论与实践,2010(4):102-105.

[2][7] 王芬林,吴晓. 数字图书馆发展研究[M]. 北京:国家图书馆出版社,2012:46.

[3] 魏大威,孙一钢. 中国国家数字图书馆工程总体设计[J]. 数字图书馆论坛,2008(8):23-31.

[4] 王世伟. 论智慧图书馆的三大特点[J]. 中国图书馆学报,2012(6):22-28.

[5][6] 闲话数字图书馆关键技术[EB/OL]. [2013-12-11]. http://bbs.sciencenet.cn/blog-213646-501174.html.

[8] 从网上去国图. 国家数字图书馆建设与推广[EB/OL]. [2015-02-22]. http://news.gmw.cn/2014-01/05/content_10021956.htm.

[9] 韦成府,吴越,王左利. 科技引领图书馆探索未来[J]. 中国教育网络,2013(7):32-35.

[10] 王文清,陈凌. CALIS 数字图书馆云服务平台模型[J]. 大学图书馆学报,2009(4):13-18.

[11] 下一代图书馆服务框架——Alma[EB/OL]. [2013-12-01]. http://

www. exlibris. com. cn/new/products/alma/index. asp.

[12] 图书馆 Drupal 应用案例[EB/OL]. [2013–11–30]. http://blog. sina. com. cn/s/blog_
　　50b312bf0100jdk6. html.

[13] Tim B. Semantic web[EB/OL]. [2014–01–15]. http://www. w3. org/2000/Talks/1206-
　　xml2k-tbl/slide10-0. html.

[14] 司莉. 信息组织原理与方法[M]. 武汉:武汉大学出版社,2011:270–275.

[15] 郑燃,唐义,戴艳清. 基于关联数据的图书馆、档案馆和博物馆数字资源整合研究
　　[J]. 图书与情报,2012(1):71–76.

[16] 王灿辉,张敏,马少平. 自然语言处理在信息检索中的应用综述[J]. 中文信息学报,
　　2007(2):35–45.

[17] NLPIR 汉语分词系统[EB/OL]. [2013–11–30]. http://www. nlpir. org/? action-
　　viewnews-itemid.

[18] 李春明,张炜,陈月婷. 国家数字图书馆服务及未来发展[J]. 数字图书馆论坛,2008
　　(8):65–69.

[19] 社交网络在图书馆的应用[EB/OL]. [2013–12–30]. http://blog. sina. com. cn/s/blog_
　　53586b810100yyc7. html.

[20] 姚飞,窦天芳,武丽娜,等. 基于社会网络理念打造泛在图书馆服务——以清华大学
　　图书馆为例[J]. 大学图书馆学报,2013(5):68–75.

[21] 姜爱蓉,图书馆系统的演变与发展[OL]. [2013–12–02]. http://
　　www. hy. calis. edu. cn/img/PPT. zip.

[22] 张蓓,窦天芳,张成昱,等. 开发模式下图书馆微信公众平台服务的设计与实现[J].
　　现代图书情报技术,2014(1):87–91.

[23] 张秋,杨玲,王曼. 高校图书馆微信公众平台服务发展现状及对策[J]. 图书馆建设,
　　2014(2):61–65,69.

[24] 晁亚男,毕强,滕广青. 国外数字图书馆用户研究现状与发展趋势——基于 JCDL,
　　ECDL 和 ICADL 的分析[J]. 情报理论与实践,2012(10):123–128.

[25] 姜爱蓉. 图书馆信息技术进展与趋势[EB/OL]. [2013–12–02]. http://lib. gxufe. cn/
　　2013nh/03. pdf.

[26] 顾立平. 数字图书馆发展——个性化、开放化、社群化[M]. 科学技术文献出版社,
　　2013:50–53.

[27] 上图推出"年度阅读对账单"[N]. 中国文化报,2013–02–20(43).

[28] 王星. 国家工程技术数字图书馆技术体系[J]. 数字图书馆论坛,2013(10):14–19.

[29][32] 刘哲. 数字图书馆资源建设与管理系统功能初探[J]. 图书馆学刊,2003(4):
　　24–25.

[30][44] 王乐春. 数字图书馆推广工程软硬件平台建设[EB/OL]. [2013–12–02]. ht-

tp：//www. nlc. gov. cn/dsb. zt/xzzt/gzpx/PDF/4. pdf.

［31］王林 . 构建以图书馆为中心的数字图书馆体系［J］. 中国图书馆学报,2003（6 ）：56–59.

［33］同方知网 . TPI 信息资源建设与管理系统［EB/OL］.［2015 – 02 – 27］. http：//tpi. cnki. net/cpzx/qysshxxzygl/Document/225/225. html.

［34］TBS. DPS 数字化加工管理系统［EB/OL］.［2015–02–27］. http：//www. tbs. com. cn/web/productDPS. ASP.

［35］麦达集团 . 公司产品［EB/OL］.［2016–10–26］. http：//麦达. com/products/.

［36］北京拓尔思信息技术股份有限公司 . 产品［EB/OL］.［2015 – 02 – 27］. http：//www. trs. com. cn/product/product. html.

［37］北京方正阿帕比技术有限公司 . 产品介绍［EB/OL］.［2015 – 02 – 27］. http：//gw. apabi. com/solution/2/6/.

［38］叶新明 . 美国 ERMS 产品的分析与启示［J］. 中国图书馆学报,2007（4）:54–59.

［39］董迎春 . 数字图书馆电子资源管理系统研究［D］. 辽宁师范大学,2011:2–4.

［40］刘峥 . 电子资源管理系统剖析［J］. 图书馆论坛,2007（4）:48–51.

［41］陈大庆 . 国内外电子资源管理系统研究综述［J］. 图书馆论坛,2014,7:100–106.

［42］陈大庆 . 电子资源管理系统的发展及未来思考［J］. 大学图书馆学报,2014,3：74–79.

［43］Ex Libris. 用户协会—Verde 用户列表［EB/OL］.［2015–02–07］. http：//www. exlibris. com. cn/new/verdelist. asp.

［45］叶春峰,张西亚,张惠君,等 . 国内外网络资源学科导航与信息门户研究分析［J］. 情报杂志,2004（12）:58–61.

［46］姜爱蓉 . 数字资源整合系统的技术发展与应用趋势［J］. 图书馆杂志,2006（12）：14–18.

［47］高晓华,朱锰钢 . 图书馆数字资源整合的实现技术研究［J］. 西安文理学院学报（社会科学版）,2008（2）:127–129.

［48］聂华,朱玲 . 网络级发现服务——通向深度整合与便捷获取的路径［J］. 大学图书馆学报,2011（6）:5–10,25.

［49］陈定权,卢玉红,杨敏 . 图书馆资源发现系统的现状与趋势［J］. 图书情报工作,2012（7）:44–48.

［50］王红霞. WorldCat Local 资源整合与服务集成及其启示［J］. 现代情报,2010（3）:45–54.

［51］Serials Solutions. Summon 2014 介绍［EB/OL］.［2015–02–14］. http：//lib. scnu. edu. cn/dzzy2/dzzyfile09/201403/Summon-2014. ppt.

［52］朱玲,崔海媛,聂华 . 网络级发现服务的实施:实践与思考——以北大图书馆"未名

学术搜索"为例[J].大学图书馆学报,2014(4):91-97.

[53] Ex Libris. Primo 用户列表[EB/OL].[2015-02-27]. http://www. exlibris. com. cn/
new/primolist. asp.

[54] 王天虹. 基于超星发现系统的高校图书馆中文资源发现服务[J]. 图书馆学刊,
2014,8:72-74,79.

[55] 上海交通大学图书馆. 思源探索系统 V4.7——资源检索与发现的再次升级[EB/
OL].[2015-02-12]. http://www. lib. sjtu. edu. cn/index. php? m = content&c =
index&a = show&catid = 211&id = 911.

[56][58] 殷红,刘炜. 新一代图书馆服务系统:功能评价与愿景展望[J]. 中国图书馆学
报,2013(5):26-33.

[57] 刘炜. 数字图书馆进展十题[EB/OL].[2014-06-12]. http://conf. library. sh. cn/
sites/default/files/Lib213 数字图书馆进展十题. pdf.

[59] 乔欢. 美国数字图书馆项目评价及评价项目研究[J]. 图书馆杂志,2005(2):59-63.

[60] 王启云. 高校数字图书馆建设评估研究[M]. 北京:中国书籍出版社,2013:1.

[61][63] 刘炜,楼向英,张春景. 数字图书馆评估研究[J]. 图书情报工作,2007(5):
21-24,69.

[62] 乔欢,马亚平. 数字图书馆评价客体解析[J]. 大学图书馆学报,2005(5):7-12,18.

[64] 向远媛. 图书馆评估研究综述[J]. 新世纪图书馆,2011(1):59-61,16.

[65] 金洁琴,周静珍. 我国高校数字图书馆的组织绩效评估指标体系研究——基于非营
利组织的视角[J]. 图书馆论坛,2013(2):59-63.

（执笔人:郑巧英　李芳　施晓华　张洁）

第八章　数字图书馆新媒体服务

第一节　新媒体与数字图书馆新媒体服务

新媒体(New media)的概念1967年由美国哥伦比亚广播电视网(CBS)技术研究所所长戈尔德马克(Peter Carl Goldmark)提出。新媒体是相对于传统媒体而言的,是报刊、广播、电视等传统媒体以后发展起来的新的媒体形态,是利用数字技术、网络技术、移动技术,通过互联网、无线通信网、卫星等渠道以及电脑、手机、数字电视机等终端,向用户提供信息和娱乐服务的传播形态和媒体形态。

互联网络的盛行,使网络媒介成为继报纸、广播、电视媒体之后的第四大传播媒体。在一段时期内,网络媒介成了新媒体的代名词。联合国新闻委员会1998年5月举行的年会正式提出把互联网看作是继报纸、广播、电视之后出现的"第四媒体"。但是,随着时代的发展和科技的变迁,不同传播方式和内容形态的全新媒体形式不断涌现,如数字电视、手机短信、手机电视等,特别是手机成为一个越来越普及的移动数字终端平台,在20世纪末开始被定义为"第五媒体"。为此,有学者认为,所谓新媒体,是指一切区别于传统媒体而言的具有多种传播形式与内容形态的不断更新、不断涌现的新型媒体。

就新媒体的内涵而言,它可以看作是20世纪后期在世界科学技术发生巨大进步的背景下,在社会信息传播领域出现,建立在数字技术基础上,能使传播信息极度扩展、传播速度急剧加快、传播方式极其丰富、与传统媒体迥然相异的新型媒体。就其外延来说,新媒体主要包括光纤电缆通信网、都市型双向传播有线电视网、图文电视、电子计算机通信网、大型电脑数据库通信系统、通信卫星和卫星直播电视系统、高清晰度电视、互联网(Internet)、手机短信和多媒体信息的互动平台、多媒体技术以及利用数字技术播放的广播网等[1]。

一、新媒体的构成要素

新媒体的概念包含以下要素：

1. 数字技术与网络技术

新媒体主要以计算机信息处理技术为基础，是建立在数字技术和网络技术之上的，以互联网、卫星网络、移动通讯等作为运作平台的媒体形态，它包括使用有线与无线通道的传播方式，如互联网、手机媒体、移动电视、电子报纸等。如果说传统媒体是工业社会的产物，那么新媒体就是信息社会的产物。

2. 多媒体呈现

新媒体的信息往往以声音、文字、图形、影像等复合形式呈现，具有很高的科技含量，可以进行跨媒体、跨时空的信息传播，还具有传统媒体无法比拟的互动性等特性。

3. 全天候和全覆盖

受众接受新媒体信息，大多不受时间、地点场所的制约，可随时在电子信息覆盖的地方接收地球上任何一个角落的信息。

4. 不断创新的运营模式

新媒体不仅是技术平台，也是媒体机构。与传统媒体相比，新媒体在技术、产品、服务等运营模式上具有创新性，新媒体不仅随着技术运用的变化而变化，媒体平台亦呈现出多样性和不稳定性。

5. 互动性

新媒体与传统媒体不是截然分开的，传统媒体可以借助新的数字技术转变成新媒体，比如传统的报纸、广播、电视可以升级为数字报纸、数字广播和数字电视[2]。新媒体种类很多，包括次第出现的互联网媒体、数字媒体、无线移动媒体等，其典型特征是在数字化基础上各种媒介形态的融合和创新，通常具有互动性。

二、新媒体的主要类型

1. 互联网媒体

门户网站来自英文"Portal Site"，Portal 意为门户，指入口和正门。目前主流门户网站主要提供新闻、网络接入、聊天室、电子公告牌、免费邮箱、影音资讯、电子商务、网络社区、网络游戏、免费网页空间、博客平台等服务[3]。

网络论坛起始于 BBS，是一种基础 TELNET 协议访问的互联网应用形式。20 世纪 70 年代，BBS 诞生于美国。随着 Web 服务兴起，BBS 开始强调主题性和交流性，逐渐发展成为网络论坛。网络论坛一般以公共平台形式出现，围绕不同的话题形成很多中心。

视频网站是在一定的技术平台支持下，允许互联网用户在线发布、浏览、分享视频的网站，主要有网站和播放软件两种形态。视频网站一方面聚合了分类专业视频资源（主要来自电视台、影视公司及其他专业制作机构），一方面吸引大量用户上传、分享视频，此外有的视频网站也会涉足网络视频作品的制作和加工。目前国内主要的视频网站有优酷、土豆、爱奇艺等。

SNS（Social Networking Services），即社会性网络服务（简称"社交网络"），专指帮助人们建立社会性网络的互联网应用服务。绝大多数社交网络提供许多互动方式方便用户沟通，如聊天、转帖、发起讨论、发布日志等。国内比较知名的社交网站有人人网等。

博客一词来自英文单词"Blog/Blogger"，是 Weblog 的简称。Weblog 指网络上的一种流水记录，简称"网络日志"，这是一种简单的个人信息发布方式，任何人可以注册完成个人网页的创建、发布、更新。

微博（Microblogging）是一种迷你型博客，这是一个基于用户关系的信息分享、传播和获取的平台，用户可以通过 WEB、WAP 及各种客户端组建个人社区，以 140 字左右的文字更新信息，并实现即时分享。最早的微博是美国的 Twitter，2009 年新浪网推出"新浪微博"内测版，现已成为国内最具代表性的微博平台。

2. 手机新媒体

SMS（Short Messaging Service）是最早的短消息业务，也是现在普及率最高的一种短消息业务。MMS（Multimedia Messaging Service）即多媒体短信服务，支持多媒体功能。

手机报将传统媒体的新闻内容通过无线技术平台发送到手机上，从而实现发送短信新闻、彩图、动漫等功能，实质是电信增值业务和传统媒体结合的产物。

手机电视，指利用具有操作系统和视频功能的智能手机传输电视内容的技术手段和技术应用，简单地说，就是在手机上看电视。手机电视具有电视媒体的直观性、广播媒体的便捷性、报纸媒体的滞留性以及网络媒体的交互性。

3. 广电新媒体

移动电视是在移动状态下对数字电视信号的接收。通过移动电视,人们可以在公交车、出租车、地铁等流动性人群集中的交通工具上收看画面清晰的电视,及时获取新闻信息。

户外新媒体是指安放在人们能直观看到的地方的数字电视等新媒体,是有别于传统的户外媒体形式(广告牌、灯箱、车体等)的新型户外媒体,比如航空港、轨道交通站、公交车、医院、学校内所衍生的渠道媒体,如 LED 彩色显示屏等,其内容主要是广告。

网络电视即 WebTV,指采用 IP 协议,通过互联网,以计算机为终端的视频传播业务。网络电视来源主要有以下四种:①以网络视频为主的网站,如优酷、土豆、PPLive 等。②门户网站推出的视频栏目,如新浪视频、搜狐视频等。③自主开发的多媒体软件。如迅雷看看播放器、暴风影音播放器等。④传统媒体或政府部门建设的网络电视台,如中国网络电视台、芒果 TV 等。

网络广播是指采用 IP 协议,通过互联网、以计算机为终端的音频传播业务,亦称"网络电台"。

IPTV 又称交互电视、网络电视或宽带电视,即通过宽带网向家庭用户传输电视节目或者提供其他交互性业务的一种技术。

数字电视是从电视节目录制、播出、发射、接收全部采用数字编码与数字传输技术的新一代电视。

三、数字图书馆新媒体服务

数字图书馆的新媒体服务是指图书馆以移动互联网为传输载体,借助智能手机、平板电脑或电纸书阅读器等手持设备向读者提供形态各异的信息服务。这些服务与图书馆传统的服务方式相比,呈现出以下不一样的特征:

1. 以移动互联网为主要传输载体

截至 2014 年 12 月,中国网民规模达 6.49 亿,互联网普及率为 47.9%。其中,手机网民规模达 5.57 亿,保持稳定增长。以智能手机为主的移动设备已经稳居第一大上网终端地位[4]。在移动通信商的推动下,中国 3G 进入高速发展的阶段,Wi-Fi 的覆盖范围也不断扩大,随时随地快速地接入网络成为可能。网络条件的改善、上网资费的降低、移动设备尤其是中低端智能手机的普及,用户有更高的积极性通过移动互联网使用图书馆提供的服务或是参与图书馆有关的活动。图书馆也不再受限于传统的网络环境,得以通过移动互联网向用户推送服务、与用户互动。

2. 年轻用户是主要的服务对象

当前,图书馆服务的手机网民,年龄结构整体偏年轻化。截至 2014 年 12 月,我国网民以 10—39 岁年龄段为主要群体,占比合计达到 78.1%。其中 20—29 岁年龄段的网民占比最高,达 31.5%[5]。偏年轻的图书馆用户,对新生事物有更多的好奇和接受力。于他们而言,图书馆提供新媒体服务的网络连接方式、设备、使用方法都不会陌生。

3. 以用户为中心,以嵌入式服务为手段,提供个性化服务

网络世界无边界,信息量更是浩如烟海,图书馆不是唯一的信息服务提供机构,在数字出版浪潮的冲袭下,图书馆开始改变固守图书馆建筑和图书馆网站的被动服务方式,开始在用户流连不已的网站、居民社区嵌入图书馆服务,为用户提供泛在的信息服务。

4. 抓住用户的"碎片时间",在移动中提供碎片阅读服务

便携的手持设备和便利的网络接入环境,使得手机、平板电脑、电子书阅读等手持设备迅速占领网民的碎片时间,在公共汽车、地铁等公共交通上、在排队等候时、在就餐时,甚至在如厕之际[6],"低头族"逐日增多。间歇、零碎的上网行为的结果就是,人们随时有可能与"泛在"的图书馆互动,索取信息资源或寻求帮助。

5. 注重营销,塑造形象,寻求与用户的互动

新媒体时代,信息双向流通,每一个个体既是信息的发送者也是信息的接收者,信息的接受权向受众转移。图书馆要在成熟的网络社区立足并凸显自身的存在,需要通过与其他用户之间的互动来体现价值;采取一些营销行为以塑造与众不同的图书馆形象。

第二节　数字图书馆新媒体服务类型及概况

数字图书馆的新媒体服务呈现出"泛在""移动化""个性化""互动"等特征,但就博客、RSS、微博、微信、数字阅读、移动图书馆等主要的新媒体服务类型而言,又分别有各自的表现。

一、明日黄花:博客与 RSS 服务

1. 博客与图书馆博客

博客是 Blog 或 Weblog 在中国较为通用的译法。它是一种用来表达个人思想内容,按时间顺序逆序排列,并且不断更新的网络出版和交流方式。作为一种新型的网络信息组织和交流形式,博客具有内容个性化、发布及时、更新频繁的特点,与其他的网络技术相比,博客更具有深度沟通和民主化的潜质,能创造知识共享的环境,同时能为个人提供一个自我表达和自我价值实现的平台。

图书馆博客是图书馆依靠网络平台构建自己的博客,利用组织博客的形态为图书馆用户提供网络服务,代表着图书馆的官方形象。图书馆博客,作为一个公共组织开设的博客,通常有两种形式。一种是图书馆作为博客提供商,免费为用户提供博客服务,以此来吸引用户构建网上社区。由于此种服务提供需要大量技术、设备、人才等“资源”作后盾,而且服务水平及性能与商业化的 ISP 商相比,毫无优势可言,故未形成主流。另一种就是图书馆作为博客写作者,开设博客,占领信息发布的制高点,发布各类信息,及时传递给用户,接收来自用户的各种反馈,由此信息的交互性大大增强,图书馆博客亦成为图书馆网站的有益补充,有的甚至直接变身为图书馆的网站主页。

2. 图书馆利用博客开展读者服务的实践

博客在国外图书馆界的发展始于馆员和学者们的个人博客,Jenny Levine 是公认的图书馆界使用博客的先驱,她于 1995 年 11 月 10 日建立的“Librarians' Site du Jour”被认为是最早的图书情报专业博客[7]。虽然当时博客这个术语还没有出现,2002 年其博客更改为“The Shifted Librarian”(http://theshiftedlibrarian. com)且至今一直保持更新。

早期的图书馆学博客主要是以图书馆学专业研究和资源介绍为主的个人博客或群体博客,具有影响力的图书馆学资源博客如“Resource Shelf”(http://www. resourceshelf. com)、“Blog without library”(http://www. blogwithout library. net)、“Library Stuff”(http://www. library stuff. net)等都是以全体图书馆员为目标受众,介绍并探讨与图书馆和图书馆员相关的一些事件,聚焦于图书馆员的专业发展。此外还有专门研究某一主题的博客,如 Dan Chudnov 的“oss4lib”(http://www. oss4lib. org)致力于图书馆开源系统的介绍及获取,David Bigwood 的“Catalogablog”(http://catalogablog. blogspot. com)则专注于

分类和编目问题,与以上这些稍有区别的是"LISNews"(http://www.lisnews.com),这是一个图书馆学群体博客,以收集和发布图书馆学情报学领域的研究热点、发展动态等为己任,允许读者注册并发布文章,因此具有很大的信息量。

2003年6月"闲来无空"(http://www.sogg.name/)和"Easy Librarian"(http://www.csdl.ac.cn/ezlibrarian/)建立的博客被认为是国内最早的图书馆学专业博客[8],2006年,由于首届图书馆2.0会议的召开,图林博客迎来了一个黄金发展时期,一大批图书馆学界人士相继建立个人博客,许多知名专家学者也都加入了博客的行列,如范并思、李超平、程焕文、吴建中、叶鹰、刘炜、李明华等,而陈源蒸教授以72岁高龄开设博客"耄耋少年"更传为一时之美谈。此后,竹帛斋主主持的"新浪图林博客圈"(现已更名为:图书馆博客世界)诞生,涌现了一批图林博客。目前"图林博客世界"有成员642个。截止到2014年4月,Libwiki.org集中了676个国外图书情报界博客,厦门大学"图林网志"博客聚合收录了130个国内图林博客。目前活跃的图林博客,骨干为图书情报学界知名教授、学者,如范并思、程焕文、刘炜、李超平等,他们的博客有较高的关注度,博文的评论比较多。

国内图书馆学人的博客所探讨的内容涵盖图书馆学基础理论、编目方法、数字图书馆技术、搜索引擎技术、图书馆建筑、学术刊物、学术会议等方方面面,对丰富图书馆学专业研究,加强图书馆学人的交流起到了积极的作用。

图书馆学专业个人博客的蓬勃发展,也带动了图书馆组织博客的发展。如厦门大学图书馆的"图书馆吱声"、上海交通大学图书馆的学科博客等,用于馆内业务交流,同时也为读者提供了更为丰富的资源与服务。具体作用体现在:

(1)加强图书馆信息导航。首先,馆员可以通过博客日志对每一种资源进行详细的介绍,还可以链接的方式指向相关的背景资料,让读者了解得更加全面;其次,博客日志的方式也突破了传统网站由于页面有限而对导航站点数量的限制,馆员可以随时随地在导航栏目中添加自己新发现的有用资源;再者,博客操作的简单也使馆员不需要通过技术人员就可以方便地添加和修改导航信息。

(2)促进图书馆信息推介。图书馆通过对博客中的内容进行细化,可以使用户最大限度地减少接收到的冗余信息,比如新书通报,就可以分为社会科学类和自然科学类,如果是购书量比较大的图书馆,还可以按学科分;图书馆新闻也可以分为一般公告、图书馆活动、图书馆讲座等,分别提供 RSS Feed。除了按博客内容分类设置 RSS Feed 外,还可以根据博客日志的外部特征提供各类 RSS Feed。

(3)助力图书馆信息收集。博客的提要聚合功能使图书馆员不必将数千万个博客的地址加入到 RSS 阅读器中以跟踪其更新,只需通过博客搜索引擎提供的关键字订阅就可以方便地在自己的阅读器上看到所有新发表的包含任意指定关键字的博客文章,真正实现资源的即时产生即时发现。Google、百度等搜索引擎巨头都开始提供博客搜索和订阅服务,图书馆可以根据本馆特色和读者需求,通过特定关键词的设置,实时跟踪某一个或几个领域的发展动态。

(4)实现馆员隐性知识的显性化,使读者更好地了解图书馆。博客开放自由的表达方式,平等分享的认知心理,让博客成为隐性知识的聚合器,也成为隐性知识显性化的平台,同时为读者了解图书馆提供了一个很好的渠道,博客上的图书馆员展现着他们更加感性的一面,读者通过馆员的博客可以深入了解图书馆的工作和图书馆员的精神生活,使图书馆在读者心中的形象更加丰盈。

3. 博客的衰落与未来发展

2011 年 3 月,巅峰时拥有 3000 万用户的 MSN 私人博客正式关闭;2012 年,国内第一批个人创办的博客网站大量关张;2013 年 3 月 31 日,中国博客网——中国最早的博客(2002 年创立)、"全球最大中文博客托管商"——宣布关闭免费博客并清空数据。近年来博客的用户规模不断减少,且用户活跃度持续下降。截至 2014 年 12 月,我国博客用户规模为 1.09 亿,虽较 2013 年底增加 2126 万,但在网民中的使用率仅为 16.8% [9]。

微博以及轻博客的兴起,移动互联网的爆发式发展,再加上博客自身缺乏社交元素,曾经的繁荣已经不在。无可否认,博客的发展已进入衰落期,互联网上一片"博客已死"的声音。图书馆员的个人博客经历了发展的高潮之后,也逐渐走向寂寞。相反地,图书馆的学科博客却逐渐热闹起来。内容的专业性以及对深度的资源和服务揭示,吸引了众多的读者。高校图书馆的服务对象主要是高校的师生和研究人员,而这一群体在学习和科研中对知识的交流共享和个性化需求高,这正与博客交流共享和个性化的理念不谋而合,所以高校图书馆开展博客信息服务更具现实意义,不仅能使其与用户的沟通渠道更畅通,而且能够拓展服务范围,巩固图书馆在教学科研中的地位。

4. RSS 服务

RSS 是"Rich Site Summary"（丰富站点摘要）或"RDF Site Summary"（RDF 站点摘要）或"Really Simple Syndication"（真正简易聚合）的缩写，起源于网景通讯公司（Netscape）的推送技术，是一种用于共享新闻和其他 Web 内容的 XML 格式。RSS 作为 Web2.0 的主要技术之一，伴随着 Web2.0 理念的广泛传播而逐步发展壮大，因其强大的信息聚合和信息推送的能力而受到了使用者的喜爱，而其开放的技术规范、低成本的信息发布、跨平台的应用特性也逐渐成为众多门户网站的基本服务之一。它是一个真正简单的网站联合，具有强大的信息发布、推送和聚合功能，能够更好地满足图书馆信息服务的需要。图书馆行业对于 RSS 的研究与应用起源于 2004 年左右，至 2009 年达到高峰[10]。

RSS 服务在公共图书馆的使用还较少，未能全面普及，仅少量图书馆应用 RSS 进行于公告及新书的推送，缺少个性化的定制推送和聚合类专题服务。2011 年年初对国家图书馆和 31 所省级（包括省、自治区、直辖市）图书馆以及 27 所省会城市图书馆等 59 所公共图书馆的网络调查显示，仅有 7 所图书馆提供 RSS 服务，约占总数的 12%；有 43 所图书馆未提供 RSS 服务，约占总数的 73%；另有 9 所图书馆网站无法访问，约占总数的 15%。提供 RSS 创新服务的 7 所公共图书馆分别为国家图书馆、首都图书馆、上海图书馆、广东省立中山图书馆、杭州图书馆、金陵图书馆和南宁图书馆。它们提供的 RSS 创新服务内容主要为最新公告、读者活动、讲坛讲座、新书通报、图情动态、重要活动报道、书评随笔等。通过提供 RSS 订阅服务，图书馆将最新通知、读者活动、讲坛讲座、新书简介、信息动态、活动报道、书评随笔等直接推送到用户的桌面，使用户及时、便捷地获取图书馆最新信息[11]。

相比公共图书馆，国内高校图书馆在新技术的跟踪与应用上紧跟国外发展趋势，对 Web2.0 相关理念、技术、应用的研究、学习、开发、使用较为重视。根据 2010 年 8—9 月的调查，在 38 家"985 工程"高校图书馆中，有 24 家开通了 RSS 服务，占比为 63%[12]。在对国内 121 所"211 工程"院校中选取的 30 所图书馆的调研数据中，显示有 15 所图书馆提供了 RSS 服务，占比为 50%[13]。高校图书馆提供的 RSS 服务主要有：新闻公告、新书通告、商用数据库信息推送、专题信息推送、用户信息推送几类。RSS 服务在高校图书馆得到较为普遍的应用除了图书馆的重视和宣传推进外，还与用户普遍素质较高，对于新技术新工具的掌握和应用，以及对信息获取便利性、时效性的强烈需求有关。科研人员为了及时获取第一手研究资料,使用 RSS 这样的新型服务便是不二选择。另一个重要原因是图书馆自动化系统集成商在 RSS 技术应用上的支持,比如"985 工程"高校图书馆采用的 8 家自动化系统全都提供 RSS 服务,这也在一定程度上普及了 RSS 服务的使用。

博客的火爆带动了 RSS 服务的推广,用户通过 RSS 订阅自己喜欢的博文,在阅读器中充分享受阅读的快乐。但随着博客发展由爆发式增长到恢复理性、博客数量的锐减以及个人博客向个人微博平台的转移,影响了 RSS 服务以及类 RSS 阅读器应用的发展。RSS 简化信息传递的模式与互联网的广告模式的对立,也导致 RSS 越来越边缘化。

RSS 已日渐式微,但作为一种完全开放的协议,仍然拥有其未来。因它与互联网开放、互联的大势一致,大势不变,此路不死。当然,RSS 的应用也需要与时俱进、改头换面[14]:

(1) RSS 作为跨平台的底层数据传递服务。RSS 作为一种开放的协议,具有数据量小、加载快、覆盖内容形式多样、元数据规范和有效过滤信息噪音、标准化的 XML 输出等特点。这就适用于跨平台的底层数据传递服务,各种开发语言都可以根据 RSS 规范对消息体进行解析和再利用。目前出现的一些移动阅读平台比如 Zaker 等,都是利用 RSS 进行数据传递,通过对内容的再组织、重排版而满足用户对移动终端阅读的需求。图书馆的各个系统之间也可以通过 RSS 实现数据接口,在异构系统间进行数据传递,从而满足系统整合的需要。

(2) 利用 RSS 做个性化内容的聚合订制服务。RSS 除了信息推送的功能,还有一个重要特点就是信息聚合,可以实现内容聚合、降噪去重、精选推荐。未来随着语义网的发展,RSS 作为底层数据传递方案,可通过机器将内容聚合,根据语义标签分类,将内容进行再组织,并由此形成内容中介和再分发平台。图书馆作为信息导航服务机构,可以利用 RSS 对专题内容进行聚合过滤整理,再通过其他平台、其他方式将内容呈现给用户,减少 RSS 本身的使用门槛。

二、移动时代:数字阅读与移动图书馆

1. 数字阅读

数字媒体时代,人人都是阅读者,同时又是出版者。由于内容生产的边际成本(由于用户的增加而带来的复制成本)几乎为零,而且信息超载带来眼球经济,阅读者几乎无须承担费用[15]。随着科学技术的发展,可阅读的文献已不仅局限于纸质文献,人们的阅读习惯正在发生着巨大的变化。移动数字阅读具有可移动、方便、及时、内容更新快等特点,正被越来越多的用户所接受。

2013 年我国数字出版全年收入规模达 2540.35 亿元,比 2012 年增长31.25%,保持了快速增长势头。在各类业务板块中,电子书增长最快,从2006 年到 2013 年,我国电子书收入年均增长率为 78.16%;互联网期刊收入增长比较平稳,从 2006 年到 2013 年,年均增长率为 12.69%;数字报纸的收入从 2006 年到 2013 年处于下滑趋势;手机出版增长比较快,并且基数较大;网络广告的增长也非常迅速,与平面媒体广告下滑形成了鲜明对比[16]。

随着移动互联网时代的到来,移动互联网出版成为传统出版获取数字出版收入的重要业务。硬件技术不断更新换代,以苹果 iPad/iPhone 引领的终端革命的到来,拉开了平板电脑与智能手机代替台式电脑的序幕。数字出版的重心已经从台式电脑向平板电脑和智能手机转移,与之相关的移动应用研发也正在成为 IT 界主流。手机已经成为用户上网第一终端,移动阅读已经成为部分传统出版单位数字出版收益的主要来源。

平板电脑、电纸书、电子阅读器等新型阅读设备,在公共图书馆得到了广泛的使用,部分图书馆还开展了移动阅读引导。上海图书馆提供了 20 多款电子阅读器供读者体验;辽宁省图书馆推出电子书阅读器外借服务。2009 年 2月底,上海图书馆启动了手持阅读器外借服务,向普陀、徐汇、长宁、青浦、嘉定等五个区图书馆共同推出数字阅读器借阅服务并发放数字阅读器,每台阅读器都可以在上海图书馆的数字图书馆平台上借阅多本电子图书,这为读者碎片时间阅读提供了更多的书籍选择。

"书香湖南·数字阅读"公益移动阅读平台是湖南省推广全民阅读活动的创新举措,它以手机终端新形式,在全国首次推广数字阅读,被国家新闻出版广电总局确定为"2014 年全民数字阅读"重点专题活动项目。"书香湖南·数字阅读"平台首批上线图书 1 万种,包括文学艺术、时尚生活、人文社科、名人传记、政治军事、经济管理等 18 个类别,均为群众喜闻乐见的品种。每年还将新增图书 5000 种,最终建成拥有 3 到 4 万种图书的移动数字图书馆。同时还将根据公众的阅读热点,有针对性地更新图书类别,增添图书品种。比如开设"湖南地方特色资源库",收录具有湖南特色的优质书籍;加入"农家书屋"栏目,服务农村地区数字阅读。该平台开通后,省内的智能手机用户(包括苹果系统和安卓系统)只需下载"书猫阅读"APP,即可免费下载、阅读海量电子书。外地手机用户只要在湖南境内也可享受该项服务。由于该平台采用离线阅读技术,公众在 WIFI 环境下可以一次性下载多本图书,其后无广告,可实现零资费、零流量阅读。

为了推广数字阅读,北京大学图书馆引进了 150 套商务版汉王电纸书向北大师生提供免费的借阅服务,它可以将图书馆自建或外购的电子图书以及读者喜爱的网上电子图书等下载到电纸书配备的 SD 卡中,方便携带和随时阅读,就像携带和阅读普通印刷图书一样,真正帮助读者实现"数字移动阅读"。

2. 移动图书馆

随着智能手机的不断普及,移动通信服务资费的调整,人们通过手机获得的信息内容更加广泛、获取信息的方式更为便捷,手机上网使用频率持续增加。手机图书馆的服务模式已经由简单的短信服务和 WAP 服务,扩展到信息查询、移动阅读、视频服务等方面,逐步从手机图书馆向移动图书馆过渡。伴随着数字出版的蓬勃发展,手机、平板电脑等移动阅读平台的逐步完善,读者可以在任何时间、任何地点享受到图书馆的服务。

截止到 2014 年 4 月,112 所"211 工程"高校图书馆中有 89 所开通了移动图书馆服务,占被调查总数的 79.46%(参见表 8 - 1,图 8 - 1);46 家省级和计划单列市公共图书馆中有 27 家开通了移动图书馆服务,占被调查总数的58.70%(参见表 8 - 2、表 8 - 3、图 8 - 2)。智能手机 APP 逐渐成为手机图书馆的主要服务形式。

表 8 - 1 教育部"211 工程"高校图书馆新媒体服务状况一览

图书馆名称 (按微博粉丝数排序)	是否开通移动图书馆	新浪微博粉丝数①	是否开通微信号
清华大学图书馆	是	44 539	是
武汉大学图书馆	是	20 882	是
厦门大学图书馆	是	17 314	是
复旦大学图书馆	是	15 881	

① 采用 2014 年 4 月初的线上实时数据。因高校图书馆开通腾讯微博的极少,遂不统计腾讯微博平台相关情况。

续表

图书馆名称 （按微博粉丝数排序）	是否开通移动图书馆	新浪微博粉丝数	是否开通微信号
暨南大学图书馆	是	13 132	是
重庆大学图书馆	是	11 865	是
华东师范大学图书馆	是	10 951	
南京大学图书馆	是	10 639	是
同济大学图书馆	是	10 496	
中国矿业大学图书馆	是	9817	
四川大学图书馆	是	8545	是
南京师范大学图书馆	是	7859	
西南财经大学图书馆	是	7571	
东南大学图书馆	是	6318	
上海财经大学图书馆	是	6015	
北京航空航天大学图书馆	是	5816	是
北京大学图书馆	是	4977	是
西安交通大学图书馆	是	4955	是
北京工业大学图书馆	是	4702	是
上海交通大学图书馆	是	4463	
海南大学图书馆	是	4225	
大连海事大学图书馆	是	3959	
南开大学图书馆	是	3431	是
南京农业大学图书馆	是	3428	
合肥工业大学图书馆	是	2969	
北京化工大学图书馆	是	2854	
中国人民大学图书馆	是	2827	是
华南理工大学图书馆	是	2808	
南京航空航天大学图书馆	是	2794	
湖南大学图书馆	是	2447	是

续表

图书馆名称 （按微博粉丝数排序）	是否开通移动图书馆	新浪微博粉丝数	是否开通微信号
陕西师范大学图书馆	是	2435	
西北工业大学图书馆	是	2332	是
大连理工大学图书馆	是	2212	
西南大学图书馆	是	2094	
中南财经政法大学图书馆	是	1949	是
浙江大学图书馆	是	1661	是
上海大学图书馆	是	1549	
华中师范大学图书馆	是	1530	是
中山大学图书馆	是	1465	是
中央财经大学图书馆	是	1419	是
北京理工大学图书馆	是	1415	
华北电力大学图书馆	是	1391	
上海外国语大学图书馆	是	1264	
华中农业大学图书馆	是	1191	是
北京邮电大学图书馆	是	1040	是
兰州大学图书馆	是	990	
南京理工大学图书馆	是	932	
西北大学图书馆	是	887	
西南交通大学图书馆	是	785	是
石河子大学图书馆	是	755	
辽宁大学图书馆		745	
福州大学图书馆	是	578	是
山东大学图书馆	是	519	是
安徽大学图书馆	是	443	
郑州大学图书馆	是	442	是
哈尔滨工业大学图书馆	是	392	是

续表

图书馆名称 （按微博粉丝数排序）	是否开通移动图书馆	新浪微博粉丝数	是否开通微信号
中国传媒大学图书馆	是	351	
对外经济贸易大学图书馆	是	332	
中国石油大学图书馆	是	268	
湖南师范大学图书馆	是	268	
华南师范大学图书馆	是	267	是
西北农林科技大学图书馆	是	228	
苏州大学图书馆	是	167	
河海大学图书馆	是	154	
北京林业大学图书馆	是	134	
武汉理工大学图书馆	是	120	是
中央音乐学院图书馆		70	
华东理工大学图书馆	是	35	是
中国农业大学图书馆	是	32	
第二军医大学图书馆			
北京交通大学图书馆	是		
北京科技大学图书馆	是		是
北京中医药大学图书馆			
北京师范大学图书馆	是		是
北京外国语大学图书馆	是		
北京体育大学图书馆			
中央民族大学图书馆			
中国政法大学图书馆	是		是
天津大学图书馆			
天津医科大学图书馆			
河北工业大学图书馆			
太原理工大学图书馆	是		

续表

图书馆名称 （按微博粉丝数排序）	是否开通移动图书馆	新浪微博粉丝数	是否开通微信号
内蒙古大学图书馆			
东北大学图书馆			
吉林大学图书馆	是		是
延边大学图书馆			
东北师范大学图书馆			
哈尔滨工程大学图书馆	是		
东北农业大学图书馆			是
东北林业大学图书馆	是		
东华大学图书馆			
江南大学图书馆	是		
中国药科大学图书馆			
中国科学技术大学图书馆	是		是
南昌大学图书馆	是		
中国海洋大学图书馆	是		
华中科技大学图书馆	是		
中国地质大学图书馆	是		
中南大学图书馆			是
国防科学技术大学图书馆			
广西大学图书馆	是		是
电子科技大学图书馆	是		
四川农业大学图书馆	是		
贵州大学图书馆			
云南大学图书馆			
西藏大学图书馆			
西安电子科技大学图书馆	是		是
长安大学图书馆	是		

续表

图书馆名称 （按微博粉丝数排序）	是否开通移动图书馆	新浪微博粉丝数	是否开通微信号
第四军医大学图书馆			
青海大学图书馆			
宁夏大学图书馆	是		
新疆大学图书馆	是		
总计	89 家已开通	69 家已开通	39 家已开通

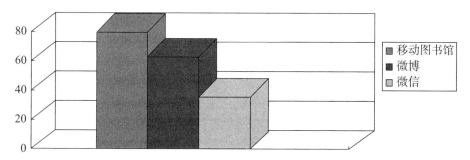

图 8 - 1　全国"211 工程"高校图书馆开通移动图书馆、微博、微信服务的百分比统计

表 8 - 2　全国省级公共图书馆的新媒体服务状况一览①

图书馆名称 （按微博粉丝数排列）	移动图书馆	微博平台	粉丝数量②	微信号
湖北省图书馆	已开通	腾讯	287 398	湖北省图书馆
上海图书馆	已开通	新浪	176 316	上海图书馆
重庆图书馆	已开通	新浪	23 180	
新疆维吾尔自治区图书馆		新浪	21 432	
陕西省图书馆		新浪	16 866	sxlib1909
首都图书馆	已开通	新浪	16 621	
浙江省图书馆	已开通	新浪	8089	

　　①　只统计移动图书馆、微博、微信等三种新媒体服务类型的状况。其他服务类型样本数太少,暂未统计。
　　②　采用 2014 年 4 月 5 日的线上实时数据。

续表

图书馆名称 （按微博粉丝数排列）	移动图书馆	微博平台	粉丝数量①	微信号
贵州省图书馆	已开通	新浪	5639	
湖南省图书馆	已开通	新浪	4617	湘图讲坛
广东省立中山图书馆	已开通	新浪	3895	
山东省图书馆	已开通	新浪	2949	
吉林省图书馆	链接出错	新浪	2782	
黑龙江省图书馆	已开通	新浪	2037	
福建省图书馆	已开通	新浪	2035	
山西省图书馆	已开通	新浪	1177	文源讲坛
安徽省图书馆		新浪	1175	
甘肃省图书馆		腾讯	1130	
云南省图书馆	已开通	腾讯	267	
海南省图书馆	已开通	新浪	231	
天津图书馆	已开通	网易	54	
辽宁省图书馆				
河北省图书馆	已开通			
河南省图书馆				
南京图书馆	已开通			
江西省图书馆	已开通			
四川省图书馆	已开通			
青海省图书馆				
宁夏图书馆				
广西壮族自治区图书馆	已开通			
西藏自治区图书馆				
内蒙古自治区图书馆				
总计	21 家已开通	20 家已开通		5 家已开通

① 采用 2014 年 4 月 5 日的线上实时数据。

表8-3　全国副省级城市公共图书馆新媒体服务状况一览

图书馆名称 （按微博粉丝数排列）	移动图书馆	微博平台	粉丝数量①	微信号
深圳市图书馆	已开通	新浪②	58 567	szlibrary
成都市图书馆		腾讯③	43 505	
杭州市图书馆	已开通	新浪	24 660	
广州市图书馆		新浪	11 449	广州图书馆
厦门市图书馆		新浪	10 016	厦图讲座
济南市图书馆		新浪	4662	
武汉市图书馆	已开通	新浪	4016	
青岛市图书馆	已开通	新浪	3523	青岛市图书馆
西安市图书馆		新浪	2697	
大连市图书馆		新浪	2507	
金陵图书馆（南京市）	已开通	新浪	1274	金陵图书馆
沈阳市图书馆	已开通	新浪④	1202	
宁波市图书馆		新浪⑤	1121	
哈尔滨市图书馆		新浪	620	
长春市图书馆	已开通	新浪	212	Ccslib
总计	7 家已开通	全部开通		6 家已开通

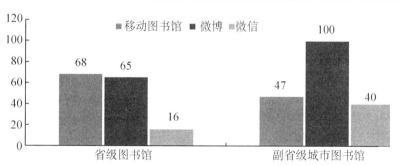

图8-2　省级、副省级公共图书馆开通移动服务、微博、微信的百分比统计

① 采用2014年4月5日的线上实时数据。
② 另有1093粉丝的腾讯微博。
③ 另有4970粉丝的新浪微博。
④ 并非官方微博,账号为"沈阳市图书馆自习室"。
⑤ 并非官方微博,账号为"宁波市图书馆天一讲堂"。

初期,图书馆的移动服务主要由移动电话网络的短信平台和基于 WAP 协议的网站支持图书馆。2003 年,北京理工大学图书馆正式推出手机短信通知系统,提供的服务包括图书到期提醒、图书预约、短信息续借、图书催还。2005 年 5 月,上海图书馆开通了基于手机短信的移动服务。2006 年 6 月全国高校图书馆第一家手机图书馆湖南理工学院手机图书馆 WAP 服务开通,之后重庆大学、成都理工大学图书馆等也开通了此项服务,WAP 服务在各高校图书馆逐渐普。重庆图书馆开通掌上服务功能打造随身图书馆;深圳图书馆还尝试与中国移动合作推出"手机读者证"——读者可凭手机到馆阅读,也可通过手机登录图书馆的 WAP 网站或下载客户端,来阅读图书馆的馆藏。

国家图书馆短信平台 2007 年底上线服务,2011 年升级为短(彩)信服务平台,以实时性和经济性等特点成为图书馆读者移动服务的重要组成部分。主要服务内容包括:图书预约到达通知、图书催还、图书续借、读者卡挂失、读者意见与建议、信息公告等多项功能。读者不必再亲自到馆,可使用手机短信来获知预约图书已经到达、图书将要到期、最近有哪些讲座及文化活动等信息。

国家图书馆 WAP 网站是国家图书馆的手机门户,向读者提供资源检索(包括公共目录查询和馆藏资源查询),读者可以通过 WAP 网站检索到公共目录和馆藏特色资源的元数据。WAP 网站还为读者提供了国图要闻、重要通告、读者指南,帮助读者了解国图、利用国图;国家图书馆 WAP 网站为读者提供在线展览和在线阅读,读者可以在 WAP 网站上看到千余本的公共领域资源。WAP 网站提供读者服务功能,包括读者借阅信息查询、催还提醒、预约、续借、一卡通信息查询等基于传统图书馆的服务,并支持读者注册成为国图虚拟卡用户。

2005 年,上海图书馆率先启动手机图书馆服务。2009 年贵州省图书馆启动全省数字图书馆服务,包括掌上贵图、触摸屏阅读、RFID 自助借还、政府公开信息整合服务等。2012 年,江西省图书馆积极营造少儿新媒体阅读氛围,启动了"掌上赣图"移动图书馆服务。首都图书馆随着新馆二期正式启用,于2012 年全面开通首图"掌上图书馆"。

随着 iPhone 等新型手机,以及 iOS、Android 等智能手机操作系统的出现,手机应用程序商店成了新的手机应用模式。国家图书馆敏锐地抓住了这一变化,大胆尝试了移动应用程序商店的服务模式,建成了适用于 iOS 和 Android 的读者服务应用程序,包括 OPAC 检索、读者借阅信息查询、预约、续借、读者指南、通知公告、讲座预告等内容。

从 2009 年开始国家图书馆进行了"掌上国图"资源建设,主要是考虑基于移动终端的服务模式已经较为丰富,在此基础上为读者提供移动服务的重点就转移到服务内容上面,也就是资源建设上面,因此设置了"掌上国图"资源建设专项。目前已经建成了对文本、音频、视频、图片等多种类型的资源进行加工、处理、发布的整套系统,形成了从资源搜集整理到资源格式转化,再到资源发布展示的相对标准化的流程。

上海图书馆更是全国第一家提供真正移动阅读服务的公共图书馆,开通了"上海市民数字阅读推广计划网站",并与盛大文学签署合作意向书。作为上海市民数字阅读推广计划的服务平台,"市民数字阅读网站"整合了馆藏的千种报纸,万种期刊、百万种图书的数字资源,支持电子书阅读器、平板电脑以及手机等各类移动设备的智能识别,以尽可能方便快捷的友好界面,给读者最好的阅读体验,为广大读者打造一站式的阅读平台,满足读者对移动阅读的迫切需求。此外,上海图书馆建设了新技术体验中心,提供多种图书馆新服务体验,引导读者在新技术体验中心参加馆藏数字资源的使用及新技术体验互动,并适时将读者反馈最好的服务加入到图书馆综合服务体系中去,这些举措使其成为整个图书馆行业数字化进程中的风向标。

高校图书馆多采用图书馆自动化管理系统开发商、数据库厂商开发的产品。例如,西安交通大学等 11 所高校图书馆使用了超星公司的产品;南京大学等 13 所高校使用汇文自动化管理系统及其子产品"掌上汇文";华南理工大学使用方正阿帕比产品;清华大学、北京大学等 4 所高校使用了北京书生的移动图书馆方案。在超星平台的支持下,移动阅读、全文阅读已经成为国内移动图书馆服务的基本内容与项目。汇文公司所推出的"掌上汇文"可以实现与本馆自动化管理系统的集成、馆藏资源的一站式检索、读者交流与互动。书生公司所推出的方案支持 UOML 文档交换,可以完美地实现馆藏不同数据格式交换,交换后各类手机均可直接访问阅读。

3. 新媒体阅读推广

2011 年 5 月,文化部、财政部联合下发《关于实施"数字图书馆推广工程"的通知》,决定在"十二五"期间共同组建实施数字图书馆推广工程。根据工程规划,2011—2012 年为基础构建阶段,将完成全国所有省级数字图书馆和部分市级数字图书馆的硬件平台搭建工作,并与国家数字图书馆进行网络连接与资源整合,初步建成以国家数字图书馆为中心、以各级数字图书馆为节点、覆盖全国的数字图书馆虚拟网。在全国范围内形成有效的数字资源保障体系，以网络为通道，借助各式新兴媒体，向公众提供数字图书馆服务。

数字图书馆推广工程将利用互联网、移动通信网、广电网，通过服务模式创新、新技术与新媒体应用、系统平台搭建与推广等方式，覆盖全国移动通信网的移动数字图书馆、数字电视服务，形成覆盖全国的数字图书馆新媒体服务体系。

在移动数字图书馆服务方面，推广工程将实现手机、平板电脑等各种移动终端用户通过通信网络、无线网络均可访问图书馆资源和服务，有效扩充图书馆的用户群体。其中，手机门户系统针对移动终端特点提供信息推送、在线阅读以及基于传统业务的读者服务，特别设置的专题功能，可以根据外界变化和读者需求，随时更换展示信息和资源，可实现将图书、论文摘要、视频、图片等各载体文献资源的展示延伸到手机上。移动阅读平台解决了丰富的数字资源在移动终端集中展示的问题，突破了需要电脑、固定位置才能进行数字阅读的限制。移动阅读平台提供个性化服务、统一检索、用户认证、多终端适配等功能，极大地满足了用户数字阅读的需求，提高了服务水平。

国家图书馆和中国移动手机阅读基地展开全面合作，利用其成熟的移动阅读平台和运行模式，整合全国各地图书馆的读者用户群，在全国范围内展开数字图书馆新媒体信息服务的合作共建，形成开放式系统和服务的平台，既兼顾系统平台和经营模式的规模效果，又体现各地图书馆定制的个性化服务，携手打造国家数字图书馆移动服务平台。首先，该平台将在全国范围内实现移动服务资源的共享，整合各图书馆的自建资源和中国移动手机阅读基地的资源，形成丰富且具有各地特色的移动数字资源库；其次，全国各地图书馆可以通过该平台定制具有各地特色的 WAP 网站，并通过 WAP 网站为用户提供登录、注册、认证等服务，以及在线阅读、个人收藏、资源分享等个性化服务；再次，该平台用户信息将与国家数字图书馆统一用户管理系统保持同步，大幅度提升各地图书馆移动用户数量，扩大移动服务规模；此外，各地图书馆还可以通过该平台播报本馆的新闻、通告、自有书籍等资讯，提高各地图书馆影响力。该平台将打通全国公共图书馆移动服务产业链，为全国图书馆提供全新的移动服务模式和资源管理模式，实现全国图书馆社会效益和经济效益的双丰收。

国家图书馆主办的"网络书香·全国数字阅读推广活动"是数字图书馆推广工程"网络书香"系列活动之一，是为推动我国数字图书馆建设、提升图书馆服务效能,联合全国百家公共图书馆共同开展的系列读者活动,旨在将推广工程实施以来取得的丰硕成果进行集中展示,充分挖掘数字图书馆在人们生产和生活中的重要作用,培养公众的数字阅读习惯,在全社会营造全民终身学习和热爱阅读的良好氛围。活动范围已覆盖全国 31 个省区,旨在培养公众的数字阅读习惯,在全社会营造全民终身学习的良好氛围。根据国家图书馆统一部署,全国近 100 家省市级图书馆将共同举办。国家图书馆在原有资源的基础上将新增报纸、音频两种类型资源和 60 余种中文电子期刊及少数民族语文期刊,借助虚拟网一并开放给各省市图书馆读者使用。截至目前,推广工程虚拟网可访问内容包括 100 余万册中外文图书、700 余种中外文期刊、300 种中文报纸、7 万余个教学课件、1 万余种图片、18 万余档案全文、10 万首音乐及 3000 余种讲座和地方戏剧。

高校图书馆的用户多为年轻读者,特别适合采用新媒体进行服务创新和业务拓展。各高校图书馆八仙过海、各显神通,涌现了许多精彩的案例。如北京大学图书馆在 2012 年 4 月 23 日“世界读书日”前后开展“读书读出好心情”系列活动,邀请蒙曼、范晔、王波等作读书报告,评选读者之星,展出了中国图书馆学会推出的《大学生常见心理困扰对症书目》。在 2012 年 6 月份推出“园子里的时光——2012 年毕业季主题活动”,设立的毕业墙成为校园一景,图书漂流活动、毕业荐书活动参加者踊跃。清华大学图书馆积极探索在人人网、微博、视频网站等社会网站上整合图书馆资源,在书目系统、水木搜索和主页中嵌入书封、评论、标签、聊天机器人、书之密语游戏等社会化元素,全方位打造泛在服务。重庆大学图书馆推出了虚拟的服务推广员,取名为“书妹儿”,研发了读者激活系统,新读者第一次登录时,都必须接受书妹儿大约 3 分钟的关于图书馆资源、服务、理念的介绍,才能启用图书馆的借阅、个人门户等各项功能;在个人门户的建设中,以书评系统为核心,凸显“以书为本”的宗旨,通过积分、等级、激励机制等促使已经借阅过某本图书的读者发布书评,以便为其他读者提供重要参考,并启用虚拟的“书友会”功能,加入书友会的读者,对于借阅过的图书必须进行评论,通过这些流程优化和必要的激励机制,图书馆的书评已经超过 7 万条[17]。厦门大学图书馆在 2013 至 2014 年间,举行了“圕”系列主题活动,从毕业季的“圕·时光”,迎新的“圕·遇见”,到读者宣传月的“圕·探索”、“圕·发现”,利用微博、微信的传播影响力,拉近了与读者间的距离。

我国的 SNS 网站主要有依赖主题和兴趣凝聚的 SNS,如豆瓣网;依赖人和人际关系凝聚的 SNS,如人人网。SNS 网站具运营成本小、技术门槛低、互动性和实时性强的特点,部分高校图书馆以此加强图书馆公关宣传,完善参考咨询服务,通过日志、微博客等功能发布公告,通过留言板进行参考咨询服务,通过分享链接提供图书馆的相关网站的链接。相比高校图书馆的主页提供信息的方式,人人网中高校图书馆的公共主页亲和力强,如清华大学图书馆自称"图图",南京师范大学图书馆自称"图小宝",利用人人网整合了多种网络应用模式,向用户提供了多种信息内容。

三、社交新贵:微博和微信服务

1. 微博与微博服务

2009 年 8 月新浪启动微博服务开始,微博用户规模逐年猛增,截至 2014 年 12 月,我国微博用户规模为 2.49 亿,网民使用率为 38.4%,其中,手机微博用户数为 1.71 亿。微博已经成为主流的网络应用,占据网络舆论传播中心的地位。在提供微博服务的网站中,腾讯、新浪、搜狐、网易四大门户网站左右着中国微博的格局,覆盖人数均超过千万,腾讯和新浪更是超过 2 亿。2014 年随着腾讯、网易和搜狐等公司纷纷减少对微博的投入,用户群体主要向新浪微博倾斜,促使新浪微博用户不断提升,一家独大[18]。

微博媒体之所以能迅速发展,与它简短不超过 140 字的文字内容有关——或附加图片、音视频或网页链接——简短快捷,流程简单,不论是在网页上还是移动设备上的客户端,都能很快发送或回应消息,时效性也很强,"所发即所见"。通过开放的 API 接口服务,与其他互联网服务互相接入,使得微博成为网络信息的汇聚点。

大多图书馆的微博账号提供以下内容:通知公告;资源推荐,包括试用电子资源或新书推荐等;参考咨询,解答用户提出的问题;图书馆活动和服务推广,如展览、讲座培训、读者活动等;还有当前图书馆正在举办的活动,发起微博直播等。此外,很重要的一点是与读者的互动。

2. 图书馆微博服务的特点和趋势

图书馆微博服务,是图书馆在社交网络融入读者网络生活的重要途径之一,与传统的信息服务方式相比,它所附着的新媒体服务特征更为明显,流露出明显的社交网络气息:

(1)信息内容多样化

虽然受一则微博文本不超过 140 个字符的限制,每则微博的篇幅不会长,但通过添加一个网址或与其他微博网友的评论、转发,富媒体的形态在网页上尽显无遗。一则微博不仅有文字内容,可以显示图片、音频、视频、其他网址,还能通过阅读数、转发、评论、"赞"等数据反映它本身的受欢迎程度。而且,内容来源也不仅限于原本图书馆网站的信息公告等,比如每日发送一则"历史上的今天",附带的资源是本馆的自建特色资源链接;或者转发来自网友的内容。在上述图书馆微博服务的主要内容之外,有所选择地推送的信息就成为本馆微博账号的服务特色。

(2)拟人化,以平等的姿态和读者互动

通过微博和读者沟通,本质上缺少面对面的表情互通,只有通过文字交流。图书馆微博账号的实际使用者(一位或多位图书馆员)都会希望给"粉丝"以"真人"的感受,通过带有情感色彩的文字或符号,而不是维系以往那种高高在上的刻板形象。故而,不同的图书馆账号在网友心中,有不同的印象:如清华大学图书馆的"萌、傲娇",厦门大学图书馆的"小清新"。

(3)微博成为营销、公关的窗口

微博的特征之一就是传播异常迅速,尤其是可能引起关注的现象,不管是正面还是反面的消息,经过几层转发后会迅速蔓延。图书馆唯有主动进驻微博,以当事人的身份主动参与信息传播,避免以讹传讹。

微博是网民的主流网络应用,每天使用者的数量不小。借助微博,可以推广、宣传图书馆新活动新服务,并以爆料者的方式讲述背后的故事,主动营造热点新闻,增加图书馆微博的活跃度和受关注度,增加图书馆活动的参与者。

(4)成为了解社会评价的途径

微博网友和图书馆读者有一定的重合度。每天,微博网友会就大大小小的事发布消息,其中自然有可能包括对图书馆的期望、抱怨、欣赏等。在微博中以图书馆常用名称为关键词搜索,及时回应网友对图书馆的评价,有助于消化读者对图书馆的怨气。在图书馆营销活动过程及结束后,借助微博也可以了解用户对本次活动的评价。

3. 微博服务的现状

2014 年上半年的"马航事件"和2014 年下半年的"冰桶挑战"凸显了新浪微博作为社交媒体的快速的传播速度、深远的传播范围和积极的社会影响力[19]。图书馆纷纷利用微博拓宽服务范围,增加服务内容,迅速建立与读者的联系,了解用户对服务的感受,动态获取用户反馈,搭建图书馆与用户双向及时沟通平台。如复旦大学图书馆重视与读者沟通,不断创新沟通方式。

2012 全年通过 QQ、MSN 实时咨询、BBS、E-mail 等多种形式与读者沟通 5353 次,认真处理读者的意见和建议。能改进的应立即改进,限于条件一时无法改进的,向读者如实说明。图书馆官方微博年度新增粉丝 4859 人(总数达 8711 人),发表微博 507 条,回复评论 487 条。利用新浪微博的微访谈平台,成功举办了葛剑雄馆长微访谈活动,在短短 90 分钟内共收到 107 个问题。馆领导当场回复了 51 个提问,并在当晚对大部分问题予以回复。

国家图书馆新浪官方认证微博于 2013 年 5 月 6 日开通试运行,在这里与粉丝谈阅读、说馆藏、聊讲座、话展览,用多元的手段传递文化资讯,用专业的视角推介各类图书,设置了多个专栏话题:预告(发布最新展览、讲座、培训、阅读推广等各项服务及活动信息)、服务导航(发布图书馆利用常识及国图各项服务内容)、每日经典诵读、每周一库(推荐国图馆藏数据库)、书刊推荐、馆藏精品、国图新闻、业界动态等。借助微博,国家图书馆进一步拓宽了读者服务渠道,实现知识的裂变传播和共享,将拥有共同文化爱好的群体快速集合起来,让更多的人了解图书馆、走进图书馆、利用图书馆;让知识文化的温度和力量触手可及。截至 2014 年 7 月,国家图书馆的粉丝已超过 17 万人。

随着政务系统、高校系统和共青团系统微博体系的快速发展,公共图书馆作为一个公益性机构,读者群体范围广泛、差异性大,微博这种裂变式的传播特性也特别适合公共图书馆宣传推广服务,图书馆微博体系建设是大势所趋,公共图书馆界必须行动起来,建设适合自己的微博体系。截至 2014 年 4 月 5 日,在调查的 45 家省级、副省级公共图书馆中,35 家(77.78%)开通了微博账号;其中 15 家副省级城市公共图书馆全部开通了微博账号。微博已成为国内图书馆宣传推广和读者沟通的有效手段,根据全国公共图书馆微博监测月报的统计,全国图书馆界有一千多个微博开通,其中国家图书馆、首都图书馆、杭州图书馆等的微博都有很高的知名度[20]。

国家科学图书馆(以下简称国科图)将微博作为向社会公众发布信息、展览讲座通告、科学对话、新书推介等文化传播服务的便捷渠道。2011 年 10 月至 12 月间,国科图与国际著名环保非政府组织"大自然保护协会"联合主办"长江保护系列论坛",并由"科学人讲坛"进行微博活动直播,通过生动的图片向大家说明我国目前在长江保护中的现状和政策。在 2011 年 12 月 18 日举办的"伟大的爱国者 杰出的科学家——纪念钱学森诞辰 100 周年科学家与中学生面对面对话"活动中,国科图联合新浪微博首次引入微博大屏幕直播模式,更为迅捷直观地展现对话嘉宾与网友的互动交流,活动现场大屏幕上有来自现场观众和网友的 319 条微博信息参与互动,精彩的提问和精妙的回答,不时将活动推向高潮[21]。

国内高校图书馆广泛利用新浪微博平台,以本校图书馆馆名注册,发布图书馆相关信息,如图书馆公告,服务咨询,新书推荐等。大多数高校图书馆通过了身份认证,增加了高校图书馆微博的知名度和可信度。商业平台微博除了具有信息发布、转发、相互关注等基本功能外,还有很多特色功能,如@功能、微博短信提醒、微话题、微群、微访谈、微盘、微直播、微应用等。而这些功能中,很多是高校图书馆提供网络信息化服务所急需却又因为技术等原因而无法实现的。因此,利用商业平台微博与图书馆的各项服务结合起来,能给高校图书馆工作带来新的亮点。清华大学图书馆、武汉大学图书馆、厦门大学图书馆、复旦大学图书馆、暨南大学图书馆等 9 所高校图书馆的微博粉丝量在 1 万以上,其中清华大学图书馆的人气最高,已拥有 4 万以上粉丝。

由于在图书馆中的普及率和用户群体的接受程度已经相当高,微博作为图书馆宣传的自媒体工具,在图书馆对外服务宣传,用户信息意见追踪反馈,舆论疏导方面起到了重要作用。

4. 微信服务快速发展

微信是移动社交服务的后起之秀,目前发展极为迅速,依托于腾讯庞大的用户数量,微信平台已经从个人点对点服务拓展到点对面服务。截至 2014 年 10 月,微信在全球拥有超过约 6 亿注册用户,其中包含约 4.4 亿活跃用户[22]。由 DCCI 互联网数据中心提供的《2013 年中国移动互联网用户研究报告》显示,2013 年手机互联网用户经常访问的 APP 软件类别中,微信即时通讯占 39%。

微信公众平台是在微信的基础上新增的功能模块,它可以通过推送文字、图片、语音、视频、音乐等消息,设定自动回复或一对一交流等方式,向关注用户提供更好、更全面的服务,从而达到推广营销的目的,目前已广泛应用于传媒、文化、行政、旅游、金融等诸多领域。

相较于微博、APP、SMS、WAP 等移动应用软件与服务,微信公众平台具有用户使用黏合度高,注册简便,交互性强,信息送达率高等特点。微信公众平台的构建成本较低,通过腾讯提供的微信开放平台,可以通过其 API 实现较为复杂的业务功能。基于微信庞大的注册用户,用户无须额外安装 APP 就可以通过微信公众平台获得图书馆的最新动态,实现书目查询、公告查询、个人借阅查询等实用功能。

图书馆行业迅速进入微信公共平台,通过微信向用户提供"贴身服务"。国家图书馆在第19届"世界读书日"(2014年4月23日)正式推出国家图书馆微信公众平台。通过调查,在全国省级、副省级公共图书馆和"211工程"高校图书馆中,也已经有50家图书馆开通了微信公共平台服务(具体请见表8-1,表8-2,表8-3。及图8-1,图8-2)。另据郭军的调查[23],截至2014年8月5日,39所985高校中,已开通微信公众平台服务的图书馆有25家(占64.1%),数量虽比不上微博用户,发展速度已相当惊人。

目前,图书馆对微信公众的平台尚处在尝试和摸索阶段,微信公众账号的推广、内容维护、功能扩展还有待进一步地发掘。而微信平台自身也处在不断发展之中,随着微信平台功能的进一步完善,图书馆可以借助数据挖掘和分析工具,为读者提供更加个性化的服务。

四、声色传媒:电视图书馆和微电影

1. 电视图书馆

国家图书馆积极开展基于数字电视的全国化合作。在"三网融合"的背景下,电视图书馆最终将演变成为一个巨大的交互式多媒体平台,成为信息传播和普及的重要渠道。通过电视,图书馆不仅可以转变资源推送模式,同时还能依托丰富馆藏文献,加工优秀的文化节目提供全民共享,表现形式可涵盖音频、视频、资讯、知识揭示等。通过特色服务功能的开发,带动新型技术和形式的提升,为图书馆的传统服务赋予新的活力。通过机顶盒绑定读者卡的方式,实现用户定位以及与图书馆公共检索等多个系统的挂接,开拓图书馆特色业务的电视应用。通过与各地图书馆和地方广电系统对接,形成以国家数字图书馆为龙头,遍布全国的节目加工与制作体系,形成图书馆电视节目的品牌效应。

交互数字电视是数字电视传播技术和数字信息技术相结合的产物,它把电视传播方式与信息技术集于一身,使观众能以新的方式观看和利用电视节目内容。国家图书馆从2007年开始在数字电视平台上开展数字图书馆服务。国家图书馆与北京歌华有线电视合作,开通了"国图空间"频道——我国第一个由图书馆制作的专业电视频道。该频道发挥国家图书馆资源和服务的优势,以馆藏为基础,针对不同年龄段与文化层次的收视群体规划特色栏目。目前包括百年国图、文津讲坛、书刊推荐、馆藏精品、经典相册、图说百科、少儿读物等7套节目。在内容的制作和发布中应用多种国家图书馆自有知识产权的先进技术,采用双向信息传输技术,增加了交互能力,将传统的单向传播方式转变为双向交互式传播,赋予了电视更多的信息功能,注重从视听方面优化用户体验,打造图书馆特色文化品牌,力求实现"家庭图书馆"的文化共享理念,真正使数字电视广播系统成为有效、高速的信息交流传输平台。

IPTV 通过专网传播手段,通过流媒体方式将数字化后的音视频节目以点播或广播的形式,向家庭用户提供全新的音视频服务。2010 年年底,国家图书馆与中国网络电视台展开合作,在框架协议基础上陆续推出了 IPTV 和互联网电视服务,建立"国家数字图书馆专区"。截至 2013 年 6 月,国家图书馆的 IPTV 服务内容已借助中国网络电视台 IPTV 服务平台在云南、四川、湖北、湖南、辽宁、北京、山东、重庆、河北、江苏、深圳等十省一市落地,IPTV 用户已达 2000 万。

用户通过互联网电视机或者为普通电视机加配一个互联网机顶盒,连接互联网就可收看互联网电视节目。通过在不同终端设备上安装插件,将电视节目内容转到电脑或者任何可及的手持设备中,使用户能够不受实体图书馆所提供服务的限制,用户在任何时候、任何地点均可以获得图书馆拥有的信息资源。

互联网电视平台的"国家数字图书馆"现已开通"百年国图""册府琳琅""书画鉴赏""馆藏故事""4D 展览"五个视频栏目。截至 2013 年 6 月,用户点击量已达到 53 000 次。

2005 年,杭州图书馆与杭州数字电视有限公司联办的"数字电视杭图栏目"开通,并于 2009 年通过"文澜在线"实现网站平台免费获取资源,同时开通手机服务与数字电视服务。"文澜在线"实现了基于互联网的多种技术应用,包括在线展览、虚拟现实等服务,实现了杭州地区的所有 IP 地址用户可通过网站平台免费获取各种资源。杭州有线电视用户可以 24 小时点击杭州数字图书馆的电视服务。

常州电视图书馆 701 频道,开设 5 个图文类栏目和 3 个视频类栏目。2013 年 4 月上线的佛山市电视图书馆,让市民足不出户,通过遥控器操作即可点播"南风讲坛""佛山记忆"等精品视频,可接收佛山图书馆的资讯速递、图书推荐等,还可实现佛山市联合图书馆的个人借阅信息查询、书刊续借等功能,享受前所未有的文化新生活、新体验。

2. 微电影

2008 年 9 月,台湾大学图书馆编排推出的 MTV《早安,图书馆》在 You-

Tube 上广为流传,不仅受到了广大学生的欢迎,具有良好的图书馆宣传意义,也引起了图书馆界人士的兴趣和好评,有专家称这是一次"成功的口碑行销"。《早安,图书馆》之所以在图书馆界反响强烈,主要原因有二:一是它一改从前呆板的说教形式,以诙谐的 MV 剧情和时尚轻松的曲调,塑造了图书馆的亲民形象,极大地迎合了学生的口味,引起共鸣。二是这首歌改编自台湾著名歌手卢广仲的歌曲并由他亲自重新演绎,获得了年轻人的喜爱[24]。这部MV 一经发布,得力于网络的传播,受众几何级增长,截至 2014 年,在 YouTube上已被点击超过 10 万次。

在流媒体兴起、社交网络深入以及移动网络快速发展的信息环境下,图书馆一直在寻找能深入读者生活、有效传播服务的通道,台湾大学图书馆的 MV 实验已经验证了这是一条可行之路。清华大学《爱上图书馆》的短剧和游戏又是一次积极尝试。2011 年 10 月,清华大学图书馆指导制作,学生自编、自导、自演的以图书馆为主题的营销系列微电影《爱上图书馆》一经推出,立即引发了大量的关注和评论,在视频网站的点击率超过 25 万次。2012 年 3 月,该片指导教师团队获得国际图联第十届最佳国际营销奖。评委会一致认为该片提高了图书馆的认知度和文献资源的利用率,能够帮助学生尤其是新生合理、有效地利用图书馆资源及服务。由此,微电影进入图书馆行业的视野,越来越多的图书馆认识到微电影对图书馆影响的重要性,陆续开始制作或者征集微电影,举办微电影比赛,推动图书馆资源与服务的营销。

2012 年 11 月 4 日,北京大学图书馆在其纪念建馆 110 周年庆典仪式上首映并发布微电影《天堂图书馆》,讲述祖孙两代与北京大学图书馆的不解情缘,一个疏离与回归、误会与和解的故事,交织了北京大学图书馆厚重的历史和独特的人文精神以及图书馆及其中的人们的过去与未来。

图书馆微电影制作方式多样,题材广泛。广东外语外贸大学图书馆征集的微电影《图书馆·成长》、台湾成功大学图书馆微电影《索书号》以励志题材,反映了主角的成长故事。广东外语外贸大学图书馆征集的微电影《心理师》《蜕变》《寻书觅友》表现图书与人类的关系,将其描述为人类最有耐心、最能忍耐和最令人愉快的伙伴。中山大学学生自制的《无位风云》、福建中医学院学生自制的《我爱图书馆》则通过对图书馆不文明现象的批判,呼吁大家热爱图书馆,自觉维护图书馆。西南交通大学图书馆的《发现系统》、浙江工商大学图书馆《那些年,我们泡在图书馆的日子》、台湾大学图书馆《青春男儿总图奋斗记》采用图书馆日常资源与服务为题材,堪称"图书馆指南"宣传片。

微电影营销有利于抓住读者眼球,通过互联网平台进行跨媒体传播,可以充分发挥社会化媒体的作用。目前,图书馆微电影的发展还处在起步阶段,需要不断提高微电影故事的新鲜感和吸引力,注意融合创新元素,提高制作精良度,将图书馆信息植入到微电影中引起观众共鸣。如此,图书馆微电影将拥有广阔的前景。

五、其他新媒体服务

1. BBS 与网络图林

"图林"是网络语言或博客语言对图书馆界、图书馆学的称谓。狭义的理解是"网络语言或博客语言对借助网络平台建立的图书馆专业社区的称谓",也即"网络图林"的简称。

"网络图林"起源于《大学图书馆学报》的 BBS,开通于 2001 年。当时讨论的内容主要集中于投稿相关问题,到了 2002 年,讨论的主题不断拓宽,深度和广度也在拓展。后续的寒网①、一网②,在不同的时代各领风骚,成为图书馆人自洽、互动的网络论坛[25]。

在众多的图书馆员专业社区中,创办于 2009 年的书社会(http://librarysalon. com)是其中的一个典型代表。经过近五年的运营,书社会在采用邀请注册机制的情况下,截至 2014 年 4 月,积累了 3354 名同行,覆盖地区包含美国、加拿大、新西兰等国家以及我国的香港、澳门、台湾等地区,一批在业界享有盛名的教授、馆长、主编、专家均在书社会注册成为社区的一员,并且都是活跃用户,为广大普通馆员提供了一个便捷的信息通道,方便他们第一时间把握学科新动态,了解业界新发展,并互相请益、交流、进步。自 2009 年 11 月开通以来,书社会的日均访问量稳定在 100—200IP 之间。社员们累计发表各类日志 14 724 篇,相册 8752 个,日志评论 118 844 条。在不同时期,社

---

① 网名为"寒心"的网友在"中国学生网"申请空间创建了名为"中国图书馆学者联盟"的图书馆学论坛,被网友们简称为"寒网"。寒网是网络图林第一个具有主题分类功能的论坛。

② 网友"一问"改造编写了论坛程序,构建于厦门大学图书馆服务器。经过试运行和网上征名后,正式命名为"网络图苑",小名随一问称为"一网",一度成为我国图书馆学知名的网上论坛,产生较大的影响力。

员们还会围绕不同的话题展开讨论,内容亦庄亦谐,形式各异:在学术会议召开前表达对会议的期待,在会议召开期间组织社员聚会,甚至以社员为参与主体在会议日程中开辟分会场,在会议结束后回顾、分享参与收获等;针对网络上的热门话题发表意见,包括 2011 年的"图书自助借还机讨论",2013 年关于"书有好坏?"的热议;提笔亲手书写"爱上书社会"后拍照上传的休闲类活动。几年来,书社会一直试图探索一条新的社区运营之道,除了两名技术管理员,社区没有内容管理员和版主的概念,大家同为社员,平等对话,更不会因为背后的身份给予特殊对待。最为"网络图林"称道的是其坚持不删帖的原则,除却人身攻击、政治敏感话题之外,社区管理员不会主动删除任何内容。即使要删除,也会和发帖人进行有效沟通。书社会提出了完整的社区指导原则,提倡分享、互助和开放,宽容和理性地对待不同的看法、喜好和意见,尊重他人的隐私和个人空间并尝试引导社区成员进行自我管理,对网络图林的健康发展起了很大作用。

历经十余年的发展,网络图林从最初的留言板、论坛、博客到微博、社区,交流形式不断变革,发生奇妙变化。对图书馆、图书馆工作和图书馆学科的思考,也随着一次次的集体"吐槽"逐渐深化[26]。

2. 二维码

二维码在图书馆服务中的主要功能就是"联结",通过手持设备扫描二维码这一行为既可以把不属于同一物理位置的不同实体服务之间联结起来,也能把图书馆实体服务与虚拟服务彼此联结到一起。从而,打通线上与线下、现实与虚拟、平面到立体的任督二脉。具体的表现有:

(1)记录与分享信息

以往,读者虽然可以在 OPAC 很方便地查询到想借的图书,但最后仍要掏出纸笔记录下这本图书的题名、索书号、馆藏库等信息,以免遗忘。有的图书馆集成系统提供商,如汇文公司,已经在 OPAC 中添加包含图书馆藏信息的二维码图片。读者打开 OPAC 中图书的详细页面,扫描该图片后就可以把识别出来的信息保存在手机上备忘,省却抄录之苦。在图书馆阅读推广活动时会推荐新书,在推荐导语或材料中附上二维码,同样可以让用户很方便地获取到新书的详细介绍和馆藏信息。

(2)导航与定位

将包含馆舍地理坐标的二维码印在宣传资料上,扫描后可以在手机地图应用上查看图书馆所在位置并导航。上海图书馆印制的"上海市中心图书馆一卡通分布图册"中在每则图书馆信息中附加二维码,内容就包括有各中心图书馆的地理坐标位置。在馆舍内部,也可通过扫描二维码指示位置或导航。湖北省图书馆在馆内各楼层的指示铭牌上添加二维码,扫描后可下载看到对应楼层的电子地图,方便读者根据指示铭牌上的名称按图索骥。四川师范大学图书馆则在馆舍内特定位置放置二维码,扫描后再指定目标位置如某个书库,配套的软件则会给出当前位置到目标位置的路径。

(3)资源获取途径

二维码越来越多地出现在宣传材料和展览品里,其中多数以 URL 链接的形式存在。读者扫描后即可方便地把对应的软件、资源下载手机上,不需要事先下载到电脑上再用数据线传输到手机,观看宣传海报的用户由此可以随时联结活动的官方网站。在展品边附加指向更详细信息的二维码链接也是有效的联结手段。2009 年 7 月,上海图书馆在"寻根稽谱——上图藏家谱精品展"的展品上附着二维码,扫描后手机上不仅立刻显现展品的相关信息,而且可通过链接定位到上海图书馆的家谱网站,或直接导引至展品的有关多媒体资源(有声读物链接)。

第三节 数字图书馆新媒体服务研究进展

数字图书馆新媒体服务,特别是移动图书馆和微博的应用,经过多年的酝酿,在 2012 年后引爆业界,引发极大关注,相关研究无论在数量和质量上均达到较高水平。

笔者以"图书馆"与"新媒体"为检索词,在 CNKI 期刊全文数据库中检索,从 2007 年到 2014 年,得到 149 篇文献,其中,核心期刊 39 篇;以"微博"与"图书馆"为检索词,在 CNKI 期刊全文数据库中检索,从 2009 年到 2014 年,得到 400 篇文献,其中核心期刊 97 篇;以"微信"与"图书馆"为检索词,在 CNKI 期刊全文数据库中检索,从 2013 年到 2014 年,得到 190 篇文献,其中核心期刊 40 篇;以"移动图书馆"或"手机图书馆"为检索词,在 CNKI 期刊全文数据库中检索,从 2004 年到 2014 年,得到 695 篇文献,其中,核心期刊 205 篇。上述核心期刊文献的年度分布情况如图 8-3 所示。

(单位：篇)

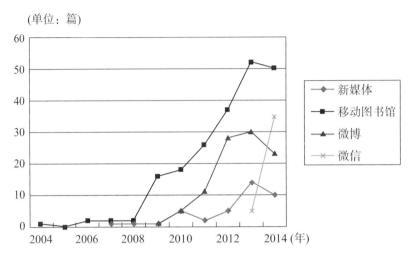

图8-3 CNKI期刊中检索数字图书馆新媒体服务相关文献(核心期刊)年度分布情况

从上图中可看出,有关移动图书馆的探讨最早开始于2004年,此后仅有零星的研究文献问世,一直到2010年才出现爆发性增长。有关微博的研究开始于2009年,有关微信的研究则从2013年开始,这与移动互联网、微博、微信的兴起和发展阶段相契合。

一、移动图书馆的研究与突破

随着通信网络及智能终端的迅猛发展,以手机图书馆为代表的移动图书馆迅速成为图书馆人的关注焦点。其产生是图书馆适应社会发展潮流,由传统图书馆服务向兼具知识、科技双重内涵的现代化服务方向发展的必然结果。它打破了传统图书馆的单一书籍服务媒介和时间与空间限制。因此,在信息化高度发展的今天,已逐渐被图书馆所重视并进行实践建设。同时,自手机图书馆问世以来,图书馆学界对移动图书馆也投入了极大的关注与研究热情,梳理国内外主要的移动图书馆相关研究观点,以期分析这些研究的特点与缺陷,从而为将来移动图书馆的科学发展提供借鉴与思考。智能手机及其他智能移动终端的出现与广泛应用,使得移动图书馆成为用户喜爱的一种服务媒介,也使得移动图书馆成为近年国外业界研究的一大热点[27]。

"2012高校图书馆发展论坛暨数字图书馆前沿问题高级研讨班"于2012年6月10日至13日在苏州召开,数字阅读和移动图书馆成为会议重要主题。各位专家分别就移动图书馆的发展历程、应用过程中的用户体验、移动图书馆实现和建设中的探索等相关问题做了报告。项立刚介绍了智能手机和移动通讯的应用,描述了未来智能手机的发展趋势,认为智能手机将成为生活中不可缺少的一部分,移动互联网的出现必将改变传统的图书馆服务模式,给图书馆带来新的机遇与挑战。叶艳鸣做了题为《移动图书馆的建设与发展》的报告。清华大学图书馆报告了清华大学无线移动数字图书馆(TWIMS)用户体验调研及可用性设计,报告基于两次用户体验调查,制定了清华大学手机图书馆网站可用性设计方案,制定了 WAP 页面的信息展示机制、用户行为的导引机制、用户错误行为的预防与纠正机制,提出了清华大学手机图书馆网站可用性设计原则,包括页面内容简化、减轻用户负担、提高屏幕空间利用率、最小记忆、导航机制、一致性、即时反馈等,并对可用性设计原则与 WAP 网站的结合、可用性设计方案的细化、设计方案的完善等问题进行了展望。宋凯基于中国传媒大学移动数字图书馆的使用问题,提出了新型移动数字图书馆功能需求,研究设计了轻量级 Web 图书管理系统,充分考量中国传媒大学图书馆的实际需求,完成了一个 BS/CS 模式结合的移动数字图书馆系统。曹翠妙、陈欣分别做了题为《移动应用在图书馆建设中的探索与实践》和《移动图书馆与图书馆联盟》的报告,探讨了移动图书馆的问题。美国新泽西大学图书馆的王永明老师介绍了如何在 Dreamweaver 环境下,利用目前最新的"JQuery 移动框架"技术(JQuery Mobile Framework),创建一个简单而实用的移动图书馆应用程序。49 名馆员积极参与,分别创建了自己图书馆的移动图书馆[28]。

上海图书馆将手机图书馆的服务定位为"一个核心、两翼拓展"。"一个核心"指的是今后移动计算将是最主要的计算模式,用户将更多地利用移动终端设备来接受图书馆信息服务。图书馆将在信息技术的应用、信息系统的整体架构设计上高度重视对移动终端的支持,在业务服务的流程管理上要切合移动服务的需求等。"两翼拓展"指的一是延伸,二是创新。延伸是指将目前针对桌面计算终端服务的信息系统中适合移动终端或经过改造后适合的服务功能延伸到移动终端上;创新是指针对移动终端本身的特点,例如手机终端有摄像头、语音通信、短信、GPS 定位、近场通信功能等,开展一些在过去的信息系统上没有做到的服务。在上海图书馆的智能手机客户端的应用中,书目检索不仅支持语音输入,而且支持条形码扫描,还可根据读者的当前位置定位最近的图书馆,通过直接调用第三方的手机地图规划行进路线等。这些应用都充分利用了手机特有的功能特性,是在传统的信息系统服务中较少见的。今后上海图书馆还将进一步利用手机的功能特点开展创新服务[29]。

周慧提出 SoLoMo 模式对图书馆信息共享、移动阅读服务和提升图书馆特色资源价值方面的意义,从社会化、移动化、本地化和组织机构四个方面探讨了移动图书馆建设推广新的营销模式:利用社交网络工具提高图书馆在公众传媒中的影响力;借助新技术创新图书馆移动服务模式;加强本地化服务建设,盘活图书馆特色资源馆藏;调整组织结构以适合新的发展模式。SoLo-Mo 本来是针对互联网发展趋势提出的概念,成为互联网最新特征的应用理念和模式,但同样对图书馆服务具有重要而深远的影响,主要表现为对知识传递途径和方式的影响[30]。

魏群义等以"985"高校图书馆和省级公共图书馆为调研对象,采用网站访问、网络调研与文献调研等方法,从服务模式、业务功能、服务对象、推广模式、平台开发方式等方面,分析了我国移动图书馆应用和发展现状。调研结果显示,移动图书馆普及率不高,宣传不足造成知晓度不高,业务功能同质化严重,移动阅读资源不足,业务功能多样化、服务对象扩大化、服务个性化、加强理论与实践研究、与第三方合作将成为移动图书馆未来的发展趋势[31]。

王艺璇提出一种基于 Android 平台和智能手机的移动图书馆系统,实现了客户端与服务器的通讯,使得用户可以通过手机客户端访问和查询各类图书信息,设计了系统框架及功能模块,描述通过无线通信实现客户端与服务器间的通讯的方法,并列出主要模块的实现算法[32]。

陈俊杰、黄国凡提出厦门大学 iOS 移动图书馆客户端的构建策略,包括技术路线选定、需求调研、功能模块确定、UI 设计、APP 开发、软件测试等,对 API 开发、XML 解析、多线程的实现和 MVC 软件架构模式应用进行描述[33]。

从研究成果的数量看,尽管于 2005 年 6 月开始服务的基于短信提示的上海图书馆是全国首家移动图书馆,但我国关于移动图书馆的学术研究可追溯至 2003 年以前。从成果发表的年份分布来看,2009 年之前的研究成果只有三篇,2010 年开始大批涌现,2011 年起逐年递增,到 2012 年达到一个峰值。从研究的主题分布来看,在移动图书馆的研究初期多以移动图书馆的国外实践介绍、移动图书馆的功能与设计实现等为研究内容。随着智能手机等终端的普及应用与网络的发展,业界陆续出现了技术应用终端的开发、检索系统的设计与实现、移动图书馆的拓展技术应用等研究。张蓓、窦天芳以清华大学图书馆的移动图书馆服务为基础设计了基于系统及其接口的异构电子资源移动检索功能[34];朱雯晶等以上海图书馆的智能手机客户端程序为范例总结了手机客户端研发中前台界面设计架构和业务逻辑设计以及后台服务平台设计和探索的实践和经验,并探讨智能手机如何利用其优势整合图书馆业务[35]。此外业界也开始注意移动图书馆的用户需求与应用研究。如北京大学图书馆通过读者问卷调查了解读者使用移动设备上网的相关情况:上网时间、利用移动图书馆的主要功能、需求的资源类型等[36]。我国关于移动图书馆的研究主题已达到较高水平,研究主流已从应用实践延伸至用户体验等更广阔的领域。从移动图书馆的研究现状可明显感受到移动图书馆带给图书馆的机遇,显示了其在当前信息技术环境下的巨大应用价值。

二、微博的研究进展

自微博进入图书馆以来,许多学者从不同角度对我国图情微博的发展状况进行了广泛的调查研究。王曼、张秋针对图书馆微博相关文献研究不足的现状,对目前国内外图书馆微博的研究文献进行全面的梳理、分析和评述,认为国内外图书馆微博研究尚处于初级阶段,未来应该进一步拓展研究空间,深化理论探索,加强对比研究,保持同行之间的交流和互动,以厘清文献的成就与不足,促进图书馆微博研究的拓展和深入,提升图书馆微博的服务水平[37]。张楠借助新浪平台对国内 44 家图书馆微博进行调研,分析微博在国内图书馆中的应用状况并找出存在的问题,提出强化高校图书馆微博建设、深化微博服务内容、将微博与其他 Web2.0 技术相结合的发展对策[38]。刘兰、李晓娟以北京师范大学图书馆为例,通过介绍开展基于新浪微博的图书馆营销与参考咨询的背景和目标,以及经过一年多的实践达到的效果和经验,探索高校图书馆借助社交网络开展嵌入用户网络社区的高校图书馆营销和参考咨询服务模式[39]。李亮通过调查,对国内图书馆微博的数量和内容进行了分析,总结归纳出国内图书馆微博存在主体不统一、缺乏认证、内容偏向单一等问题,并对其今后的建设与发展提出了若干针对性建议[40]。黄淑敏对新浪微博认证的 20 个图书馆官方微博进行实证研究,通过微博发布数、关注数、粉丝数、注册天数、原创率等指标分析图书馆影响力,还运用内容分析法,研究图书馆微博的议题特征和时间特征,最后对图书馆微博的发展策略进行了探讨[41]。高春玲比较了中国和美国图书馆在 SNS 社交网站上的应用发展,认为两国图书馆在 Lib2.0 理念与服务的深入程度和用户普及程度上还存在一定差距。通过中国与美国 Lib2.0 应用现状的比较与分析,应该引起我国图书馆界思考,只有更好地将服务场所拓展到微博和社交网站等虚拟社区空间,完善宣传与推广工作,才能更好地体现图书馆的场所价值、资源价值以及服务价值[42]。周志峰、韩静娴通过调查我国"211 工程"大学图书馆在新浪微博平台上开设微博的情况,以其中 25 个认证微博为研究样本,将 h 指数应用于微博影响力的分析,提出微博的被转发 h 指数和评论 h 指数可以反映微博的传播力和受关注度,从而体现出影响力状况[43]。李曦亦将 h 指数与图书馆微博结合起来,提出图书馆微博转发 h 指数的概念,选择 5 所高校图书馆,利用 Excel 软件统计分析,得出高校图书馆微博的转发 h 指数,进而分析出这些图书馆微博中的核心主题,为图书馆微博的建设和发展提供参考[44]。2012年,山东省图书馆开始对全国 50 个公共图书馆官方微博进行监测,编辑《全国公共图书馆微博监测月报》,以月度为周期,统计分析每月微博原创、转发、评论数量,推荐热点微博、热点话题供业界学习借鉴[45]。

综上所述,我国图书馆微博研究取得了不俗的成绩,尤其在图书馆微博服务的特点、现状调查、应用方式和内容、作用意义等方面比较详细全面,同时也发现了微博应用的不足,并从各方面提出了改进的意见,有助于促进微博在我国图书馆的进一步应用推广。但是总体研究结构上仍不完整,研究深度不够,且重复性研究居多,研究盲点有待逐步消除。有关图书馆微博服务的论述大多从一个较宽泛的角度展开,其中的案例和数据主要从多个图书馆微博应用采集,缺乏个案研究。在概念上仍采用侧重于功能和服务的描述,而缺少从本质上结合专业的阐释;实例研究,尤其是国外图书馆微博实例研究方面不够充分,虽然对一些国内外著名微博网站及其图书馆应用情况进行了描述,但是仍限于表面的概括,缺乏有用的具体信息和深入的研究;对图书馆微博应用的模式、机制及价值分析浅尝辄止,且多侧重于公共图书馆及高校图书馆研究,而针对专业图书馆的研究较少;从文献分布情况来看,我国相关方面的文献分布松散,权威期刊中的相关文献数量少,缺乏权威的研究文献,不足以形成图书馆微博研究的理论体系;在应用领域方面,高校图书馆在此方面的研究较多,其他类型的图书馆,如医学图书馆、儿童图书馆虽然也出现了相关的文献,但在文献数量和研究深度上还远远不够[46]。

三、其他类型新媒体服务的研究进展

2013 年始,随着微信业务在图书馆界的爆发性增长,图书馆界对微信服务的应用与实践,利用微信进行服务营销等进行了探索,核心专业期刊发表了数十篇相关论文。但这些论文大多局限于针对微信及其特点的介绍,以及微信应用于图书馆信息服务的粗浅分析。张骏毅等针对"211 工程"高校图书馆的应用现状进行调研,发现微信在图书馆领域的应用率较低,且在微信二维码获取方式、微信公众账号设置、微信服务内容深度与广度、关键词回复和互动咨询模式方面都存在不足之处[47]。张蓓等通过设计和开发微信公众平台服务,基于微信公众平台的开发模式,利用其提供的消息接收和回复接口,将图书馆热点消息、馆藏书目系统等查询功能嵌入微信应用,扩展清华大学图书馆的服务渠道,提升读者体验[48]。史梅、翟晓娟根据微信图文信息统计数据和用户反馈对南京大学图书馆微信经营的经验进行深入分析,展现"致用""亲和""有奖"在微信经营中的效果[49]。2014 年 12 月,厦门大学图书馆新媒体运营小组应用新媒体指数平台(www. gsdata. cn),对国内图书馆的微信公众号进行了持续的监测,并在《图书馆报》发布了"大陆地区图书馆微信公众号影响力排行[50]"。

微电影方面,丁立华认为利用微电影进行资源与服务推广是图书馆营销的新模式。图书馆微电影社会化媒体营销具有病毒式传播、即时反馈、内容简短却饱含深意、潜移默化的感染力、观看的高度便捷性等优势,但同时也存在图书馆信息与故事情节生硬结合,难以权衡信息植入与电影艺术之间的冲突,营销效果难以评估等问题。图书馆微电影应以读者为导向的创意模式、创造良好的互动机制、严把图书馆微电影的质量关、多渠道跨媒体的传播等方式,通过引导读者情感将图书馆信息与服务植入到其内心世界,从而实现图书馆营销信息的推广,丰富和发展图书馆营销模式[51]。

二维码方面,张蓓等研究指出应用二维码技术时应注意在呈现方式、应用场景和安全性等方面的问题[52]。朱雯晶、夏翠娟针对种类繁多的二维码标准,选择目前使用较普及的 QR 码,将上海市中心图书馆联盟各成员馆各类信息进行编辑并生成相应 QR 码,然后印制在"上海市中心图书馆一卡通分布图册"上,再由上海图书馆手机客户端或其他条码识别软件进行识别,即可随时获取上海市中心图书馆各成员馆基本信息,并可通过其中的地理位置信息进行导航,从而形成比较完整的移动服务应用场景[53]。林泽斐认为与传统图书馆室内定位手段相比,使用微信公众平台接口开发的二维码馆内定位系统在定位精度、成本和互动性上具有独特优势,提出基于微信公众平台的馆内二维码定位系统运作流程及关键实现技术[54]。

第四节　数字图书馆新媒体服务的问题分析

新媒体的广泛运用与普及,使社会信息传播进入波澜壮阔的新时代。新媒体浪潮波及社会的不同阶层、各个角落,全面融入现代人的各个生活领域,给日常生活带来了巨大改变,成为人们工作、生活不可缺少的一部分。图书馆行业顺势而为,借助新媒体、新技术的力量提升服务的广度和深度,取得了良好效果。目前,图书馆已经在品牌宣传、营销策划、读者服务、数字阅读、参考咨询、资源建设等诸多方面成功应用新媒体,改变了传统的业务流程和业务模式。但在图书馆新媒体应用实践中,也出现了一些新问题。

一、数字阅读市场行业标准混乱

标准统一是移动数字阅读市场得以发展的重要保障之一。目前,国内移动数字阅读服务市场在内容格式、阅读平台、数字资源的版权管理等方面皆未统一,行业标准混乱造成了各自为政的局面。如在内容格式方面,目前国内市场的电子阅读器支持的内容格式以 TXT/PDF/DOC/CAJ 等常见格式为主,但是不同的厂家所生产的阅读器所支持的格式不同,数字出版商也是各自都有一套格式:如知网的 CAJ、超星的 PDG 等,电子书行业没有行业通用的标准和格式。标准的不一致导致用户在阅读自己所需的内容时必须使用不同的阅读器,不仅增加了用户的阅读成本,同时对阅读内容的整合和数据交换也造成不利影响,阻碍了移动数字阅读市场的发展。

二、大多数图书馆的新媒体服务尚处于初级阶段

从业界对新媒体的研究以及各级图书馆的实践来看,目前国内图书馆界对于新媒体尚处于接纳和了解的阶段。开展新媒体服务,是否门槛过高? 如移动图书馆,对于中小型图书馆来说技术门槛和资金门槛确实过高。但购买商用客户端不是唯一选择,利用微信的自定义菜单,进行订阅号、公众号的简单开发,也能实现移动图书馆的大部分功能。而微博账号的开通几乎是零(技术或资金)成本,很适合宣传推广。

三、微博舆情事件的把控力需增强

微博信息的即时性、传播的裂变性显示出微博传播的巨大威力,在社会生活中发挥了巨大作用。微博对图书馆进行品牌营销、读者服务具有十分重要的意义。同时,需要注意到微博有可能产生的一些负面影响。微博信息短小精悍符合现代社会信息化需求,符合大众生活的碎片化时间信息消费习惯。但是微博内容的简短容易造成信息的不完整和不准确,特别是个别人在发布微博时为了博眼球而对信息过度加工,将焦点集中在一点,而忽视另一部分,在不知不觉中误导他人,使人理解偏差。微博消息是由情绪主导的,容易引发社会情绪集中表达。在信息转发评论的过程中,容易出现偏激的语言,乃至谩骂侮辱性语言产生,会造成不当内容的传播,带来不良影响。微博消息的发布具有随意性,且缺少有效监管和信息过滤,容易产生虚假信息。同时传播氛围易受情绪影响,容易造成网络谣言的大面积传播。

图书馆应当积极面对微博中的这些负面问题,加强危机管理,在危机信息传播的潜在期、发生期以及解决恢复期采取不同的应对策略,预防和减少危机信息的传播,控制、减轻和消除危机信息引起的消极影响,谋求用户的理解和支持,提高服务的满意度,维护图书馆整体信誉。

四、急需培养一批熟悉新媒体的馆员队伍

各级图书馆意识到新媒体的价值,主动应用新媒体技术,开展了丰富多彩的活动,并在实践中总结经验、拓宽思路、创新服务,但新媒体具有"跨界""混搭""碎片""个性""开放"等特质,图书馆必须培养专业的新媒体管理人才,才能适应新媒体的发展变化,更好地应用新媒体为图书馆服务。作为图书馆新媒体服务的馆员,需要自身成为新媒体的玩家,才能深刻理解新媒体的运作方式;同时,需要进一步提高自身的业务能力和综合素质,熟悉图书馆的各项服务,及时解决各种问题。此外,新媒体具有快速变化发展的特点,馆员不能墨守成规,面对改变,需要根据环境变化和自身情况做出适时应对,方能不断创新,通过新媒体服务满足读者需求。图书馆应根据本馆的实际情况和读者需求,选调一批熟悉新媒体应用的馆员,利用和驾驭好微博、微信、移动图书馆这三驾马车[55]。

第五节 图书馆新媒体服务的未来展望

图书馆新媒体服务经过近年来的研究与实践,对图书馆传统的业务流程和服务模式都产生了诸多积极影响。随着信息技术的不断进步,移动互联网、云计算、社交网络、大数据逐渐从概念化走向产业化,新媒体也与这些新技术不断交融促进,未来必将产生更为丰富、更为实用的新产品,不断满足用户日益增长的应用需求。

一、基于移动智能终端的图书馆新媒体服务

移动互联网作为近年来的产业焦点和投资热点取得了快速发展,4G 技术的成熟与商用化、WiFi 无线信号的全覆盖为移动互联网发展打下坚实基础。智能终端的普及,手机、平板电脑等随身设备随时随地接入互联网,改变着人们产生信息、获取信息、传播信息的方式。

1. 数字阅读社区

移动阅读已经成为目前较为普遍的阅读形式之一,在现有移动阅读平台上融入社交概念,让阅读形成一种社交方式。用户在使用智能终端进行阅读时,可以随时对内容进行收藏、点评、与其他阅读同样内容的用户进行交流探讨,组成一个网络阅读社群,让阅读不再孤单。

2. 有声电子读物

移动互联网让用户的阅读场景和阅读时间呈现出碎片化趋势,图书馆可以通过推出有声读物,帮助用户利用好碎片时间,解放用户的双眼双手,让用户从"看"书到"听"书。在上下班途中、在各种等候的时间内,用户可以通过"听"书的方式进行阅读,也可以通过语音进行点评,发表阅读感想。

3. 地理位置信息服务应用

智能终端可随时感知用户位置,为用户提供基于地理位置的服务,比如用户使用移动图书馆应用时,智能终端通过获取用户地理位置,结合网络地图提供导航服务,告诉用户附近有哪些图书馆,如何到达最近的图书馆。也可以在用户进行查询时,将特色数字资源推送给用户,比如用户去外地旅游,移动图书馆中关于目的地的电子图书就出现在用户终端中,随时方便用户了解和查询。

4. 自媒体

Web2.0 时代的一大特点是 UGC(用户产生的内容)[56]，在新媒体时代随着智能终端和社交网络的普及，逐步出现了一批有一定规模和影响力的自媒体。除了图书馆官方微平台，馆员也可以通过个人社交网络账号，以更加生活化的语言，更加活泼的形式，更加丰富的多媒体内容，对图书馆进行品牌宣传，解答用户问题，提供个性化服务，突出个人色彩，形成自媒体品牌。通过馆员自媒体品牌与官方微平台的互动，形成图书馆的社会化服务群，对官方微平台起到补充作用[57]。

5. "微资源"内容积累

馆员和用户在日常生活学习工作中，通过智能终端可随时捕捉图书馆的声、光、影，在社交网络上形成图片、语音、视频等"微内容"，图书馆对这些内容应该予以关注，加以收集整理，形成资源库。既可以对这些"微内容"进行存档，也可以在这些"微内容"基础上进一步整理混搭，形成新的内容进行传播，打造用户参与、用户贡献内容的新媒体平台。

二、大数据环境下的图书馆新媒体服务

2012 年被称为是"大数据元年"，所有媒体的发展都无法忽视大数据的影响，在图书馆新媒体服务中，应用大数据概念和技术手段为图书馆的精准营销提供了支撑，如何从海量的数据中构建完整的用户兴趣图谱，以精准地发现不同用户的不同兴趣是未来研究的重要方向。结合用户产生的大数据，通过数据挖掘、数据分析等工具，图书馆将为用户提供更加个性化、更加精准的内容。

1. 增强型的数字内容

利用数据挖掘、文本分析、关联数据等相关技术，将图书馆各种形式的馆藏资源加以揭示，打造集学习、思考、实践三位一体的立体阅读内容。如用户在阅读文学作品时，提供作者其他作品的关联、作品背景相关的其他作品关联、作品的其他多媒体形式的关联；阅读科技论文时，相关实验、测试和仿真数据等，经音频、视频及其他媒体和视觉化形式加以呈现。

2. 用户数据的挖掘分析

通过大量用户数据的挖掘分析，发现用户群特征，寻找用户与资源间的关联，并将此关联应用于个体服务，提供更加精准的个性化内容服务。比如可以通过借阅数据分析用户的借阅习惯，分析预测用户可能感兴趣的图书并

进行推荐。通过用户个人的借阅数据,帮助用户分析其兴趣特点、成长路径、职业规划等。

3. 数据的可视化

大数据环境中产生的各种关联数据、非结构数据需要通过技术手段,以可视化的效果呈现,以便用户更加形象地了解数据间的关联,更加简单地理解数据的含义,更加准确地认识数据背后反映的内容。比如近年来出现的以数据信息图表方式呈现的图书馆年度报告,可以帮助用户更直观地了解图书馆的运行模式、服务内容、服务品质,也拉近了图书馆与用户间的距离。

三、图书馆空间改造推动新媒体技术发展普及

1. 浸入式的立体阅读空间

图书馆通过应用虚拟现实技术,打造浸入式的立体阅读空间。用户的阅读过程不再是单纯的文本浏览或音视频欣赏,而是在虚拟现实场景中的体验式阅读。如当阅读旅游图书时,用户仿佛置身于当地的风土人情之中;当阅读天文图书时,用户恍若在太空漫步;在阅读艺术图书时,用户犹如在与艺术家一同创作。

2. 创客空间的打造

图书馆向服务场所转变,提供 3D 打印、视频拍摄、媒体制作、数据实验室这类工作坊式的创客空间。通过提供服务场所、硬件设备、软件和培训,让用户从新媒体内容消费者变为生产者,帮助用户获得新媒体时代的新技能[58]。

参考文献:

[1] 蒋宏,徐剑. 新媒体导论[M]. 上海:上海交通大学出版社,2006:13-14.

[2] 石磊. 新媒体概论[M]. 北京:中国传媒大学出版社,2009:10-13.

[3] 严三九. 新媒体概论[M]. 北京:化学工业出版社,2011:22-25.

[4][5][9][18][19] 第 35 次中国互联网络发展状况统计报告[EB/OL]. [2015-02-16]. http://www.cnnic.net.cn/hlwfzyj/hlwxzbg/hlwtjbg/201502/t20150203_51634.htm.

[6] 中国移动互联网发展状况报告[EB/OL]. [2015-02-16]. http://www.cnnic.net.cn/research/bgxz/ydhlwbg/201203/P020120329416039769203.pdf.

[7] 王盈文,杨美华. 图书馆部落格之发展与应用探析[J]. 图书与资讯学刊,2006,56(2):58-73

[8] 李修波. 浅议图林博客[J]. 数字图书馆论坛,2006(9):32-37

[10] 秦鸿. RSS 技术在图书馆中的应用[M]. 上海:上海交通大学出版社,2010:91-102.

[11] 褚芹芹. 我国公共图书馆 RSS 创新服务现状研究[J]. 长春师范学院学报:自然科学版,2011(6):165-168.

[12] 刘震,赵需要,陈振标,等. "985 工程"高校图书馆应用 RSS 现状调研[J]. 情报探索,2011(7):91-94.

[13] 王海英. 我国"211 工程"院校图书馆 2.0 建设现状调查分析[J]. 中华医学图书情报杂志,2013(1):13-16.

[14] 数字时代的阅读(2):Google Reader 已死,RSS 永生[EB/OL]. [2014-04-17]. http://jianshu. io/p/1ucFCS.

[15] 刘炜. 阅读的祛魅[J]. 公共图书馆,2012(3):2.

[16] 2013—2014 中国数字出版产业年度报告[EB/OL]. [2015 - 02 - 16]. http://www. cdpi. cn/xzx/toutiaoyaowen/20141013/11585. html.

[17] 2012 年高校图书馆发展报告[EB/OL]. [2014-04-17]. http://www. tgw. cn/sites/default/files/attachment/tjpg/2012fazhanbaogao. pdf.

[20] 周志峰. 我国公共图书馆微博信息服务分析——以 12 个省级公共图书馆为例[J]. 公共图书馆,2013(2):63-68.

[21] 杨琳,龚惠玲,陈朝晖,等. 图书馆科学文化微博传播模式研究——中国科学院国家科学图书馆的探索和思考[J]. 图书情报工作,2012(13):74-78.

[22] KuWAhara K,Tan CK,Watanabe S. Chinese Internet giant Tencent takes aim at SE Asia market [N/OL]. [2014-12-30]. http://asia. nikkei. com/print/article/30822.

[23] 郭军. 基于微信公众平台的"985"高校图书馆服务现状调查与分析[J]. 图书馆学研究,2015(4):71-76,81.

[24] 白玉静. 打开图书馆新媒体营销之门[N]. 图书馆报,2012-02-12(A12).

[25] 王波. 网络图书馆学的兴起与发展[J]. 图书与情报,2006(1):16-25,38.

[26] 钱国富,陈晓亮. 书社会:一群图书馆业者和他们所代表的生活[J]. 图书馆,2012(6):18-20.

[27] 覃起琼. 近年来国内外移动图书馆研究述评[J]. 图书与情报,2013(3):124-126.

[28] 童庆钧. 数字图书馆信息技术的战略规划、技术实践与创新发展——2012 年"中国高校图书馆发展论坛暨数字图书馆前沿问题高级研讨班"综述[J]. 数字图书馆论坛,2012(7):58-63.

[29] 手机图书馆:让图书馆服务跨入移动时代[EB/OL]. [2014 - 04 - 17]. http://m. xhsmb. com/20120928/news_7_1. htm.

[30] 周慧. SoLoMo:3G 时代移动图书馆建设推广新模式[J]. 图书馆工作与研究,2012(6):53-55.

[31] 魏群义,侯桂楠,霍然,等. 国内移动图书馆应用与发展现状研究——以"985"高校和省级公共图书馆为调研对象[J]. 图书馆,2013(1):118-121.

[32] 王艺璇. 基于 Android 平台的移动图书馆客户端设计与实现[J]. 智能计算机与应用,2011(6):32-34,37.

[33] 陈俊杰,黄国凡. 移动图书馆 APP 的构建策略和关键技术——以 iOS 为例[J]. 现代图书情报技术,2012(9):80-85.

[34] 张蓓,窦天芳,张成昱,等. 基于 MetaLib X-Server 的异构电子资源移动检索服务的设计与实现[J]. 现代图书情报技术,2010(12):70-75.

[35] 朱雯晶,张磊,王晔斌,等. 图书馆手机客户端的探索实践[J]. 现代图书情报技术,2011(5):19-25.

[36] 聂华,朱本军. 北京大学图书馆移动服务的探索与实践[J]. 图书情报工作,2013(4):16-20.

[37] 王曼,张秋. 国内外图书馆微博研究综述[J]. 图书情报工作,2012(23):98-142,137.

[38] 张楠. 微博在国内图书馆中应用状况调查及相应发展对策[J]. 情报资料工作,2012(1):102-104.

[39] 刘兰,李晓娟. 嵌入用户网络社区的高校图书馆营销与参考咨询服务探索——北京师范大学图书馆新浪微博服务实践[J]. 图书馆杂志,2012(7):56-59.

[40] 李亮. 国内图书馆微博建设现状及发展建议[J]. 新世界图书馆,2012(3):53-55.

[41] 黄淑敏. 图书馆微博使用特征及发展策略研究[J]. 大学图书馆学报,2012(1):78-83.

[42] 高春玲. 中美图书馆微博和 SNS 社交网站应用情况调查与思考[J]. 图书馆学研究,2012(22):33-37.

[43] 周志峰,韩静娴. h 指数应用于微博影响力分析的探索——以我国"211 工程"大学图书馆微博为例[J]. 情报杂志,2013(4):63-67.

[44] 李曦. 基于 h 指数的高校图书馆微博研究[J]. 图书馆论坛,2013(6):90-94.

[45] 于青. 2013 年国内公共图书馆微博统计分析[J]. 山东图书馆学刊,2014(3):88-91.

[46] 赵颖星. 我国图书馆微博研究综述[J]. 四川图书馆学报,2012(11):136-140.

[47] 张骏毅,杨九龙,邓媛. "211 工程"高校图书馆微信应用现状分析与对策研究[J]. 图书馆学研究,2014(6):29-34.

[48] 张蓓,窦天芳,张成昱,等. 开发模式下图书馆微信公众平台服务的设计与实现[J]. 现代图书情报技术,2014(1):87-90.

[49] 史梅,翟晓娟. 高校图书馆官方微信经营策略研究——以南京大学图书馆为例[J]. 大学图书馆学报,2014(5):79-85.

[50] 厦门大学图书馆新媒体运营小组. 大陆地区图书馆微信公众号影响力排行(2014/12/14 ~ 12/20)[N/OL]. [2014-12-30]. http://m. xhsmb. com/20141226/edition_15. htm.

[51] 丁立华. 微电影:图书馆社会化媒体营销新模式[J]. 图书馆建设,2013(4):84-87.

[52] 张蓓,张成昱,姜爱蓉,等. 二维条码在移动图书馆服务拓展中的应用探索[J]. 图书情报工作,2013(4):21-24.

[53] 朱雯晶,夏翠娟. 二维码在图书馆移动服务中的应用——以上海图书馆为例[J]. 现代图书情报技术,2013(7/8):115-120.

[54] 林泽斐. 基于微信公众平台的图书馆二维码定位系统构建[J]. 图书情报工作,2014(16):138-142.

[55] 黄国凡,肖铮. 图书馆新媒体服务的实践与思考——以厦门大学图书馆为例[J]. 情报资料工作,2014(6):86-88.

[56] 谢蓉,刘炜. SoLoMo 与智慧图书馆[J]. 大学图书馆学报,2012(3):5-10.

[57] 刘兰,李晓娟. 嵌入用户网络社区的高校图书馆营销与参考咨询服务探索——北京师范大学图书馆新浪微博服务实践[J]. 图书馆杂志,2012(7):56-59.

[58] 北京开放大学项目组. 高校图书馆如何应对新技术挑战——新媒体联盟2014地平线报告(图书馆版)摘要[J]. 现代教育技术,2014(9):5-14.

（执笔人:萧德洪　黄国凡　马鲁伟　陈晓亮　肖铮）

第九章　数字图书馆标准规范建设

标准是"为了在一定范围内获得最佳秩序,经协商一致制定并由公认机构批准,共同使用和重复使用的一种规范性文件",而标准化是"为了在一定范围内获得最佳秩序,对现实问题或潜在问题制定共同使用和重复使用的条款的活动"[1]。通过对生产生活中各类成熟经验和先进技术的不断提炼和总结,"标准"在社会发展各领域实践活动中持续发挥着重要作用。

基于长期以来对标准化工作重要意义认识的不断强化,世界各国图书馆界普遍对这项工作越来越重视。早在19世纪下半叶,美国著名图书馆学家迈威尔·杜威在发起公共图书馆运动时就曾大力提倡并身体力行地推行图书馆标准化工作,他通过自己创设的图书馆用品公司,大量生产标准化的图书馆用品和设备,为美国图书馆事业的迅速普及做出了突出贡献[2]。1959年,时任英国图书馆协会主席的罗伯兹在其发表的研究报告中更是将"成立公共图书馆管理机构,制定服务标准并由中央政府监督实施"作为公共图书馆改革的一项重要措施提出[3]。近年来,欧美地区一些发达国家的国家图书馆以及图书馆协会还纷纷成立了标准化工作相关的组织和部门,例如德国国家图书馆的图书馆标准办公室[4],以及美国国会图书馆的政策与标准部[5]等。2012年1月,国际图书馆协会联合会(IFLA)宣布成立标准委员会,负责组织世界各国图书馆领域相关机构就有关标准的研究及制修订工作进行交流与协作[6]。事实上,在公共图书馆产生以来的两百多年里,世界各国图书馆界围绕事业发展的实际需要,已经组织开展了很多标准化研究工作,制定了一系列标准规范。标准化工作对于全球图书馆事业的迅速发展和相关专业技术的普遍提高产生了巨大的促进作用,也为不同国家和地区图书馆之间广泛深入的交流与合作创造了越来越便利的条件。

进入数字图书馆时代以后,标准化工作的重要性更加凸显。它对于实现数字图书馆系统平台的交互操作、数字资源的共建共享、减低数字图书馆建设成本、提升数字图书馆服务效能,具有不可替代的作用。一方面,随着现代信息技术的影响日益深远,图书馆对各类型新兴信息技术的依赖性也越来越强,而标准化工作对于进一步巩固和推广数字图书馆已有的技术成果,推动相关专业技术在实践应用中不断发展进步的作用也越来越突出。国内外图书馆界围绕数字资源的采集、加工、描述、保存、检索、传递等领域开展了一系列专业技术标准的研制工作,同时也针对广播电视、移动通信、无线射频等新兴技术的图书馆应用进行了诸多标准化探索,有效地拓宽了数字图书馆专业技术发展的空间。另一方面,在世界各国广泛开展数字图书馆建设的过程中,为了实现各类数字图书馆系统的互联互通、数字资源的共建共享和数字服务的交互访问,各国图书馆围绕平台接口、系统互操作、数据交换、统一认证等方面的标准化工作,也已经开展了广泛的交流与研讨,并进行了诸多有益的探索。近年来,在文化共享工程、数字图书馆推广工程和公共电子阅览室计划等一系列旨在提升基层公共数字文化服务能力的工程项目中,提供标准化的技术设备,建设标准化的数字资源,提供标准化的技术培训,已经被证明是快速实现先进技术在基层图书馆广泛普及的重要手段。通过这种方式,广大基层图书馆得以快速便捷地复用上级中心图书馆的资源和技术,在较短时间内实现了专业化程度和服务效能的大幅度提升。

本章将从标准化研究工作的逐步深入、标准规范内容体系的逐步发展、标准化工作机制的逐步完善等方面,对我国数字图书馆建设发展二十余年以来,在标准规范建设领域所进行的研究和实践探索进行系统回顾,并对其取得的成果和经验进行全面总结。

第一节　我国数字图书馆标准化研究的历史与现状

我国自 20 世纪 90 年代开始对国际数字图书馆发展进行跟踪和研究,与此同时,关于数字图书馆标准规范的研究也逐步引起国内图书馆界的高度重视。

一、文献计量分析

为了系统清晰地掌握我国数字图书馆标准化研究的发展脉络,笔者于 2014 年 8 月对 CNKI 中国知网数据库中的期刊文献和博硕士学位论文,以及国家社会科学基金历年资助立项情况进行了全面检索,并于 2015 年 1 月对该检索结果进行了更新。

1. 期刊文献

笔者以"数字图书馆""电子图书馆""虚拟图书馆""网络图书馆""联机图书馆""复合图书馆"为第一组检索词,分别对 CNKI 期刊全文数据库的"图书情报与数字图书馆"子库进行题名和关键词检索,并以"标准""规范""协议""规则""指南"为第二组检索词,分别在上述检索结果中进行题名和关键词的二次检索,共获得 271 篇核心期刊文献,对这些文献进行查重,并剔除不相关文献后,获取有效文献 176 篇。

上述文献的年度分布情况如图 9 - 1 所示:

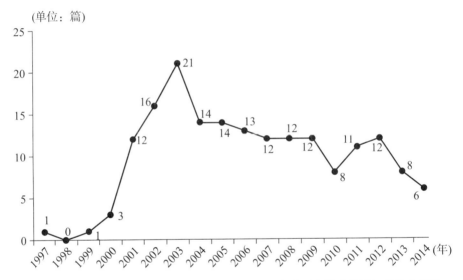

图 9 - 1　CNKI 期刊全文数据库图书情报与数字图书馆子库检索结果年度分布情况

由图 9 - 1 可知,我国图书馆界自 20 世纪 90 年代末期开始关注数字图书馆标准化研究,到 2002 年以后初步形成一个较为集中的研究领域,各年度发表期刊论文数量保持在一个基本稳定的水平。

对上述文献进行作者分析,176 篇文献的共同作者共计 307 位,平均每篇文献 1.74 位共同作者;这些作者中,合并同一作者发表多篇文献的数据后,统计得出参与该领域研究的作者共计 250 人,其中发表 2 篇及 2 篇以上文献的 34 人,占所有作者的比例仅为 13.6%(详见表 9 - 1)。这说明我国数字图书馆标准规范研究领域作者队伍还比较分散,虽然出现了一批研究成果相对比较集中的核心作者(表 9 - 2),但整体而言研究队伍并不稳定,研究力量相对还比较薄弱。

表 9 - 1　CNKI 期刊全文数据库图书情报与数字图书馆子库检索结果作者分布情况

成果数量(篇)	1	2	3	4	5	合计
作者数量(人)	216	22	5	3	4	250
作者占比(%)	86.4	8.8	2	1.2	1.6	100

表 9 - 2　我国数字图书馆标准规范研究领域核心作者分析

姓名	成果数量(篇)	姓名	成果数量(篇)	姓名	成果数量(篇)
张晓林	5	刘炜	5	肖珑	5
冯英	5	李广建	4	曾蕾	4
赵悦	4	董慧	3	申晓娟	3
真溱	3	刘璇	3	郝晓蔚	3

对上述文献进行关键词分析,176 篇文献中,作者标引关键词共计 712 个,平均每篇文献 4 个关键词。别除无意义的(如:"概述""内涵""难点""九十年代"等)、不相关的(如:"技术方案""产业链""远程教育"等)和通用的(如:"数字图书馆""标准""标准规范"等)关键词之后,剩余有效关键词共计 400 个,占所有关键词的 56.2%。笔者对上述有效关键词做了分组整理,分析得出数字图书馆标准规范领域以下主要研究热点:

(1)元数据研究:主要包括元数据概念、类型、结构、构建方法及具体实例分析等,主要关键词有"元数据""都柏林核心元数据""古籍元数据""拓片元数据""音乐元数据""学位论文元数据""CDWA 元数据""METS""MODS"等,共计出现频次 94,占有效关键词的 23.5%。

(2)各类型数字资源建设标准研究:一方面是将数字资源建设作为数字图书馆建设的一个重要领域,对其相关标准问题进行研究;另一方面也包括针对电子图书、学位论文、古籍、拓片、图像、音视频资源等不同类型数字资源建设的专门标准研究,主要关键词包括"数字资源""数据库""电子图书""学位论文""书刊""OEB""EPUB"等,共计出现频次 56,占有效关键词的 14%。

(3)数字信息加工标准研究:主要是对数字化信息的编码、著录、分类、描述等相关标准进行研究,主要关键词有"资源描述""编目""著录""数字加工""编码""规范控制""RDF"等,共计出现频次 52,占有效关键词的 13%。

（4）数字信息互操作标准研究：主要是对数字图书馆系统建设中涉及的各类互操作协议及其应用方法、实例进行研究分析，主要关键词包括"互操作""异构""OAI""Z39.50""ODL""SDLIP"等，共计出现频次39，占有效关键词的9.75%。

（5）各类网络协议与信息技术标准在数字图书馆领域的应用研究：主要关键词有"Web 标准""Web Service""SOA""WS-CAF""标记语言""XML""SGML""UML"等，共计出现频次37，占有效关键词的9.25%。

（6）各有关机构和数字图书馆建设项目中的标准规范问题研究：既包括国家图书馆、国家高等教育数字图书馆等重要机构和共享工程、数字图书馆推广工程等重点工程建设中的标准规范问题研究，也包括一些具体的图书情报机构开展的数字图书馆建设探索中涉及的相关问题研究，同时还包括对国外有关项目如"美国记忆"等的标准规范研究。关键词主要包括这些机构和项目的名称及其缩写，共计出现频次30，占有效关键词的7.5%。

（7）数字图书馆管理标准研究：主要是对数字图书馆建设与服务过程中的统计、评价、安全管理等方面工作所涉及的标准问题进行研究，关键词包括"评价标准""评估指标体系""统计标准""质量标准""信息安全""ISO 27000"等，共计出现频次22，占有效关键词的5.5%。

（8）数字图书馆服务标准研究：主要是对各类服务规范和服务政策的研究，如虚拟参考咨询服务标准、知识产权服务政策等，主要关键词有"虚拟参考咨询""文献传递""服务规范""服务指南""服务政策""知识产权""创作共用协议"等，共计出现频次21，占有效关键词的5.25%。

（9）信息组织与检索标准研究：主要对数字图书馆信息组织、整合、检索等工作中涉及的标准问题进行研究，主要关键词有"信息组织""资源整合""检索""导航""本体""NKOS""SKOS"等，共计出现频次18，占有效关键词的4.5%。

（10）标准化工作研究：主要是对国内外数字图书馆标准化工作规划、体系及其相关管理运行机制的研究，关键词包括"标准化""标准规范体系""标准选择""采标"等，共计出现频次13，占有效关键词的3.25%。

2. 国家社会科学基金资助项目

笔者对国家社会科学基金项目数据库中图书馆、情报与文献学类目的1176条项目记录进行了浏览，筛选出相关项目资助信息21条（详见表9-3），其中包含档案管理领域研究项目信息4条。

表 9 - 3　国家社科基金项目数据库检索结果列表

项目名称	项目类别	负责人	所在单位	立项时间
中外分类知识组织体系互操作实证研究	一般项目	李　芳	上海交通大学图书馆	2011 - 07 - 01
基于组件的电子文件管理软件规范研究	一般项目	刘　洪	安徽大学管理学院	2011 - 07 - 01
馆藏资源元数据的语义描述及关联网络构建研究	青年项目	成　全	国家图书馆研究院	2011 - 07 - 01
我国文献信息标准体系框架研究	青年项目	刘　华	中国科学技术信息研究所	2011 - 07 - 01
基于互操作协议标准的档案信息资源整合模式研究	青年项目	包海峰	南京大学档案馆	2011 - 07 - 01
数字图书馆信息安全管理标准规范研究	重点项目	黄水清	南京农业大学信息科学技术学院	2012 - 05 - 14
我国数字图书馆标准规范体系及其构建机制研究	一般项目	汪东波	国家图书馆	2012 - 05 - 14
网络环境下科技信息资源建设中的质量元数据及评估应用研究	一般项目	宋立荣	中国科学技术信息研究所	2012 - 05 - 14
中文知识组织系统形式化语义描述标准体系研究	一般项目	曾新红	深圳大学图书馆	2012 - 05 - 14
徽州文书分类法与元数据标准设计研究	青年项目	王　蕾	中山大学图书馆	2012 - 05 - 14
我国非物质文化遗产建档标准体系研究	青年项目	戴　旸	安徽大学管理学院	2012 - 05 - 14
云计算环境下电子文件管理元数据智能化研究	重点项目	张正强	南京政治学院	2013 - 06 - 10

续表

项目名称	项目类别	负责人	所在单位	立项时间
面向共享的科技计划项目元数据框架研究	一般项目	刘春燕	中国科学技术信息研究所	2013 - 06 - 10
W3C 的 RDB2RDF 标准规范在关联数据服务构建中的应用	青年项目	夏翠娟	上海图书馆	2013 - 06 - 10
基于 ANSI 239 - 50 标准的分布式信息检索系统	一般项目	余锦凤	北京大学信息管理系	1996 - 07 - 01

从这些项目信息可以看出,目前有关数字图书馆标准规范的系统研究,仍然主要集中在数字资源建设领域,特别是对各类型元数据的构建与使用关注较多,与此同时,近年有关标准规范体系的系统性研究也已引起较大程度关注。

二、我国数字图书馆标准化研究的主要特点

在上述文献综述的基础上,笔者进一步对所获期刊文献内容进行了综合分析,认为我国数字图书馆标准化研究的发展历程大致呈现出以下几个方面的主要特点:

1. 从研究标准规范对于数字图书馆建设的理论意义到研究标准规范在数字图书馆建设中的实践应用

数字图书馆建设早期,有关的研究工作主要着眼于强调标准规范建设的理论意义,包括从正反两方面对标准规范在数字图书馆建设中的重要作用进行阐释与论证。以数字图书馆标准规范研究的一个重要分支——元数据研究为例,比较有代表性的理论研究成果如 2000 年林海青关于数字图书馆元数据体系的研究,他在论文中指出,“元数据体系构建了数字化图书馆的逻辑框架和基本模型,它决定了数字化图书馆的功能特征、运行模式和系统运行的总体性能。数字化图书馆的运作,无论是存取过程还是检索过程,都是以元数据为基础实现的。”[7] 文章从理论层面总结归纳了元数据在数字图书馆的信息发现、信息检索和信息组织等方面发挥的重要作用,并提出了数字图书馆元数据体系的 4 个基本功能范畴,包括描述功能、整合功能、控制功能和代理功能。同时期还有一些类似的文章,比较敏锐地发现了数字图书馆建设初期由于缺乏标准规范引发的种种弊端。例如,敖毅等人针对图书馆在建设和

引进数据库过程中由于开发环境不统一、开发平台不统一、数据格式不统一,以及著录规范不统一等问题造成的数据库建设管理成本偏高、利用效率偏低等问题进行了比较深入的分析[8];邵军将自动化管理系统的标准化接口问题作为影响数字图书馆建设的六个主要问题加以强调等[9]。然而由于这一时期的数字图书馆建设本身还处于实验探索阶段,关于数字图书馆标准化发展问题的研究还缺乏实践基础,除了机读目录格式的开发和应用以外,其他大多仍然停留在理论探讨层面。

但是很快,国内各类数字图书馆项目就进入了一个高速发展的阶段。1998 年 8 月,由文化部牵头提出了建设中国数字图书馆工程动议。1999 年 5 月,在国家"863"计划下成立了中国数字图书馆发展战略组,到 2001 年 1 月,"863"计划战略组已与北京图书馆、中国国际广播电台、中央党校图书馆、北京世纪超星信息技术发展有限公司、中科院北京天文台签约实施数字图书馆示范工程。据不完全统计,到 2003 年时,国内已经开通了上百家数字图书馆[10]。随之而来地,人们对数字图书馆标准规范的重要性及其实践应用也逐步有了更加切肤的认识和体会。早在 2002 年,中国数字图书馆工程就主办了"中国数字图书馆工程标准规范论坛",来自全国公共系统、高校系统、军事系统、党校系统等图书馆和文献信息单位、数字图书馆建设与研究机构的 80 余位代表就数字图书馆标准规范建设问题进行了讨论,并达成了在数字图书馆标准规范体系建设中应坚持联合、开放、公开原则的共识[11]。因此,这一时期的研究成果主要关注两个方面的问题,一是研究标准规范不统一的弊端,特别是在不同行业、系统之间同步开展数字图书馆建设的过程中,标准不统一所带来的资源不能共享和重复建设等问题,如赵健在其 2002 年发表的一篇论文中指出,"由于缺乏一个全国性的数字图书馆宏观规划,各单位的数字图书馆建设大多处于各自独立、相对分散的状态……在相当广的范围内存在潜在的重复建设问题。[12]",在此前后,李广德[13]、宋立娟[14]、刘颖[15]等人也分别就数字图书馆标准规范建设问题的重要性和紧迫性发表了论文;二是研究数字图书馆建设中的标准规范实践,如赵悦[16]、富平[17]等人对国家图书馆数字图书馆标准规范建设的研究,李月婷等人对国内三大数字图书馆建设项目标准规范体系的比较分析[18],以及张秀兰[19]、刘璇[20]等人对 Z39.50 协议在我国数字图书馆建设中的应用研究等。

2. 从译介国外标准规范成果到结合本土化需求研制适用标准

在数字图书馆建设早期,由于相关研究与实践尚处于起步阶段,各领域均缺乏标准规范指导,国内数字图书馆关于标准规范研究领域的重点之一便是如何将国外已有标准规范成果介绍到国内,特别是如何将其英文版本转换为中文环境下可理解的版本。这一时期,国内先后译介了大量国外相关标准,如林宁于 2002 年先后发表的两篇文章[21-22],较早地对国际数字图书馆领域已有标准规范,如字符编码标准(包括 ISO/IEC10646、GB18030 - 2000 等)、多媒体信息编码标准(包括 JPEG、MPEG 等)、元数据标准(包括 DC、CDWA、EAD 等)、数据描述标准(包括 SGML、XML 等),以及电子图书相关标准(如 OEB 等)进行了全面系统的介绍。此外,这一时期比较有代表性的成果还有全国文献与信息标准化技术委员会 2003 年组织编撰的《数字图书馆标准研究成果使用指南》,该指南收录了 11 种当时正在申请国家标准委审批的数字图书馆相关标准研制成果,其中除《文献馆藏说明著录规则》在 ISO 10324《信息与文献 馆藏说明(简要级)》规定的 3 级馆藏记录的基础上增加了第 4 级以外[23],其余 10 种都是等同采用了相应国际标准。

此后,随着国内数字图书馆建设实践不断走向深入,一些研究者逐渐意识到,这种全盘吸收应用国际标准的做法,实际上从一个侧面反映了我们国家在数字图书馆领域的研究探索落后于国外同行的现实情况,而这种落后,将来很有可能将我国数字图书馆的发展带入被动不利的局面,同时也导致对中文环境的特殊性缺乏相应考虑。如陈定权等指出,"我国的数字图书馆建设落后于国外,原因是我国绝大部分标准是根据国际标准修改、等同采用等方式制定的,在时间上总是落后于国外。"[24]宋立娟[25]也指出,"我国的数字图书馆事业只有制定自己的相关标准,才能形成有力的屏障,保护其自主发展",同时她还认为,在数字图书馆标准规范研制方面,"与国际接轨"的内涵,除了"对于已经可用的成熟标准规范……充分加以吸收和利用,使之在数字图书馆环境中可以得到很好的实现"以外,还应包括"结合中文环境的特殊性,实施本地化工作,在吸收利用的基础上研究并制定符合中文环境的标准规范",以及"对于目前没有的标准规范,应根据数字图书馆建设的具体实践……制定出具有自主知识产权的技术规范,提供我国数字图书馆建设使用"等。

在这种认识的指导下,本土化的数字图书馆标准规范研究日益引起国内图书馆界的重视。比较典型的如中文元数据标准的研制,一方面,在充分学习和借鉴 Dublin Core 思想的基础上,国内关于中文核心元数据集的研究逐步深入。广东省立中山图书馆牵头研制了《数字式中文全文文献通用格式》,基于 SGML 国际标准和中文全文检索技术,规定了文本、图像以及多媒体等类型文献的格式结构、字段标识符以及检索点的规范和定义[26-27]。国家图书馆根据 OAIS 模型制定了《中文核心元数据集》,对中文元数据的总体框架结构、核心元数据集、基本扩展集、细分规则做了规定,涵盖了 Dublin Core 的所有基本元数据元素,并集成了其他一些元数据项目的优点,适应不同层次对元数据的制作要求,形成了一套结构化的元数据解决方案,为海内外中文数字资源的创建、存储、服务和交换提供了一个统一的可供参考的中文元数据方案[28]。另一方面,针对各种不同类型文献资源的专门元数据研究也不断取得新的进展。其中影响较大的成果是在国家科技部科技基础条件平台重大项目"我国数字图书馆标准与规范建设"的支持下,国家图书馆和北京大学图书馆分别组织大批国内元数据研究专家,针对中文信息资源的特点,开发了 14 种专门元数据规范及著录规则,并总结了实用的元数据设计指南。该项目成果在开放实验的基础上,在全国各系统的数字图书馆领域中得到广泛的应用和实践[29],项目的成果大多结集在肖珑和赵亮主编的《中文元数据概论与实例》一书中,其中包括古籍、家谱、舆图、方志等多种中文特色文献资源的元数据规范实例[30]。

3. 从关注各项具体的业务标准到研究数字图书馆标准规范体系框架和标准化发展战略

早在 2001 年,刘锦山[31]就曾指出,"标准化问题涉及范围很广,有硬件系统的标准化、软件系统的标准化、开发工具的标准化、生产工艺的标准化、数据质量的标准化以及元数据的标准化等诸多方面的内容。"他同时对我国数字图书馆建设初期标准化工作中"只是注意到了其中的一些局部问题,而对宏观注意不够"的问题提出了批评。从相关研究成果的角度分析,早期有关数字图书馆各业务环节,特别是各类型数字资源加工与组织管理环节的标准化研究比较集中,除了对各类型数字资源的元数据描述标准进行不断深入的研究以外,有关数字文献信息分类[32]、数字参考咨询[33]、信息组织[34]、数字资源的整合[35]与检索[36],以及数字图书馆评价[37-38]等领域的标准化问题在这一时期也得到了一定程度的关注。但是,由于缺乏明确的标准规范建设的原则、方向和规范程序,难以统筹规划各个相关标准规范,研究成果分散、孤立、具有短期性[39]。即使在发展相对比较成熟的元数据领域,早期由于没有从数字资源生命周期的视角来全面认识标准规范的内容和层次,也存在各类元数据标准之间相互独立、不成体系、难以交换互用等问题。

　　针对上述问题,关于数字图书馆标准规范体系和标准化发展的宏观研究开始引起业界关注。2002 年立项的科技基础条件平台重大项目"我国数字图书馆标准与规范建设"就是致力于制定我国数字图书馆标准规范发展战略与标准规范框架,制定数字图书馆核心标准规范体系,并建立数字图书馆标准规范开放建设与开放应用机制[40]。项目共分两期,第一期研究完成的《我国数字图书馆标准规范总体框架与发展战略》提出,"分析世界各国数字图书馆标准规范的发展趋势,分析确立数字图书馆所涉及的标准规范层次及其相互关系,建立我国数字图书馆标准规范的总体框架体系,确立我国数字图书馆标准规范的总体发展战略,提出针对数字资源建设与服务中不同环节、不同资源对象、不同的技术与市场成熟程度的标准规范应用要求。"[41]并将我国数字图书馆标准规范的总体框架分为三个层次,包括:数字资源生命周期及其标准规范、数字信息系统互操作体系参考模型和技术标准规范体系参考模型[42]。制定了《我国数字图书馆标准规范开放建设规程》,提出建立数字图书馆标准规范建设组织联盟、技术委员会、监督委员会与任务组,并制定了《我国数字图书馆标准规范建设联盟章程》和《我国数字图书馆标准规范开放建设机制》。《我国数字图书馆标准规范开放建设机制》提出应"参考国际标准规范开放建设活动的经验,根据联合、开放和共享原则,根据公共服务和可持续建设的要求,建立我国数字图书馆标准规范的开放建设与管理机制,建立数字图书馆标准规范的开放编制、开放试验、公共评价、公共应用和动态发展机制。"[43-44]

　　国家图书馆也于 2004 年 6 月成立了资源组织结构模型研究组,集中力量对国家数字图书馆建设的标准规范进行研究与探索,在对国内外有关数字图书馆建设标准规范的情况进行了广泛深入的调研分析的基础上,提出了国家数字图书馆建设标准规范体系框架,同时根据国内外已有相关标准规范的现实情况,确定了国家数字图书馆工程标准规范的四种来源:遵循标准、参考标准、修订标准和自建标准,并制定了标准修订与自建标准规范的工作计划[45]。

第二节　我国数字图书馆标准化工作实践历程回顾

　　数字图书馆标准化工作实践是数字图书馆建设实践的重要组成部分,由于前期关于数字图书馆标准规范重要性的研究成果积淀较为丰富,我国数字图书馆建设实践从开始就将标准规范建设纳入其中。早在 2000 年 4 月,我国就成立了以文化部为召集单位、22 个相关部委单位组成的"中国数字图书馆工程建设联席会议",联席会议办公室设在国家图书馆,该联席会议专门设立了"标准规范指导委员会",并在其发布的《中国数字图书馆工程建设一期规划》《中国数字图书馆工程一期规划实施方案》中明确提出了"标准规范先行"的建设原则。2002 年 5 月,中国数字图书馆发展战略组在国际数字图书馆论坛上发布《数字资源建设北京宣言》,提出了建立统一的国家数据中心和对数字图书馆的建设制定统一标准的倡议[46]。2002 年 5 月,联席会议办公室、全国信息技术标准化技术委员会、全国信息与文献标准化技术委员会和中国图书馆学会学术研究委员会数字图书馆研究与建设专业委员会四家机构联合主办"中国数字图书馆工程标准规范论坛",论坛就数字图书馆标准规范建设问题达成"联合、开放、公开"的共识[47]。此后,在我国数字图书馆建设实践中,标准化工作一直是其中较为亮丽的风景。我国数字图书馆标准化工作实践大致经历了以下几个发展阶段:

一、研究性小型试验项目的标准规范制定实践

我国图书馆界自 20 世纪 90 年代开始关注数字图书馆建设,数字图书馆标准规范实践大约同时起步。1997 年,文化部制定出台的《文化事业发展"九五"计划和 2010 年远景目标纲要》中,明确指出要加速文献资源数字化、网络化的进程,走共知、共建、共享的道路,"进行数字化图书馆的研究和试验。建成中国古代、近代至现代出版的全部图书文献书目数据库,有计划、有重点地建设各种地方文献数据库,开发、引进满足社会需求的各类专题数据库和全文数据库。"[48]在此前后,一些具有研究能力的机构启动了若干小型试验项目,这些试验项目带有浓重的研究色彩,其主要目的是尝试建立一个基本可用的数字图书馆系统。在此过程中,标准规范成为这些项目建设实践的重要内容。

1996 年初,国家图书馆在文化部申请立项"数字式图书馆试验项目",同年又在国家计委立项"中国试验型数字式图书馆"项目,该项目集合了国家图书馆、上海图书馆、广东省立中山图书馆、深圳图书馆、南京图书馆及广西桂林图书馆之力共同对多馆合作的网络内容资源建设和共享体系进行研究。项目根据国际国内数字图书馆的研制情况,对已有和正在执行的数字图书馆各类相关标准进行了追踪与研究,从而确立了本项目在通信、数字对象、置标

语言、元数据、对象数据等方面推荐使用的相关标准,制定了《中国数字图书馆资源加工标准规范建议》(简称《建议》)和《中国数字图书馆标准指导》(简称《指导》)两份报告。《建议》提出了推荐采用标准规范的原则,并指出对于目前没有或不具备而需要制定的标准规范,要根据数字图书馆建设的具体实践,本着与国际接轨的原则,通过周密细致的调研,制定出具有自主知识产权的技术规范,提供给我国数字图书馆建设使用;《指导》根据标准规范的运用范围,提出以下分类体系:元数据标准规范、应用服务标准规范、对象数据交换标准规范和安全、鉴别及商务服务标准规范四类[49]。

1999年,清华大学选择了本校在国内外具有学科优势、相关馆藏文献资料丰富的领域,着手策划并开始了建筑数字图书馆的建设。建成后的数字图书馆包括历史文献原文、二次文献、图片、手稿、卡片、动画等多种资料形式。项目跟踪了国内外DC元数据标准并在此基础上建立了本地元数据方案,即以DC元数据作为基本框架,结合建筑资料的实际情况对DC元数据进行改造,扩充为THDL——清华大学建筑数字图书馆元数据格式[50];清华大学图书馆结合建筑资源的特点,明确了元数据建设的总体原则和基本原则,其总体原则为实用性、简单性、通用性、可扩展性和互操作性,基本原则为针对资源特点、立足于资源分析、根据用户检索需求、兼顾本项目特别需求[51]。

北京大学图书馆也深入开展了元数据研究,并成立有北京大学数字图书馆研究所中文元数据标准研究项目组,先后完成了《国外元数据标准比较报告》《中文元数据标准框架及其应用》《北京大学古籍数字图书馆拓片元数据标准》等研究报告,在元数据研究与应用领域取得了一定的成果,尤其是其制定的《中文元数据标准框架》对我国数字图书馆元数据建设意义颇深。在元数据研究项目中,北京大学图书馆对具有中国文化特色的信息资源,视具体资源对象特点的不同,分别采用了不同的工作方法,即或是直接采用现有的元数据标准,或是借鉴其他元数据的成功经验,制定新元数据标准。此外,为实现各元数据标准间的一致性和整体性,北京大学图书馆对大量现有的元数据标准和研究结果进行调研分析,并通过实践总结出一套规范和指导各类元数据标准设计制定的规则和方法[52]。

上海图书馆是国内最早进行数字图书馆建设的公共图书馆之一,其对数字图书馆标准规范的研究也是走在前列,尤其是在元数据方面,取得了一定成果,牵头起草了《家谱描述元数据规范》等行业标准。在元数据方案设计过程中,上海图书馆主要考虑资源类型的复杂性、易用性、标准性、中文化和永久保存等几个方面,最终选择了以 DC 为核心集、多种元数据方法并存、基于 XML/RDF 为基础资源描述体系进行封装的元数据方案[53]。

这一阶段的标准化工作主要是围绕项目建设要求,以特定类型文献数字化加工标准的制定为主,其使用范围也主要局限于项目内部建设,为之后相关领域的标准制定提供了宝贵的经验和探索。

二、国家级工程项目的标准规范制定实践

进入 21 世纪初,我国进入了数字图书馆建设的一个热潮,一批国家级的数字图书馆项目得到立项,在这些项目的带动下,数字图书馆标准规范制定也有了飞跃,形成了一批工程项目的标准规范成果,多馆参与、开放共建的标准规范工作机制逐步形成。

1. 国家数字图书馆工程标准规范建设

2001 年 11 月,根据原国家发展计划委员会《印发国家计委关于审批国家图书馆二期工程暨国家数字图书馆基础工程项目建议书的请示的通知》(计社会〔2001〕2482 号)文件精神,国家图书馆二期工程暨国家数字图书馆工程项目正式立项。根据工程的总体设计,国家数字图书馆工程的建设内容主要包括硬件、软件和标准规范三个部分,建立和完善国家数字图书馆的标准与规范体系是其建设目标之一。

为了确保国家数字图书馆建设目标的实现,国家图书馆于 2004 年 6 月成立了资源组织结构模型研究组,集中力量对国家数字图书馆建设的标准规范进行研究与探索。其工作主要从三个方面开展:一是对国内外有关数字图书馆建设标准规范的情况进行调研分析,二是结合调研材料,提出国家数字图书馆建设标准规范的体系框架,三是根据确定的国家数字图书馆标准规范框架体系以及二期工程进行标准的招标工作[54]。在标准规范研制方面,国家图书馆广泛采用数字图书馆相关国际、国家及行业标准,对于急需且必须要制定的标准在工程建设过程中逐步建立和完善,将标准规范划分为遵循标准、参考标准、修订标准和自建标准四种建设类型。

国家数字图书馆标准规范在建设过程中遵循以下几个原则:一是优先选择成熟标准原则。在国家数字图书馆建设中将优先选择那些已有成熟应用的国际标准、国家标准,或已被广泛接受的行业标准、事实标准,同时充分借鉴国内已有的数字图书馆标准规范研究与实践成果。二是开放建设原则。国家数字图书馆所有标准规范建设项目全部采用公开招标的方式进行,使那些在相关标准研制与实践方面具有经验的文献信息机构或研究机构、企业能够有机会参与国家数字图书馆标准规范建设项目。项目研制成果通过公开质询、专家论证等方式,广泛征求国内各大文献信息机构及专家的意见。三是核心建设原则。国家数字图书馆标准规范建设是以数字资源建设与服务为核心,围绕数字资源生命周期进行规划的,有关网络、通信等软硬件基础支撑环境的标准则主要采用相关行业的通行标准。四是注重应用原则。国家数字图书馆标准规范要能够实际指导国家数字图书馆建设,应用在国家图书馆数字资源建设与服务中,要特别注重各类标准应用指南的研制开发[55]。

在国家数字图书馆总体架构构建中,将标准规范体系分为技术规范、数据规范和实施规范三个层次,工程按照"边建设边服务"的既定原则,逐步建成了覆盖数字资源生命周期的标准规范体系[56]:

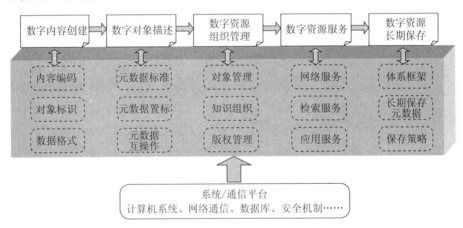

图9-2 覆盖数字资源生命周期的标准规范体系

截至目前,该工程共制定完成30余项标准规范(详见第三节),这些标准成果文本作为《国家数字图书馆工程标准规范成果》丛书,已经由国家图书馆出版社正式出版。每一个标准配有应用指南,在前言中说明希望提供一个适用性较强的标准规范文本。

在国家数字图书馆工程建设基本完成后,2011年,文化部、财政部又共同启动了"数字图书馆推广工程"。工程将建设数字图书馆标准规范体系作为建设内容之一,提出了推广工程的标准规范体系由资源、服务、技术、管理这四个核心要素为基本框架构成,并提出优先采用国家数字图书馆工程标准规范成果,优先采用已有国际标准或国家标准,优先采用国家数字图书馆等工程标准规范建设的基本原则。这一工程的实施,使得上文提到的国家数字图书馆工程的标准规范成果在参与工程建设的各级公共图书馆中得到广泛应用。

数字图书馆推广工程标准规范建设的原则主要有:一是标准规范先行原则。始终遵循标准规范先行的原则,让标准规范引导、约束工程建设。二是成熟标准优先原则。优先选择已有成熟应用的国际标准、国家标准,或已被广泛接受的行业标准、事实标准,同时充分借鉴国内外已有的数字图书馆标准规范研究与实践成果。三是联合、开放、公开原则。充分依托全国图书馆标准化技术委员会等国内相关标准化组织,广泛联合具有标准制定和实施经验的文献信息机构、研究机构和企业等。项目研制成果应通过专家论证、开放实验等方式,广泛征求国内各文献信息机构及专家的意见。四是核心建设原则。以数字资源建设与服务为核心,围绕数字资源生命周期规划数字图书馆的标准化工作,着力研究解决中文信息处理方面的有关标准。有关网络、通信等软硬件基础支撑环境的标准则主要采用相关行业的通行标准。五是注重应用原则。标准规范要能够实际指导数字图书馆推广工程的建设,并切实应用在各馆的数字资源建设与服务中,工程将特别注重各类标准应用指南的研制开发,并协助各馆结合本馆数字图书馆建设需要制定相应的标准应用指南。六是大馆建设、中小馆应用原则。在推广工程建设过程中,国家图书馆及各省级、副省级图书馆等大型图书馆要承担起标准规范发展战略、标准规范体系框架、标准规范制定以及标准规范开放建设与应用机制建立的职责。中小型图书馆要积极应用工程推荐的标准规范来指导本馆的数字图书馆建设,并就标准规范的修订给出建议,有能力的中小型图书馆也可以根据自身情况参与到相关标准规范的开发与建设中[57]。

推广工程的标准规范体系主要是以资源、服务、技术、管理这四个核心要素为基本框架,并围绕数字资源生命周期进行构建,涵盖了数字资源的内容创建描述与组织、发布与服务、长期保存等环节(见图9-3):

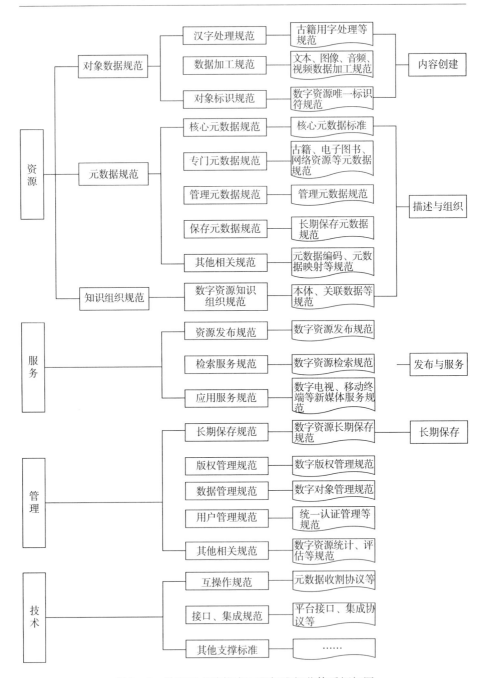

图 9-3 数字图书馆推广工程标准规范体系框架图

2. 中国高等教育文献保障系统(CALIS)标准规范建设

CALIS 管理中心自 2002 年开始进行数字图书馆相关国际标准和关键技术的研究。由于 CALIS 采用子项目建设制,各子项目由不同高校图书馆承担,涉及众多高校图书馆的参与和众多应用系统的集成,因此,技术规范和接口的标准化是项目建设成败的关键所在。为此,CALIS 管理中心于 2003 年年底开始组织编制子项目建设技术标准和规范,并于 2004 年 2 月在"CALIS 子项目建设技术规范与项目管理研讨班"上正式推出。这些专用标准规范后经 CALIS 管理中心修订、增补、编辑成册,定名为《中国高等教育数字图书馆技术标准与规范》(简称《CADLIS 技术标准与规范》),包括三部分内容:CADLIS 总体架构和基本技术标准与规范;各个子项目专用技术标准和规范;有关产品认证和项目管理方面的内容。

CALIS 系列标准的功能及定位主要为:一是指导 CALIS 各子项目门户应用系统和本地应用系统的设计、开发和实施,确保不同类型和不同层面的应用系统遵循统一的标准和规范,彼此之间能够无缝集成;二是指导 CALIS 各个子项目中的资源建设工作,确保由各个参建馆采用相同的加工规范来建设符合统一数据质量标准的资源,并确保这些资源能够自动聚合成一个大的全国范围内的数据仓库;三是作为 CALIS 参建馆参加 CALIS 子项目建设的依据和准则,同时也作为高校图书馆自身的数字图书馆建设指南;四是作为编制 CALIS 招标项目的招标书和相应招标技术规范的基础;五是作为"CALIS 体系产品兼容性认证"的基础,指导第三方应用软件商对自身的软件系统进行改造和完善,以确保这些软件能够无缝集成到 CALIS 子项目中[58]。在系列标准和规范的建设过程中,CALIS 非常注重对自制标准的修订和完善,CALIS 认为随着数字图书馆技术和信息技术的快速发展,其资源整合流程、数据集成方式和服务方式都会发生较大变化,因此,原来已经制定的标准规范可能会滞后,需要完善、细化和重新制定,如其 2004 年推出的《中国高等教育数字图书馆标准规范》仅在 2005 年和 2006 年就进行了两次修订[59]。其次,CALIS 在标准规范制定过程中采用借鉴、采用和自制相结合的方式,一方面借鉴和采用相关领域国际标准、国家标准、行业标准与规范,另一方面结合自身项目工作需要,制定新的标准规范,内容主要包括资源的加工、描述、存档、质量控制、管理与发布,应用系统互联、互操作与嵌入式集成,业务规范,运维规范,各类评估标准等,确保各个层面建设成果的标准化和开放性。再次,CALIS 注重标准规范的应用,其"标准规范建设"子项目的各项研究成果没有被"束之高阁",而是广泛应用于 CALIS 总体项目建设、各个子项目建设中[60]。

3. 国家科学数字图书馆项目标准规范建设

国家科学数字图书馆(CSDL)是中国科学院知识创新工程重大基础设施建设项目之一,于 2001 年 12 月正式启动。

在标准规范制定方面,CSDL 对信息系统开放描述的基本原则、方法、技术和发展趋势等进行了系统研究,形成了《数字图书馆建设的标准规范体系》等系列报告。在此基础上,考虑到 CSDL 建设的实际环境和数字图书馆技术发展的趋势,制定了《国家科学数字图书馆开放描述与标准应用指南》。"分布环境下信息系统的开放描述研究"开创了我国数字图书馆标准规范建设真正意义上的联合、开放、共享的先河。

中国科学院文献情报中心积极参与业界数字图书馆标准规范的研制,受数字图书馆联席会议委托,负责起草了《全国数字图书馆建设与服务联席会议"关于数字图书馆标准规范推荐机制的建议草案"》[61],该草案从数字图书馆标准规范的适用性、先进性、开放性、实用性、实验检验、继承性等方面对将申报推荐的标准规范做了要求,建议联席会议设立"标准规范推荐工作组"承担有关推荐和论证工作。与此同时,国家科学图书馆还负责开发和维护"数字图书馆标准规范推荐网站示范系统",为业界提供了一个了解数字图书馆标准规范建设的平台。

4. 全国文化信息资源共享工程标准规范建设

全国文化信息资源共享工程(简称:文化共享工程)需要全社会共同进行信息资源建设,为使不同单位制作的资源和上传的数据能够相互兼容,必须要有统一的标准,以保证资源的标准化、规范化使用。2003 年,文化共享工程便发布了《全国文化信息资源共享工程资源建设标准规范》。

文化共享工程主要通过选用已有成熟标准或在已有标准基础上进行扩展建立专用标准两种方式进行标准规范建设,也就是充分利用已有标准成果和积极研制新标准。如工程的资源建设技术标准体系是依据科技部国家科技基础条件平台建设专项支持项目《数字图书馆标准与规范建设》的研究成果而建的。鉴于现有数字图书馆的标准规范体系中视频资源的技术标准特别是元数据应用标准有待进一步研究、深化,并且共享工程视频资源量较大及发展较快,现有标准尚不能适应工程建设需要,文化共享工程国家中心从推动工作的角度出发,在视频资源方面暂行推荐使用国家行业标准,即国家广电总局颁布的《中国广播电视音像资料编目规范》[62]。

此外,文化共享工程国家中心结合工程需要,积极与业界其他单位开展合作,共同促进数字图书馆标准规范建设。如与国家图书馆合作,积极参与国家数字图书馆标准规范的研制,先后承担了《国家图书馆数字资源统计标准规范》《国家图书馆文本对象数据标准规范》等标准的制定,同时采用颁布了与国家数字图书馆核心标准基本一致的标准规范。

在标准规范的应用上,工程根据指导性、通用性和灵活性相结合的原则,参与建设的各单位可在文化共享工程元数据标准、对象数据数字化标准的基础上适当选用和扩展相应的标准,报国家中心备案即可。选用和扩展的标准报国家中心后,由国家中心组织专家论证,如能准确恰当地描述资源,则在全国推广,统一此类资源的描述标准[63]。

5. 其他数字图书馆项目的标准规范建设

除以上几个主要的国家级工程项目以外,数字图书馆标准规范也被纳入军队、党校等其他系统的数字图书馆建设中。以党校系统为例,中共中央党校数字图书馆工程是经国家发展与改革委员会正式批准立项,并由国家投资的数字图书馆工程。2000 年 4 月,中共中央党校同国家 863 计划中国数字图书馆发展战略组签订合作协议,开始进行中央党校数字图书馆建设研究。中央党校数字图书馆项目是全国党校系统数字图书馆的示范工程,要发挥龙头、源头、领头作用,其源头作用便是指在标准、技术、规范等方面成为全国党校系统数字图书馆的源头[64]。

党校系统在数字图书馆标准规范建设过程中,把握了以下几个原则:(1)开放性,即直接采用被广泛接受和应用,且得到有效标准化过程支持和市场支持的标准;(2)国际性,遵循国际标准优先的原则,尽量直接采用国际标准、国际范围通用的行业标准或该领域(行业)先进国家的国家标准;(3)关联性,在标准的设计中需优先考虑和充分支持其互操作能力,而不是仅满足一个具体应用或具体系统的内部功能要求;(4)逻辑性,任何标准都是数字图书馆标准体系中的一个逻辑模块,各自满足整体体系中的某一纵向层次或横向环节的功能和应用上的互操作要求①。

在标准规范研制过程中,党校系统采取了多种方式:第一,需要行业内共同遵照的标准,邀请国内主要大型文献机构共同参与标准研制,例如:元数据

---

① 来自内部资料《数字图书馆工程项目标准指南》。

和对象数据相关标准;第二,技术性较强的标准,委托相关研究机构或科研、教学机构研制,例如:数字资源长期保存相关标准;中共中央党校曾在2013年1月对外发布"中共中央党校数字图书馆工程(标准规范部分)招标公告",就数字资源长期保存等标准规范编制进行公开招标[65];第三,党校图书馆因特殊需求,必须研制的标准以党校系统图书馆为主,其他机构为辅的办法研制,如在2011年,根据全国党校图书馆数字资源建设发展和"三大文库"数字资源建设需求,中共中央党校图书馆组织相关人员编写了《全国党校图书馆"三大文库"数字资源建设规范(讨论稿)》,该标准将指导其数据库结构设计及检索设计[66]。

上述数字图书馆工程项目在建设过程中均将标准规范作为一项重要的建设内容,这些成果大多有相互影响借鉴的痕迹,特别是早期CLAIS和国家数字图书馆工程的标准规范,都在很大程度上借鉴了"我国数字图书馆标准规范建设"项目的课题成果,并重点在课题成果的实践应用方面做了大量探索。尽管如此,这些项目的标准规范并不统一,全国数字图书馆建设与服务联席会议曾经专门召开会议,就标准规范问题进行协调,组织相关单位编写了《全国数字图书馆建设与服务联席会议"关于数字图书馆标准规范推荐机制的建议草案"》[67],并开通了"数字图书馆标准规范推荐网站示范系统",为各单位推荐数字图书馆技术标准规范,并逐步在全行业形成统一的标准规范体系提供了工作平台,对促进联席会议成员单位及全国数字图书馆的共建共享将起到积极的推动作用[68]。但是,该网站的实质效果并不明显,且自2008年后就没有更新过新的标准[69]。上述国家级工程项目的标准规范成果,在数字图书馆建设实践中得到了检验,有些成果的影响力甚至突破了工程建设参与单位的范围,得到了较为广泛的应用。

三、标准化组织主导下的标准规范制定实践

经过研究性小型试验项目和大型国家级工程项目的实践,我国数字图书馆标准规范领域已经积累了大量成果,同时,各工程项目之间对于统一标准、共建共享也有了更为急迫的要求,这就为进一步形成国家标准和行业标准提供了条件,奠定了基础。约2010年前后,我国数字图书馆领域标准规范制定由工程化研制进入了标准化组织主导的研制阶段,标志着我国数字图书馆标准规范实践工作走向成熟。

2012年1月,全国图书馆标准化技术委员会发布的《全国图书馆标准化工作"十二五"规划纲要》,将"数字图书馆建设"作为该委员会"十二五"期间的五个标准化工作重点领域之一,并提出了该领域的两个主要工作方向,分别是:基于数字资源生命周期管理的相关标准规范建设和面向全媒体、多终端的数字图书馆服务相关标准规范建设[70]。2009—2014 年间,全国图书馆标准化技术委员会在业界已有数字图书馆标准规范研究成果的基础上,先后申请立项 26 项数字图书馆领域标准规范制修订计划项目,其中国家标准制修订项目 6 项、文化行业标准制修订计划项目 20 项。这些标准涉及元数据、数字资源统计、数字资源长期保存等多个领域,起草工作均由国内在该标准领域已有较好研究和实践基础的机构承担,共有近 70 家单位,200 人次参与了这些标准规范的研制工作。

1979 年成立的全国信息与文献工作标准化技术委员会在这一时期也申请立项了近 10 项与数字图书馆相关的标准规范。此外,全国文献影像技术标准化技术委员会等一些相关标准化组织,也根据各自工作范围组织制定了一些数字图书馆建设相关标准规范。

由专业的标准化组织主导数字图书馆领域标准规范制定,使得我国数字图书馆标准规范制定工作具有了更高的专业性、规范性和代表性。这些标准规范多由业界专家共同参与制定,并在制定过程中广泛吸纳了图书馆业界和学界的意见与建议,使得这些标准规范普遍拥有较好的实践基础,成熟度较高,其成果以国家标准或行业标准的形式发布实施,具有一定的影响力和权威性,对提高数字图书馆建设效率、实现共建共享具有积极意义。

第三节 我国数字图书馆标准规范建设成果

从 20 世纪 90 年代我国开始进行数字图书馆研发以来,标准规范建设始终伴随着数字图书馆不同发展阶段的需要而开展。经过二十余年的发展和积累,数字图书馆相关标准规范的涵盖范围已从数字资源加工与描述标准为主,逐渐扩展到覆盖数字资源生命周期全过程的标准规范体系;标准规范的研制主体也逐渐从单个数字图书馆扩展到多个数字图书馆的联合系统。今天,我们已经可以看到在数字图书馆标准规范领域取得的丰硕成果,正是这些标准规范的制定和实施,使我国的数字图书馆建设从初期就相对较为规范,且具有比较高的专业化水平。

一、重大项目标准规范建设成果

1."中国数字图书馆标准规范建设"项目成果

从 2002 年至 2008 年年底,经过 6 年的建设,数字图书馆标准规范建设项目围绕项目需求,完成报告 164 个,内容包括数字资源加工标准规范、基本元数据规范、数据规范、唯一标识符与应用机制、数字资源检索与应用标准、元数据开放登记系统、数字图书馆标准规范开放建设机制等方面的研究(见表9－4)。

表 9－4 "中国数字图书馆标准规范建设"项目主要成果一览表[71]

序号	标准规范名称	序号	标准规范名称
1	LDAP_WHOIS＋＋协议应用指南	18	古籍描述元数据规范
2	LDAP 协议应用指南	19	古籍描述元数据著录规则
3	MARC—基本元数据的映射	20	古籍元数据规范
4	OAI-PMH 协议应用指南	21	古籍著录规则
5	STARTS_SDLIP_SDARTS 协议应用指南	22	会议论文描述元数据规范
6	WEB 服务标准和协议应用指南	23	会议论文描述元数据著录规则
7	WHOIS 协议应用指南	24	会议论文元数据规范
8	Z39.50 协议应用指南	25	会议论文著录规则
9	地方志描述元数据规范	26	基本数字对象描述元数据标准
10	地方志描述元数据著录规则	27	基本数字对象描述元数据扩展规范
11	地方志元数据规范	28	基本元数据标准
12	地方志著录规则	29	基本元数据扩展集标准
13	电子图书描述元数据规范	30	基本元数据应用规范
14	电子图书描述元数据著录规则	31	舆图描述元数据规范
15	电子图书元数据规范	32	舆图描述元数据著录规则
16	电子图书著录规则	33	舆图元数据规范
17	复合数字对象描述标准与规范	34	舆图著录规则

序号	标准规范名称	序号	标准规范名称
35	基本元数据应用规范与著录规则	52	拓片著录规则
6	基本元数据与CCFC映射指南	53	网络资源描述元数据规范
37	基本元数据与其他元数据集映射指南	54	网络资源描述元数据著录规则
38	基本元数据著录规则	55	网络资源元数据规范
39	家谱描述元数据规范	56	网络资源著录规则
40	家谱描述元数据著录规则	57	学位论文描述元数据规范
41	家谱元数据规范	58	学位论文描述元数据著录规则
42	家谱著录规则	59	学位论文元数据规范
43	期刊论文描述元数据规范	60	学位论文著录规则
44	期刊论文描述元数据著录规则	61	音频资料描述元数据规范
45	期刊论文元数据规范	62	音频资料描述元数据著录规则
46	期刊论文元数据著录规则	63	音频资料元数据规范
47	其他元数据到基本元数据的映射规则	64	音频资料著录规则
48	数字资源唯一标识符解析系统应用规范	65	专门元数据规范设计指南
49	拓片描述元数据规范	66	资源集合描述元数据规范
50	拓片描述元数据著录规则	67	资源集合描述元数据著录规则及使用指南
51	拓片元数据规范	68	知识组织体系描述标准与规范

2. 国家数字图书馆工程标准规范建设成果

从2001年到2014年,经过13年的建设,国家数字图书馆工程围绕工程建设需要,制定了35个标准,其中14个标准制定了相应的应用指南(见表9-5)。

表9－5　国家数字图书馆工程主要标准规范成果一览表[72]

成果类别	标准规范名称	标准规范应用指南
汉字处理规范	汉字属性字典	汉字属性字典规范和应用指南
	中文文献全文版式还原与全文输入XML规范	中文文献全文版式还原与全文输入XML规范和应用指南
	古籍用字规范（计算机用字标准）	古籍用字（包括生僻字、避讳字）属性字典规范和应用指南
	计算机中文信息处理规范	计算机中文信息处理规范和应用指南
	生僻字、避讳字处理规范	
唯一标识符	国家图书馆数字资源唯一标识符规范	国家图书馆数字资源唯一标识符规范和应用指南
对象数据	国家图书馆数字资源对象管理规范	
	文本数据加工标准与工作规范	国家图书馆文本数据加工标准和操作指南
	图像数据加工标准与工作规范	国家图书馆图像数据加工标准和操作指南
	音频数据加工标准与工作规范	国家图书馆音频数据加工标准和操作指南
	视频数据加工标准与工作规范	国家图书馆视频数据加工标准和操作指南
元数据总则	国家图书馆元数据应用规范	
	国家图书馆元数据置标规范	
	国家图书馆核心元数据标准	
	国家图书馆专门元数据设计规范	
	CNMARC XML	
	CNMARC—DC—国家图书馆核心元数据集的对照转换	
	MARC21—DC—国家图书馆核心元数据集的对照转换	

成果类别	标准规范名称	标准规范应用指南
专门元数据规范——古文献	专门元数据标准与著录规范——拓片	
	专门元数据标准与著录规范——舆图	
	专门元数据标准与著录规范——甲骨	
	专门元数据标准与著录规范——古籍	
	专门元数据标准与著录规范——家谱	
专门元数据规范——电子书刊	专门元数据标准与著录规范——电子图书	
	专门元数据标准与著录规范——电子连续性资源	
	专门元数据标准与著录规范——学位论文	
	专门元数据标准与著录规范——期刊论文	
专门元数据规范——网络及多媒体资源	专门元数据标准与著录规范——网络资源	
	专门元数据标准与著录规范——音频	
	专门元数据标准与著录规范——视频	
	专门元数据标准与著录规范——图像	
知识组织	知识组织规范	网络环境下的知识组织规范和应用指南
资源统计	数字资源统计标准	图书馆数字资源统计标准和应用指南
长期保存	国家图书馆数字资源长期保存规范	国家数字图书馆长期保存元数据规范与应用指南
		国家数字图书馆长期保存信息包封装标准规范与应用指南
管理元数据	国家图书馆管理元数据规范	国家图书馆管理元数据规范和应用指南

3. 全国文化信息资源共享工程标准规范建设成果

从 2002 年到 2014 年,经过 12 年的建设,全国文化信息资源共享工程围绕工程建设需要,制定了 15 个标准(见表 9-6)。

表 9-6　文化共享工程资源建设主要标准规范成果一览表[73]

成果类别	标准规范名称
元数据标准规范	全国文化信息资源共享工程资源建设标准规范
	文化共享工程视频资源建设格式(V1.0)
	全国文化信息资源共享工程视频资源编目规范
	电影类节目初级编目实施细则
	专题片类节目初级编目实施细则
	舞台艺术类节目初级编目实施细则
	动画片类节目初级编目实施细则
	讲座类节目初级编目实施细则
资源加工标准规范	文化共享工程视频资源数字化加工格式规范(V2.0)
	全国文化信息资源共享工程讲座资源建设暂行规范
资源征集要求	征集各省优秀地方戏剧目暂行办法
	资源征集常见问题汇总手册
	关于提高资源征集格式要求的通知
	播放质量稍差特别珍贵文化视频资源征集问题处理意见
资源验收标准	文化共享工程视频资源初步验收标准

4. 高等教育文献保障系统标准规范建设成果

CALIS 项目 1998 年立项,2002 年开始标准规范研制,经过三期的建设发展,基于高等教育文献保障系统建设需要,制定了系列标准(见表9-7),其中包括在 CALIS 二期建设中被纳入建设范畴的大学数字图书馆国际合作计划(CADAL)。

表9-7　高等教育文献保障系统主要标准规范成果一览表

成果类别	标准规范名称	备注
数字对象加工标准	图书期刊资源制作规范	CADAL 二期
	报纸资源制作规范	CADAL 二期
	文档资料资源制作规范	CADAL 二期
	图形图像资源制作规范	CADAL 二期
	古籍资源制作规范	CADAL 二期
	音频资源制作规范和视频资源制作规范	CADAL 二期
（数字对象）元数据标准	元数据总则	CADAL 二期
	中文现代图书元数据规范及著录细则	CADAL 二期
	民国图书元数据规范及著录细则	CADAL 二期
	西文图书元数据规范及著录细则	CADAL 二期
	古籍元数据规范及著录细则	CADAL 二期
	地方志元数据规范及著录细则	CADAL 二期
	期刊论文元数据规范及著录细则	CADAL 二期
	会议论文元数据规范及著录细则	CADAL 二期
	少数民族资料元数据规范及著录细则	CADAL 二期
	报纸元数据规范及著录细则	CADAL 二期
	技术报告元数据规范及著录细则	CADAL 二期
	图形图像元数据规范及著录细则	CADAL 二期
	音频资料元数据规范及著录细则	CADAL 二期
	视频资料元数据规范及著录细则	CADAL 二期
	满铁资料元数据规范及著录细则	CADAL 二期
	侨批元数据规范及著录细则	CADAL 二期
	管理元数据规范	CADAL 二期
	元数据著录规则等标准规范	CADAL 二期
数字对象标准	数字对象唯一标识符规范	CADAL 二期
	数字对象标识与命名规范	CADAL 二期
	复合数字对象描述和管理规范	CADAL 二期
	数字对象阅读规范	CADAL 二期
数字资源存储标准	通用数字资源存储标准	CADAL 二期
	元数据存储标准	CADAL 二期
	专门数字对象存储标准	CADAL 二期
	数字资源压缩和索引规范	CADAL 二期

续表

成果类别	标准规范名称	备注
数字资源发布标准	数字资源发布标准	CADAL 二期
	数字资源访问标准	CADAL 二期
	数字资源传输规范	CADAL 二期
数字资源仓储标准	仓储组织规范	CADAL 二期
	仓储服务规范	CADAL 二期
	仓储互操作规范	CADAL 二期
数字资源服务协议规范和接口标准规范	元数据互操作协议规范	CADAL 二期
	数字对象交换协议规范	CADAL 二期
	资源检索协议规范	CADAL 二期
	服务集成标准规范	CADAL 二期
	数字资源传输协议规范	CADAL 二期
数字图书馆安全规范	数字对象存储安全规范	CADAL 二期
	数字对象访问安全规范	CADAL 二期
	数字资源长期保护的标准规范	CADAL 二期
	数字资源安全传输标准	CADAL 二期
知识标引标准	知识元抽取标准	CADAL 二期
	定制学科分类标准	CADAL 二期
	学科文献学术水平等级切分标准	CADAL 二期
虚拟参考咨询标准	用户合理获取数字资源的原则规范	CADAL 二期
	服务提供行为规范	CADAL 二期
	用户服务与其他部门衔接的规范	CADAL 二期
	使用 CADAL 数字资源的规范	CADAL 二期
	虚拟咨询知识库编辑与维护标准	CADAL 二期
	文献传递用户协议与规范	CADAL 二期
数字版权管理标准	数字资源加工版权许可规范	CADAL 二期
	数字资源传输版权管理规范	CADAL 二期
	数字资源发布版权维护规范	CADAL 二期
	数字资源用户服务版权保护规范	CADAL 二期
	数字资源版权安全管理技术规范	CADAL 二期

续表

成果类别	标准规范名称	备注
其他	多维度标签分类标准	CADAL 二期
	知识组织服务标准	CADAL 二期
	数字图书馆评估体系规范	CADAL 二期
基本信息规范	数字资源唯一标识符规范	CALIS 三期
	数字资源类型编码规范	CALIS 三期
	资源库/仓储注册/服务机构注册管理规范	CALIS 三期
	节点、N-Server、应用服务、元数据格式注册管理规范	CALIS 三期
元数据规范	基本元数据规范及扩展集规范	CALIS 三期
	基本元数据与 MARC 映射规范	CALIS 三期
	专门元数据设计规范及扩展规则	CALIS 三期
	图书元数据规范及著录细则	CALIS 三期
	学位论文元数据规范及著录细则	CALIS 三期
	名师元数据规范及著录细则	CALIS 三期
	教参信息元数据规范及著录细则	CALIS 三期
	课件元数据规范及著录细则	CALIS 三期
	问答元数据规范及著录细则	CALIS 三期
联合目录相关规范	CALIS 联机合作编目手册例解·西文部分	CALIS 三期
	CALIS 联合目录中文连续性资源著录规范	CALIS 三期
	CALIS 联合目录印刷型中文连续出版物 MARC 记录编制细则	CALIS 三期
	CALIS 联合目录小语种编目细则	CALIS 三期
	CALIS 联合目录中文书刊编目手册	CALIS 三期
	CALIS 联合目录日文书刊编目手册	CALIS 三期
	CALIS 联合目录外文书刊编目手册	CALIS 三期

续表

成果类别	标准规范名称	备注
对象数据加工规范	文本、图片、音频、视频、课件等对象数据加工规范	CALIS 三期
	复合数字对象描述规范	CALIS 三期
	基于 ORE/ATOM 的资源描述与封装规范	CALIS 三期
资源组织规范	资源集合元数据规范	CALIS 三期
	CALIS 分类规范	CALIS 三期
	CALIS 分类法与教育部学位分类法的对照规范	CALIS 三期
	CALIS 分类法与中图分类法的对照	CALIS 三期
	CALIS 分类法与杜威十进制分类法的对照等规范	CALIS 三期
	知识组织规范	CALIS 三期
资源存储规范	数字资源存储与管理规范	CALIS 三期
资源发布规范	数据索引规范	CALIS 三期
	数字资源发布规范	CALIS 三期
数据转换规范	图书等元数据与 MARC 映射规范	CALIS 三期
	各种资源元数据到联合仓储通用元数据格式映射规范	CALIS 三期
	各种资源元数据规范到基于 RDF 描述的映射规则	CALIS 三期
	METS 与 ORE 相互转换规范	CALIS 三期
资源检索规范	通用检索语言规范	CALIS 三期
	元数据检索规范	CALIS 三期
	资源导航规范	CALIS 三期
资源获取与展现规范	资源获取规范	CALIS 三期
	资源展现规范	CALIS 三期
	资源调度规范	CALIS 三期

续表

成果类别	标准规范名称	备注
互操作接口	统一认证和联合认证规范	CALIS 三期
	统一计费规范服务导航接口规范	CALIS 三期
	应用系统日志规范	CALIS 三期
	应用系统监控规范	CALIS 三期
	评估统计接口规范	CALIS 三期
	馆际互借与文献传递服务接口规范	CALIS 三期
	参考咨询服务接口规范	CALIS 三期
	教学参考服务接口规范	CALIS 三期
	学位论文服务接口规范	CALIS 三期
	机构库服务接口规范	CALIS 三期
	期刊目次服务接口规范	CALIS 三期
	联合目录服务接口规范	CALIS 三期
	与图书馆自动化接口规范	CALIS 三期
	共享域(服务策略)定制接口规范	CALIS 三期
	节点和服务元数据相关接口规范等规范	CALIS 三期
应用服务集成规范	馆际互借与文献传递系统应用集成规范	CALIS 三期
	学位论文系统应用集成规范	CALIS 三期
	虚拟参考咨询系统应用集成规范	CALIS 三期
	联合目录应用集成规范	CALIS 三期
	门户系统应用集成规范	CALIS 三期
	特色库中心系统应用集成规范	CALIS 三期
	联合仓储系统应用集成规范	CALIS 三期
	教参系统应用集成规范	CALIS 三期
	统一认证系统应用集成规范	CALIS 三期
	统一检索系统应用集成规范	CALIS 三期
	资源调度系统应用集成规范	CALIS 三期
	统一计费与结算系统应用集成规范	CALIS 三期
	资源与服务评估系统应用集成规范	CALIS 三期

续表

成果类别	标准规范名称	备注
平台技术规范	SaaS 平台基本规范	CALIS 三期
	客户端门户组件规范	CALIS 三期
	服务端服务组件规范	CALIS 三期
	N-Server 基本规范和应用规范	CALIS 三期
业务管理规范	基础业务规范①	CALIS 三期
	专门业务规范②	CALIS 三期
数据与系统安全规范	数据安全规范	CALIS 三期
	应用系统安全规范	CALIS 三期
	接口访问安全规范	CALIS 三期
	主机安全规范	CALIS 三期
	网络安全规范	CALIS 三期
	存储安全规范	CALIS 三期
资源与服务评估规范	资源评估规范总则	CALIS 三期
	引进数据库资源评估规范	CALIS 三期
	特色资源评估规范	CALIS 三期
	书刊类资源评估规范	CALIS 三期
	论文类资源评估规范	CALIS 三期
	古文献资源评估规范	CALIS 三期
	音视频资源评估规范	CALIS 三期
	服务评估规范总则	CALIS 三期
	馆际互借与文献服务评估规范	CALIS 三期
	参考咨询服务评估规范	CALIS 三期
	论文类服务评估规范	CALIS 三期

数据来源:根据 CALIS 提供的资料整理。

---

① 包括数据维护管理规范、统一认证业务管理规范、系统运行维护管理规范、软件许可证注册管理规范、共享域业务管理规范等。

② 包括联合目录业务管理规范、馆际互借与文献传递业务管理规范、学位论文业务管理规范、教学参考服务业务管理规范、特色库业务管理规范、参考咨询业务管理规范等。

5.其他数字图书馆项目标准规范建设成果

除国家图书馆、公共图书馆系统、高校图书馆系统、科研图书馆系统外，军队和党校系统也针对本系统数字图书馆建设需要，制定了系列标准规范。

军队院校数字图书馆自20世纪90年代建设伊始，便非常重视标准规范建设，围绕建设需要，制定了16个标准规范（见表9-8）。

表9-8　军队院校数字图书馆标准规范主要成果一览表[74]

成果类别	标准规范名称
数字资源基本标准规范	数字内容创建的标准规范
	数字对象唯一标识符
	元数据标准规范
	数字对象模型标准
	数字对象验证机制
资源组织描述的标准规范	资源组织描述的标准规范框架
	资源集合描述的标准规范
	知识组织体系描述
	管理机制描述
	资源组织过程规范
数字资源系统服务的标准规范	数字资源系统服务标准框架
	数据传输交换标准
	检索条件的标准规范
	信息服务业务标准规范
	分布数字资源服务机制的标准规范
	用户管理标准规范

此外，全国党校系统于2011年发布了《全国党校图书馆"三大文库"数字资源建设规范（讨论稿）》[75]，并依托中共中央党校数字图书馆项目制定了16个标准规范（见表9-9）。

表9-9　党校系统数字图书馆标准规范

成果类别	标准规范名称
数据编码	全文版式与全文输入XML规范
数据编码	古籍用字规范（计算机用字标准）

续表

成果类别	标准规范名称
对象标识	党校图书馆数字资源唯一标识符规范
描述、管理、长期保存元数据编码	党校图书馆核心元数据集规范
各种元数据之间的关系对照	党校图书馆元数据应用规范
知识库建立规范	党校图书馆专题库设计规范
网络资源采集编目规范	网络资源数据采集规范
调度管理	党校数字图书馆系统调度对象管理规范
数据交换	数据捕获接口协议与数据封装协议
服务与资源统计	数字图书馆资源与服务评估体系规范
数字资源长期保存	党校图书馆数字资源长期保存规范
计费集成	党校数字图书馆统一计费技术规范
认证集成	党校数字图书馆统一认证技术规范
网上培训	党校数字图书馆课件制作和发布技术规范
系统集成和互联互通	党校数字图书馆资源与服务统一编码规范
整个数字图书馆的服务集成	服务集成规范

二、国家标准和行业标准建设成果

由于数字图书馆建设涉及范围较为广泛,有许多基础标准可以采用信息领域已有成熟标准,而无须自行研制。据统计,2009—2014 年期间,由全国文献与信息标准化技术委员会和全国图书馆标准化技术委员会归口管理并经有关部门批准颁布的数字图书馆主要标准规范有 29 项,其中国家标准 11 项,行业标准 18 项;已经立项目前尚在研制中的标准有 4 项,其中国家标准 3 项,行业标准 1 项(见表 9 – 10)。

表 9 – 10 2009—2014 年数字图书馆领域主要标准规范项目一览[76]

序号	标准名称	标准号	实施/立项时间
1	图书馆馆藏资源数字化加工规范第 2 部分:文本资源	GB/T 31219.2—2014	2015 – 01 – 01 实施

序号	标准名称	标准号	实施/立项时间
2	图书馆馆藏资源数字化加工规范 第3部分:图像资源	GB/T 31219.3—2014	2015 – 01 – 01 实施
3	图书馆馆藏资源数字化加工规范 第4部分:音频资源	GB/T 31219.4—2014	2015 – 01 – 01 实施
4	信息与文献　开放系统互连　馆际互借应用服务定义	GB/T 23269—2009	2009 – 09 – 01 实施
5	信息与文献　开放系统互连　馆际互借应用协议规范　第1部分:协议说明书	GB/T 23270.1—2009	2009 – 09 – 01 实施
6	信息与文献　开放系统互连　馆际互借应用协议规范　第2部分:协议实施一致性声明(PICS)条文	GB/T 23270.2—2009	2009 – 09 – 01 实施
7	GEDI-通用电子文档交换	GB/T 23731—2009	2009 – 11 – 01 实施
8	文献著录　第9部分:电子资源	GB/T 3792.9—2009	2010 – 02 – 01 实施
9	信息与文献　都柏林核心元数据元素集	GB/T 25100—2010	2010 – 12 – 01 实施
10	信息与文献　文件管理过程　文件元数据　第1部分:原则	GB/T 26163.1—2010	2011 – 06 – 01 实施
11	信息与文献信息检索(Z39.50)应用服务定义和协议规范	GB/T 27702—2011	2012 – 05 – 01 实施
12	图书馆—射频识别—数据模型　第1部分:数据元素设置及应用规则	WH/T43—2012	2012 – 06 – 01 实施
13	图书馆—射频识别—数据模型　第2部分:基于 ISO/IEC15962 的数据元素编码方案	WH/T44—2012	2012 – 06 – 01 实施

续表

序号	标准名称	标准号	实施/立项时间
14	数字对象唯一标识符	WH/T48—2012	2012－12－01 实施
15	文本数据加工规范	WH/T45—2012	2012－12－01 实施
16	图像数据加工规范	WH/T46—2012	2012－12－01 实施
17	音频数据加工规范	WH/T49—2012	2012－12－01 实施
18	古籍元数据规范	WH/T66—2014	2014－04－01 实施
19	电子图书元数据规范	WH/T65—2014	2014－04－01 实施
20	电子连续性资源元数据规范	WH/T64—2014	2014－04－01 实施
21	学位论文元数据规范	WH/T68—2014	2014－10－01 实施
22	期刊论文元数据规范	WH/T67—2014	2014－04－01 实施
23	网络资源元数据规范	WH/T50—2012	2012－12－01 实施
24	音频资源元数据规范	WH/T62—2014	2014－04－01 实施
25	视频资源元数据规范	WH/T63—2014	2014－04－01 实施
26	图像元数据规范	WH/T51—2012	2012－12－01 实施
27	图书馆数字资源统计规范	WH/T47—2012	2012－12－01 实施
28	图书馆数字资源长期保存元数据规范	WH/Z1—2012	2012－12－01 实施
29	管理元数据规范	WH/T52—2012	2012－12－01 实施
30	图书馆馆藏资源数字化加工规范　第5部分:视频资源	国家标准	2010 年立项
31	信息与文献　图书馆 RFID　第1部分:数据元素设置及应用规则	国家标准	2012 年立项
32	信息与文献　图书馆 RFID　第2部分:基于 ISO/IEC15962 的数据编码方案	国家标准	2012 年立项
33	图书馆数字资源长期保存信息包封装规范	行业标准	2013 年立项

三、内容体系建设成果

在分布、异构和自主的数字资源不断涌现,数字图书馆越来越依赖开放环境来集成各种分布的数字资源的情况下,数字图书馆标准规范建设仅仅局限于数字资源加工和描述已不能完整地支持数字资源服务,需要从更广泛更系统的视角来认识和组织数字图书馆标准规范,数字资源生命周期思想随之产生。按照数字资源生命周期来规划和建设数字图书馆标准规范,便于更为系统地认识和组织从数字图书馆创建到长期保存的整个进程中的各种标准规范,促进这些标准规范的互相支撑和互操作,从而保障数字资源以及建立在数字资源上的服务在网络环境和整个生命周期中的可使用性。

同时,这种认识和组织数字图书馆标准规范的做法并不是将诸如网络通信、计算机系统与数据库、安全、知识产权等更基础的技术或政策、标准排斥在数字图书馆标准规范体系之外,而是承认这些技术或政策、标准主要由非图书情报领域的有关机构制定,而在数字图书馆建设中由系统平台提供方、内容资源提供方和数字图书馆建设方协调进行对这些标准的选择与应用。

上文对主要工程项目标准和国家标准、行业标准的成果分别进行了梳理,从内容上看,这些标准主要包括以下几个方面:

1. 围绕资源的数字化加工制定的标准规范

数字资源建设是数字图书馆系统建设的核心之一。数字资源主要包括两种类型:一是由传统载体信息,如印刷型文献、图片资料、录音、影像等经过数字化加工、转换而形成的数字对象;二是原生数字形态的数字对象,如电子图书、数字图片、数字影像、数字录音等。对馆藏文献的大规模数字化加工是数字图书馆发展初期的核心任务,这一时期的数字图书馆标准规范建设内容主要是对文本、图像、音频、视频等各类型数字对象的创建与加工过程中需要遵循的标准规范,包括数字文件编码、数字文件格式、数字文件标识等标准以及数字资源选择与加工程序等的操作规范,以满足大规模文献数字化加工的需要(见表9-11)。

表9-11　数字化加工方面的标准规范

标准类别	标准规范名称
国家标准	图书馆馆藏资源数字化加工规范　第2部分:文本资源
	图书馆馆藏资源数字化加工规范　第3部分:图像资源
	图书馆馆藏资源数字化加工规范　第4部分:音频资源

续表

标准类别	标准规范名称
行业标准	文本数据加工规范
	图像数据加工规范
	音频数据加工规范
CADAL 项目标准[77]	文档数字对象制作规范
	图片数字对象制作规范
	音频数据加工标准与操作规范
	视频数字对象制作规范
	数字内容编码与内容标记规范
国家数字图书馆工程标准	文本数据加工标准与工作规范
	图像数据加工标准与工作规范
	音频数据加工标准与工作规范
	视频数据加工标准与工作规范

2. 围绕数字资源描述、组织和整合制定的标准规范

随着人们对数字图书馆的认识不断深入，以及数字化信息处理能力的逐步提升，对数字资源的加工开始深入到文献内容，重视对文献内容的组织与揭示。相应地，数字图书馆标准规范建设的内容也逐步拓展到对元数据、知识组织等领域。这些标准规范的制定大大提升了数字资源的描述、组织与整合能力（见表 9－12）。数字图书馆领域很早就注意到元数据的重要性，注意到元数据在发现与确认资源、资源著录描述、资源集合组织、资源及其服务的利用和管理、资源长期保存、资源与服务系统功能与过程描述等方面的广泛用途。因此，不同系统的数字图书馆建设出于不同应用目的，开发并在不同程度上应用了大量的元数据标准。例如：国家数字图书馆工程标准规范建设的主导项目之一"国家图书馆知识组织规范"（NLC-NKOS）项目，针对国内知识组织工具的特点和应用环境进行了适应性和独创性的设计，成果覆盖了当前主要的网络知识组织系统，项目所包含的各个规范分别定义了受控表、本体和分众分类法等 NKOS

系统,它们可以独立应用于不同的场景。同时,这些 NKOS 规范在命名空间、设计结构和描述机制上,具有内在一致性和互操作性,推动了网络环境下国内知识组织系统的发展和应用水平的提升。

表 9 - 12　数字资源描述、组织、整合标准规范

标准类别	标准规范名称
行业标准	古籍元数据规范
	电子图书元数据规范
	电子连续性资源元数据规范
	学位论文元数据规范
	期刊论文元数据规范
	网络资源元数据规范
	音频资源元数据规范
	视频资源元数据规范
	图像元数据规范
上海图书馆标准	名人手稿馆元数据方案
北京大学图书馆标准	拓片元数据标准
全国文化信息资源共享工程标准	全国文化信息资源共享工程资源建设标准规范
	文化共享工程视频资源建设格式(V1.0)
	全国文化信息资源共享工程视频资源编目规范
	电影类节目初级编目实施细则
	专题片类节目初级编目实施细则
	舞台艺术类节目初级编目实施细则
	动画片类节目初级编目实施细则
	讲座类节目初级编目实施细则
CADAL 项目标准[78]	资源集合描述元数据规范与著录规则
	多维度标签分类标准
	知识元抽取规范
	学科分类标准规范
	学术水平等级切分标准
	知识组织服务标准

3. 围绕数字图书馆服务制定的标准规范

21世纪初,数字图书馆建设从实验性阶段进入边建设边服务的阶段,数字服务成为图书馆服务的重要内容。数字资源服务区别于传统服务的许多问题开始凸显,因此,在进行针对性研究和探索的基础上,相关的服务及管理类标准也成为数字图书馆标准规范中的重要内容,包括数字资源的检索标准、网络服务标准、应用服务标准、版权管理标准等[79](见表9-13)。例如:针对数字时代的虚拟参考咨询服务,北京大学图书馆受委托起草《CALIS虚拟参考咨询服务规范》,该规范的制定遵循通用性、系统性、可操作性原则,充分考虑分布式合作虚拟参考咨询模式的需求,明确了咨询服务的范围、对象(分为本地、地区、全国三个级别)和内容(包括承诺提供的服务和约定不提供的服务内容),从计算机能力、咨询业务能力、专业知识能力、交流技巧、处理多任务能力和工作态度6个角度对虚拟参考咨询馆员的素质提出规范要求,并明确了咨询馆员在服务中应当遵循的通用规则以及各注意事项,对咨询流程加以规范,对答案质量明确提出参考信息源的选择和评价标准、答案内容基本要求和质量、答案格式规范及知识库数据规范等[80],该规范在CALIS高校系统中得到推广应用。

表9-13 数字图书馆服务方面的标准规范

标准类别	标准规范名称
国家标准	信息与文献 开放系统互连 馆际互借应用服务定义
	信息与文献 开放系统互连 馆际互借应用协议规范 第1部分:协议说明书
	信息与文献 开放系统互连 馆际互借应用协议规范 第2部分:协议实施一致性声明(PICS)条文
CADAL项目标准[81]	数字资源发布规范
	虚拟参考咨询服务规范
	分布式虚拟参考咨询系统服务集成规范
	文献传递服务规范
	服务集成标准规范

标准类别	标准规范名称
军队院校数字图书馆项目标准	数字资源系统服务标准框架
	数据传输交换标准
	检索条件的标准规范
	信息服务业务标准规范
	分布数字资源服务机制的标准规范
	用户管理标准规范

4. 围绕各数字图书馆系统互联互通制定的互操作标准规范

随着数字图书馆建设的不断深入,数字图书馆系统越来越多,但其中许多只提供独立封闭式的服务,成为信息网络环境下新的信息孤岛。在此背景下,各类型数字图书馆系统之间通过互操作实现互联互通,以改变单个数字图书馆系统服务能力有限、数字资源有限、服务对象有限的情况,因此,互操作标准开始引起重视,主要包括数据交换、系统互操作和服务协作方面的标准(见表 9 - 14)。例如:为了确保 CADLIS 各个应用系统之间的顺利集成,CALIS 针对主要应用系统制定了相关的接口规范,主要包括 OAI-PMH 服务规范、基于 METS 的数字对象规范与数字对象交换规范、统一检索协议 ODL 规范、OpenURL 资源调度规范、CALIS-OID 数字对象标识符规范、统一用户认证规范、统一计费与结算规范、日志与统计规范、数字资源加工规范、门户组件开发规范等。这些规范保证了 CADLIS 系统之间的集成以及 CADLIS 中心与 CALIS 地区/省中心之间以及 CALIS 地区/省中心与参建馆之间的集成,同时也为 CADLIS 系统与图书馆内部业务系统包括 OPAC 查询身份认证资源管理等之间的集成奠定了基础[82]。

表 9 - 14　数字图书馆互操作方面的标准规范

标准类别	标准规范名称
国家标准	信息与文献　开放系统互连　馆际互借应用服务定义
	信息与文献　开放系统互连　馆际互借应用协议规范 第 1 部分:协议说明书
	信息与文献　开放系统互连　馆际互借应用协议规范 第 2 部分:协议实施一致性声明(PICS)条文

续表

标准类别	标准规范名称
CADAL 项目标准[83]	仓储元数据互操作标准
	数字对象唯一标识符解析系统应用规范
	访问安全规范

5. 围绕数字资源长期保存制定的标准规范

随着数字资源的快速增长和快速湮灭,图书馆在进一步加强对这些资源的采集、加工、整理和服务的同时,也不得不开始重视对这些资源的长期保存。为了使长期保存的数字资源能够在尽可能广泛的范围内实现长期使用,与长期保存相关的文件格式、描述格式、数据转换、平台技术、框架结构、长期保存元数据等标准也被纳入数字图书馆标准规范建设的内容体系(见表9-15)。

表9-15　数字资源长期保存方面的标准规范

标准类别	标准规范名称
行业标准	图书馆数字资源长期保存元数据规范
	图书馆数字资源长期保存信息包封装规范
CADAL 项目标准[84]	数字资源长期保存规范
	保存元数据标准
	资源保存与管理规范
国家数字图书馆工程标准	国家图书馆数字资源长期保存规范
党校系统数字图书馆项目标准	党校图书馆数字资源长期保存规范(待建设)

6. 围绕数字图书馆管理制定的标准规范

今天,数字图书馆间的互联互通使得数字图书馆体系化发展成为必然趋势。数字图书馆相关标准规范的涵盖范围也从单纯的数字资源加工与描述标准,逐渐扩展到涵盖数字资源建设、服务、保存、技术、管理等数字资源生命周期全过程的标准,再发展为涵盖网络环境下数字图书馆管理、安全、数字图书馆评估等多方面的标准规范体系(见表9-16)。例如,"我国数字图书馆标准规范建设(CDLS)"项目从数字图书馆标准规范体系建设的角度进行规划建设,涵盖了数字资源加工、元数据、唯一标识符、长期保存等方面的标准规范的研究与制定[85],并且对我国数字图书馆标准规范的发展战略、建设机制进行了研究分析,形成了包括"我国数字图书馆标准规范总体框架与发展战略""数字图书馆标准规范开放建设机制"等七大方面,涵盖数十个子项目的庞大的标准规范体系。

表9–16　数字图书馆管理方面的标准规范

标准类别	标准规范名称
行业标准	图书馆数字资源统计规范
	管理元数据规范
CADAL 项目标准[86]	仓储注册管理规范
	数字对象存储安全规范
	数字图书馆在线评价标准
	数字版权管理标准规范　第一部分:数字资源版权加工许可导则
	数字版权管理标准规范　第二部分:数字资源版权安全管理技术导则
	数字版权管理标准规范　第三部分:数字资源传输版权管理导则
	数字版权管理标准规范　第四部分:数字资源发布版权维护导则
	数字版权管理标准规范　第五部分:数字资源用户服务版权保护导则
国家数字图书馆工程标准	国家图书馆管理元数据规范

第四节　我国数字图书馆标准规范建设的特点及未来发展

我国数字图书馆经历了20余年的发展,一系列标准规范的诞生是这个二十年取得的重要成果之一。标准规范在我国数字图书馆建设和发展中发挥了重要作用,其发展历程也顺应了我国数字图书馆建设和发展各个阶段的现实需求与特点,已有一批国际标准、国家标准、行业标准或事实标准在我国数字图书馆领域被广泛采用。

一、我国数字图书馆标准规范建设的特点

1. 项目带动作用明显

通过前文的梳理可以发现,我国数字图书馆标准规范的建设主要是依托各类型数字图书馆建设项目开展,从早期的实验性项目到之后的大规模工程项目,无一不将标准规范的研制作为项目建设的一项重要内容。最初,各个项目结合自身建设及服务的需要,研制了一批适用于本项目的部分标准规范,如国家数字图书馆工程、高等教育文献保障系统等都结合项目需求研制了系列标准规范。随着这些数字图书馆建设项目的深入发展,各系统互联互通的需求日益凸显,数字图书馆体系化发展成为必然趋势,标准规范建设也进一步趋于统一,某些成熟标准规范的应用范围从开始的项目内使用逐渐上升为整个业界使用,如国家数字图书馆工程系列标准中有 16 个通过进一步修改完善上升为了行业标准,在全国范围内推广应用。

2. 秉持开放建设思路

在数字图书馆标准规范建设的过程中,各大项目、各相关机构开展密切合作,共同推进我国数字图书馆标准规范的发展。2000 年,"中国数字图书馆工程建设联席会议"专门设立"标准规范指导委员会",由来自国家图书馆、高校图书馆、科研图书馆等不同机构的人员组成,是我国最早的数字图书馆标准规范开放合作建设机构。"中国数字图书馆标准规范建设"作为我国最有影响力的数字图书馆标准规范建设研究项目,其一、二期参与研制单位包括北京大学、国家科技图书文献中心、国家图书馆、全国高等教育文献保障体系管理中心、上海交通大学图书馆、中国农业科学院等近 20 家单位,国家数字图书馆工程、中央党校数字图书馆工程标准规范项目则采用公开招标形式确定研制单位。数字图书馆推广工程本着大馆建设、中小馆使用的建设原则,联合各省级馆制定相关标准,在全国各市级馆、县级馆应用,应用标准规范的各馆也可以结合使用情况对标准修订提出意见。横向、纵向的多维度开放建设机制使得项目制定的标准能够产生更为广泛的影响力,代表更多机构的意见。

3. 应用与研制相结合

我国数字图书馆标准规范发展起步较晚,最开始以译介、引用国际标准为主,在吸收引进国外成果的同时,我国图书馆界紧密结合我国数字资源、服务的特点,进行了探索和实践。如在吸收国外元数据理论与方法的同时,针对中文信息资源的特点,我国各相关机构在元数据标准的研究制定方面进行

了创新和发展,国家图书馆提出了基于 OAIS 参考模型的《中文元数据方案》、上海图书馆制定了《名人手稿馆元数据方案》、北京大学图书馆提出了《中文元数据标准框架》以及在此框架下制定的《古籍数字图书馆拓片元数据标准》、清华大学建筑数字图书馆项目的元数据方案[87]、文化部制定的行业标准《数字式中文全文文献通用格式》等。此外,在我国数字图书馆建设实践中,各主要建设单位都不约而同地采用了底层及通用标准的拿来主义和数字图书馆建设核心标准的自行研制策略。例如,有关网络平台、通信协议等标准已经较为成熟,在数字图书馆建设中被普遍采用,而将研制精力主要放在与图书馆业务密切相关,且能够发挥图书馆界优势的资源建设领域,制定了大量元数据和对象数据的加工处理标准。

4. 数字资源建设标准先行

该特点是与我国数字图书馆的发展阶段密切相关的。我国数字图书馆发展的最初两个阶段是数字资源的原始积累阶段(以文献信息资源的数字化加工为核心)和关键技术的攻关研发阶段(围绕数字图书馆体系建设、海量数字资源的存储与检索、数字资源的发布与服务、多媒体和异构资源的整合处理、大规模并发访问控制等核心技术问题进行研发)。这个时期的标准规范也是为满足这个阶段数字图书馆发展的需求而建设的,所以重点倾向于数字资源建设、加工与描述的标准规范建设。国内大型的数字图书馆建设项目,在早期制定的标准大都是围绕数字资源建设与加工的,如"中国试验型数字图书馆"项目和中国高等教育文献保障系统(CALIS)从 20 世纪 90 年代开展存档标准、数字加工标准等内容的研制。

二、我国数字图书馆标准规范建设的不足

尽管随着数字图书馆建设的蓬勃发展,相关标准规范的建设也产生了丰硕成果,但还存在着一些明显不足,主要表现在:

1. **标准规范体系有待完善**

数字图书馆是一个复杂的系统,其建设需要一整套系统完整的标准规范来支撑。目前已有的较有影响的数字图书馆项目,其标准规范体系大多从数字资源生命周期视角出发,围绕数字资源的创建、描述、组织、服务、长期保存建立标准规范体系框架,并按照这个框架体系来规划、组织标准规范建设。随着人们对数字图书馆的认识与研究不断深入,支持其发展的标准规范体系框架也需要随之进行调整和完善。现有数字图书馆标准规范的制定尚偏重于对资源和技术的关注,而对如何有效提升数字图书馆服务效能、科学评估数字图书馆服务效益等其他方面的标准还缺乏关注。因此,有必要在科学审视数字图书馆构成要素的基础上,研究建立一个科学完整的数字图书馆标准规范体系,并根据该体系确定数字图书馆标准规范建设目标与建设路径。

2. 现有标准规范不统一,标准可操作性有待提高

随着数字图书馆建设从研究走向实践,国内相继启动了一些国家级大型数字图书馆建设项目,如国家数字图书馆工程、高等教育数字图书馆等项目。为了满足这些大型数字图书馆建设的需求,项目管理机构制定了一批标准规范。这些标准规范多以适应本工程项目建设需要为目的,不完全具有普遍适用性。而已有国家标准、行业标准或研究项目制定的标准,又大都缺乏标准应用指南,对于数字图书馆建设实践而言,往往显得缺乏可操作性。同时,目前已有数字图书馆标准规范成果还不能完全适应数字图书馆建设与服务的实际需求,数字资源长期保存等关键领域还缺乏被普遍认知和广泛应用的标准。此外,现有各系统、各项目标准规范还存在不一致性,将会影响各系统之间的统一检索和跨库操作。

3. 缺乏标准应用的指南性文件

从国际经验看,在标准规范的基础上编制指南性文件,以规范和指导标准应用,是发达国家在数字图书馆项目建设中普遍采取的一种做法。以美国国会图书馆为例,其发布采用或负责维护的标准规范涉及资源描述、元数据封装、资源保存、信息资源检索协议等多个方面,这些标准大多已成为数字图书馆建设的通行标准或已被相关标准化组织认可为国际、国家标准。在此基础上,美国国会图书馆在其著名的"美国记忆"建设项目中,亦制定了一套技术指南文件,对元数据、保存、扫描和转换、文本标记等进行了详细的规范[88]。而我国数字图书馆标准规范建设成果,目前只有国家数字图书馆项目的部分标准规范制定了配套的标准应用指南。缺乏标准应用指南,是目前影响我国数字图书馆标准规范应用的一个较为关键的问题。

4. 标准规范宣传形式单一

根据国家标准管理规定,国家标准、行业标准和地方标准根据标准性质分为两类:强制标准和推荐标准。《国家标准管理办法》和《行业标准管理办法》规定,药品食品卫生、产品运输、劳动安全、工程建设、环境保护等有关国计民生方面的重要产品标准等属于强制性标准,对违反强制性标准的,国家将依法追究当事人法律责任[89]。而我国图书馆行业相关标准绝大多数属于

推荐性标准。对于推荐性标准,国家并不强制应用,而采取鼓励自愿应用的政策,且其他事业发展的政策性文件多与已有标准的应用脱节,加之以往图书馆界对于标准化的理解囿于传统基础业务领域的现象较为普遍,这就使得各图书馆缺乏采纳数字图书馆相关标准规范的积极性。此外,国家标准一般只是通过国家标准化管理委员会的官方网络发布信息,行业标准多由行业主管部门发布实施通知,例如文化行业标准多由文化部下发通知至各省文化厅局,而图书馆作为标准的最终使用者,很难及时获知相应标准的发布信息。

5. 标准规范执行效果难以监督

数字图书馆领域现有标准规范的推广和应用主要依赖重点工程或项目的开展,如公共图书馆系统中主要依赖数字图书馆推广工程、文化共享工程等重点文化工程;高校图书馆系统则主要借助 CALIS、CADAL 等项目的开展。标准规范成果在各系统中的应用对于基层公共图书馆或中小规模的高校图书馆等使用者来说是被动接受,大多缺乏主动参与,而且由于缺乏有效的评估机制,对有关主管部门或标准化组织提高和监督标准规范的执行效果、及时获取标准规范制修订反馈信息等存在一定障碍。

三、我国数字图书馆标准规范建设的未来工作重点

未来,随着数字图书馆建设的不断深入,我们有理由预计,标准规范还将持续在其中发挥重要的基础性作用,而数字图书馆不断走向深入,也将会给标准规范建设带来新的要求和挑战。面向未来,笔者认为应当首先加强以下几个方面的工作:

1. 坚持标准先行原则,进一步完善标准规范体系

在数字图书馆建设规划中应该遵循标准规范先行的原则,让标准规范引导、约束数字图书馆系统和工程的建设。现有的数字图书馆标准规范主要集中在元数据和对象数据管理领域,需要根据数字图书馆建设工作需要,按照"技术标准为支撑、管理标准为指导、服务标准为应用"的原则,进一步完善标准规范体系。特别是加强建设平台接口规范、数据交换与互操作规范、新媒体服务类规范与管理类规范的研究与制定工作,最终形成能够支撑数字图书馆系统建设所需的系列标准规范。

2. 加强核心标准规范的制定及应用指南的编写

结合未来数字图书馆建设规划与发展趋势,应加强数字图书馆核心标准规范的制定,并及时编制相应标准的应用指南,辅助标准规范的发布、实施和

宣传贯彻,指导各数字图书馆参建单位在数字图书馆工程建设中及时采用新的标准规范。数字图书馆标准规范要能够实际指导数字图书馆的建设,并切实应用在数字图书馆资源建设与服务中,要特别注重各类标准应用指南的研制开发。

3. 标准规范开放建设与应用机制紧密结合

随着数字图书馆建设在我国的不断深入与拓展,要实现多馆合作共建模式下数字资源与服务的共享共用,促进数字图书馆建设中联盟建设与区域发展,就要求建立科学合理的标准规范建设机制,各参建单位应遵循一致的标准规范和建设原则。参建馆应根据联盟或区域数字图书馆建设目标的共识,协商确定适用的标准规范,或者通过协商共同指定一家有研究实力和实践基础的图书馆牵头制定标准规范。在此基础上,对于业界具有普遍指导和实践意义的项目成果,推荐给相应的专业标准化技术委员会组织,将具有成熟经验、较好研究基础,同时符合业界需求的项目标准规范提出立项行业标准或国家标准。

此外,在数字图书馆所有标准规范建设项目中应充分依托国内相关的标准化组织,广泛联合具有标准制定和实施经验的文献信息机构、研究机构和企业等。项目研制成果应通过公开质询、专家论证等方式,广泛征求国内各大文献信息机构及专家的意见。对于已有标准规范也应通过建立有效的应用反馈机制,使各参建馆在应用过程中能将发现的问题或者进一步改进的意见与建议及时进行反馈,以不断完善各项标准规范。

4. 继续加强对国外标准的跟踪与研究

我国的数字图书馆建设从学习美英等发达国家成功经验开始,数字图书馆标准规范的制定和采用上也是如此。美国等发达国家在数字图书馆标准规范建设方面积累了多年经验,其制定的国家标准、行业标准对全球数字图书馆建设发展及国际数字图书馆标准规范建设都有着重要的影响。继续追踪并深入研究国际标准及主要发达国家的数字图书馆领域标准规范的研制成果将对我国数字图书馆标准规范建设继续起到一定的指导作用。

5. 依托相关工程项目,宣传推广已有标准规范成果

2012 至 2014 年,在全国图书馆标准化技术委员会组织下,17 项数字图书馆元数据及对象数据加工规范的行业标准先后正式发布,并在数字图书馆推广工程中得以宣传和应用。为了保证数字图书馆推广工程的顺利实施,本着"联合、开放、共享"的原则,数字图书馆推广工程将建设和推广科学、合理、完

善的数字图书馆标准规范体系作为工程重要任务。目前数字图书馆推广工程通过联合开展硬件基础设施建设、进行软件系统试点部署、采取分馆建设和资源镜像等多种途径,开展基于移动终端服务的联合共建等模式,将工程自建的多项标准规范落实应用,为拓宽标准规范宣传、推广的途径和方法做了较好的示范。标准规范的推广可以借鉴这一工作经验,有效地实现标准信息的及时发送,并有助于建立信息反馈机制。

6. 加强标准规范执行效果监督

通过全国标准化专业组织开展评估统计工作,包括全国图书馆标准化技术委员会、全国信息与文献标准化技术委员会、全国文献影像技术标准化技术委员会等机构定期对数字图书馆执行相关标准规范的情况进行普查、统计分析,并公布统计结果,进而对执行效果较差的地方加强数字图书馆标准规范的推广宣传和培训指导。

参考文献:

[1] 中华人民共和国国家质量监督检验检疫总局.标准化工作指南(第一部分):标准化和相关活动的通用词汇(GB/T 2000.1-2002)[S].北京:中国标准出版社,2002:1.

[2] 白国应.杜威的生平活动和杰出贡献[J].北京图书馆馆刊,1999(2):121-125.

[3] 文化部图书馆事业管理局科教处.世界图书馆事业资料汇编[M].北京:书目文献出版社(今国家图书馆出版社),1990:120.

[4] 国家图书馆研究院.德国图书馆事业发展概况[J].图书馆决策参考,2011(17):1-8.

[5] Library of Congress. Contact The Policy and Standards Division[EB/OL].[2012-09-01]. http://www.loc.gov/catdir/cpso/queries.html.

[6] IFLA. Announcement. New IFLA Committee on Standards[N/OL].(2012-01-16)[2012-09-01]. http://www.ifla.org/en/news/new-ifla-committee-on-standards.

[7] 林海青.数字化图书馆的元数据体系[J].中国图书馆学报,2000(4):59-64,69.

[8] 敖毅,卢建东.浅谈图书馆数据库开发中的标准问题[J].现代图书情报技术,2000(S2):77-78.

[9] 邵军.影响数字图书馆建设和实施的几个问题[J].高等教育研究,2001(4):79-81.

[10] [12] 赵健.数字图书馆发展需标准[J].信息系统工程,2003(8):13.

[11] 中国数字图书馆工程建设联席会议办公室.中国数字图书馆工程标准规范论坛在京举办[N/OL].[2015-01-22]. http://www.gsiic.com.cn/Article/200506/20050613102515_6595.html.

[13] 李广德,梁蜀忠,张勇.我国应加强文献信息的国际标准和国家标准的研究[J].情报杂志,2004(7):100-102.

[14][25] 宋立娟. 我国数字图书馆标准建设探讨[J]. 中国标准导报,2003(10):39–42.

[15] 刘颖. 我国数字图书馆建设中的三大难点问题[J]. 2003(11):14–16.

[16] 赵悦,申晓娟. 国家数字图书馆元数据应用规范构想[J]. 国家图书馆学刊,2005(4):17–20.

[17][45][54] 富平. 国家数字图书馆标准规范建设[J]国家图书馆学刊,2005(4):13–16.

[18] 李月婷. 我国三大体系数字图书馆标准规范建设比较研究——以中国国家数字图书馆、CSDL、CADLIS 为例[J]. 图书馆建设,2014(3):23–26.

[19] 张秀兰,刘璇. 浅析 Z39.50 协议在我国数字图书馆建设中的应用[J]. 现代情报,2006(1):99–100.

[20] 刘璇. Z39.50 协议在我国数字图书馆建设中的应用[J]. 河南图书馆学刊,2006(1):90–92.

[21] 林宁. 数字图书馆相关标准探讨(上)[J]. 信息技术与标准化,2002(7):37–41.

[22] 林宁. 数字图书馆相关标准探讨(下)[J]. 信息技术与标准化,2002(8):39–43.

[23] 梁战平. 数字图书馆标准研究成果使用指南[M]. 北京:科学技术文献出版社,2003:3.

[24] 陈定权,张俭恭. 数字资源建设及其相关标准[J]. 图书情报工作.2002(6):68–71.

[26] 中山图书馆."数字式中文全文文献通用格式"标准研究获新进展[J]. 北京图书馆刊.1998(2):140.

[27] 莫少强. 数字式中文全文文献通用格式的设计与研究[J]. 情报学报.1999(4):327–332.

[28] 宋立娟. 图书馆建设中标准与规范问题的思考[J]. 企业标准化,2003(2):8–10.

[29] 肖珑,申晓娟. 国家图书馆元数据应用总则规范汇编[M]. 北京:国家图书馆出版社,2011.

[30] 肖珑,赵亮. 中文元数据概论与实例[M]. 北京:北京图书馆出版社(今国家图书馆出版社),2007.

[31] 刘锦山. 中国数字图书馆标准化工程建设探析[J]. 现代图书情报技术,2001(6):7–9.

[32] 邓均华. 数字图书馆与数字化分类法[J]. 中国图书馆学报,2001(4):76–77.

[33] 李珍. 数字参考咨询的标准规范体系[J]. 大学图书馆学报,2004(1):37–40.

[34] 张琳,宋文. 我国数字图书馆信息组织领域标准规范现状与分析[J]. 情报杂志,2012(12):121–125,114.

[35] 郭一平,王亮. 域内资源整合系统及其标准协议体系[J]. 大学图书馆学报,2005(6):46–47.

[36] 袁亮,董慧. 基于开放标准的数字图书馆检索接口[J]. 情报科学,2005

（8）:1213-1217.

［37］周欣平．数字时代图书馆的发展方向及评估标准［J］．图书情报工作,2001（4）:5-9.

［38］徐宽．数字图书馆的评价标准［J］．图书馆学研究,2003（9）:19-21.

［39］张晓林,肖珑,孙一钢,等．我国数字图书馆标准与规范的建设框架［J］．图书情报工作,2003（4）:7-11,64.

［40］CDLS．技术报告［EB/OL］．［2014-09-13］．http://cdls. nstl. gov. cn/2003/Whole/TecReports. html#recommends.

［41］《我国数字图书馆标准规范总体框架与发展战略》子项目［EB/OL］．［2014-08-06］．http://cdls. nstl. gov. cn/2003/Strategy/.

［42］张晓林,王惠临,丹英,等.数字图书馆标准与规范建设［EB/OL］．［2016-08-16］．http://ir. las. ac. cn/handle/12502/4914.

［43］《我国数字图书馆标准规范开放建设机制》子项目［EB/OL］．［2014-08-06］．http://cdls. nstl. gov. cn/2003/Open/.

［44］中国数字图书馆标准规范建设［EB/OL］．［2014-08-06］．http://cdls. nstl. gov. cn/.

［46］2002年数字图书馆国际论坛落幕［EB/OL］．［2015-01-20］．http://www.ccnt.com.cn/news/shownews.php? id=1022486366.

［47］国家图书馆．中国数字图书馆工程介绍［EB/OL］．［2014-03-04］．http://www.nlc.gov.cn/old/old/dloff/engineering1/index.htm.

［48］文化部关于印发《文化事业发展"九五"计划和2010年远景目标纲要》的通知［EB/OL］．［2014-06-04］．http://www.chinalawedu.com/falvfagui/fg22598/23325.shtml.

［49］孙承鉴,刘刚．中国试验型数字式图书馆的探索与实践［J］．现代图书情报技术,2001（6）:3-6.

［50］郑晓惠．开放源代码内容管理系统［J/OL］［2015-01-20］．http://www.docin.com/p-327141752.html.

［51］［52］［53］［87］赵悦．数字图书馆元数据应用研究［D］．武汉,武汉大学,2005:50-52.

［55］［56］申晓娟,赵悦．国家数字图书馆标准规范建设［J］．数字图书馆论坛,2008（8）:37-42.

［57］［85］赵悦,申晓娟,胡洁,等．数字图书馆推广工程标准规范体系建设规划与实践［J］．国家图书馆学刊,2012（5）:46-53,59.

［58］CALIS标准规范建设［EB/OL］［2015-01-21］．http://project.calis.edu.cn/calisnew/calis_index.asp? fid=3&class=1.

［59］姚晓霞,肖珑,陈凌．新世纪十年CALIS的建设发展［J］．高校图书馆工作,2010（6）:3-6.

［60］刘兹恒,周佳贵．CALIS共建共享方式述评［J］．数字图书馆论坛,2011（1）:4-9.

［61］［67］第五次全国数字图书馆建设与服务联席会议报道［EB/OL］.［2015-01-21］.ht-
tp：//www. lsc. org. cn/c/cn/news/2008-07/18/news_2335. html.

［62］赵保颖. 全国文化信息资源共享工程资源建设流程及其相关问题［J］. 图书馆建设，
2008（2）：61-67.

［63］李挺. 浅析我国文化信息资源共享工程资源建设的特点及其保障［J］. 图书馆论坛，
2009（8）：87-89.

［64］中共中央党校数字图书馆工程［EB/OL］.［2015-01-21］. http：//library. sddx. gov. cn/
eap/574. news. detail？ news_id =21143.

［65］中共中央党校数字图书馆工程（标准规范部分）中标公告［EB/OL］.［2015-01-21］.
http：//www. mof. gov. cn/xinxi/zhongyangbiaoxun/zhongbiaogonggao/201302/t20130228_
737297. html.

［66］［75］周和平. 中国图书馆事业发展报告2012［M］. 北京：国家图书馆出版社，
2013：138.

［68］第六次全国数字图书馆建设与服务联席会议召开［EB/OL］.［2015-01-21］. http：//
www. lsc. org. cn/c/cn/news/2008-10/23/news_2566. html.

［69］中国数字图书馆标准规范推荐［OL］.［2015-01-22］. http：//dlibrary. las. ac. cn/in-
dex. jsp.

［70］全国图书馆标准化工作"十二五"规划纲要［EB/OL］.［2015-01-21］. http：//
www. nlc. gov. cn/tbw/bzwyh_gywm. htm.

［71］中国数字图书馆标准规范建设最终报告［EB/OL］.（2008-04-18）［2014-08-30］. ht-
tp：//cdls. nstl. gov. cn/2003/Whole/TecReports. html.

［72］国家数字图书馆工程标准规范［EB/OL］.［2014-10-30］. http：//www. nlc. gov. cn/ne-
wstgc/gjsztsggc/bzgf/.

［73］文化共享工程资源建设标准规范应用情况介绍［EB/OL］.［2014-10-30］. http：//
wenku. baidu. com/link？ url ＝ sDHmvqgwGE6FMtfijGpD1dOIgco3ulXY5fpWs5A9Lu5R3
N4I-hPrhAZjtjaa9_mcP1DtE9UQVYN9ygt8aA9ai_LTJRgv6iT9jgMRIpTYap3.

［74］国防大学图书馆. 军队院校数字图书馆技术标准与规范［C］. 全军院校图书馆管理
系统集成暨数字图书馆编著规范体系建设研讨会. 2006.

［76］国际委成立以来立项标准一览表［EB/OL］.［2015-1-10］. http：//www. nlc. gov. cn/
tbw/bzwyh_bzhxd. htm.

［77］［78］［81］［83］［84］［86］CADAL标准规范集［EB/OL］.［2014-10-29］. http：//
www. cadal. cn/bzgf/index. htm.

［79］魏大威. 数字图书馆理论与实务［M］. 北京：国家图书馆出版社，2012：190.

［80］张春红，肖珑，梁南燕. 虚拟参考咨询服务规范研究及其应用［J］. 大学图书馆学报，
2006（2）：57-62.

[82] 王文清．高校数字图书馆建设系列之(二)建设中国高等教育数字图书馆(CADLIS)
[J]．数字图书馆论坛,2005(10):1-8.

[88] American Memory Technical Information [EB/OL]．[2014-02-03]．http://
memory. loc. gov. ammen/about/tehIn. html.

[89] 国家标准化管理委员会．我国的强制性标准和推荐性标准是如何划分的,哪些标准
属于强制性标准[EB/OL]．[2014-03-07]．http://www. sac. gov. cn/bzhzs/201106/
t20110623_94489. htm.

（执笔人:申晓娟　李丹　王秀香　张若冰　田颖）

国外案例选介

第十章　国外案例选介

　　依托于信息技术进步与图书馆服务模式的不断演进,从最初的文献资源数字化存储走向如今全天候立体服务的数字图书馆,逐步成为信息社会的重要组成部分,成为现代社会生活的重要文化支撑。

　　国外数字图书馆建设可追溯至 20 世纪 80 年代中期,蓬勃发展于 20 世纪 90 年代,以美国政府提出建设"信息高速公路"计划为代表,美国与部分欧洲国家陆续开展数字图书馆的建设与研究。1993 年美国通过了一系列出资支持数字图书馆研究和建设的项目;1996 年美、英、法、日、德、加、意、俄等八国的国家图书馆组成 G8 数字图书馆联盟。国内图书情报界一直关注、追踪国外数字图书馆理论与实践的进展情况,在对数字图书馆的认识、与传统图书馆的结合、元数据、数字图书馆标准等领域都有相当多的论述。

　　国外数字图书馆三十多年的发展历程,有很多值得我们梳理、借鉴的内容。我国对国外数字图书馆的研究从介绍国外数字图书馆模型、项目概况[1]起步,逐步向分析不同数字图书馆模型构架下的评价[2]、版权[3]等实践问题深入。

　　本报告致力于指导我国图书馆事业发展,在总报告中通过对数字图书馆的缘起论述,阐述了美国数字图书馆倡议计划(DLI-1、DLI-2)等国外数字图书馆重大项目,本部分不再赘述,在此选择四个较新且有一定代表价值的案例进行介绍。

　　如后文选择的美国数字公共图书馆(Digital Public Library of America,DP-LA)项目,而非"美国记忆"(American Memory)、谷歌数字图书馆(Google Books)等项目。"美国记忆"、谷歌图书馆等项目也一直被国内图书馆学界关注,但考虑前期研究已较多,且各成体系,对我国图书馆事业发展的实际借鉴作用不如更针对美国公民的免费访问平台——美国数字公共图书馆。在案例选定过程中也曾考虑到澳大利亚国家图书馆发起的 PANDORA 项目,作为世界上最早的 Web Archive 项目之一,该项目在网络信息资源长期保存领域影响巨大,但考虑我国目前的实际需求,没有收录到成稿中。法国国家数字图书馆(Digital Library of the Bibliothèque nationale de France,Gallica)也曾因其多语种、多民族文化特藏等特点列入附录中,但在结构设计、版权保护等方面不及欧盟数字图书馆更有借鉴意义,故为节省篇幅只保留欧盟数字图书馆内容作为相应补充。经过多次探讨,综合考量备选案例涉及项目影响力与对我国数字图书馆建设借鉴价值进行评判分析,确定了本章所介绍的四个案例,除上文提到的美国数字公共图书馆外,其余三个案例分别为致力于覆盖全国民众的英国"全民网络";重视文化多样性保护的欧盟数字图书馆;政府主导建设的韩国国家数字图书馆。案例采用统一体例,从资源、资金、服务、技术、标准、版权保护措施等方面展开介绍,并最终落脚于对我国数字图书馆建设的可借鉴之处。

第一节 英国"全民网络"

1997 年 7 月,英国图书馆和信息委员会发表了一篇题名为《新图书馆:全民网络》(*New Library: The People's Network*)的报告,强调公共图书馆在新经济活动中具有重要地位,提出新环境下公共图书馆转变职能的一些战略目标,即公共图书馆是电子资源的管理者,也是人们通向茫茫网络资源的桥梁。随后的《建立新图书馆》(*Building The New Library*)提出的具体方案,包括了网络接入、内容资源、信息通信技术培训三个方面的内容。该方案的初步建设从 1998 年到 2002 年年底,连接全英 4000 多家公共图书馆,同时也包括一些博物馆等文化机构,并作为 CALL(Community Access To Lifelong Learning)工程的基础性项目,为后续的信息通信技术学习中心和国家学习网格项目建设上万个信息技术中心,到 2012 年,每个信息中心将成为公民的"街角大学",每位公民都有机会平等地接触网络、学习新的知识、理解最新资讯,成为构建终身学习社会的物质基础[4]。

"全民网络"的发展引起了学术界的重视并给予了较高的评价,其中比较有代表性的是瑞秋. 史派西(Rachel Spacey)等在 2014 年发表在 *Journal of Documentation* 上的文章,认为它是近十年以来英国公共图书馆建设过程中一次最为重要的契机,同时也是近十年英国数字图书馆建设过程中效果最稳定、持续时间最长的项目之一,并且为英国社会信息通信技术范式的转型提供了十分重要的基础[5]。国内众多数字图书馆的论著中也都对"全民网络"的模式、理念以及案例等进行介绍与总结,认为"全民网络"在连接公共图书馆、信息通信技术技能培训等方面起到较好的典范[6-7],也有研究者撰文对"全民网络"的建设过程进行分析,认为其对国内数字图书馆的建设具有较高的借鉴价值[8-9]。

一、"全民网络"的总体情况

1998 年,英国政府投资 1.7 亿英镑,实施"全民网络"(The People's Network,以下简称 PN)计划,本计划由英国博物馆、档案馆与图书馆委员会(the Council for Museums, Archives and Libraries)负责管理,并得到新机遇基金会 (New Opportunities Fund)的资助。PN 是一项由政府主导旨在使全英公民都能够接入互联网并享受其服务的工程,通过依托包括图书馆在内的全部文化机构的计算机网络,PN 希望能够给所有人,包括老人、青少年等提供积极融入信息社会的机遇。PN 的这次投入是有史以来最大的政府对公共图书馆的一次性巨额投入,该工程在 2002 年完成初步建设,于 2004 年结项,之后由英国政府与地方政府合作对其后续建设与持续发展进行评估与支持,到 2013 年基本上由地方政府对此进行维护和建设并将其经费纳入当地财政预算[10]。与此同时,PN 也是 2010 年英国政府工作部门提出的继续为每个公民提供计算机操作技术和互联网接入这一承诺的重要组成部分。PN 目标是在 2012 年以前,通过消除公民融入信息社会过程中的障碍、信息鸿沟以及提升信息素养来改善英国社会中"全民终身学习""提升就业""加强人际关系""构建社会文化与认同""缓解社会矛盾""鼓励创新"[11]等方面的内容。

　　PN 的网站于 2002 年建成,到 2009 年开始改版,目前最新的网站包含三个模块的服务内容(见图 10-1),分别是 Enquire 模块、Discover 模块和 Read 模块[12]。

图 10-1　PN 的主页[1]

　　Enquire 模块事实上是一个实时在线参考咨询系统,用户可以随时随地通过网络向咨询馆员提出问题(见图 10-2)。Enquire 最初使用的是英国公共图书馆于 1997 年联合建立的"Ask A Librarian"系统,是世界上最早的数字参考咨询系统,它通过 E-mail 解答读者的问题,其初衷是充分利用网络优势为图书馆

_____

①　资料来源:http://www.peoplesnetwork.gov.uk/.

读者和其他公众提供参考咨询服务。自2001年10月1日起,该项服务开始由东英格兰的一个合作性的图书馆资源共享实体 CoEast 继续提供。后来美国的CDRS 也加入其中,成为它的成员,并使用 CDRS 的 Question Point(以下简称QP)系统为用户提供服务。2004年之后,Enquire 开始提供24小时的实时参考咨询服务,以英国居民为主要服务对象,但不拒绝来自其他国家的提问。用户在界面右侧表单中填写姓名、E-mail 地址及所要咨询的问题后,就可以与咨询馆员连线,并进行实时交流;咨询结束后,本次交流的记录将自动发送到用户填写的 E-mail 信箱中。Enquire 的主页宣传词"激活你想回答的问题"旨在解答用户需要帮助和特定研究的课题,甚至作业,通过立刻询问相关人员来训练或帮助你找到问题的答案。Enquire 声明每一天都可以帮用户找到答案,用户可以与图书管理员实时聊天或通过电子邮件来回答用户的问题。Enquire 对成员馆采用的是各图书馆轮流值班制,即由组织者制定一个时间表,规定某一时间段由某几个图书馆负责接收并解答用户咨询。轮值的图书馆员只需在本地通过网络登录系统,监视并回答问题即可。通常有三个左右的图书馆同时轮值,平均一个图书馆每周只需轮值一个上午或一个下午。此外,Enquire 加入了 CDRS,与美国的合作伙伴签订协议,在每天上午9点到下午5点的工作时间内由英国的

图 10 - 2 PN 的 Enquire 模块①

① 资料来源:http://www. bookmarkyourlibrary. org. uk/ask-a-question.

Enquire 成员馆接收并回答问题,其他时间则由来自美国的合作伙伴,负责解答用户咨询。通过这种方式,Enquire 可以在相同的工作时间内,满足用户 24 小时的提问需求,并降低了成员馆的工作压力。

Discover 模块是为用户自行查找所需信息提供的服务平台(见图 10 – 3)。到 2013 年年底,PN 的用户可以通过"Find a library"查找英国境内的任意一家图书馆,也可以通过"Search"查找英国的博物馆、图书馆和档案馆所收藏的某一个条目或收藏品,如老照片、文献资料、古董等。"Search"同时支持简单检索和复杂检索。此外,用户还可以定制个性化的 Discover 页面,将自己感兴趣的新闻和快捷链接显示在 Discover 首页中。个性化功能要求用户首先注册(Join)并登录(Sign-in),然后就可进行个性化操作。供用户选择的"新闻"由 BBC News 和 24 HourMuseum 提供;"快捷链接"由南约克郡图书馆提供,并作为 ITforMe 工程(www. itforme. org. uk)的组成部分。

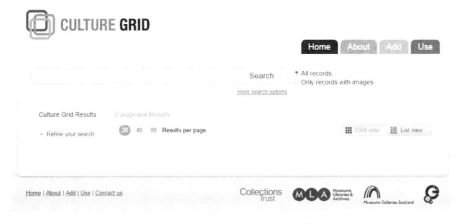

图 10 – 3　PN 的 Discover 模块①

Read 模块是 PN 为读者及其朋友们提供的一个虚拟阅览室,它将传统的公共图书馆、读者与图书之间的联系带入了网上虚拟世界(见图 10 – 4)。读者可以在"reader& reader"栏目浏览或查找其他读者推荐的图书、对图书的评价等,也可与其他读者在线交流阅读的心得体会、点评图书等。在"Find a reading group"栏目,读者可以按地区查找离自己较近的特定类型的阅读群体,组织读友聚会,分享阅读乐趣等。截止到 2013 年年底,"Reading links"栏目

---

①　资料来源:http://www. culturegrid. org. uk/search/.

为用户提供了 35 个读书网站的链接,其中 13 个是专门为儿童或青少年提供的。多数站点由专业的图书馆服务人员进行管理与维护,以帮助用户找到合适的阅读资料;少数几个站点由读者创建,因而能够更加符合读者的意愿,其中的"reader 2 reader Welcome to the readers"的版块是 PN 网站的一个重要组成部分,也是读者分享其体验的重要交互平台。与此同时,PN 也通过这一平台与用户开展相关的互动,例如在 2013 年的世界精神健康日,通过发起邀请让用户一起参与相关的活动并提供相关的咨询服务。

图 10-4   PN 的 Read 模块①

二、"全民网络"的资金

截至 2013 年年底,PN 工程的资金多数来自英国的福利彩票事业的拨款,投资主体是新机遇基金会,还包括 HLF(Heritage Lottery Found)、CMF(Capital Modernization Fund)和很多企业、私人的捐助。新机遇基金会主要负责 PN 的培训、电子资源创造和部分网络设施建设,并在相关图书馆、教育机构代表的参谋下,成为基金管理的主体。Capital Modernization Fund 共在 PN 工程中投资 17 亿英镑,其使用分配情况如表 10-1 所示:

表 10-1   PN 经费使用分配情况②

	培训	电子资源	网络设施			
			英格兰	苏格兰	威尔士	北爱尔兰
金额 (单位:百万英镑)	20	50	77.5	11.5	6.5	4.5

---

① 资料来源:http://www.peoplesnetwork.gov.uk/read/index.html.

② 资料来源:http://www.biglotteryfund.org.uk/en-gb.

由于投入经费有限,所以资金的分配主要是根据图书馆、博物馆的规模,改建后的作用大小等综合因素来进行评判。例如电子资源的建设,其申请流程是:①确定项目性质;②对 PN 工程的价值进行评估;③对项目实现的途径和运用技术的判断;④对项目实施的意义、获益范围、参与的图书馆和博物馆机构的认定及其效用的估计;⑤项目对其他图书馆服务能起到的作用;⑥全部费用的预算;项目培训和网络设施的建设也是根据申请规定层层审核,由新机遇基金会合理公正地分配资金。各个项目在资金使用的过程中要及时向新机遇基金会汇报使用情况,由该基金会进行全过程的监督,结束之后由独立的权威专家组进行评估,与预计的成果比较得出客观的结果。PN 经费配置的最大挑战来自于公共图书馆的内部管理和馆员自身信息素养上的提升以及保证全英所有的公共图书馆的免费互联网接入,这是 PN 实施的基础,也是政府部门相信其能够胜任这一项目的优势;到 2010 年以后,PN 的发展更多地需要政府在相关政策上的支持以及在技术环境和设施建设方面的推进[13]。

PN 将计划新建 3 万个计算机终端,以保证每个公共图书馆都能够提供互联网访问及学习服务。总投资中的 1 亿英镑将用于计算机硬件设备和网络建设,5000 万英镑用于内容建设,2000 万英镑用于图书馆的员工培训。另外,比尔与梅林达·盖茨基金会(Bill & Melinda Gates Foundation)提供 2600 万英镑,支持 413 个公共图书馆 1903 个终端的安装。2002 年年底,PN 已经把四千多个公共图书馆连在了一起;2013 年年底,PN 通过"热爱图书馆(Love Libraries)"活动进行广泛的宣传推广,使用户对公共图书馆所能提供的服务感到惊喜,进而促使公共图书馆越办越好[14]。

三、"全民网络"的技术

PN 的网络设施建设工作组成员包括国家、地方政府,教育机构和咨询专家代表组成,其职责在于分析各图书馆网络的技术及终端用户的需求、网络建设的实施步骤、传播服务所需的开支等任务;PN 的网络设施建设并不是重新建立起全国范围内的复杂系统,而是利用现有的信息通信技术和各图书馆现有的网络服务进行完善。根据英国的具体情况,又考虑到网络建设的成本,PN 的整个网络设施结合了 SMDS 和 ATM 技术,在 INTERNET 和 INTRANET 之间构建防火墙,防火墙虽然限制了用户某些合理的服务要求,但是它能通过采取访问政策、验证工具、过滤和应用网关等手段,保护内部网免受非法用户的侵入,增强网络的集中安全性;到 2004 年年底,英国 4000 多家公共图书馆都可以连入 INTER-

NET,并与国家终身教育网络连接(The National Grid For Learning,NGFL),图书馆的工作人员能够接入网络并免费试用其公开课程和一些旨在提升某一领域知识或技能的进阶课程,这一网络设置的形式使 PN 与公民的普通需求结合得更加紧密,同时也能够大幅度提升公民学习专门技能的兴趣,直到 2013年年底,英国境内公共图书馆馆员的培训仍然以此为重要的基础,并且发挥着重要的作用。2002 年,PN 工程初步建设完成,大部分公共图书馆已经拥有相当数量的信息通信设施并向公众开放,2002 年统计工作组进行了一次统计,全英 4730 所公共图书馆中可以连入 INTERNET 的公共图书馆达到 3701所,图书馆的终端数共 18 578 台(见表10 – 2)。

表 10 – 2　PN 终端 2001—2003 年度增长情况[15]

	2001 年 4 月	2001 年 10 月	2002 年 6 月	2002 年 11 月	2003 年 6 月	2004 年 10 月
终端数量 (单位:台)	6805	8638	13 428	18 578	30 000	43 500

截至 2004 年年底,OPAC 终端数 45 980 台,拥有至少 2 MB 带宽的图书馆达 769 所,10 MB 带宽的图书馆达 200 来所,60% 的图书馆都更换了标准的键盘和鼠标,其中一些图书馆考虑到不同群体的使用习惯还更换了标准键盘和鼠标之外的其他功能键盘和鼠标(见图 10 – 5)[16],10 多种软件和程序在这一过程中被使用和开发,其中包括:Office 软件、学习包(Learning packages)、网上社区信息服务(Online community information)、在线阅读器开发(Online reader development,支持如“BookStart”[17] and“Branching Out”方案[18])、地区/国家电子政务服务(Local or national e-government services)、数字化资料(Digitised materials,如地区历史影像)、电子参考咨询服务(Electronic reference enquiry services,如全国“Ask a Librarian”[19]服务)。与此同时,随着相关软件的更新换代,PN 在 2013 年将为其工程项目的每台计算机都配备完整的 Microsoft Office2010 套件并更新其他相关软件[20]。

整个电子内容资源制作由信息资源工作组进行监督、控制,工作组的成员是来自于图书馆、博物馆及教育部门的代表,主要任务是协助新机遇基金(New Opportunity Fund,NOF)进行提案的评估,管理整个项目的进程并建立适当的标准;因为是面向全英公共图书馆的文献资源数字化,所以其内容的重心放在丰富文化遗产、公民权相关的文献数字化以及信息通信技术的技能培训知识等方面;为了贴近大众,数字化还包括了一些具有本土特色的资源,例如珍贵的收藏品,居民的出生、婚庆、葬礼等的日期,城镇的地图、照片以及当地图书馆名录等。

图 10 - 5　PN 为满足不同人群的使用习惯所配备的键盘和鼠标

四、"全民网络"的服务

从整体来看,PN 的服务主要涉及公民的学习、就业、人际关系的拓展、社区互动的加强和文化认同以及创造力的培养,截至 2004 年年底,根据 PN 项目组的调查报告显示,23 600 人表示他们通过 PN 接受到了正规的课程,624 000 人声称他们通过 PN 获得了新的技能,大约有 8000 位用户认为他们的就业得益于 PN,74 500 位 PN 的用户表示他们通过 PN 的免费接入网络与家人保持联系,其中 20 500 位用户结识了新的朋友,52 500 位用户声称他们通过 PN 为自己的社区提供了更多的支持,13 500 人声称他们通过 PN 有了更多的兴趣爱好[21]。

培训工作组的成员由图书馆、教育机构及新机遇基金的代表组成,工作组代表教育交流技术局(British Educational Communications and Technology agency,BECTa)组织培训,并对各培训需求进行相应的分析;培训对象包括图书馆的全职员工,通过培训使每位员工具备一定的信息素养,特别是关于信息通信技术(Information and Communication Technology,ICT) 的使用,包括一定的检索技能、网站设计、维护、更新管理技能和数据库处理能力,并在日常工作中向用户进行示范性操作并指导使用基本的信息通信技术;培训所采用的形式是课堂授课和远程交互教学相结合。总的来看,PN 将预计对 27 000 名公共图书馆工作人员进行信息素养方面的培训,旨在提升其对网络信息的甄别能力、对网络社会中信息不平等现状的清晰认识以及对网络社群中人际交互能力的提升,从而能够有效地保证 PN 具备足够的能力和信心使公民对 PN 产生兴趣并为满足其需求提供有力的保障[22]。

在 210 个 PN 图书馆培训主管部门中,92.86% 可以为其图书馆的用户提供信息通信技术培训服务,23.33% 的机构中有熟练的信息技术工作人员在其至少一个分支图书馆中工作,总共有 211 位信息技术专员参与培训项目。在这 210 家机构中,36.19% 的下属图书馆可以利用 Internet 进行远程数据访问,54.76% 提供电子杂志和电子数据服务项目。截至 2004 年年底,共有 20 130 人接受信息通信技术培训,而已经完成信息通信技术培训的共有 7208 人,随着时间的推移,这一数字还将不断增加。

整个工程进展顺利,各图书馆、博物馆、档案馆的文献资料都在有条不紊地进行电子化,全英 40 000 多名馆员的培训也如火如荼地开展着,馆员在提高自身技术水平的同时,也提高了为人们传授、指导信息技术的水平。整个培训和电子资源制作工作一直延续到 2004 年年底。正因为馆员们和民众都在 PN 中得到了自己的利益,因此得到了馆员的积极支持和民众的热烈反应,也给予了项目组织者们极大的信心。而 PN 工程不仅是简单的硬件设施的提高,它更重视实际效用和人员整体素质的提高,真正体现出"以人为本"的理念,这才是工程的目的所在。PN 使整个英国境内的图书馆都连接在了一起,同时也展示了PN 在为公民提供信息通信技术接入过程中的激动人心、不断创新的服务。所有得到资助的图书馆服务都在推动信息社会的进程中展现出他们的想象力和战略规划,PN 在使图书馆之间形成连接的同时,也在努力实现其他远程站点间的互联,包括家庭、商城以及其他社区场所的终端设备,这不仅考验整个 PN 的软件设施,同时还对 PN 所依托的基础设施架构的拓展提出了更大的挑战,与此同时,图书馆也在资源和馆藏配备上努力迎合不同群体对于不同资源和载体的需求,以及这些资源和需求之间的兼容与匹配,无论是实体的还是虚拟的、有线的还是无线的、个体的还是群体的、多元的还是单一的。

毫无疑问,PN 确实做到了这些。在萨默塞特郡,PN 将帮助图书馆用户操作公共访问计算机终端搜索在博物馆和图书馆内的相关信息;在温布利,PN 为布伦特图书馆安装了一个多元文化的信息通信技术中心,提供计算机语言翻译和亚洲一些国家语言专用的字体键盘;在伯明翰,PN 通过 Web 浏览器创建"没有围墙的图书馆"来远程访问图书馆和电子政务服务;在赫里福郡,PN 开发智能卡技术为人们提供互联网和图书馆之外的服务;在纽卡斯尔,PN 为人们提供了使用新媒体的机会和提供利用数字视频学习新技能的机会,并引导人们探索使用创造性的方式来使用新媒体技术,用于创建和编辑他们自己的电影。在英国皇家学会举行的一个会议上,比尔和梅林达·盖茨基金会在庆祝 PN 的巨大成就的同时,与公共图书馆部门共同倡议,使英国做出有史以来最大的由公共部门投资信息通信技术的决定,包括将继续支持全英所有公共图书馆的互联网接入和继续培训所有公共图书馆人员的信息通信技术技能,比尔和梅林达·盖茨基金会还提供了额外的经费(260 万英镑)以支持和帮助 PN 在英国最贫困地区的公共图书馆提供额外的信息通信技术设备。

2003 年的英国政府工作报告指出,全英境内利用公共图书馆的用户增加了 10%,较 2001 年同比增加 3%[①]。这与 PN 的用户终端统计数据基本相符。同时,PN 还为社区信息中心的建立提供了设施基础、技术基础和环境基础,有些社区还建立了自己的社区网站,同时也为社区的教育和就业提供了更多的帮助。在 PN 的调查报告中,用户对于免费接入互联网、信息通信技术培训、高速宽带以及图书馆提供的支持等都非常满意。

PN 工程的顺利展开,为英国的图书馆事业的进一步的发展打下了良好的硬件和软件的基础,其内容不仅包括了设施建设,更强调了电子资源创造和人员的培训,使得以往以个人为中心的学习转变为以社群为中心的学习,正式学习转向非正式学习,从社区外围的延伸转向社区的整体认同与融合,最终为构建英国的服务经济和推进整个英国社会信息通信技术范式的变革做出不可估量的作用[23]。

学习可以是正式的或者非正式的,公共图书馆所提供的各种支持性的角色服务远远超出提供书籍阅读和书目列表。网上许多公共图书馆现在被指定为英国教育与技能中心的分支构成,这意味着他们可以提供一个接入点来提供各种各样的教育课程,包括基本的培训,如欧洲通用的计算机技能证书和驾驶执照(ECDL),并作为 Learn Direct 课程的一个入口点。最新的研究表明,接触先进的信息通信技术对学习有积极的影响,在学习环境中接触信息通信技术与学习成绩提高是有显著的正相关性。这一发现表明,公共图书馆所提供的信息通信技术对个人取得学习成就具有相当大的促进和支持作用。截至目前,一项可用的数据为此提供了证据,由公共图书馆协助开办的培训课程中,有约 25 000 位网络用户在三个月时间内进行培训并取得了显著的成效,包括成为一个"互联网品酒师"的课程等。另外公共图书馆提供的先进设施在教学示例的提供和创新方面也取得了不错的效果,例如诺森比亚大学讲师通过公共图书馆的远程教学示例课程获得手语教学资格。也有证据表明,

---

① 资料来源:UK online Annual Report 2004。

图书馆提供的学习环境是对正式教育机构的一项有效补充,至关重要的是,大部分发生在公共图书馆的学习是非正式——通常它不会涉及论文资格,只是提高了技能、知识和个人的生活质量。终身学习的方式十分适合非正式的学习要求,尤其是许多个人的学习风格和偏好不适合高度结构化的正式教育方法时。因此,随着 PN 的发展,它将是鼓励公民学习的重要手段和方式。

多数人使用 PN 是为了帮助自己找到工作,他们可能使用计算机类型的简历、利用互联网来寻找可能的职位空缺、使用图书馆的设施来提升工作的技能、甚至是直接完成工作——一位苏格兰编剧评论道:"PN 是一个天赐良机。"英格兰中部的媒体报道一位用户如何使用 PN 来查找信息以支持其创业的过程,他评论道:"工作人员非常友好,总是准备帮助你。"一位用户提到:"我现在有一个新工作,我需要电脑技能。从 PN 的信息通信技术培训中使得我发现有一个成功的职业生涯在等着我,因为电脑被安装在当地的图书馆,并能免费使用。"另外一位用户也提到"除了个人找工作的经验,有许多公共图书馆报道企业之间的接触和业务——特别是微型企业和中小企业,这期间可以发现一些所谓的就业机遇"。由于 PN 在这一方面的持续推进,经过长期的发展,PN 在提供就业的机遇和技能方面受到了 2013 年全球人力资源管理项目的认可[24]。

人们非常频繁地使用 PN 的原因是能够与亲朋好友保持联系,PN 记录了约 8500 个与亲友保持联系的事例,其中一个典型的故事发生在英格兰西北部。一个非常担忧自己女儿的母亲打算去美国,最终促成这一举动的是因为当地的公共图书馆能够使她们保持紧密的联系,她提到:"图书馆电脑的免费电子邮件设施已经成为我和我女儿联系的保障,最重要的是有人教会我如何正确地使用这一设备。"另一位 91 岁的老人经常出入苏塞克斯的公共图书馆,"他不知道如何操作电脑,他手里拿着一张纸,上面有一个电子邮件地址,他的每一次操作都需要有图书馆员的协助,他需要大量的帮助建立一个用于收发邮件的 Hotmail 系统账户,他不知道如何操作鼠标和需要帮助的建议密码等,他想发送电子邮件给他的孙女让她知道他的下落,这样他可以在图书馆收到她的回复,最终他的孙女通过我们的帮助找到了他"。

公共图书馆往往在提供社区居民的文件和其他有关的历史记录这些方面发挥着重要的作用,PN 的推进使得公共图书馆在这一服务能力上有了很大程度的提升。在 PN 的启动仪式上,约克郡一位德高望重的当地历史学家说,互联网的使用让他对那些为此地的荣誉有所付出的人们产生极大的兴趣,最后在当地公共图书馆的协助下,他最终列出所有出生在此地并在两次世界大战中献出了自己生命的人。另一个例子是一位 72 岁的妇女,在 PN 启动之前她几乎都没有点击过鼠标,更不知道什么是键盘,甚至也不清楚互联网是什么,直到 PN 开始后,她所在的公共图书馆开始对她进行耐心地指导和陪伴,每周她都带着图书馆发给她的文件夹和手杖到图书馆来提升她使用电脑的相关技能和知识,4 个月之后,她的生活悄然无息的发生了一些变化,最显著的就是她已经开始适应每天接入一段时间的互联网生活了。

使用 PN 的网络弱势群体已经指出,PN 的自助小组有利于他们并且很有代表性,其中一个例子是布莱克本当地的公共图书馆已经取消了以往的"时间限制",使得更多的弱势群体能够充分的使用图书馆所提供的互联网接入设施。德比郡则确保客户可以足不出户,通过提供远程访问软件的笔记本电脑来获取当地图书馆的相关信息服务。随着越来越多与健康有关的信息在网上发布,或许并不令人意外地发现 PN 也可被用于支持公民的个人健康和福祉。影响 PN 推广的主要问题在于用户对新媒体设备的使用存在一定程度的困难,例如,老年人可能很难使用鼠标,视觉受损者和盲人需要 Voice-output 软件等,PN 为此投入了大量的资金来改善不同用户对不同类型设施的可用性和可访问性。

总体来看,用户在使用 PN 服务的过程中的类型是多样的,并且随着不同人群分步和需求的差异,比例也是不均衡的(具体见图 10 - 6)。

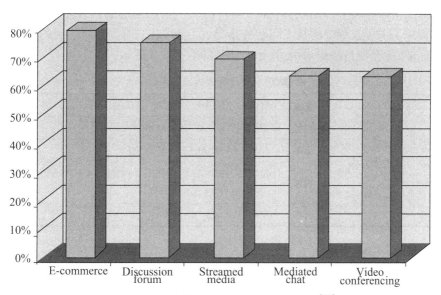

图 10 - 6　用户使用 PN 服务的类型和比例[25]

五、"全民网络"的标准

PN 支持大规模数字化资源的建设,其目标是建立一个由学习资料、文化产品、城市资源组成的数字化资源库,为在新的网络文化空间下终身学习提供真正的支持。为实现这个目标,必须制定统一的资源创建和获取方法。

PN 的标准规范主要源自其项目构成部分 NOF-Ddigitise 项目的标准框架,其内容主要涉及可检索性、适用性、文献和文件格式、检索和搜索协议、安全和电子商务、长期保存和元数据。

技术标准采用生命周期法来组织,突出整个项目的系统性,某一阶段的决策将牵涉到其他阶段,并影响整个服务的继续发展,其内容主要包括:创建——单个数字资源的生成;管理——单个数字资源需要以某种方式管理才可以检索;资源集合建设与发展——单个数字资源归入某个集合,资源集合需要管理,且能够成长;检索——资源需要能够以可检索、可用、安全、可靠的方式在网络上被获取;复用——数字资源应能够以多种方式使用。

总体来看,一些技术标准在不同的阶段会重复涉及,例如元数据,应该在不同的阶段环境下分别讨论,标准还列出了项目必须达到的技术要求,同时也提供了关于发展中的技术问题的指导,标准列出了项目必须达到的技术应用标准,所有项目必须采用,其标准体系如表 10 - 3 所示:

表 10 - 3　PN 的标准体系[①]

内容创建	文件格式	文本	HTML、XHTML、PDF、带 DTD 的 XML
		图像	TIFF、PNG、GIF、JPEG/SPLFF
		矢量图形	SVG、MACROMEDIA、FALSH
		视频	MPEG（MPGE-1　MPEG-2　MPEG-4）、AVI、WMF、ASF、QUICKTIME
		音频	MP3、WAV、WMA、REAL、AUDIO、SUN、AU

---

① 资料来源:UK online Annual Report 2004。

续表

内容创建	字符编码	采用的字符编码必须在 HTTP HEADER 和文件自身的(META)部分声明
	VRML/3D 内容	VRML97、X3D、APPLE'S QUICKTIME VR
	标识	URI、URL、DOI
	元数据	DC、OAI-PMH
检索	资源检索	Z39.50、W3C WEB ACCESSIBILITY、INITIATIVE

PN 的文件格式和软件支持标准是在原有 NOF-Ddigitise 项目的基础上有所拓展,其资源对应软件的使用情况也有所不同,并没有局限在某一种单一的文件格式上,而是在现行的文件格式基础上对应了多种支持软件(具体见图 10 - 7)。

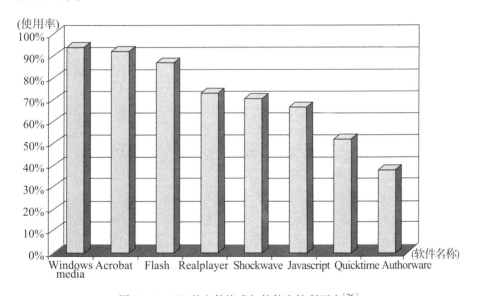

图 10 - 7　PN 的文件格式与软件支持利用率[26]

六、对我国数字图书馆建设的启示

PN 整个建设的组织、调研、立项、实施、评估和完成的过程中积累的许多成功的经验得到了很好的学习和推广,例如新西兰等国家也开始借鉴 PN 的相关模式和理念来构建其数字网格[27]。因此 PN 的建设过程值得很好的学习和研究,同时也带给我们如下启示。

优良的图书馆传统和社会学习氛围。PN 之所以深得人心、影响广泛,其中一个很重要的原因就是他们通过"热爱图书馆"活动开展了广泛的宣传推广工作,并取得了新机遇基金会的赞助。PN 的开发和建设极具本国特色。英国最古老的图书馆是建立于 14 世纪初的牛津大学博德利图书馆和剑桥图书馆。因此,其数字图书馆的建设项目最早是在大学开展而且是紧紧围绕着大学教学和研究的现实需求而提出。它的宗旨是支持大学的教学和科研活动,以提高教师和学生利用图书馆资源的能力作为主要建设目标,具有很强的实用性。这一特点为后续的数字图书馆项目提供了可以延续的传统,PN 虽然是以政府拨款为主,但更注重研究和开发,强调技术为主导,注重实用的服务效果。PN 的建设过程中,大多数项目着眼点是帮助和指导选择成熟的技术来开展数字图书馆的建设,从而更注重资源的有效使用,使所开发的项目最大限度地投入到实际应用中。在 PN 工程的网络设施建设中包含信息技术中心的建设,与英国另一项 CALL 工程相交,其电子资源内容创造又成为 NGFL 工程的内容资源建设的一部分,这些项目之间互相促进,互相利用,推动着全民终身教育的发展。从 PN 的延续性来看,直到 2013 年年底,英国境内的多数图书馆依然在使用 PN 的基础设施和服务理念来构建自身的数字图书馆服务体系,并在此基础上进行长期规划[28]。

有效的制度安排和监管实施。英国各级政府为了日常政务活动的开展或为公众提供公共服务的需要,按照法定的方式和程序,购买商品和服务,使得 PN 的采购过程遵循公开、公正、公平的原则,使最终的购买支出达到了一定程度的规模和效益的平衡。PN 工程在网络设施建设中的硬件采购采用了政府采购,由权威机构统一标准,集中采购,在保证质量的同时,又避免了许多中间环节的交易,降低了可能存在的高额交易成本,同时也减少了非法交易出现的可能性,继而使资金的使用效用达到了最大化。完整的资金申请体制,保证每个公共图书馆机会平等地获得资助,不管图书馆的重要性、大小如何,要想获得 NOF 的资助就必须一视同仁地填制统一的申请表格,经过专家组的审核批准。某些图书馆规模不小,但由于其终端数少,在硬件建设时得到的资金量相对也小,总之资金和项目的大小、容量是成正比的。每个获得资助的机构在一定的时段里须及时向新机遇基金会及专家组提供项目及资金的使用情况,增加了资金使用的严肃性。PN 的建设项目是经过广泛深入地调研之后,在纲领性文件报告的指导下,有目的、有步骤地根据现实情况的需求逐步开展各个项目的开发建设,并有很好的检查、监督和评估机制,使大部分项目建成后都还有后续的实用和发展空间。PN 的建设将有效的管理机制发挥到极致,在整个建设过程中,经费的管理、项目的监督管理、项目评价管理以及后期成果的传播和推广应用等有效的管理机制贯穿于项目建设的始终,不仅解决了项目研发的重大问题,也避免了重复和浪费,直到 2013 年年底,PN 的这一管理模式仍然贯穿在由地方财政支持的数字图书馆建设过程中[29]。在公共图书馆合作方式问题上,PN 根据各成员馆的馆藏优势和人力资源统筹规划,进行合理的分工与协调,有效地划分各成员馆的权利与义务;在标准化问题上,PN 制定了统一的规范标准,如跨平台、跨媒体信息数据交换和共享标准,各环节的技术标准、服务标准、质量控制标准等,以避免服务水平参差不齐的现象发生。

全体社会力量的有效动员。PN 工程的时间延续很长,其资金投入也是大量的,1.7 亿英镑的资金支持来自于各类基金会、当地政府、企业及一些个人的赞助。而同时正在进行的或已经完成的英国其他很多图书馆建设工程也都有上亿英镑的投入,雄厚的资金支持成为英国图书馆事业现代化、自动化发展的源源动力。由于在许多项目中涉及政府采购,所以很多商业机构逐步了解并参与 PN 工程,为工程提供网络设施、软件等,还有的积极参与建设信息技术中心。企业以及一些个人也以图书馆的发展为己任,乐意为公益事业投入自己的一分力量,为社会做贡献的同时也为自己赢得良好的声誉,产生了一定的社会效应。PN 的网站建设一方面是为了响应政府的倡议,另一方面是为了与社会各界的人们保持无形的联系,有效展现自己的同时也得到大家的监督。在工程三个方面建设类目下都有"常见问题"一栏,其中既有大家常问的问题,又有专家的认真回答,各类人士在其中畅所欲言,进行政策咨询,或提出对工程细节问题的疑惑以及在工程进行中遇到的困难等。论坛的讨论氛围浓重,提出的各种问题让组织者在完善工程进程中有所思考,有所借鉴,又让各执行单位对政策有更深一步的理解。

总之,PN 的建设是成功的,截至 2013 年,英国境内的数字图书馆建设无论是基础设施还是规划理念,依然构建在 PN 的基础之上[30]。因此,PN 对于数字图书馆建设的影响是巨大的,它带来的启示值得我们国家在今后数字图书馆建设项目中学习、研究和借鉴。

第二节　欧洲数字图书馆

2004 年 12 月 14 日，Google 公司宣布与纽约公共图书馆、哈佛大学图书馆、斯坦福大学图书馆、密歇根大学图书馆以及牛津大学图书馆合作，将这些著名图书馆的馆藏图书扫描制作成电子版，供用户免费检索、阅读，这就是被引起广泛关注的 Google 数字图书馆计划。Google 数字图书馆计划引起了世界图书馆界内外的强烈反响，甚至引起当时数字图书馆界的恐慌，这是由于 Google 数字图书馆计划将强有力地冲击现有数字图书馆，它的资源、经费、技术、免费使用的服务政策等都是现有数字图书馆无法相比的。特别是欧洲的法国国家图书馆，深深感受到了危机。为了应对，2005 年 4 月，法国、意大利、西班牙、德国、波兰和匈牙利领导人提议建立欧洲数字图书馆。时任欧洲委员会主席巴罗佐（José Manuel Barroso）指出：“欧洲图书馆的文化遗产在丰富性和多样性上是无与伦比的，但是如果不进行数字化并使其能够在线存取，那么在未来，这些遗产有可能被淡忘”。2005 年 5 月 3 日，欧盟委员会对关于数字图书馆的提议表示支持。同时，欧盟 19 个成员国的国家图书馆宣布支持建立欧盟数字图书馆的倡议，这 19 个国家是法国、奥地利、比利时、捷克共和国、丹麦、爱沙尼亚、芬兰、德国、希腊、匈牙利、意大利、立陶宛、西班牙、卢森堡、荷兰、波兰、斯洛文尼亚、斯洛伐克、瑞典[31]。

一、总体情况

欧洲数字图书馆（以下简称 Europeana）有别于其他数字图书馆，它是欧洲数字图书馆、博物馆和档案馆的一体化组织者，其愿景是使文化遗产可以通过数字方式开放式访问，促进思想和信息的交流。目标是提供一种新的文化获取方式，激发创造性，促进社会发展和经济增长。

2008 年，Europeana 正式对公众开放，成员国增加到 27 个欧盟成员国，资源达到 200 多万种。经过 2009 至 2010 年的发展，Europeana 已开展了相关业务服务，并与 1500 多个内容提供者的大量数据实现链接，再加上欧洲领先的研究型大学的支持，现在已经拥有了集博物馆、档案馆和图书馆三者为一体、强大的、充满活力的网络。截至 2015 年 2 月 7 日，Europeana 的参与国有 35 个。

资源集成是 Europeana 正努力实现的目标,期望 2025 年前公众可以访问到欧洲的全部数字化文化资产。为了继续获得成功,Europeana 的战略重点从集中式向分布式模式转变。Europeana 计划在一个更加广泛的欧洲信息空间中与其他内容提供者合作,从而使用户能够通过社会网络、教育网站和文化空间方便地访问 Europeana。

2011 至 2015 年 Europeana 的重点在于:①整合内容,从而构建开放、可信的欧洲文化资产资源库;②在文化资产领域中促进知识的转移创新和传播;③用户访问不受时空限制;④采用新的方法鼓励用户参与文化资产建设。

二、资源

由于 Europeana 工作人员有限,不能够完全依赖自己的力量进行资源的采集,因此Europeana 通过与众多集成服务者(Aggregators)合作的方式完成资源的采集。Europeana 的资源参与主体包括三类,分别是 Europeana 工作人员、集成服务者、数据提供者。因此Europeana 的资源是众多合作者提供的,这些合作者为了知识共享的统一目标加入Europeana 网络,解决对象建模、数据的语义和技术互操作、多语言访问、知识产权、可持续发展的商业模式等多方面的难题;在完成数据的采集、处理后,把数据传递到 Europeana。

传递到 Europeana 的数据是元数据。具体来讲,这些元数据由集成服务者从数据提供者处采集,数据集成服务者为数据提供者提供管理、运营和培训服务。截至 2015 年 2 月 7 日,Europeana 提供来自全欧洲超过 3000 个文化机构的 3600 万余条记录。2012—2014 各年具体记录数见表 10 - 4。从表中可以看出,各类数字对象的数量均呈增长趋势。

表 10 - 4　2012—2014 年 Europeana 记录数[①]

年份	数字对象数量	图像格式	文本格式	音频格式	视频格式	3D 格式
2014 年	36 082 236	21 544 219	13 614 921	497 512	408 435	17 149
2013 年	30 258 077	17 760 167	11 546 679	485 813	198 990	14 746
2012 年	23 597 424	14 037 508	8 935 636	454 470	169 688	122

---

① 　资料来源:http://pro. europeana. eu/about-us/factsfigures.

采集的数据包括国家、专题或者项目级的数据。图 10 - 8 是 Europeana 的数据生态模型,说明了 Europeana 的数据来源。这个模型使 Europeana 能够通过少数渠道从成千上万个数据提供者那里采集海量的数据。

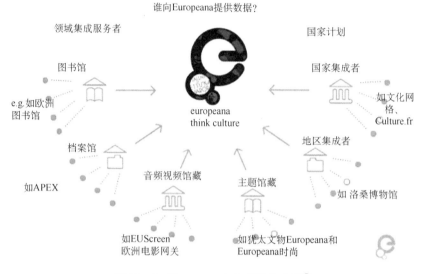

图 10 - 8　Europeana 生态系统示意图①

从 Europeana 生态系统示意图中可以看出,其数据的采集来由国家计划和领域集成服务者完成,数据来于 36 个国家的图书馆、博物馆、美术馆、档案馆等。

Europeana 通过在欧洲建立强有力的合作关系,支持国家层面的整合和泛欧洲(pan-European)整合。除了从国家整合计划中获取数据之外,Europeana 从例如欧盟资助项目这类泛欧方式获得数据。这些项目为 Europeana 提供了大量的数据,创建数据集,提供了数据,改善了数据,解决了语言和改进新技术等难题。

集成服务者(Aggregators)包括三个层次,分别为国家、项目和独立的组织(见图 10 - 9)。

---

① 资料来源:http://pro. europeana. eu/blogpost/introducing-europeanas-aggregation-team.

　　国家层面的集成服务者包括区域集成服务者（Regional aggregator）、国家计划集成服务者、国家集成服务者。区域集成服务者只采集区域数据；国家计划集成服务者，由国家部门授权进行单一领域或者跨域数据整合；当一个国家没有授权特定部门实施国家采集计划时，将采用国家采集方式。当从一个特定国家访问数据时，首先参考国家集成服务者和国家计划方式。

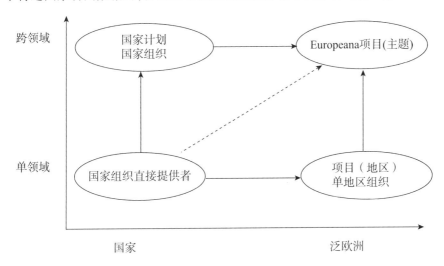

图 10 - 9　集成服务者类型②

　　项目集成服务者指加入具有特定目的项目联合会的组织，其目的是采集特定主题、单一领或交叉领域的数据。独立组织在没有政府强制情况下，代表特定地理、领域（单一或交叉）主题采集数据。如表 10 - 5 所示。

表 10 - 5　独立组织采集的数据说明

	跨领域	采集跨领域数据，如 Erfgoedplus. be
领域	单领域	数据来自区域或国家或国际层面单一的领域，如 APEx Project
	主题	例如采集犹太文化的项目 Judaica

　　①　资料来源：http://pro. europeana. eu/documents/900548/f5c45054-a324-4021-865c-ea8f46b7a93e.

续表

地理	地区或国家	数据在地区或者国家层,可以是一个地方,如国家图书馆;也可以是跨地区的,如 collectionstrust. org. uk
	泛欧洲	代表一个特定的部门或者单位在欧洲层次上搜集数据,如 The-EuropeanLibrary. org
	国家采集计划	由政府部门授权,作为国家搜集的代表,可以是夸地域,也可以是单一地域,如 Hispana. mcu. es

European 提供数据量前 30 名的提供者统计如表 10 - 6 所示:

表 10 - 6   为 Europeana 提供数据排名(前 30 名)[①]

提供者	数据量	提供者	数据量
The European Library	4 917 385	Bayerische Staatsbibliothek	728 931
Linked Heritage	2 574 752	EFG-The European Film Gateway	575 351
Athena	2 543 384	Archives Portal Europe	555 369
Hispana	2 104 422	Swedish Open Cultural Heritage ｜ K-samsök	422 284
CARARE	2 011 924	DISMARC-EuropeanaConnect	334 879
Norsk Kulturråd	1 358 541	Digitale Collectie	254 522
OpenUp!	1 240 570	Judaica Europeana	240 457
Federacja Bibliotek Cyfrowych	1 179 249	ECLAP, e-library for Performing Arts	170 019
Saxon State and University Library, Dresden/ Deutsche Fotothek	1 104 117	ASSETS	128 887
moteur Collections；France	961 310	Bernstein project：http://www. memor-yofpaper. eu	119 961
HOPE-Heritage of the People's Europe	91 874	Rijksmuseum	111 657
Irish Manuscripts Commission	909 980	EuropeanaLocal Deutschland	105 266
EuroPhoto	908 803	Hellenic Aggregator at Veria Public Library	102 705

---

① 资料来源：http://www. europeana. eu/portal/europeana-providers. html.

续表

提供者	数据量	提供者	数据量
CultureGrid	899 185	Institut National de l' Audiovisuel	101 356
Swedish Open Cultur-al Her-itage	729 343	BHL Europe	100 561

提供内容最多的 16 个国家如图 10-10 所示,从图中可以看出,德国、法国、新西兰、瑞典、西班牙、英国、挪威等国提供的数据所占比重较强,占了总量的 75% 强。

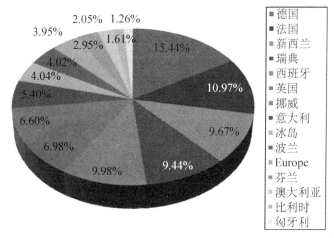

图 10-10 为 Europeana 提供数据最多的 16 个国家的数据比例图[①]

表 10-7 前十名国家提供的各类数据的数量统计[②]

国家	图片	文本	音频声音	视频	3D	合计	合计百分比
德国	3 097 525	1 297 035	33 251	6810	13 610	4 448 231	15.01
法国	1 386 442	1 530 442	33 711	104 838	0	3 055 433	10.31
新西兰	2 568 781	105 945	3016	7278	0	2 685 020	9.06

① 资料来源:http://pro. europeana. eu/documents/900548/f5c45054-a324-4021-865c-ea8f46b7a93e.

② 资料来源:http://pro. europeana. eu/documents/900548/f5c45054-a324-4021-865c-ea8f46b7a93e.

续表

国家	图片	文本	音频声音	视频	3D	合计	合计百分比
西班牙	539 732	2 082 524	1491	10 393	334	2 634 474	8.89
瑞典	1 214 833	940 017	9	1447	0	2 156 306	7.28
意大利	1 396 324	540 200	31 915	26 002	20	1 994 461	6.73
英国	1 291 142	412 218	1592	1843	98	1 706 893	5.76
波兰	279 614	1 350 992	318	1320	32	1 632 276	5.51

从表 10-7 中可以看出,德国提交的图片资源和 3D 资源比其他国家数量都多。新西兰的图片数据数量位于第二位,西班牙提供的文本数据最多,法国、意大利和德国提供的音频数据排前三,法国视频数据排第一。可以看出各个国家在为 Europeana 提供数据时,各自有不同的类型侧重点。

2014 年资源方面的目标:①注重改善数据库的质量;②拓展数据提供者网络;③改造 Europeana 采集体系使之形成流水线;④为集成者和数据提供者提供增值服务。关键业绩指标包括数量的增加和质量的改善。数量的增加指即 Europeana 的数据提供者从目前的 2300 个增加到 2700 个,数据对象有 3100 万增加到 3400 万。质量的改善的关键业绩指标是引入评级系统,即通过元数据的权利声明、EDM 元数据记录、改善预览、地理定位数据、永久性链接等手段大力推广数据,提高数据质量。

三、服务

截至 2012 年 9 月,欧洲数字图书馆 Europeana 门户访问量大约 350 万,实际用户数量远远大于这个数。用户涵盖了欧洲所有的国家以及美国、亚洲和澳大利亚,Europeana 作为一种多语种门户,支持 25 种以上的语言;能够满足不同的信息需求、兴趣和个性化要求。通过对用户进行分析,发现 Europeana 的用户分为四类,分别是学校教师、文化遗产专业人士、文化遗产爱好者、艺术人文类毕业生。目前,Europeana 正在致力于为包括所有在校生及文化游客在内的潜在用户服务。

由于 Europeana 的数字内容可以从多个网站或者通过 Europeana API 获取。任何人只要注册 API key,遵守 API 使用约定,就可以基于 Europeana 的数字内容开发自己的应用。Europeana API 服务通过社交网络、教育网站和文化空间进行使用将使更多用户能够了解并享受服务。

Europeana 提供 11 种类型的服务,分别是:

1. APIs

(1)HOPE WP3,嵌入在机构网站/门户的 HOPE 搜索 API;

(2)CARARE WP4,利用 Europeana API 增强 D4.4.7 映射;

(3)利用 Europeana API 的 JUDAICA;

(4)利用 PRESTOPRIME WP4 元数据、权限 APIs、服务接口;

(5)V1.0 WP1, T5 API 需求;

(6)V1.0 WP4, T8 API 实施;

(7)V1.0 WP4, T8 实施 API。

2. 电子书需求

CONNECT WP5, T5.7 服务需求和原型

3. 地理信息系统定位(GIS/geo-location)

(1)ATHENA WP7,数字内容位置定位 T4 指南;

(2)CONNECT WP5, 地理信息系统服务 T5.5 集成。

4. 元数据转换

PRESTOPRIME WP4,T2 元数据转换与部署,词汇校准、注释和指纹计算服务。

5. 移动接入

CONNECT WP3,T3.4 Europeana 移动接入频道试验。

6. 永久标识符

CONNECT WP5,T5.4 永久标识符注册服务。

7. 服务注册中心

CONNECT WP5,T5.2 开发 Europeana 服务注册。

8. 空间—度搜索(Spatio-temporal search)

CONNECT WP3,T3.3 Europeana 空间—度搜索频道服务。

9. 分类查找器

BHL WP3,T3.1 特定工具的开发与调试:分类查找器和名字识别工具的安装与调试、OCR 技术的改进与应用。

10. UGC

(1)CONNECT WP5,T5.6 集成多媒体注释服务;

(2)V1.0 WP1,D1.5 用户生成内容 Europeana 政策。

11. 3D/虚拟现实

(1)CARARE WP5,D5.5.3 专业用户的潜在 3D/虚拟现实服务报告;

（2）CARARE WP5：为了满足专业用户的需求准备的路线图。

需要特别注意的是 Europeana 的服务不是完全依赖于自身的开发能力，为了充分利用各类用户的智慧，Europeana 建立了 SIWA（The EuropeanaConnect 服务集成平台），使用户可以通过 SIWA 提供的框架，把外部服务应用到 Europeana 数字对象，例如外部翻译服务可以用来把一种语言的 Europeana 记录的描述翻译成另一种语言。随着 SIWA 集成的服务越来越多，Europeana 计划将为用户选取一套认证服务设计一定的方式把 SIWA 展示给用户。

2014 年，Europeana 的建设目标将从门户建设向平台建设转移，重点放在知识产权、政策、研发、知识管理和项目管理上，包括继续开发增加数据互操作和重用潜力的框架，推动在欧盟提议的版权审查中文化机构的需求，提高多语言研发的研发优先级；通过知识管理和项目管理，满足对知识共享平台的所有需求，保证项目在截止日期前完成。

四、资金

Europeana 的资金主要来自欧洲联盟委员会，会员国和非会员国为了开展工作提供了相应的配套资金。Europeana 的资金由 Europeana 基金会负责管理和运作。Europeana. eu 从原型到开展服务离不开部委资金的支持。参与项目要有相应的配套资金。站点的营销与基金会的运作费用、用户搜索门户 Europeana. eu 以及诸如 Europeana 应用程序接口 API、链接开放数据的相关数据服务都用到 Europeana 的资金。基金会由执行委员会和董事会进行监管，人员分为兼职和全职两种。

从 2009 年至 2011 年，欧盟每年为 Europeana 提供大约 200 万英镑的欧盟基金。从 2009 年至 2010 年，大约 6900 万英镑通过一系列的欧盟研究项目投入到 Europeana 研究中，竞争力和创新项目中的信息社会子项目也投入大约 5000 万英镑用于改善人们对欧盟科学文化遗产的利用，其中部分资金也用于了 Europeana。

2011 年至 2015 年 Europeana 的经费预算情况如表 10 - 8 所示。从表中可以看出，根据预算，Europeana 的预期收益基本逐年增加，其中支持项目和开销的部委补贴逐年下降，由于在 2014 年至 2015 年 Europeana 将获得欧盟委员会长期补贴，所以相应的项目补贴大幅减少。

表 10 – 8　2011—2015 年 Europeana 的经费预算[①]

	年份	2011	2012	2013	2014	2015
收益（万英镑）	运营收益	4923	4978	4856	5261	5504
	欧盟委员会长期补贴	–	–	–	4661	4894
	项目补贴	4061	4336	4241	480	488
	支持项目和开销的部委补贴	857	637	610	110	112
	其他收益	5	5	5	10	10
	运营收益合计	4923	4978	4856	5261	5504
成本（万英镑）	总运营成本	437	259	282	626	657
	人员成本	202	212	223	234	246
	房屋成本	71	75	78	202	212
	运营成本	164	172	181	190	199
	项目外开销	–	200 –	200 –	–	–
	业务服务	–	–	–	4035	4237
	人员成本	–	–	–	2004	2104
	IT 成本	–	–	–	576	605
	外包	–	–	–	410	431
	市场和交流	–	–	–	748	785
	旅费	–	–	–	128	134
	其他材料费	–	–	–	169	177
	直接项目成本	4486	4719	4574	600	610
	项目人员成本	2566	2948	2819	510	515
	IT 成本	472	611	648	–	–
	外包	405	195	162	30	32
	市场和交流	338	445	455	–	–
	旅费	335	300	270	60	63
	其他材料费	240	20	20	–	–
	开销	130	200	200	–	–
	总成本	4923	4978	4856	5261	5504

① 资料来源：http：//pro. europeana. eu/files/Europeana_Professional/Publications/Strategic%20Plan%202011-2015%20(colour). pdf.

在直接项目成本中,项目人员成本比重比较大,超过了 50%,其次是 IT 成本。

表 10 - 9　2011—2015 年成本分布(单位:英镑)①

年份	2011		2012		2013		2014		2015	
总预算	4 923 000		497 790		48 550 800		5 260 900		5 503 900	
	占比	金额	占比	金额	占比	金额	占比	金额	占比	金额
聚合	43%	2 112 400	35%	1 752 000	28%	1 379 000	22%	1 152 500	17%	951 500
分配	22%	1 103 100	23%	1 149 800	23%	1 110 300	27%	1 425 800	30%	1 668 300
促进	15%	760 700	18%	917 300	20%	97 660	21%	1 086 400	21%	1 134 600
参与	19%	946 800	23%	1 158 800	29%	1 389 900	30%	1 596 200	32%	1 749 500

2011—2015 年的预算逐年降低(见表 10 - 9),这样使各个内容的分布更加均匀。通过更好地利用网络和提高合作伙伴的工作效率,从而实现"聚合"预算的下降。

随着时间的推移,采集工作已经步入正轨,Europeana 工作从聚合逐渐向分配转移。如图 10 - 11 所示。"分配"主要是致力于使文化遗产能够随时随地可以被用户访问,不受时空限制。

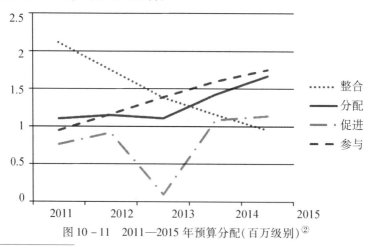

图 10 - 11　2011—2015 年预算分配(百万级别)②

---

①　资料来源:http://pro. europeana. eu/files/Europeana_Professional/Publications/Strategic%20Plan%202011-2015%20(colour). pdf.

②　资料来源:http://pro. europeana. eu/files/Europeana_Professional/Publications/Strategic%20Plan%2020112015%20(colour). pdf.

五、技术与标准规范

本部分主要介绍 Europeana 元数据的组织技术。Europeana 的内容来自一系列不同类型的文化机构如美术馆、图书馆、档案馆和博物馆,是跨领域的,但它的元数据(关于每个项目的信息)被映射到一个单一的数据模型——Europeana 的语义元素(ESE)。Europeana 的语义元素(ESE)以 Dublin Core(DC)为基础,增加了 12 个 Europeana 特定元数据元素,从而使 Europeana 记录能够正确显示,并允许最基本的互操作性。

ESE 的元素如表 10 – 10 所示。

表 10 – 10　ESE 元素表①

来源	元素名称	元素限定
DC	title	alternative
DC	creator	
DC	subject	
DC	description	tableOfContents
DC	publisher	
DC	contributor	
DC	date	created；issued
DC	type	
DC	format	extent；medium
DC	identifier	
DC	source	
DC	language	

① 资料来源:http：//pro. europeana. eu/files/Europeana_Professional/Share_your_data/Technical _ requirements/ESE _ Documentation//Europeana% 20Semantic% 20Elements% 20Specification% 20and% 20Guidelines% 2014% 20July% 202013. pdf.

续表

来源	元素名称	元素限定
DC Europeana	relation	isVersionOf;hasVersion;isReplacedBy;replaces; isRequiredBy;requires;isPartOf;hasPart;isRefer-encedBy; references;isFormatOf;hasFormat;conformsTo; isShownBy;isShownAt
DC	coverage	spatial;temporal
DC	rights	
DC terms	provenance	
Europeana	country	
Europeana	dataprovider	
Europeana	language	
Europeana	object	
Europeana	Provider	
Europeana	Rights	
Europeana	type	
Europeana	UGC	
Europeana	unstored	
Europeana	uri	
Europeana	userTag	
Europeana	year	

其中来自 DC 的元素和 Europeana 的元素均有 type 和 language,这两个元素是不同的。DC 的 language 元素的标签是 language,指资源的语种而非资源元数据的语种。如音频和视频文件中出现多种语言,采用 RFC4646 作为控制词表,如果数字对象是多种语言的,该元素可以重复出现。对于图片等没有语言属性的数字对象,则可以不用 language 元素。用 xml:lang 描述,如 < dc:title xml:lang = "en" > After dark </dc:title >。Europeana 的 language 元素标签是 Europeana Language,指的是资源提供者的国家官方语言,从内容提供者

的认证文件中自动抽取,不需要人工提供,采用 ISO639 - 1 标准,对于有多种官方语言的国家,采用 MUL 或者 Multilingual,遵循 ISO639 - 2 标准。例如 < europeana:language > ro < /europeana:language >。

对于 Type 元素,DC 的标签是 type,指的是资源的天然类型。类型包括描述内容的一般类别、功能、类型或集成层次的术语。例如: < dc:type xml:lang ="en" > painting < /dc:type >。类型一般由内容提供者提供,通常该元数据元素取值通常包括照片、绘画、雕像等。建议数据提供者把元数据元素 dc:type 的值映射到文本(TEXT)、图像(IMAGE)、声音(SOUND)、视频(VIDEO)和 3D 等五种类型。3D 类型是 2012 年在 ESE 规格说明书中新增加的。Europeana 的 type 元素,标签是 Europeana Type,指资源的一般类型。用于 Europeana 支持的文本、图像、声音和视频、3D 等五种类型。这个元数据元素的取值用于 Europeana 的接口和搜索,搜索结果可以对这五种类型进行分类,帮助用户快速定位所需要类型的查询结果。内容提供者需要生成本地类型术语与 Europeana Type 四种类型的类型映射。其他元数据元素的具体要求和说明,见 Europeana Semantic Elements Specification Version 3.4.1 2012 - 24 - 02 在元数据中要尽可能低保留 XML 的属性,从而为将来触发 Europeana 的功能。Europeana 强烈建议在合适的地方保留 XML:lang,从而使 Europeana 能够区分元数据的语言。

如:

< dc:subject xml:lang = "en" > weather < /dc:subject >

< dc:subject xml:lang = "de" > wetter < /dc:subject >

Europeana 数据模型 EDM 正在逐步取代 Europeana 语义元素(ESE)。EDM 逐步使 Europeana 适应网络数据环境。EDM 相对于 ESE 而言,更加灵活和精确,能够满足所有资源的声明,并反映数据源的基本形式。EDM 是富数据格式,扩大搜索可能性,为用户提供更加丰富的内容和信息。EDM 规定了提供的项(如印刷品和书)与数字化表示之间的区别;资料与其描述元数据记录之间的区别;由于其对 ESE 具有向后兼容性,数据提供者不必因此转换提供元数据的方式。

为满足这些要求,能够更好地利用数据,EDM 数据复杂性比 Europeana 现在要求的更高。EDM 与 EAD、CIDOC-CRM、LIDO、MARC 兼容,也与音频视频机构的标准相兼容,并尽可能多的重用已经建立的词表元素,如 DC、OAI-ORE、SKOS 和 CIDOC-CRM,这就降低了元素生成成本,并更容易被接受。更多 EDM 信息可以参见 Europeana 技术文档。EDM Owl 本体可以通过内容协商机制访问,也可以到直接使用。需要注意目前这些文件都是修订版。

目前 Europeana 并不以 EDM 格式收割元数据,因此需要把 ESE 数据转化成 EDM 格式,即为 EDM 类生成资源,并在各类资源之上分配 ESE 元数据字段。转化成的数据虽然并不能具有 EDM 所有的优势,但以示区别,能够为数据使用者提供更大价值。data. europeana. eu 包括到外部资源的语义连接,现在仅对瑞典文化遗产集成服务者(SOCH)的连接提供服务,以后服务对象将有所扩展。大部分外部连接来自 Europeana 办公室的语义环境,把Europeana 数据项连接到 GeoNames 提供的地点、GEMET 词库提供的概念、DBpedia 提供的人信息和 ADHOC 时间段词典的时间段。

采用 SIP 管理器以确保采用 ESE 提交的历史遗留数据和新数据向 EDM 数据的转换,实现从 ESE 向 EDM 的映射,迁移包括 Europeana 层次和内容提供者层次两种。ESE 向 EDM 迁移的参与者包括 Europeana(AI)、WP3. 2@ AS-SETS(CM,UPS)、WP1@ EConnect(UW,VUA)。ESE 向 EDM 映射的规则,仅适用于 Europeana 为其生成数据的遗留 ESE 数据。转换分成七个步骤:①创建对象、提供者集成和代理;②创建 Europeana 集成与代理;③生成 edm:aggregated CHO,ore:proxyFor 和 ore:proxyIn 属性;④生成 Europeana 集成的基本属性;⑤映射 ESE 数据元素,见表 10 – 11;⑥为记录生成 Ore 资源映射(此步骤正在探索中,还没有确定下来)(ResourceMap);⑦为每个有标记对象的用户生成一个新的集成和代理(目前该步骤还没有实施,在 ESE 记录中 ese:userTags 还没有输出)。

表 10 – 11　ESE 映射元素表[①]

ESE 元素	提供者集成的属性	提供者代理的属性	集成的属性	代理的属性
ese:country			edm:country	
ese:dataProvider	edm:dataProvider			
ese:hasObject	无映射	无映射	无映射	无映射
ese:isShownAt	edm:isShownAt			

① 资料来源:http://europeanalabs. eu/wiki/EDMPrototypingTask15#ESE-EDMMappingrules.

续表

ESE 元素	提供者集成的属性	提供者代理的属性	集成的属性	代理的属性
ese:isShownBy	edm:isShownBy			
ese:language			edm:language	
ese:object	edm:object			
ese:provider	edm:provider			
dc:rights	dc:rights			
ese:rights	edm:rights			
ese:type		edm:type		
ese:unstored	无映射			
ese:uri	无映射	无映射	无映射	无映射
ese:userTag				edm:userTag（cf step7）
ese:year				edm:year
other(6)		corresponding property		

目前,Europeana 的命名域采用的 RDF 命名空间缩写如表 10-12 所示:

表 10-12　Europeana RDF 采用的技术规范[①]

rdf:	http://www.w3.org/1999/02/22-rdf-syntax-ns#
owl:	http://www.w3.org/2002/07/owl#
dc:	http://purl.org/dc/elements/1.1
dcterms:	http://purl.org/dc/terms/
ore:	http://www.openarchives.org/ore/terms/
foaf:	http://xmlns.com/foaf/0.1/
edm:	http://www.europeana.eu/schemas/edm/

2014 年,Europeana 继续致力于技术与产品的开发,实现 Europeana 从门

---

① 资料来源:http://pro.europeana.eu/files/Europeana_Professional/Share_your_data/Technical_requirements/EDM_Documentation/EDM_Mapping_Guidelines_v2.2.pdf.

户向平台的转变,打好数字化服务基础架构的基础;建设频道基础设施,并实现 Europeana 音效的应用;在 Europeana 云服务下为 Poznan & TEL 提供云基础架构试点;改善引入、增强、出版周期;推出 Europeana 实验室。在标准规范方面将继续进行知识产权的政策与研发,开发增加数据互操作的框架提高复用潜力,把跨语言的研发放在研发的重要位置。

六、建设模式

整合、促进、传播和参与这四个重点目的是支持 Europeana 未来的发展方向和商业上的成功,也是其建设模式的具体体现。图 10 - 12 是 Europeana 2011—2015 年的战略规划图。

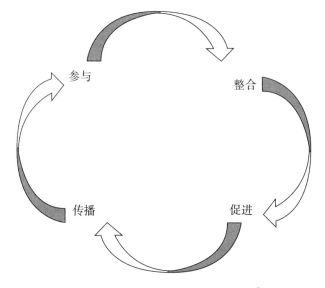

图 10 - 12　2011—2015 年战略规划图①

1. 整合

整合旨在为欧洲文化内容构建开放、可靠的信息源。Europeana 拥有最全面、最可靠、最权威的欧洲文化和科学资产。它们的来源机构保存了相关文化资产,并能够对其进行解释和服务。Europeana 目标是收集数字化内容,对

---

① 资料来源:http://pro. europeana. eu/files/Europeana_Professional/Publications/Business%20Plan%202012. pdf.

描述性数据标准化,应用关联数据技术丰富数据内容,进行永久标识从而长期地对其跟踪。内容提供者和集成服务者委员会参与了Europeana 研讨会,致力于改进和扩展整合模型,拓展内容提供者网络,并鼓励集成服务者的发展,从而满足不同国家、领域和用户的需求。基于此,Europeana 可被访问的内容水平将得到提升。在欧洲信息网络可持续发展环境中,与集成服务者和其他内容提供者合作,从而更好地服务不同用户,满足他们的需求。

欧洲有上千个博物馆、图书馆、档案馆和视听资料馆。通过国家级和专题领域级的集成服务者将它们的馆藏整合在一起,然后存入 Europeana。考虑到协同增效效应和规模经济效应,Europeana 将扩展整合模型。与国家或内容领域合作,提供源代码、服务和专业知识。继续采用与国家或专题领域需求相适应的模型。

通过与国家计划和各种集成服务者组成的合作伙伴合作来构建一个可持续发展的欧洲信息空间,该空间反映了最广泛的用户需求,高等教育研究团体、创新性研究团体和业余团体的需求相互交叠而又有所不同。由此发展一系列促进复杂信息系统各元素之间合作的服务。

2. 促进

Europeana 在数字资产领域已经达成共识,并形成了合作关系。在行政执行层面,Europeana 基金会已经通过国际合作就文化资产保护形成了战略联盟。内容提供者互操作网络包括文化、科学和信息领域的项目组,通过不同领域专家和内容提供者的专业实践,更好地在数字环境中服务用户。

在线数字内容获取方面,Europeana 将继续助推变革,促进知识转移,帮助构建专业技能,例如通过公开源代码来鼓励文化资产方面的创新,将承担起重要的传播作用,推动政策和商业模型的运作,从而支持开放获取文化资产内容。

3. 传播

为了拓展 Europeana 的资源与服务的传播范围,采用了网站建设、技术应用、发展战略合作伙伴关系等方式。通过建设与用户需求相吻合的品牌网站 Europeana. eu,并辅助一些促进内容发现、理解和复用的措施,实现应用程序直接向用户传递内容。支持用户使用移动设备,发现目标用户集中的地方,推送用户惯用的资源。支持 APIs 和小插件,使用户可以在文化、社会网络、大学资源和信息网站中访问到文化资产。吸纳公共功能和私营合作者向用户提供服务。通过分配应用程序与合作方式,Europeana 具有了可扩展性,提供不增加成本的多种获取资源使用的途径。

其他传播措施还包括实施搜索引擎优化项目,完善社会宣传活动,提升知名度;直接向用户传递个性化服务,使用多语种,开发新移动接口等。检索技术和可视化技术的发展,以及关联技术的应用,改善了用户的检索体验;为用户提供个性化定制服务,如为利用文化遗产的老师提供智能黑板。

如何更好的对内容进行传播,Europeana 支持用户开发个性化搜索 API,用户可以试用 APIs、小插件和其他网络服务,将内容嵌入自己的社会网络、教育网站和文化空间。为了更好地扩展 Europeana 资源的适用范围,引入了竞争机制,拓展 Europeana 开发的客户端,增加了移动终端的客户端,这些服务实现了多种资源的相关内容都可以整合进 Europeana。

在开展战略合作伙伴关系方面,Europeana 通过与公共或者私营服务机构进行合作,把这些合作的机构内容进行整合,为用户群服务。合作伙伴包括但不限于教育机构、欧洲学术网站、旅游领域机构和泛欧洲文化职能机构,如欧洲首都文化项目、欧洲文化委员会、文化和自然遗产、欧洲文化日协调单位等。

4. 参与

为了增加用户的参与度,提升用户体验,Europeana 采用新的方法促进用户的参与、交互和使用。提升用户的忠诚度、吸引新用户,通过建立兴趣社区,实现用户群的内部交流。Europeana 网络人员由档案馆员、图书馆员、管理人员组成,馆员们开发了新的资源获取途径,鼓励用户利用内容,并共享个人的专业知识和信息,通过通力合作,建立了馆员、内容资源、公众用户的新合作关系。

在提高用户体验方面,通过采取改进网站与服务,研究用户现有与潜在需求,提高用户满意度;采取了工具创建与共享,提升用户利用网站资源的便利性;为用户提供更多的场景功能,支持用户评价和解释资源内容;创造新的虚拟环境,展示泛欧洲、交叉领域内容的创造与发展。这些都大大激发了用户的兴趣,提高了用户的忠诚度;用户通过故事、博客、调查、小测试、评论等新方法进行反馈,使用户参与到网站的建设中来。

Europeana 通过建立由内容提供者、用户、管理者之间的合作联盟,帮助用户创新,借力用户,提供持续性资源;通过与维基百科开展合作,利用维基百科中多语种、多文化和科学的资源与各种术语解释等,增加用户的参与度,对 Europeana 起到补充作用。还与专门从事原创内容生产者如牛津大学第一次世界大战档案馆进行合作；与德国合作，开展巡回展览。Europeana 吸纳用户内容时，不采用权威评审，提高了便捷性。

七、对我国数字图书馆建设的启示

1. 形成服务联盟，借助各方力量实现优势互补

通过对上面 Europeana 建设情况和经验的介绍，我们发现，欧洲为了保护文化遗产，保证文化遗产的长久保存与服务，不是完全依赖自身的力量，而是广泛地吸纳了各类资源提供机构和集成机构，形成了服务联盟，在欧洲建立强有力的合作关系，支持国家层面的整合和泛欧洲（pan-European）整合，从而促进了 Europeana 的可持续发展。这种联盟方式既扩展了数据采集的参与者，又扩展了数据的提供范围。形成的服务联盟具有共同的目标，即知识的共享，在技术及数据的采集和处理方面各自分工，实现了优势互补。

2. 分级采集元数据，拓展数据来源范围

文化遗传具有不可重复性和唯一性，Eruopeana 无法实现对所有文化遗产的集中处理，又由于对所有文化遗产进行数字化工作量较大，且复杂性较高，因此 Europeana 仅采集并集成文化遗产的元数据，使得采集文化遗产的范围不断扩大，目前已经有全欧洲 2300 个文化机构的 3000 万条记录。采集元数据时采用分层的方式，采集的数据包括国家、专题或者项目级的数据，采集服务者包括国家、项目和独立的组织三个层次，也从例如欧盟资助项目这类泛欧方式获得数据。

3. 资金来源多样化，基金会负责统一管理和运作

Europeana 的资金来源具有多样化的特点，主要来自欧洲联盟委员会，会员国和非会员国为了开展工作提供了相应的配套资金。Europeana 的资金由 Europeana 基金会负责管理和运作，基金会由执行委员会和董事会进行监管，资金的使用随着 Europeana 的战略转移预算做出了相应的调整。严格的资金预算制度既保证了 Europeana 的正常运行，又保证了其战略目标的逐步达成。

4. 建设过程中随时根据技术发展引入新技术，避免了建成后就落后的情况

随着建设进程的不断推进，Europeana 不断引入新技术，如引入 Europeana 云、建设从门户建设向平台建设转移；建设频道基础设施，实现 Europeana 音效的应用；逐步实现从 ESE 向 EDM 进行迁移，迁移也不是全部迁移，而是分布进行，包括七个步骤，①创建对象、提供者集成和代理；②创建 Europeana 集

成与代理;③生成 edm:aggregatedCHO,ore:proxyFor 和 ore:proxyIn 属性;④生成 Europeana 集成的基本属性;⑤映射 ESE 数据元素;⑥为记录生成 Ore 资源映射;⑦为每个有标记对象的用户生成一个新的集成和代理。其中步骤六还在探索中,还没有最终确定下来,步骤七还没有实施,在 ESE 记录中 ese:userTags 还没有输出。这恰恰体现了其边建设边设计的思路。当然,Europeana 的建设并不是没有计划、漫无目的的,恰恰相反,Europeana 有明确的长期 5 年规划和每一年的详细规划。

第三节　美国数字公共图书馆

20 世纪 90 年代,美国开始了数字图书馆的建设历程,是全球最早开展数字图书馆建设的国家。1992 年,在美国制定的国家攻关项目"高性能计算机与通讯"(HPCC)中就包括要发展数字图书馆。1993 年,美国发布了《数字图书馆倡议》(Digital Library Initiating)资助数字图书馆的研究和建设。此后,投入了大量的经费和人力,建设了规模不一、林林总总的数字图书馆平台,其中出现了许多经典的数字图书馆项目,如"美国记忆"(American Memory)、HathiTrust 数字资源库、互联网档案馆(Internet Archives)和谷歌数字图书馆(Google Books)等。而这些数字图书馆各成体系、彼此间缺乏合作与互通,为了整合这些资源打造一个公共的数字图书馆平台,针对美国文化、科技和历史等资源为公民提供一个免费的访问平台,由哈佛大学图书馆、美国国会图书馆、旧金山图书馆等机构发起了"美国数字公共图书馆"(Digital Public Library of America,DPLA)项目。这一项目足以匹敌谷歌的数字图书馆计划,是一个富有野心的项目。目前拥有 530 万条记录,有上千家图书馆、档案馆、博物馆等机构加盟。

一、总体概况

美国数字公共图书馆(DPLA)项目缘起于 2010 年 12 月在马萨诸塞州剑桥市举办的一次会议,关于这一项目愿景的陈述获得了与会代表的一致赞同。这次会议上,来自于图书馆、基金会、研究机构和技术项目的 40 余位管理者同意合作创立一个开放式、分布式的、综合性的在线资源网络。它整合了图书馆、大学、档案馆和博物馆的资源来构建一个能够给予现世和后世的人以教育、警示并能够以授权的方式访问的一个国家"鲜活"的文化遗产[32]。

2010 年 12 月,美国哈佛大学博克曼互联网和社会中心(Berkman Center for Internet & Society),在阿尔弗雷德·斯隆(Alfred P. Sloan)基金会的大力支持下,召集了来自图书馆、技术、法律、教育的专家启动了这一富有野心的计划——美国数字公共图书馆(DPLA)项目。

2011 年 10 月,来自公共图书馆馆员、研究图书馆馆员、数字人类学家和志愿者等工作人员,依托哈佛大学博克曼中心,紧锣密鼓的进行了为期 2 年的基本组织架构的搭建,他们被分为 6 个工作团队,在指导委员会的领导下帮助审视、设计和建设美国数字公共图书馆(DPLA)。目前,DPLA 的执行主任由有着丰富经验并荣获多项荣誉曾任美国乔治梅森大学罗伊·罗森茨威格(Roy Rosenzweig)历史和新媒体中心主任的 Dan Cohen 担任,并由董事会提供指导,该董事会由来自于全国各地的公共图书馆的馆员、研究型图书馆的馆员、技术人员、学者和商业领域专家共同组成。指导委员会成员有国会图书馆的副馆长 Deanna Marcum、哈佛大学图书馆馆长 Robert Darnton、互联网档案馆(Internet Archive)的创始人 Brewster Kahle 等。

美国数字公共图书馆(DPLA)是 2013 年 5 月 18 日正式发布的,网站的主页地址是http://dp. la/,其主界面见图 10 - 13。这是一个非营利性项目,旨在整合美国研究图书馆、档案馆和博物馆的资源来为民众服务,这里的民众不仅仅是指美国民众,甚至是全球各地的人群都可以免费在线访问。

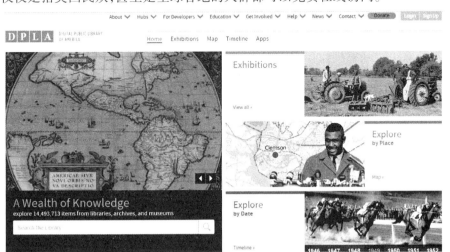

图 10 - 13 美国数字公共图书馆主界面

美国数字公共图书馆(DPLA)力求涵盖人类的所有表达形式,从书面文字到艺术和文化作品,从美国文化遗产记录到科学的印迹和数据。它的目的是拓展数字文化这一关键领域,使这些资源更加开放,促进资源更容易被发现和更广泛地被使用,主要通过以下三种方式实现:

一个门户。通过一个门户(Portal)向学生、教师、学者和公众传递丰富的资源。该门户不仅仅是一个搜索引擎,还提供多种创新的方式来查询和扫描成千上万条馆藏数据,包括时间、地点、虚拟书架、主题等。

一个平台。通过这一平台促进数字文化遗产的转化和利用。利用应用程序接口(API)和最大限度的开放数据,DPLA 能够由软件开发者、研究人员和其他人员所使用来创造新的学习环境、发现新的工具和吸引人的应用等等。

一个倡导者。作为 21 世纪一个强有力的公众选择的倡导者。在美国的大部分历史中,通过公共图书馆免费获取资源已经成为美国历史文化的核心内容之一,促生了一代又一代的热心读者和积极参与的知识公民。

美国数字公共图书馆(DPLA)通过与志同道合的组织和个人合作,保证这一文化在数字版权日益严格的今天仍然能够保持生机和活力,以免费提供多种开放的可获取资源的方式来加强公众选择。

二、资源

美国数字公共图书馆成立之初就拥有来自于 6 个服务节点和 10 个内容节点的接近 250 万条馆藏记录,这些记录来自于全国的 400 多个公共图书馆、档案馆和博物馆等。而时至今日,馆藏已经激增至 530 万条记录,来自于 21 个节点的 1100 家机构。

2013 年 6 月,DPLA 与 Hathitrust 正式结盟,根据双方协议 HathiTrust 将向 DPLA 转移其保存的 350 余万册数字文献[33]。目前,已经完成的有 170 万条记录,成为 DPLA 目前最大的数据供应者,紧随其后的是 Mountain West Digital Library 和 Smithsonian Institution。除此之外,还有四大数据供应者也为 DPLA 提供了大量的数字文献记录,它们分别是 ARTstor,Digital Commonwealth,Digital Library of Georgia 和 The University of Virginia。

DPLA 的资源多元而丰富,体现在数字资源提供机构的类型、数字资源的载体类型和数字资源的语言三个方面。

1. 数字文献提供机构的类型

众多机构为 DPLA 提供了数以万计的丰富数字信息资源,而这些机构的类型也呈现多样化特点。如图 10-14 所示，从类型上统计共计有约 19 种类型，所占比重最多的是公共图书馆，之后依次是大学图书馆、历史学会、博物馆、档案馆等。

合作伙伴类型　Types of Partners (Specific)

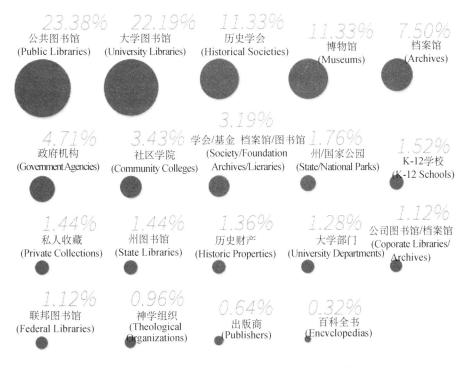

23.38%
公共图书馆
(Public Libraries)

22.19%
大学图书馆
(University Libraries)

11.33%
历史学会
(Historical Societies)

11.33%
博物馆
(Museums)

7.50%
档案馆
(Archives)

4.71%
政府机构
(Government Agencies)

3.43%
社区学院
(Community Colleges)

3.19%
学会/基金 档案馆/图书馆
(Society/Foundation Archives/Lieraries)

1.76%
州/国家公园
(State/National Parks)

1.52%
K-12学校
(K-12 Schools)

1.44%
私人收藏
(Private Collections)

1.44%
州图书馆
(State Libraries)

1.36%
历史财产
(Historic Properties)

1.28%
大学部门
(University Departments)

1.12%
公司图书馆/档案馆
(Coporate Libraries/Archives)

1.12%
联邦图书馆
(Federal Libraries)

0.96%
神学组织
(Theological Organizations)

0.64%
出版商
(Publishers)

0.32%
百科全书
(Encvclopedias)

图 10-14　DPLA 数字资源供应者的类型构成①

2. 数字资源的载体类型

在 DPLA 的超过 500 万条的记录中有 87% 的记录拥有同一类载体类型名称。而一个载体类型定义着记录所述内容的一般格式，如果一条记录拥有载体名称，那么它会出现在这一记录的检索结果页面的左上方。表 10-13 显示了拥有载体类型名称的 4 350 000 条记录的载体类型构成，数字资源的载体类型共计 6 种，所占类型比例最多的是文本和图片，分别占 67.64% 和 32.08%，约占总数的 99.72%，可见，目前 DPLA 数字资源主要的载体类型

---

① 资料来源：http://dp. la/info/about/strategic-plan/.

就是文本和图片。

表 10 - 13　载体类型构成

载体类型	所占百分比
文本	67.64%
图片	32.08%
影像	0.12%
声音	0.11%
3D	0.03%
数据集	0.01%

3. 数字资源的语言

　　DPLA 的数字资源的书写语言的种类接近 400 种语言,其中包括 48 种美国的土著语言。前 25 种的排名和百分比见表 10 - 14。所占比重最多的是英语类的资源,占 72.68%。此外,排在前 10 位的有德语、法语、西班牙语、拉丁语、意大利语、俄语、荷兰语、汉语和葡萄牙语。

表 10 - 14　数字资源的语言种类(排名前 25)

序号	语言类型	百分比
1	英语	72.68%
2	德语	8.39%
3	法语	6.94%
4	西班牙语	2.86%
5	拉丁语	2.44%
6	意大利语	1.65%
7	俄语	0.76%
8	荷兰语	0.50%
9	汉语	0.37%
10	葡萄牙语	0.32%
11	丹麦语	0.28%

续表

序号	语言类型	百分比
12	瑞典语	0.28%
13	阿拉伯语	0.28%
14	日语	0.21%
15	古希腊语	0.21%
16	希伯来语	0.18%
17	波兰语	0.16%
18	挪威语	0.13%
19	现代希腊语	0.13%
20	奥斯曼土耳其语	0.12%
21	匈牙利语	0.12%
22	捷克语	0.12%
23	波斯语	0.08%
24	亚美尼亚语	0.07%
25	克罗地亚语	0.04%

三、技术

技术是支撑美国数字公共图书馆(DPLA)运营与服务的核心。DPLA的技术以免费对外开放的代码为特征。DPLA应用技术架构中使用现存的开放源代码,由DPLA生成的新代码也免费开放。在DPLA正式提供服务之前,它的技术工作组就为其技术的未来发展制定了一系列的原则,涉及如何最优实现大规模数据的数字化、与内容和范围工作组的合作、数字化的总体费用等。工作组确定需要关注的主要问题包括标准、接口、API、数字化技术等[34]。

四、服务

DPLA在整合数字资源的基础上为用户提供了便捷多样的服务,首先DP-LA为用户提供多元的信息检索服务,为用户提供多种检索途径,信息呈现的方式多元化。其次,DPLA为用户利用数字资源提供了开发平台。再次,DP-

LA 还开展宣传与推广服务,促进数字资源的利用与发展。

1. 多元的信息检索服务

用户不仅可以进行主题信息的检索,还可以通过时间线(Time Line)、地点、虚拟书架等多种形式检索。以搜索美国总统奥巴马为例,结果显示有四种信息呈现的方式。

其一,内容相关式的信息呈现。页面左边显示内容导航,右边显示具体内容,见图 10 - 15。导航的内容包括形式(图片、文字等)、机构、数字资源提供者、日期、语言、地点和主题。

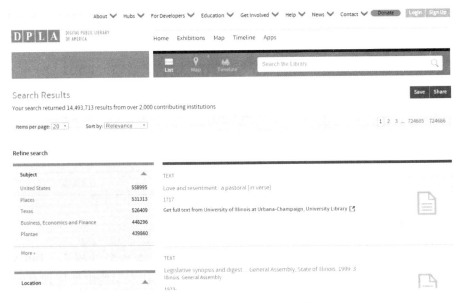

图 10 - 15　DPLA 的检索界面①

其二,地理位置的信息呈现。这种方式只能显示记录信息中标注了地理信息的数据记录。如图 10 - 16 所示,显示了包含奥巴马的图片、文献所在的区域。

---

①　资料来源:http://dp. la/searth。

图 10 – 16　DPLA 检索的地理位置界面①

其三,时间线的信息呈现。每一个作品、文献或者图片等都是在某一个
时间点发布的,时间线的信息呈现方式满足了用户对资源时效性的要求。有
关奥巴马的记录按照时间线排列,见图 10 – 17。从图中,我们可以看到一些
有趣的现象,比如在 2009 年奥巴马就职的那一年关于奥巴马的图片、文献等
资料是最多的一年,再如可以看出 2000 年以后才是奥巴马的活跃期,关于他
的记录开始逐年的有所增长,直到 2009 年。按照时间线的方式呈现,也方便
我们查找某一时间点的有关记录。

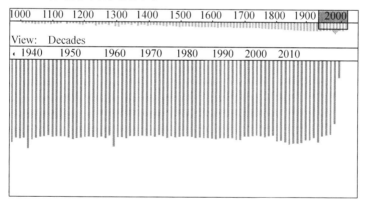

图 10 – 17　DPLA 检索的时间线界面②

① 资料来源:http://dp. la/map。

② 资料来源:http://dp. la/timeline。

其四,虚拟书架的信息呈现。虚拟书架是搜索 DPLA 合作者中的馆藏图书、期刊等纸本信息的一种快捷方式。信息结果的呈现也颇费一番功夫,蓝色背景部分越深表示结果越相关,点击一个书脊可以显示细节和相关的图像。本书的厚度显示页面数量,而水平长度反映了该书的实际高度,见图 10 - 18。

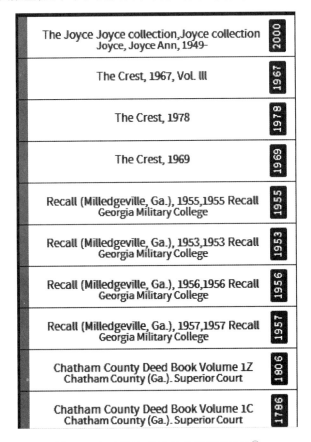

图 10 - 18　DPLA 检索的虚拟书架界面①

2. 开发平台服务

DPLA 为用户提供了一个 API 应用开发平台,这也是其主要目标之一,旨在鼓励开发者利用 DPLA 的资源开发 API 应用,DPLA 对待 API 应用的态度十分开放,官方称 DPLA 并不限制 API 应用的数量,同时也欢迎商业化的 API 应

用加盟。目前现存的 API 应用已经有 10 个,多为资源发现、利用和整合比较的类型,他们有的是个人发布的,也有的是以机构名义发布的,如 EBSCO 发布的 EBSCO Discovery Service and DPLA Highlights 的应用。以 Search DPLA and Europeana 应用为例,它是将 DPLA 的资源与欧洲内容搜索引擎Europeana 的资源进行整合对比的应用,如使用奥巴马作为检索词,在左边显示 DPLA 中的检索结果,在右边显示 Europeana 的检索结果,这样可以形成资源的直接比较,其详细界面见图 10 – 19。

图 10 – 19　DPLA 的 API 应用[①]

3. 服务的宣传与推广

DPLA 旨在提供一个为教育、科研和研究者服务的免费开放的综合性信息资源平台,因此也十分重视服务宣传和推广。其宣传推广的形式非常灵活,不仅通过网络宣传,还举办线下活动。

首先,网络的宣传推广。线上的宣传和推广主要以网站和博客为主,在 DPLA 网站主页上设置了丰富的内容来进行宣传和推广,涉及 DPLA 的历史沿革、委员会成员、活动、荣誉等。而博客作为宣传推广的另一个窗口,也会及时发布与 DPLA 有关的各种信息,包括一些 DPLA 成员参与的会议、DPLA 的活动、DPLA 的使用经验推广、工作小组会议信息等。例如,其中一篇名为《在英语 101 课堂上 DPLA 的应用》的博客,记载了一位图书馆馆员在英语 101 课

---

① 资料来源:http://www.digibis.com/dpla = europeana/。

堂上应用 DPLA 查找文章、图片等资源为学生解决信息需求的过程,这样的案例是对 DPLA 在教育中开展应用的最好宣传。

其次,线下的交流。DPLA 举办了一个名为 DPLA 节(DPLAfest)的线下活动,第一次活动于 2013 年 10 月在波士顿举行,通过类似的宣传与推广形式,力图吸引更多的合作者。

五、标准

标准是支撑 DPLA 运营与服务的基础。美国数字公共图书馆(DPLA)的元数据标准独具特色,目前已经更新到第三版。

元数据是关于数据的数据,它是与内容相关的反映数据特征的文本信息,由数据提供者或者是在数据存储到 DPLA 服务器的时候内置其中。这其中包括了可被用户识别、发现、解释和管理的信息,例如作品的著者名称、创建日期、物理地址等,同时也包括内容描述,例如一部作品在历史和文化方面的简短介绍。此外,元数据也可能包括指引用户在数据提供者网站上获取数据内容信息的超链接。在 DPLA 的元数据中不包含缩略图、音频样本或者其他非文本信息。为了促进元数据在不同数据库中能够重复使用,DPLA 承担了元数据的获取、索引编制、丰富和编制描述性元数据的工作。

当前 DPLA 所使用的元数据标准已经是第三版,是在欧洲数据模型(European Data Model,EDM)的基础上设计完成的,元数据的领域模型,见图 10 - 20。

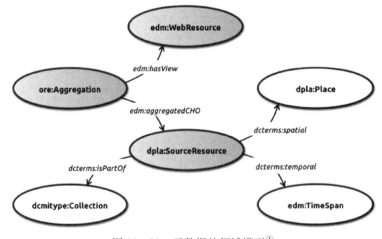

图 10 - 20 元数据的领域模型①

① 资料来源:http://dp. la/info/wp-content/uploads/2013/04/DPLA-MAP-V3. 1-2. pdf.

为了创造一个平衡的框架,并且能够使其适应图书馆、档案馆、博物馆等现有数据和新兴的数据模型,DPLA 的元数据框架听取了来自社会和数字节点试验项目参与者的信息反馈。该元数据领域模型中颜色较深的三个类属是其核心类属,分别是"dpla:SourceResource""ore:Aggregation""edm:WebResource"。每个类属下面又有具体的属性,以"dpla:SourceResource"为例,其属性有馆藏、共享者、创建者、日期、描述、识别、语言、地点等。

六、对我国数字图书馆建设的启示

自 2013 年 5 月 DPLA 正式发布至今,发展态势迅猛。然而从未来长远发展的角度看,仍存在着一些不容忽视的发展障碍。具体而言,存在两个方面的发展障碍:其一,经费的可持续性投入问题;其二,数字资源的版权问题。关于经费的可持续性投入问题也是一直困扰非营利性组织发展的重要问题。对于 DPLA 这样的非营利性数字图书馆而言,尽管在成立之初就获得了一些基金会的大力支持,但是从长远的角度看,维持不断壮大的数字资源需要大量的人力和物力的支持,那么就需要持续不断地加大投入。因此,未来 DPLA 需要不断要求合作伙伴为其提供经费的支持和保障。关于数字资源的版权问题一直是数字图书馆进行免费资源获取的障碍。迄今为止,DPLA 只解决了公众领域数字资源的版权问题,公众领域的图书、图片、声音、录像和其他形式的数字资源不受到版权的限制。DPLA 的数据处理过程也集中于汇集元数据而不是内容本身,但是随着资源容量的不断扩大,始终要面临更多的数字版权问题。正如一位 DPLA 的参与者所说:"我希望 DPLA 通过图书馆以合法的手段找到一种方式,促使再版的作品在 DPLA 网站上的获取"。

DPLA 执行主任 Cohen 针对数字资源的版权问题提出了期望:"我们希望作者和出版商获得利益,但是绝大多数书籍所获得的经济利益都是发行后 5 年内获得的,之后其实很难持续创造利润。我们认为,如果作者愿意的话,可以在书籍出版一定时期后,从出版商那里拿回版权并捐赠给我们,或是创建'图书馆许可证',这样,书籍出版 5 至 10 年后,我们就可以获得书籍电子版的版权了。"美国数字公共图书馆(DPLA)的迅速发展得益于其先进的理念、技术和管理制度,其创立、运行和发展给我国数字图书馆建设带来很多启示。

1. 合作模式的创新

DPLA 的合作模式是一种集多元化、开放性和参与性为一体的模式,其先进的经验值得我国数字图书馆建设实践和学习。①多元化的合作方式。DP-

LA 是一个非营利性的项目,其合作者来自于图书馆、档案馆、博物馆、信息机构、基金会等多种类型的机构。他们合作方式各不相同,有的为 DPLA 提供经费的支持、有的提供管理方面的支持、还有些机构为 DPLA 提供数字馆藏资源等。这种分工合作方式不同于我国很多数字图书馆实行的政府主导下的建设模式。②开放式的合作方式。DPLA 提供的合作模式具有开放性,有意愿的图书馆、档案馆、博物馆等机构只要满足一定的申请标准就可以加盟,成为 DPLA 的一个节点,过程完全是开放的,只要能够满足 DPLA 提出的加盟标准即可成为合作伙伴,使各自为政、各成体系的多个数字图书馆结成联盟,共同发挥作用。因此,其合作伙伴在不断拓展,类型也在不断丰富。③参与式的合作方式。合作者不仅是结成联盟、共享数字资源,他们会通过线下活动(如DPLAfest)等方式交流合作,共同为 DPLA 的发展出谋划策,参与到 DPLA 的建设过程之中。

2. 技术模式的突破与创新

技术是数字图书馆实现服务的依赖基础,DPLA 在技术架构、技术统一规范和技术呈现方面做出了创新和突破,值得业界借鉴。①分布式的技术架构。DPLA 的架构采用分布式的架构技术,与其资源来源密不可分,以项目初始的美国三家国家级的大馆国会图书馆、美国国家档案馆、史密森博物馆学会为例,美国国会图书馆拥有馆藏 1.44 亿件,包括超过 460 种语言的 3300 万种图书和其他印刷材料以及超过 6300 万件手稿;美国国家档案馆拥有藏品 100 亿件;史密森博物馆学会的馆藏文物、艺术品和标本的总数也超过了 1.37 亿件。采用分布式的技术架构能够整合不同合作者提供的资源,使多种异地数字馆藏整合到一起,发挥他们"整体大于部分之和"的作用。这样可以使信息资源的开放性利用在时间和空间上得到极大的延伸,为整个人类的科学、文化活动的发展做出突破性的贡献[35]。②统一的元数据标准。元数据是数字图书馆进行数字资源组织的手段之一,DPLA 的元数据处理采用统一的元数据标准,目前已经发展到了第三版。由 DPLA 对元数据工作进行统一处理,包括元数据的获取、索引编制、丰富和编制描述性的工作。这种动态的统一标准管理制度也是为了适应图书馆、档案馆、博物馆等机构当前不断变化的数据结构,其管理办法值得我们借鉴和学习。③创新的信息检索模式。国内的数字图书馆提供的检索模式,往往呈现类似提供内容主题等方面的检索结果,而 DPLA 在此方面做出了探索,提供了时间线、地点、虚拟书架等多种信息检索结果的呈现方式,方便用户根据不同需求而采用适当的方式获取信息。

④技术开发环境的嵌入。技术开发环境的嵌入是 DPLA 在技术方面的创新之举,在 DPLA 中引入了 API 应用,为软件开发人员、馆员、学者等搭建了应用开发环境。API 应用平台可以让开发者充分利用 DPLA 的资源开发可以辅助资源发现、利用的应用。在我国数字图书馆建设中,这些领域尚未被注意到,值得我们学习和借鉴。

3. 灵活多样的服务宣传与推广

数字图书馆的宣传与推广是数字图书馆与读者之间的互动过程,通过这一行动向读者介绍数字图书馆的资源与服务,指导读者利用数字图书馆。DPLA 为了促进数字资源服务于教学、科研和学者等,展开了灵活多样的服务宣传与推广活动。首先,在主页上大力宣传 DPLA 的历史沿革、组织结构、荣誉等。还利用 Web2.0 技术,发布博客与读者互动,介绍 DPLA 的最新动向。其次,举办线下活动,与读者、合作者、组织成员等进行交流沟通促进 DPLA 的长远发展。而我国的数字图书馆在这些方面还存在欠缺,有待进一步加强数字图书馆的宣传与推广。

4. 打造国家文化宣传之窗的价值理念

DPLA 的价值理念是打造一个免费获取美国国家历史、文化和科技的信息资源平台,它是 DPLA 功能价值的体现,一方面,为美国民众提供学习国家历史、文化、科技等的平台,另一方面作为美国的文化之窗,起到宣传美国文化的作用。这种宣传价值理念的做法,引发我们的深思,我国作为一个拥有悠久历史文化的大国,正需要免费和公益性的国家数字公共图书馆来宣扬我国的优秀传统文化。一方面,公众可以利用它来学习优秀传统文化,成为民众教育、学习和研究的重要平台;另一方面,作为向全世界宣扬我国国家文化的窗口。

第四节　韩国国家数字图书馆

一、韩国国立数字图书馆建设的总体情况

从 20 世纪 90 年代开始,作为在亚洲范围内信息化、数字化起步较早的国家之一,韩国在超高速信息通信基础设施的建设上计划投资达 570 亿美元,为信息化的基础建设和多样性事业做准备。韩国的 IT 基础设施是由国家投资建设的,同时政府也主导实施韩国的数字图书馆建设项目,其国内文化观光部下属的国立中央图书馆和育人资源部分别支持公共图书馆和大学图书馆的事业发展,计划在 3 年之内共投入 3 亿韩元,重新确定和强化数字化时代图书馆的功能,培养图书情报领域的可用人才。2000 年 2 月 1 日,时任总统金大中在国务会议上做出了建立"国立数字图书馆(National Digital Library)"的指示,主要内容是"图书馆要尽量满足国民的信息需求,与有关部门协商,确立和发展图书馆信息化综合对策",这对于实现将韩国最终建成 21 世纪信息强国的目标具有重要的作用,标志着自 21 世纪起韩国数字图书馆建设进入到规划发展的阶段。该阶段要求达到四个目的:创造新的数字信息服务;在消除信息化鸿沟方面发挥社会政治功能,确保人人都能平等地利用信息;确保信息利用的便利性,克服时间和空间的制约;实现国家级层次上的信息生产和流通形式的标准化,使图书馆相互间的信息交换、信息利用效果得到最佳体现,防止国家信息资源的浪费。基于上述的背景,韩国全面开展了数字图书馆的多个建设项目,并取得了不俗的成绩,这其中,韩国国立数字图书馆计划是影响力较大、效果较为显著的国家图书馆示范项目。

1. 韩国国立数字图书馆建立的必要性

为了把新兴的信息科学技术与图书馆服务结合起来,以提供高质量的数字信息给读者,韩国国立中央图书馆在全国图书馆信息网综合发展计划之下,率先提出建立数字图书馆的构思,并与政府文化观光部一起提出了"建立国立数字图书馆之必要性"。第一,迄今为止,图书馆仍提供以印刷图书为中心的知识信息,随着信息技术的发展,利用"数字化的资料"来生产、流通和利用知识信息的趋势将会加强;第二,数字时代的公民可通过计算机接收到高品质的知识信息,图书馆应成为具有系统地收集和提供多样化信息资料的中心;第三,将作为单纯阅览空间的图书馆的应用系统和环境尽可能地信息化,要帮助作为数字时代主角的青少年养成通过图书馆获得、利用知识信息的习惯;第四,收集、保存和提供网上数字资料的任务虽然紧迫,但按照现有的图书馆体制,对其进行处理也是有困难的;第五,发达国家为尽快进入知识社会和开发知识资源,正在制定将主要知识信息集中进行数字化处理,并使之通过因特网流通的大规模方案。

2. 韩国国立数字图书馆建立的基本方向及预期效果

确立了建设国立数字图书馆的必要性之后,建立国立数字图书馆的基本方向随之确定,即:第一,利用最新的信息通信技术和信息管理方法等,建设能够有效地生产、管理、流通作为国家主要资源的信息;第二,调查、分析建设国立数字图书馆的各种环境要素,优先实现可能实现的和必要的部分;第三,建设国立数字图书馆的阶段分为基础组成阶段、发展阶段、成熟阶段,并分阶段进行工作[36]。

国立数字图书馆建成之后,预期要达到以下五方面的效果:第一,信息资源方面,通过制定与数字图书馆建设有关的各项标准来实现国家知识信息资源的有效利用;第二,学术研究方面,建设信息资源共享机制,使研究者能够及时获取资料,缩短查阅文献的时间;第三,社会经济效益方面,使企业和研究所的研发工作迅速、正确地获得所需的各种技术和产业信息,可以提高整个产业的生产性和创造性;第四,国际交流方面,将韩国各种知识信息资源提供给其他国家,可以增进国际社会对韩国的理解和促进学术研究的交流,同样有效利用外国资料也可使韩国迅速了解各国的先进科学技术研究动向,提高韩国的科学技术研究能力,通过对外信息服务,可加强国家竞争力和促进对外关系,参与全球的信息共享化计划,这样才有可能在先进国家行列中参与制定和数字图书馆建设相关的国际标准,保护和培养韩国的知识信息产业;第五,公民文化生活方面,用户可通过远程服务在家或办公室利用信息,消除了信息利用上的差别,防止了因地区和社会的差异所导致的资源不平等,从而实现地区间的均衡发展[37]。

3. 韩国国立数字图书馆计划的概要

韩国国家数字图书馆计划是韩国政府为面向 21 世纪,旨在推进数字图书馆建设,加强图书馆和其他研究院的分布式资源共享而实施的计划。从 1996 年 12 月开始,国立中央图书馆、国会图书馆、韩国科学技术院科学图书馆、韩国学术振兴财团、研究开发信息中心(现名:韩国科学技术信息研究院)等 5 个机构共同促进的国家数字图书馆示范事业是最初合作形态的数字图书馆方案。为了统合数字图书馆系统的开发、全文数据库的 SGML(通用结构语言标准)处理和 Z39.50 的应用,5 个机构以 T1(传输速率可达 1.544Mb/s 的通信线路)联网,通过因特网相互利用数字资料。从 1998 年 3 月到 11 月末的 2 个项目(预算支持 165000 万韩元),奠定了国家电子图书馆建设的基础。法院图书馆和产业技术信息院也追加参与其中,继续开发了分散检索支持、著作权管理系统、电子出版系统等功能。系统环境按照各个机关分类,分别将数据库软件(Informix)装在 4000 个企事业单位的服务器上,检索引擎使用 KRISTAL II。2000 年,国立中央图书馆正式提出建立图书馆的建议,并进行了可行性研究,两年后完成了建立数字图书馆的基本计划。2005 年 12 月启动工程,翌年制定数字图书馆的运营战略计划,建立日后营运的模式。2008年12月,建设完成国立数字图书馆综合管理系统、门户网站系统、综合基础设施、数字阅览空间的多项设施。2009年5月25日,韩国国立中央图书馆数字图书馆(Dlibrary)正式对外开放。目前,Dlibrary的成员单位共有7家,分别是韩国国家图书馆(NL)、韩国国会图书馆(NAL)、法院图书馆、韩国产业技术研究院(KINITI)、韩国研究开发情报中心(KORDIC)、韩国教育学术研究院、韩国科技图书馆(KAIST)[38]。

二、资源情况

韩国国立数字图书馆计划中的资源建设内容主要分为两个部分[39]。第一部分是各馆的特色数字化资源建设部分,依照各成员单位的特点来分配不同的建设重点。韩国国家图书馆为韩国国家文献综合目录、韩国古籍、硕博士论文(人文社科)、国内韩国学资料等;韩国国会图书馆为硕博士论文(社会科学)、期刊索引、政府出版物、海外韩国资料等;法院图书馆为案例文献、法律文献、法令文献等;韩国产业技术研究院为外国学术杂志综合目录、尖端产业情报目录、产业技术研究报告、硕博士论文(工程技术)等;韩国研究开发情报中心为科学技术综合图书目录、科学技术全文文献、科学技术研究报告、硕博士论文(科学技术)等;韩国教育学术研究院为全国大学图书馆联合目录、大学期刊、学术研究文献等。第二部分是资源共建共享部分,各成员单位的书目数据库包含在共享范围之内。韩国国家图书馆负责韩国古籍(韩国古代官方文献)、韩国古典百选等;韩国国会图书馆负责国会史、国会议长发言、政府出版物、立法资料等;法院图书馆负责法学资料、民事裁判等;韩国产业技术研究院负责通商产业研究报告、产业技术机关志、学会志等;韩国研究开发情报中心负责科学技术年鉴、科学技术白皮书、科学技术政策、海外科学技术动向、韩国统计学会、地理学会学会志等;韩国教育学术研究院负责教育部学术研究资助论文等;韩国科技图书馆负责学术杂志、学术会议资料、硕博士论文等。

总体而言,Dlibrary作为综合和调整大学图书馆、公共图书馆、政府机关、研究所等开发单位图书馆的国立数字图书馆运营委员会的主管机关,应该维持综合、系统地管理国家知识信息资源的体制,其可以提供以下基本内容:能够满足国民教育课程的多媒体学习资源、自学核心技术的软件包、网络化的百科词典的数据库、关于业余活动和所关心的领域的专门资源、各种网站的检索点、网络化的电子出版物、数字化的图像、电影等影像资料和音像资料、韩国图书馆的各种目录、主要图书馆的数字化资料等知识产品。Dlibrary 资源建设的主要特点有两个：一是，加强知识信息资源的流通。将分散的个别单位图书馆的数据库连接成为一个网络，建立国家的统合检索系统，尽量将一定时期生成的知识信息目录建成国家综合目录数据库，同时以检索系统需要的标准化要素、各种技术要素、掌握利用步骤及方法等为基础制定管理方针或数据库开发方针，以便提供各种业务服务。二是，注重各成员单位之间的合作协调，系统地管理知识信息资源，让每一个成员单位都能作为 Dlibrary 的主要节点发挥出应有的作用。

三、服务情况

目前，在传统图书馆服务受到新技术挑战的背景下，韩国数字图书馆已由提供一般服务向提供专门的、指定的服务转变，由自主运作转为同用户之间的合作。传统图书馆员的服务技能在向学术和交流技能方面转变，图书馆的工作也由资料的收集和分类转变为提炼和引导，由满足一般需求转变为满足特殊需求。国立数字图书馆计划提出伊始，预设其提供的服务将分为大国民服务和大图书馆服务[40]：大国民服务应提供对图书馆虚拟访问者的支持，提供与专家互动的支持、信息咨询以及媒体博物馆等服务；大图书馆服务应包括以中央集中购买的方式，向韩国公共图书馆提供数字化的信息资源，并协助创立政府和公共信息资源系统以及公共图书馆的信息资源系统。2009年 Dlibrary 建成开馆，其设定了三方面的愿景：力争实现国内外各种知识信息机关收藏的高质量信息资源展开综合性联系和交流；实现 Dlibrary 知识信息资源的访问和共享，成为用户自发参与的开放平台；力争成为通过先进的信息科技设施实现所有用户平等阅览和体验数字资料的开放空间[41]。Dlibrary 主要由"Dlibrary 门户"（Dlibrary Portal）的虚拟空间和"Dlibrary 信息共享空间"（Dlibrary Information Commons）的实体空间组成，其进行的主要服务也是围绕着两个空间来开展。

一方面，Dlibrary 门户网站提供网上平台，供读者通过手机或互联网检索国内外的电子资源，包括书刊信息、学术数据、政府信息、地区信息、国外信息、作家信息、知识互换等，提供超过一亿项的信息，不受时间及地域限制。Dlibrary 门户网站由主门户网站和特色门户网站两部分组成。主门户网站提供综合检索、用户参与、社交分享和应用软件等 4 个主要范畴的服务；特色门户网站则由地区门户网站(提供地区研究及知识的信息)、多文化门户网站(通过7种语言提供非韩籍人士的信息)、政策信息门户网站(提供政府部门及公共机构政策的信息)、残疾人士门户网站(提供适合残疾人士检索的信息)所构成。

另一方面,Dlibrary不仅提供网上的资源和服务,而且同样重视实体信息共享空间的建设。Dlibrary信息共享空间位于韩国国立中央图书馆旁,占地38 014平方米,高八层,其中三层为地库。Dlibrary信息共享空间不是一个单纯的实体空间,而是一个开放型的信息环境,并且以读者为中心,配备了新颖的系统、设施和服务,借此满足读者传统的和崭新的需求。具体而言,Dlibrary信息共享空间除了配备大量计算机供读者使用外,还提供各项新颖的数字会议室、数字影像/音响工作室、数字媒体中心、数字阅览室、笔记本电脑室、电子新闻台、数字图书咖啡屋等。

四、资金情况

国立数字图书馆计划主要由韩国政府投资。2000—2002年,政府为图书馆信息化共拨款3068亿韩元,其中很大一部分用于国立数字图书馆的建设。为使韩国能够加入世界知识先进国的行列,比起对国立中央图书馆进行部分改造的巨额花费来看,另外再独立建造国立数字图书馆建筑物的方案还是值得考虑的。国立数字图书馆建立时需要的设施规模和装备及系统,应按照图书馆的预期目标和提供信息的内容和方法等进行。韩国文化观光部与国立中央图书馆经分析计算后,提出了以1200亿韩元的预算另外建设国立数字图书馆的方案。

五、技术情况

在信息提供方面,根据使用者的环境提供尽可能便利的检索、连接万维网和商用网并提供依据GUI(图像用户界面)的使用者界面;建设可阅览甚至输出打印索引及全文信息的服务系统;建设利用通信网和电子媒体,多数用户可同时检索相同信息的共享体制;个别无关键词,可通过全文检索自动抽取索引词及自动生成索引集以便简化业务的系统;提供根据逻辑演算符号进行的多样检索条件,有效地提供信息检索;用资料录入及检索的分散化、标准化来提高信息流通的效果。应用超高速信息通信网,实现快速检索;应用标准文件形式(SGML,XML)摸索信息的标准化;建设利用文档自动变换技术的标准文档生产系统;提供全文及图像并行处理技术的系统。

以万维网浏览器为基础;建设给用户提供便利与亲切感的利用万维网的信息服务系统;无论何时何地,都能通过网络检索和利用所需的书目、文摘和全文信息;建设客户机/服务器系统的分散体制;利用超高速信息通信网实现的快速服务系统;给用户提供画面联机帮助功能;使用标准浏览器的用户界面;MARC 形式的目录信息,SGML 形式的全文信息及有关信息;能支持图像资料服务的全文数据库的建设和更新;使用信息检索的标准协议 Z39.50,建设不受异种数据库潜在的相异性限制和系统,这种系统可以实现异种分散数据库的检索;提供应用多样化逻辑演算的全文检索功能;提供联机管理使用者的功能;提供可管理各种服务使用记录的功能。

六、建设模式

Dlibrary 的建设模式是以政府为主导的模式,由多个合作单位共同建成一个实体建筑物以提供数字化服务,国家政府图书馆在一般领域或是共同部分进行知识资源的数字化处理,与之相关的一些主要成员图书馆以各自图书馆的特性化信息为中心进行数字化处理,并建设相互联系的网络。Dlibrary 不是分散的数字图书馆建设,而是在国家层面上建设能起辐射作用的国家数字图书馆,它可以作为解决确保数字技术的标准化、数字著作权问题、数字内容的生产者和利用者间的信息流通交换等问题的先行条件。作为国家支持的重大事业,只有在必要的特定领域构筑数字图书馆形态,国家经济和技术领域才能具有竞争力,并可望实现两方面的协同效果。

七、标准规范情况

制定以国立数字图书馆为中心的数字图书馆建设所需的各种标准方案是共享国家知识信息资源的先决条件。通过开发、提供标准软件,防止各机构的重复开发,制定信息流通方式、电子出版标准、通信网协议、书目信息数据库的构筑方式等方面的标准,使收集数字形态知识信息的工作制度化,并实现资金和人力等各种资源的有效利用。另外,国家数字知识信息资源的共享和流通中最优先的工作是各种业务的标准化,Dlibrary 优先制定了提高异质环境下分散建设的知识信息数据库间相互利用的标准,特别是知识信息的代码标准、表现形式、数据库设计方法、数据库存贮构造、检索语言、传送方式、元数据等标准。

八、对我国数字图书馆建设的启示

韩国一直致力于跻身世界知识资源的先进国家之列,其在数字图书馆的建设上起步较早,在参考国外发达国家的数字图书馆建设的同时,结合自身国情确立了韩国数字图书馆发展的综合对策,尤其在国立数字图书馆建设中已经摸索出一整套有效的国家知识资源利用机制以及事业发展模式。韩国国家数字图书馆计划的成功实施表明,韩国政府大力扶持数字图书馆的发展,制定了宏观的数字图书馆计划,由各具代表性的图书情报机构参与合作,选择合适统一的技术标准,统一的技术路线,结合各图书情报机构自身的发展计划,进行分工协作,以期达成共建共享和协同发展的目的,其实施按照年度预算分步进行,并且着眼于未来的远大目标。韩国在此建设过程所取得的经验可供我国数字图书馆建设参考。

政府的积极投入和干预是建设数字图书馆的首要条件。国立数字图书馆建设是需要有长期的计划和预算、技术和人力的事业,只有政府决策者们具备对国家知识信息资源的重要性及数字图书馆必要性的坚定认识,数字图书馆的建设才有可能实现。韩国政府对国立中央图书馆的数字化建设极为重视,从政策和资金上予以各种必要的支持。国立中央图书馆每年利用国家拨款平均采集各类文献约 53 万册(件),此外韩国政府每年拨款 100 亿韩元(约 1000 万美元)供国立中央图书馆聘请社会上的信息化开发公司对馆藏文献资料进行数字化处理。自 2000 年以来,该馆已有 30 万册图书经过数字化处理进入全文数据库。在问及国立中央图书馆如何处理版权问题时,韩国国立图书馆馆长林炳秀介绍,过去该馆只对古籍、1945 年以前的出版物和 1967 年以前的出版物进行数字化处理,读者可以免费在互联网上利用这类版权保护期已失效的数字化文献。最近韩国新修订的著作权法明确规定,国立中央图书馆有权对本馆的所有馆藏资料进行数字化处理,但在版权保护期之内的数字文献只能在国立中央图书馆内部阅览,不得在互联网上发布。有国家法律政策的支持,韩国国立中央图书馆将会在图书馆数字化的建设方面取得更大的发展,成为 21 世纪数字化信息时代起先导作用的"国家知识与信息"中心[42]。

重视数字图书馆的宣传推广。韩国国立中央图书馆数字图书馆十分重视品牌效应,将国立数字图书馆命名为"dibrary",是"digital"和"library"的缩写词,前者强调数字技术和虚拟世界,而后者则强调传统知识和实体空间,意为自然、人类和信息的和谐之所。"dibrary"是馆方为了加强读者对 Dibrary 的品牌效应,特别设计了 3 个卡通形象(分别为迪通、尤通和恩通,代表信息、人类和自然三项元素),推广 Dibrary 的新理念以及新服务。另外,从物理设施的宣传策略来看,Dibrary 在馆舍大堂中置放了一组 dibrary 装置。作为数字图书馆象征造型物,这个装置采用最先进的主动矩阵有机发光二体面板材料制作而成,能够提供识别读者的特别影像。多方面、多渠道地对国立数字图书馆进行宣传推广,可以加大公众对数字图书馆的认识和接纳程度,有利于数字图书馆建设的全面开展。

不断优化数字图书馆工作人员的知识结构。韩国政府对图书馆管理人员的素质教育极为重视,1991 年《韩国图书馆及读书振兴法》新设了"对图书馆及文库职员的研修"规定。国立中央图书馆是国家指定培训图书管理人员的唯一机构,1967 至 1986 年该馆举办了 65 次讲座,使得 3544 名工作人员先后获得图书管理员资格。进入信息化时代,特别是 Dibrary 开馆后,国立中央图书馆更加意识到信息化人才是建设数字图书馆的关键。为此馆内专门设立大小两间培训教室,并配备各种现代化的教学设备,负责对本馆和各地方图书馆工作人员进行业务培训,围绕图书馆管理、信息化技术等不同专题开设不同的专业课程[43]。根据数字图书馆各项工作的具体需要,招聘信息管理、自然科学等专业的毕业生,并实行全部竞聘上岗,对于某些技术含量极高的工作则要求获有博士学历或有海外留学的经历。

明确设立数字图书馆的建设范围和所涉领域。韩国国立数字图书馆计划中的合作单位有 7 个,为了避免重复建设带来的国家预算浪费,必须明晰数字图书馆的建设范围和所涉及的领域。投入一定的人力和预算,优先改善国立数字图书馆计划中各个成员单位图书馆的各种环境,以期这些成员单位图书馆能够履行好整个计划里自身所承担的职责,完成国立数字图书馆下级组织的功能,使数字图书馆按照开发利用全文、活动影像、三维信息等尖端多媒体信息的贮存、检索技术的方向进行。在教育、学术活动和研究开发方面,以提供实质性帮助的大量学术资料开发作为数字化的内容,并以低廉的价格提供给用户为建设重点;在期刊订购方面,通过数字期刊的共同合作购买等方式达到最佳的经济波及效果。

寻求多方合作并契合最新的数字图书馆国际标准模式。韩国政府主导下的数字图书馆,在具备了一定的技术水平和硬件设施的基础上,发展国家知识信息资源的数字化,在国家层次上尽可能地向综合利用资源的方向发展,并一直寻求与各方开展合作,而且还发展了海外有关机构的合作机制,从而在数字化的发展过程中对资源进行充分合理利用开发,也提供了更为有效的服务。韩国政府集中国家力量统一规划、建设、发展数字图书馆的经验,坚持充分为用户服务着想的理念,总结成功数字图书馆的判断标准,即内容、界面、速度这三个指标,将数字图书馆研究与实际应用紧密结合,形成数字图书馆应用与研究的群体,根据用户需求开发出适用的数字化处理软件及搜索引擎软件等,将数字图书馆推向实用阶段。除此之外,国立数字图书馆通过与政府机关、研究机构、企事业单位进行合作和研究,实现数字图书馆阶段性建设所需要的最新技术保障。

参考文献:

[1] 朱强.数字图书馆:21世纪图书馆的原型——美国"数字图书馆创始"计划简介[J].大学图书馆学报,1995(4):50-54.

[2] 李贺,沈旺,国佳.国外数字图书馆评价研究现状分析[J].中国图书馆学报,2010(6):88-94.

[3] 陈瑜.日本国立国会图书馆数字图书馆著作权解决及其启示[J].图书情报研究,2014(4):6-8,12.

[4] Sommerlad E,Child C,Ramsden C,et al. An Evaluation of the People's Network and ICT Training for Public Library Staff Programme[R]. UK:Big Lottery Fund. 2004:17-18.

[5] Spacey R,Cooke L,Muir A,et al. Regulating use of the Internet in public libraries:a review [J]. Journal of Documentation,2014,70(3):1-25.

[6] 苏东出,石晓东,孙萍.数字图书馆技术导论[M].西安:西安地图出版社,2008:23-24.

[7] 过仕明,杨晓秋.数字图书馆概论[M].哈尔滨:黑龙江科学技术出版社,2006:165-170.

[8] 王秀玲. People's Network 研究及对我国的启发[J].图书馆学研究,2007(12):15-21.

[9] 徐文一.英国国家"人民的网络"建设[J].图书馆杂志,2002(8):61-65.

[10] [29] Finance and Budget Committee[EB/OL]. [2013-08-29]. http://www.edinburgh. gov.uk/download/meetings/id/40296/item.

[11] Peoplesnetwork List at www.jiscmail.ac.uk [EB/OL]. [2013-12-20]. http://www.jisc-mail.ac.uk/lists/peoplesnetwork.html.

[12][13] People's Network online services from public libraries Home[EB/OL]. [2013-12-20]. http://www.peoplesnetwork.gov.uk/.

[14] Love libraries [EB/OL]. [2013-12-20]. http://www.peoplesnetwork.gov.uk/progress/.

［15］Sommerlad E,Child C,Ramsden C,et al. An Evaluation of the People's Network and ICT Training for Public Library Staff Programme［R］. UK：Big Lottery Fund. 2004：61-79.

［16］Edwards S. Accesss for all：assistive technology in west sussex libraries［J］. The journal of information and knowledge management systems,2003,22(3)：143-148.

［17］Bookstart［EB/OL］.［2013-12-20］. http://www. bookstart. co. uk/.

［18］Branching out［EB/OL］.［2013-12-20］. http://www. branching-out. net/.

［19］Ask A Librarian,Intellectual Property Research［EB/OL］.［2013-12-20］. http://www. ask-a-librarian. org. uk/

［20］You can use a computer(People's Network)in any Sheffield Library.［EB/OL］.［2013-5-13］. https://www. sheffield. gov. uk/libraries/usingthelibrary/computersinlibraries. html.

［21］［22］［23］Sommerlad E,Child C,Ramsden C,et al. An Evaluation of the People's Network and ICT Training for Public Library Staff Programme［R］. UK：Big Lottery Fund. 2004：171-179.

［24］Together Works Better：Activating the People's Network［EB/OL］.［2013-11-22］. http://peopleslab. mslgroup. com/peoplesinsights/together-works-better-activating-the-peoples-network.

［25］［26］Woodhouse S. The people's Network：creating and delivering content［J］. The Journal of Information and knowledge management systems,2003,33(3)：106-114.

［27］The modle of People's Network［EB/OL］.［2013-10-08］. http//www. aotearoapeoplesnetwork. org/content/apnk-flickr-and-digitalnz.

［28］Computers & Internet［EB/OL］.［2013-10-9］. http://www. blaenau-gwent. gov. uk/education/2296. asp.

［30］Enjoying eBooks：Read eBooks in your local Library Using the People's Network［EB/OL］.［2013-04-25］. http://www. lancashire. gov. uk/corporate/web/viewdoc.

［31］李丹.法意等六国领导提议建立欧洲数字图书馆［J］.图书情报工作动态,2005(7)：20.

［32］Digital Public Library of America,DPLA［EB/OL］.［2015-02-07］. http://dp. la.

［33］美国公共数字图书馆与HathiTrust结盟.［EB/OL］.［2013-12-14］. http://www. nlc. gov. cn/gtwzgl/newtsgj/yjdt/2013n/11y_8616/201311/t20131128_78858. htm.

［34］TECHNICAL ASPECTS.［EB/OL］.［2014-01-10］. http://dp. la/workstreams/tech/.

［35］宋玉武."DPLA(地普乐)"：美国数字公共图书馆［J］.数字图书馆论坛,2010(10)：30-38.

［36］［40］胡广翔.韩国建设国立数字图书馆事业概况［J］.当代韩国,2002(3)：31-34.

［37］王淑玲.浅析韩国数字图书馆发展模式［J］.当代韩国,2009(3)：49-52.

[38] 董成娣.韩国数字图书馆的实践与研究进展[J].图书馆学研究,2004(3):11-13.

[39] 徐强.韩国数字图书馆建设的经验和启示[J].图书馆杂志,2000(12):48-51.

[41] 马辉洪.虚拟与实体——简述韩国国立中央图书馆数字图书馆(Dibrary)[J].现代情报,2010(11):113-115.

[42][43] 邵小鸥.值得借鉴的韩国数字图书馆建设经验[J].情报资料工作,2006(3):106-107.

(执笔人:柯平　朱明　李大玲　张文亮　何颖芳　邹金汇)

附 录

附录一　数字图书馆重要工程项目

本部分主要梳理了自数字图书馆建设以来国内与数字图书馆建设相关的工程项目,包括国家级工程项目、省部级工程项目以及其他有影响的项目。

1. 中国试验型数字图书馆计划

该项目 1996 年 7 月由文化部组织申报,1997 年经国家计委批准被列为国家重点科技项目。项目由国家图书馆作为组长单位,联合上海图书馆、广东省立中山图书馆、辽宁图书馆、南京图书馆、深圳图书馆和桂林图书馆共同承担。项目实施的目的是创建具有中国自主知识产权,而又能与国际接轨的数字图书馆技术,建成具有分布式数字图书馆特点和一定规模中文数字资源库群、可拓展、可互操作的数字图书馆系统。2001 年 5 月,项目通过专家技术鉴定。该项目在我国创建了一套多馆合作的数字资源建设共享体系,实现了一个基于分布环境、以藏品建设为基础的数字图书馆应用系统。

2. 国家数字图书馆工程

2001 年 11 月,"国家图书馆二期工程暨国家数字图书馆基础工程项目建议书"获得国务院正式批准,2005 年 10 月,国家数字图书馆工程初步设计方案通过国家发展和改革委员会审批。根据批复,国家数字图书馆工程项目投资约 4 亿元人民币,全部由国家财政预算支持,项目建设单位为国家图书馆,预计五年内完成。

项目的建设目标为:全面履行国家图书馆职能,有重点地收藏、建设和长期保存中文数字信息,在互联网上形成超大规模的、高质量的中文数字资源库群,并通过国家骨干通信网向全国以及全球提供中文数字信息服务,使国家数字图书馆成为世界最大的中文数字信息保存基地与服务基地,成为国家重要的信息基础设施。建立国家数字图书馆科学管理体系、数字资源的组织管理与存储体系,初步形成具有国际先进水平的国家数字图书馆。其最终目标是为"构筑终身教育体系、构建学习型社会"服务,最大限度地满足读者全方位多渠道获取信息与知识需求的重任。

3. 国家科技图书馆文献中心(NSTL)

2000 年 6 月,根据国务院批示,科技部联合财政部、原国家经贸委、农业部、卫生部和中国科学院等五部委,联合成立了国家科技图书文献中心(National Science and Technology Library,NSTL),该中心是一个虚拟的科技文献信息服务机构,旨在推进国家科技文献信息资源共建共享。

国家科技图书文献中心由中国科学院文献情报中心、中国科学技术信息研究所、冶金工业信息标准研究院、机械工业信息研究所、中国化工信息中心、中国农业科学院农业信息研究所、中国医学科学院医学信息研究所组成,形成理、工、农、医四大科技文献信息资源的服务领域。同时,也吸收了中国标准化研究院标准馆和中国计量科学研究院文献馆作为参建单位。

国家科技图书文献中心的建设宗旨是根据国家科技发展需要,按照"统一采购、规范加工、联合上网、资源共享"的原则,采集、收藏和开发理、工、农、医各学科领域的科技文献资源,面向全国开展科技文献信息服务。其发展目标是建设成为国内权威的科技文献信息资源收藏和服务中心;现代信息技术应用的示范区;同世界各国著名科技图书馆交流的窗口。其主要任务是统筹协调,较完整地收藏国内外科技文献信息资源,制订数据加工标准、规范,建立科技文献数据库,利用现代网络技术提供多层次服务,推进科技文献信息资源的共建共享,组织科技文献信息资源的深度开发和数字化应用,开展国内外合作与交流。

4. 国家高等教育数字图书馆

1998 年 11 月,原国家计委正式批复《中国高等教育文献保障体系(CA-LIS)建设项目可行性研究报告》,标志着 CALIS(China Academic Digital Library & Information System)项目建设全面展开。

CALIS 项目的建设宗旨是:在教育部的领导下,把国家的投资、现代图书馆理念、先进的技术手段、高校丰富的文献资源和人力资源整合起来,建设以中国高等教育数字图书馆为核心的文献信息资源联合保障体系,实现资源共建、共知、共享,以发挥最大的社会效益和经济效益,为中国高等教育服务。2002 年 9 月,教育部、发改委和财政部下发《关于"十五"期间加强"211 工程"项目建设的若干意见》,将 CALIS 二期建设与"中英文图书数字化国际合作计划(CADAL)"一期建设合并,合称为"中国高等教育文献保障体系(CADLIS)建设"。

5. 国家科学数字图书馆

2001 年 5 月,中国科学院启动国家科学数字图书馆项目(Chinese National Science Digital Library,CSDL)。该项目总投资 1.4 亿元,预计经过 3—4 年的努力,基本建成一个适应数字图书馆国际发展趋势、适应中国科学院研究性环境及其发展、直接有效地支持科研用户信息获取和知识创新活动的数字信息服务体系。其建设目标是为中国科学院全体科研人员提供远程访问的信息资源和服务体系。

6. 中共中央党校数字图书馆

中共中央党校数字图书馆工程是由国家发展与改革委员会正式批准立项的并由国家投资的数字图书馆工程。2000 年 4 月,中共中央党校同国家 863 计划中国数字图书馆发展战略组签订合作协议,开始进行中央党校数字图书馆建设研究。

中央党校数字图书馆的建设目标是要为党校的教学科研服务,为党的干部和党员教育服务,为领导决策服务,为建设互联网上马克思主义舆论阵地服务,不仅要服务于中央党校,更要面向党校系统、面向全党。该项目是全国党校系统的数字图书馆的示范工程,在网络、资源建设方面是全国党校系统数字图书馆建设的龙头,在标准、技术、规范等方面是全国党校系统数字图书馆建设的源头,在服务模式、运行模式等方面在全国党校系统数字图书馆建设中起到带领作用。

7. 中国社会科学院数字图书馆

中国社会科学院图书馆从 2003 年开始陆续展开数字资源采购工作,截至 2013 年年底,共引进中外文数据库 130 种,其中包括中文电子图书 140 余万册,期刊 9000 余种;外文电子图书 18.5 万余册,期刊 8000 余种,部分内容可以追溯到第一卷第 1 期。此外,还有报纸、年鉴、数值数据、事实工具等各种类型的数字资源,内容覆盖全院人文、社会科学的各个领域。数据库的语种以中文和英文为主,也包含少量小语种,如西班牙语、法语、德语、意大利语、葡萄牙语。

2012 年 3 月,经全国哲学社会科学规划办公室批准,由国家社会科学基金资助,中国社会科学院图书馆承建了国家社会科学基金特别委托项目——国家哲学社会科学学术期刊数据库的建设。数据库建设以"公益、开放、协同、权威"为定位,以整合学术期刊数据资源,推进学术资源的公益使用、开放共享,推进学术研究方法和手段创新,推进科研成果普及转化,推动哲学社会科学繁荣发展为目标。目前已初步完成学术期刊数据库的建设工作;计划于"十二五"末,初步建成一个国家级、公益性、开放型的国家哲学社会科学数据库。

2012 年 5 月,开始实施"中国社会科学院古籍整理保护暨数字化工程",

由中国社会科学院图书馆牵头,联合全院 13 个古籍收藏单位共同参加,启动了数字图书馆的古籍数据库建设工作。

8. 数字图书馆推广工程

2011 年,文化部、财政部共同推出"数字图书馆推广工程"。这是继全国文化信息资源共享工程后启动的又一个重要的数字文化建设工程。数字图书馆推广工程日常管理工作由国家图书馆负责。

数字图书馆推广工程的建设目标包括:建设分布式公共文化资源库群,搭建以各级数字图书馆为节点的数字图书馆虚拟网,建设优秀中华文化集中展示平台、开放式信息服务平台和国际文化交流平台,打造基于新媒体的公共文化服务新业态,最终实现数字图书馆的服务惠及全民,切实保障公共文化服务的公益性、基本性、均等性、便利性,最大限度地发挥数字图书馆在文化建设中引导社会、教育人民和推动发展的功能。

数字图书馆推广工程的建设内容包括:建设覆盖各级图书馆的数字图书馆虚拟网,建设海量分布式数字资源库群,建设数字图书馆服务平台,建设图书馆业务工作平台,建设数字图书馆标准规范体系等。

9. 县级数字图书馆推广计划

2010 年 2 月,文化部在全国启动实施"县级数字图书馆推广计划",将国家数字图书馆的资源通过文化共享工程平台,配送到全国县级图书馆,实现县级图书馆普遍开展数字图书馆服务。总量达 1TB 的数字资源将无偿提供给首批 320 个县级公共图书馆,确保其能够提供服务,以满足基层群众的文化信息需求。

推送的数字资源的内容包含国家图书馆组织的《百年守望》《馆藏故事》《文明与创造》等 3 个视频资源;《前尘旧影》《年画撷英》等 2 个图片资源;2007 年以来出版的 5000 种电子图书,2009 年出版的 2000 种人文社科类电子期刊等书刊资源;国家图书馆"政府公开信息整合"项目的部分成果"政府信息",国家图书馆"网络信息采集与保存"项目的部分成果"中国事典"等 2 个网络资源。这些资源经过封装,被集成在移动硬盘里,可供县级图书馆网络内使用。2 月 2 日,首批资源安装与使用培训班在国家图书馆举办。这些县级图书馆将以其特色资源成为国家数字图书馆资源与服务的重要补充,并作为国家数字图书馆服务网络的基层节点。

"县级数字图书馆推广计划"旨在贯彻落实中央领导同志关于用先进文化占领新媒体阵地、推进公共图书馆服务创新的指示精神,进一步推广国家数字图书馆成果利用,使国家数字图书馆的资源惠及更广泛的基层群众。一方面,推广计划要将国家图书馆优秀的数字资源通过文化共享工程的平台推送到全国每一个县,使每个县都具备数字图书馆服务能力;另一方面,这些县级图书馆将成为国家数字图书馆服务的延伸,与国家数字图书馆一起构成分级、分布的全国数字图书馆服务网络。

10. 文化信息资源共享工程

从 2002 年 4 月开始,由文化部、财政部共同组织实施全国文化信息资源共享工程(简称:文化共享工程)。文化共享工程旨在应用现代信息技术,将中华优秀文化信息资源进行数字化加工与整合,依托各级公共图书馆、文化馆(站)等公共文化设施,通过互联网、广播电视网、无线通信网等新型传播载体,在全国范围内实现中华优秀文化资源的共建共享。文化共享工程是政府提供公共文化服务的重要手段,是实现广大人民群众基本文化权益的重要途径,是改善城乡基层文化服务的创新工程,在我国公共文化服务体系建设中具有战略性、基础性地位。

经过长期努力,文化共享工程已初步建立起层次分明、互联互通、多种方式并用的国家、省、地市、县区、乡镇(街道)、村(社区)等 6 级数字文化服务网络。截至 2011 年年底,建成 1 个国家中心、33 个省级分中心(覆盖率达100%)、2840 个县级支中心(覆盖率达 99%)、28 595 个乡镇基层服务点(覆盖率达 83%)、60.2 万个村基层服务点(覆盖率达 99%),在全国拥有专(兼)职人员 68 万人,累计服务超过 11.2 亿人次。通过广泛整合公共图书馆、博物馆、美术馆、艺术院团及广电、教育、科技、农业等部门的优秀数字资源,文化共享工程数字资源建设总量达到 136.4TB,整合制作优秀特色专题资源库 207个。

"十二五"期间,文化共享工程将在巩固完善现有基础设施的基础上,进一步丰富数字资源,扩展服务网络,优化技术平台,创新机制,完善管理,加强服务,提升效益,建成资源丰富、传播高效、服务便捷、管理科学的公共数字文化品牌工程。到 2015 年,文化共享工程数字资源总量将达到 530TB;服务网络实现从城市到农村的全面覆盖,公共电子阅览室基本覆盖全国所有乡镇和街道、社区,入户率达到 50%。

11. 公共电子阅览室建设计划

2012 年 2 月,文化部、财政部印发《"公共电子阅览室建设计划"实施方案》,决定于"十二五"期间在全国实施"公共电子阅览室建设计划"。

"公共电子阅览室建设计划"将以未成年人、老年人、进城务工人员等特殊群体为重点服务对象,依托文化共享工程的服务网络和设施,以及文化共享工程、国家数字图书馆丰富的数字资源,与文化共享工程建设、乡镇文化站建设、街道(社区)文化中心(文化活动室)建设以及中央文明办组织实施的"绿色电脑进西部"工程相结合,在城乡基层大力推进公共电子阅览室建设,努力构建内容安全、服务规范、环境良好、覆盖广泛的公益性互联网服务体系。

根据该计划,"十二五"期间,文化共享工程乡镇、街道、社区基层点的计算机配置将从目前的 3 台、4 台、7 台有计划地增加至 10 台以上,电子阅览室的面积将不少于 40 平方米。到"十二五"末,努力实现公共电子阅览室在全国所有乡镇和街道、社区的全面覆盖。

在数字内容建设方面,根据该计划,"十二五"期间,将使适合开展公共电子阅览室服务的优秀数字资源达到 500TB。其中文化共享工程整合建设不少于 30 万小时的视频资源,国家数字图书馆整合建设不少于 100 万册中文电子图书。数字资源建设以农业技术、务工培训、少儿动漫、红色历史、经典影视、文化专题、舞台艺术、知识讲座、医疗卫生、电子书刊、益智游戏为主要内容,重点建设一批未成年人喜爱的动漫故事、益智类游戏、进城务工人员实用技能资源、少数民族语文资源、地方特色资源等,采购一批群众喜闻乐见的电影、电视节目。

12. 中美百万册数字图书馆建设项目

2002 年,中美合作百万册书数字图书馆计划(China-US Million Book Digital Library Project)正式启动,项目投资额达 2000 余万元。这一合作项目是由美国卡内基—梅隆大学教授 Dr. Raj Reddy 博士和西蒙学院陈刘钦智博士、中国科学院研究生院常务副院长高文博士共同发起的,旨在建设面向教育和科研的包含 100 万册图书的数字图书馆,其中中、英文书籍各 50 万册。由教育部"211"工程建设办公室归口管理,浙江大学和中国科学院研究生院等单位共同承担建设任务和运行管理。

项目计划通过 4 年的时间,建成 2 个数字图书馆技术中心(浙江大学、中国科学院研究生院)和 12 个数字资源中心(北京大学、清华大学、吉林大学、武汉大学、西安交通大学、中国科学院研究生院、浙江大学、复旦大学、南京大学、中山大学、四川大学、上海交通大学),将完成百万册规模的中英文数字图书资源建设,并开发出 30 个左右的大型特色数字资源库。

附录二　数字图书馆领域重要研究项目

国家级科研项目一览表

项目类型	项目名称	项目编号	立项时间	承担单位/人
国家社会科学基金项目	文献管理自动化系统发展研究	96CTQ002	1996	张　进
国家社会科学基金项目	电子图书馆的研究	97ITQ001	1997	李贤民
国家社会科学基金项目	联网环境中检索语言兼容互换问题研究	98BTQ007	1998	侯汉清
国家社会科学基金项目	数字图书馆若干前沿问题的理论研究	98CTQ001	1998	汪　冰
国家社会科学基金项目	虚拟图书馆和传统图书馆的关系研究	98BTQ009	1998	刘兹恒
国家社会科学基金项目	因特网的发展对传统图书馆的影响研究	98ETQ001	1998	杨绍兰
国家社会科学基金项目	基于WEB的数字图书馆定制服务系统	00BTQ003	2000	余锦凤
国家社会科学基金项目	数字图书馆的相关关键技术研究	00BTQ004	2000	董　慧
国家社会科学基金项目	我国数字图书馆的建设环境、建设方法与评估体系	00BTQ001	2000	耿　骞
国家社会科学基金项目	数字图书馆的相关关键技术研究	00BTQ004	2000	董　慧
国家社会科学基金项目	数字图书馆体系结构的研究	01ATQ001	2001	孙一钢
国家社会科学基金项目	西北地区数字图书馆建设与社会经济可持续发展研究	01BTQ001	2001	赖伯年

续表

项目类型	项目名称	项目编号	立项时间	承担单位/人
国家社会科学基金项目	全国党校系统数字图书馆建设方案研究	01ATQ002	2001	崔永琳
国家社会科学基金项目	视音频信息的元数据与检索的创新研究	02BTQ017	2002	段明莲
国家社会科学基金项目	从传统图书馆到数字图书馆的转型研究	02CTQ001	2002	聂 华
国家社会科学基金重点项目	中国数字图书馆宏观管理研究	03ATQ001	2003	田国良
国家社会科学基金项目	教育数字图书馆建设中的著作权问题研究	03BTQ002	2003	肖 燕
国家社会科学基金项目	公共图书馆数字资源建设与共享应用方案	03BTQ004	2003	范并思
国家社会科学基金项目	复合图书馆理论与我国复合图书馆建设模式研究	03BTQ005	2003	初景利
国家社会科学基金项目	网络环境下图书信息资源的优化整合与开发利用研究	03BTQ003	2003	王红玲
国家社会科学基金项目	网络数字资源共享的障碍分析及目标实现研究	03BTQ011	2003	查先进
国家社会科学基金项目	教育数字图书馆建设中的著作权问题研究	03BTQ002	2003	肖 燕
国家社会科学基金项目	数字图书馆建设中的法律问题研究	03CTQ002	2003	赵 媛
国家社会科学基金项目	网络数字资源共享的障碍分析及目标实现研究	03BTQ011	2003	查先进
国家社会科学基金项目	网络信息资源评价指标体系的建立和测定	04BTQ023	2004	朱庆华

项目类型	项目名称	项目编号	立项时间	承担单位/人
国家社会科学基金项目	基于 XML 的电子文件管理元数据标准研究	04ATQ002	2004	张正强
国家社会科学基金项目	数字馆藏评价与绩效分析	04BTQ001	2004	索传军
国家社会科学基金项目	数字资源整合的理论与方法	04BTQ003	2004	马文峰
国家社会科学基金项目	基于 XML 的多媒体信息检索模型及实现研究	06CTQ006	2006	陆　伟
国家社会科学基金项目	以计算机为媒介的知识交流评价方法研究	06BTQ028	2006	余锦凤
国家社会科学基金项目	数字图书馆信息安全管理与评价	07BTQ005	2007	黄水清
国家社会科学基金项目	数字资源采购的规范管理与控制	07BTQ006	2007	徐文贤
国家社会科学基金项目	我国电子文件管理优化模式实证研究	07BTQ031	2007	王　健
国家社会科学基金项目	电子政务信息资源共享研究	07CTQ011	2007	罗贤春
国家社会科学基金项目	自动文本分类技术研究	08CTQ003	2008	奉国和
国家社会科学基金项目	电子文件管理标准体系研究	08CTQ016	2008	钱　毅
国家社会科学基金项目	数字资源老化机理和生命周期测度的理论与实证研究	08BTQ007	2008	索传军
国家社会科学基金项目	我国数字内容产业发展战略研究	08BTQ008	2008	杨海平
国家社会科学基金项目	引进数字资源合作管理权益分享理论与实证研究	08BTQ009	2008	宛　玲
国家社会科学基金项目	中国特色电子文件管理理论体系的建构	08CTQ017	2008	杨安莲

续表

项目类型	项目名称	项目编号	立项时间	承担单位/人
国家社会科学基金项目	数字图像信息资源的自适应检索研究	09BTQ010	2009	李玉海
国家社会科学基金项目	原生数字期刊馆藏建设模式研究	09BTQ011	2009	阮建海
国家社会科学基金项目	地方政府跨部门信息共享与服务制度研究	09CTQ020	2009	汪会玲
国家社会科学基金项目	基于SOA的数字图书馆业务微服务重组架构研究	09CTQ007	2009	翟晓娟
国家社会科学基金项目	数字图书馆建设体制及其发展模式研究	10BTQ005	2010	郑建明
国家社会科学基金项目	数字资源语义互联模式研究	10BTQ025	2010	牟冬梅
国家社会科学基金项目	我国数字图书馆集成融汇服务方法研究	10BTQ004	2010	李春旺
国家社会科学基金项目	新一代互联网环境下网络用户信息交互行为研究	10CTQ010	2010	邓胜利
国家社会科学基金项目	知识型数字图书馆在网络教育中的应用研究	10BTQ009	2010	顾宗连
国家社会科学基金项目	"三网融合"进程中农村现代信息服务体系建设研究	10CTQ006	2010	李　瑾
国家社会科学基金项目	图书馆电子服务质量测评及其相关问题研究	10BTQ006	2010	齐向华
国家社会科学基金项目	基于SOA架构的术语注册和服务系统构建与应用研究	11BT0023	2011	欧石燕
国家社会科学基金项目	基于用户交互的数字图书馆服务评价模型与实证服务	11BTQ010	2011	梁孟华

项目类型	项目名称	项目编号	立项时间	承担单位/人
国家社会科学基金重大项目	基于语义的馆藏资源深度聚合与可视化研究	11&ZD152	2011	邱均平
国家社会科学基金项目	基于用户交互的数字图书馆服务评价模型与实证研究	11BTQ010	2011	梁孟华
国家社会科学基金项目	基于语义的馆藏资源深度聚合与可视化展示研究	11A2D090	2011	夏立新
国家社会科学基金项目	基于用户多维交互行为的数字图书馆可持续发展评估模型与实证研究	11BTQ009	2011	李月琳
国家社会科学基金项目	我国科学院系统图书馆数字资源利用状况与发展趋势研究	11CTQ007	2011	苏金燕
国家社会科学基金项目	基于用户体验的移动数字图书馆服务整合与系统集成研究	11BTQ011	2011	张成昱
国家社会科学基金项目	数字图书馆知识社区构建与服务研究	11CTQ006	2011	刘高勇
国家社会科学基金项目	关联数据的理论和应用研究	11BTQ041	2011	刘　炜
国家社会科学基金项目	泛信息环境下信息异化及和谐信息生态环境构建研究	12BTQ057	2012	孙瑞英
国家社会科学基金项目	面向数字图书馆信息网络传播的政策法规研究	12BTQ010	2012	周丽霞
国家社会科学基金项目	数字图书馆的经济评价研究	12BTQ011	2012	臧振春
国家社会科学基金项目	数字图书馆移动服务质量控制研究	12CTQ005	2012	赵　杨
国家社会科学基金重点项目	数字图书馆信息安全管理标准规范研究	12ATQ001	2012	黄水清

续表

项目类型	项目名称	项目编号	立项时间	承担单位/人
国家社会科学基金项目	基于关联数据的图书馆语义云服务研究	12CTQ009	2012	虞 为
国家社会科学基金项目	基于社会网络的数字信息资源开放获取与共享机制	12BTQ014	2012	盛小平
国家社会科学基金项目	基于用户视角的数字资源质量管理实务研究	12BTQ020	2012	刘素清
国家社会科学基金项目	数字图书馆标签系统的语义挖掘研究	12CTQ003	2012	罗 琳
国家社会科学基金项目	数字图书馆动态知识管理研究	12CTQ004	2012	周义刚
国家社会科学基金项目	推进公共数字文化建设版权策略研究	12BTQ012	2012	韦景竹
国家社会科学基金项目	我国数字图书馆标准规范体系及其构建机制研究	12BTQ013	2012	汪东波
国家社会科学基金项目	公益性数字文化服务体系研究	12BTQ017	2012	魏大威
国家社会科学基金项目	公共数字文化服务中的资源整合研究	13ATQ001	2013	肖希明
国家社会科学基金项目	国外数据库商业版权模式及图书馆应对策略研究	13BTQ014	2013	刘兹恒
国家社会科学基金项目	基于用户感知的移动图书馆服务质量评价及提升策略研究	13BTQ026	2013	郑德俊
国家社会科学基金项目	基于制度创新视角的公共数字文化建设机制研究	13CTQ006	2013	吴 高
国家社会科学基金项目	数字图书馆用户数据资源化管理研究	13CTQ012	2013	王丹丹
国家社会科学基金项目	数字信息资源长期保存机制及法律保障研究	13XTQ006	2013	王爱霞

项目类型	项目名称	项目编号	立项时间	承担单位/人
国家社会科学基金项目	图书馆电子借阅服务的利益平衡机制研究	13BTQ028	2013	傅文奇
国家社会科学基金项目	图书馆电子书服务体系的构建与评价研究	13CTQ013	2013	陈 铭
国家社会科学基金项目	移动图书馆服务质量影响因素与提升策略研究	13BTQ029	2013	施国洪
国家社会科学基金项目	云计算环境下电子文件管理元数据智能化研究	13ATQ008	2013	张正强
国家社会科学基金项目	云计算环境下电子文件一体化管理实证研究	13CTQ053	2013	毕建新
国家社会科学基金项目	学术图书馆云存储联盟模式与机制研究	14BTQ007	2014	刘 华
国家社会科学基金项目	面向图书馆的电子书服务内容、平台与终端的实证研究	14BTQ012	2014	赵 亮
国家社会科学基金项目	图书馆电子书服务模式及平台研究	14BTQ013	2014	谢 强
国家社会科学基金项目	数字图书馆动态组合学科服务模式研究	14BTQ017	2014	董 颖
国家社会科学基金项目	大数据环境下的科技信息潜在语义挖掘技术优化与比较研究	14BTQ029	2014	崔运鹏
国家社会科学基金项目	高科技前沿监测中的知识图谱方法与应用研究	14BTQ030	2014	侯海燕
国家社会科学基金项目	旅游资源信息的语义标注与相关性研究	14BTQ031	2014	彭 晖
国家社会科学基金项目	大数据背景下实时海量情报数据分析技术研究	14BTQ034	2014	王 涛

续表

项目类型	项目名称	项目编号	立项时间	承担单位/人
国家社会科学基金项目	大数据环境下科研数据管理关键技术与服务机制研究	14BTQ035	2014	殷沈琴
国家社会科学基金项目	机构科研数据管理关键技术和服务机制研究	14BTQ037	2014	崔宇红
国家社会科学基金项目	基于事实型科技大数据的情报分析方法及集成分析平台研究	14BTQ038	2014	曾　文
国家社会科学基金项目	数字图书馆的智能图像检索系统研制	14BTQ053	2014	王华秋
国家社会科学基金项目	基于关联数据的数字图书馆多粒度集成知识服务研究	14CTQ003	2014	王忠义
国家社会科学基金项目	图书馆资源组织中的数据关联机制研究	14CTQ005	2014	常　娥
国家社会科学基金项目	语义和情景关联的网络资源聚合单元分类体系构建与评估研究	14CTQ015	2014	马翠嫦
国家自然科学基金项目	电子图书馆的相关关键技术	69933010	1999	施伯乐
国家自然科学基金重大国际合作项目	中华文化数字图书馆全球化的关键理论、方法和技术研究	60221120146	2002	周晓丹
国家自然科学基金重大项目	中国民族音乐数字图书馆的关键理论、方法和技术研究	60221120146	2002	杨宗英
国家自然科学基金项目	基于本体的数字图书馆信息检索模型研究	70373047	2003	董　慧
国家自然科学基金项目	分类法、主题词表和语义元数据的集成——数字图书馆的知识组织	70303002	2003	王　军

项目类型	项目名称	项目编号	立项时间	承担单位/人
国家自然科学基金项目	数字图书馆自学习知识管理系统的研究与实现	70473002	2004	余锦凤
国家自然科学基金项目	基于信息过滤的个性化服务理论和技术研究	60473078	2004	邢春晓
国家自然科学基金项目	电子资源在线使用统计与绩效评估	70573099	2005	索传军
国家自然科学基金项目	语义网格环境下数字图书馆知识组织的应用研究	70673029	2006	毕　强
国家自然科学基金项目	基于数字图书馆的本体演化与知识管理研究	70773087	2007	董　慧
国家自然科学基金项目	基于语义网格的数字图书馆应用模型研究	70803009	2008	张继东
国家自然科学基金项目	基于概念格的数字图书馆知识构建研究	70973044	2009	毕　强
国家自然科学基金项目	基于语义网格的数字图书馆个性化推荐模型研究	71003032	2010	孙雨生
国家自然科学基金项目	用户与资源协同驱动的个性化信息推荐服务模型及其实现研究	71073120	2010	吴志强
国家自然科学基金项目	基于知识地图的对等网语义社区及其知识共享研究	71103138	2011	秦春秀
国家自然科学基金项目	基于情景化用户偏好的学术信息服务研究	71203060	2012	黄传慧
国家自然科学基金项目	数字图书馆社区的知识聚合与服务研究	71273197	2012	胡昌平

续表

项目类型	项目名称	项目编号	立项时间	承担单位/人
国家自然科学基金项目	语义网络环境下数字图书馆资源多维度聚合与可视化研究	71273111	2012	毕 强
国家自然科学基金项目	面向知识服务的知识库结构研究	71303109	2013	蒋 勋
国家863计划基金资助项目	基于Web服务的数据库新技术	2002AA423430	2002年	—
国家863计划基金资助项目	基于高可信网络的数字内容服务系统开发及示范	—	—	—
国家863计划基金资助项目	智能图书馆系统	863-306-ZT04-02-2	—	—
国家863计划基金资助项目	中国数字图书馆示范工程	863-306-ZD11-03	1996	—
国家973重大基础研究项目	海量信息的组织、管理、实现机制及其在数字图书馆中的应用研究	G1999032704	1999	—
国家科技基础条件平台建设项目	我国数字图书馆标准与规范建设	005DKA43503	2002	—
国家科技支撑计划项目	少数民族语言文字信息处理共性关键技术研究与示范应用	2009BAH41B00	2009	西北民族大学、浙江大学等单位

省部级项目一览表

项目类型	项目名称	项目编号	立项时间
教育部人文社会科学重点研究基地重大项目	数字图书馆网格应用模型研究	05JJD870004	2005
教育部规划课题	我国中小学数字图书馆有效应用和推广模式研究	FCB060262 – 026	2006
教育部人文社会科学研究规划基金项目	数字图书馆知识产权评估与使用管理研究	06JA870001	2006
教育部人文社会科学研究规划基金项目	基于知识地图的多领域本体语义互联解决方案与应用研究	07JA870001	2007
教育部新世纪优秀人才支持计划	数字图书馆信息资源开发利用与高效率著作权法律制度的构建	NCET – 07 – 0260	2007
教育部人文社会科学研究规划基金项目	基于无线广域网的移动数字图书馆实现和服务机制的若干关键问题	08JA870010	2008
教育部人文社会科学研究规划基金项目	基于信息抽取的数字图书馆的知识获取研究	08JC870013	2008
教育部人文社会科学研究规划基金项目	基于信息传播障碍的区域数字图书馆实现模式研究	09YJA870023	2009
教育部人文社会科学研究规划基金项目	数字图书馆的可用性评价	09YJA870028	2009
教育部人文社会科学研究规划基金项目	数字图书馆中的信息丰富化研究	09XJA870003	2009
教育部人文社会科学研究青年基金项目	基于概念格的高校图书馆开放存取资源知识服务体系构建研究	10YJC870035	2010

续表

项目类型	项目名称	项目编号	立项时间
教育部人文社会科学研究青年基金项目	基于信息查寻过程的数字图书馆可用性评价扩展模型研究	10YJC870026	2010
教育部人文社会科学研究青年基金项目	数字图书馆中分众分类法的应用与优化研究	10YJCZH104	2010
教育部高等学校博士学科点专项科研基金	基于领域本体的开放存取资源在线集成服务门户研究	20100061110085	2010
教育部人文社会科学基金项目	高校科学数据的组织与服务研究	10YJC870029	2010
教育部人文社会科学研究规划基金项目	高校数字资产典藏管理理论与实践研究	10YJA870031	2010
教育部人文社会科学研究规划基金项目	数据关联的语义数字图书馆研究	10YJA870014	2010
教育部人文社会科学研究规划基金项目	数字图书馆知识产权风险评估研究	10YJA870035	2010
教育部人文社会科学研究规划基金项目	中国高等教育数字图书馆发展模式研究	10YJA870002	2010
教育部人文社会科学研究青年基金项目	泛在信息环境下基于情境感知的自适应信息服务研究	11YJC870026	2011
教育部人文社会科学研究青年基金项目	融合跨媒体检索的数字图书馆个性化信息推送服务研究	11YJC870012	2011
教育部人文社会科学研究青年基金项目	数字图书馆知识服务能力成熟度模型与评价体系研究	11YJC870015	2011
教育部人文社会科学研究青年基金项目	基于三网融合的数字图书馆著作权豁免诉求研究	12YJC870010	2012
教育部人文社会科学研究青年基金项目	云计算环境下数字图书馆云服务信息化平台架构策略与用户服务模式研究	12YJC870019	2012

项目类型	项目名称	项目编号	立项时间
教育部人文社会科学研究规划基金项目	基于多层语义推理的数字图书馆多媒体信息检索模型研究	12YJCZH274	2012
教育部人文社会科学研究规划基金项目	基于维度本体的数字图书馆情境敏感知识管理研究	12YJC870012	2012
教育部人文社会科学研究规划基金项目	团体导向的数字图书馆评价研究机制	12YJA870003	2012
教育部人文社会科学研究规划基金项目	信息网络传播与数字图书馆权利研究	12YJC870035	2012
教育部人文社会科学研究规划基金项目	数字图书馆的用户交互模型与服务改进研究	13YJC870028	2013
科技部资助项目	敦煌文物保护数字化研究	2001DIB10060	2001
科技部科技基础性工作专项资金重大项目	我国数字图书馆标准规范建设	2002DEA20018	2002
科技部基础条件平台工作重点项目	数字图书馆标准语规范建设	2003DEA4T035	2003
科技部项目	数字图书馆知识产权评估研究	2003DIA4T025	2003
科技部资助项目	民族古籍文献数字化保护技术应用研究	2005DIB6J174	2005
全国教育科学规划课题	教育资源库建设研究项目	—	—
全国教育科学规划重点课题	中国农村数字图书馆研究	DKA030191	2003
文化部科技创新项目	数字图书馆新媒体技术服务研究	28 – 2010	2010
中央高校基本科研业务费专项资金资助项目	Web2.0 环境下学术型个人数字图书馆的构建与服务模式研究	2011W36	2011
中央高校基本科研业务费专项资金资助项目	中国矿业大学学科网资源建设与服务模式研究	2012W43	2012

续表

项目类型	项目名称	项目编号	立项时间
中央级公益性科研院所基本科研业务费专项资金项目	中国科学技术信息研究所国家工程技术数字图书馆建设与服务	ZD2011 - 1 - 1	2011
中央直属高校基本科研业务费项目	对等网环境下数字图书馆的语义互操作模型	K50511060007	——
安徽省哲学社会科学规划项目	安徽公共数字图书馆体系建设与云计算应用研究	AHSK11 - 12D272	2011
重庆市教育科学规划项目	基于数字图书馆的终身学习体系构建	04 - GJ - 131	2004
福建省高等学校社会科学 A 类课题	数字图书馆版权问题研究	JA02025S	2002
福建省社会科学基金规划课题	数字图书馆知识产权战略	2006B2075	2006
甘肃省教育科学"十一五"规划课题	远程教育与数字图书馆服务创新	GSBG［2009］GXG182	2009
甘肃省社科规划项目	泛在知识环境下数字图书馆服务创新模式研究	——	2008
广东省科技计划项目	科技文献资源数字图书馆云服务平台构建研究与实现	2012B060200014	2012
广东省图书馆科研课题	共享理论下地方院校图书馆的信息资源建设研究	GDTK0941	2009
广东省哲学社会科学"十一五"规划项目	中文知识组织系统的形式化语义描述标准体系研究	GD10CTS02	2010
广东省哲学社会科学规划项目	开源软件与数字图书馆建设探讨	06M03	2006
广州市教育科学规划课题	教育 E 时代数字校园信息化应用系统综合研究	08A063	2008

项目类型	项目名称	项目编号	立项时间
杭州市哲学社会科学规划课题	基于概念格的杭州学习型社区网络知识服务体系构建研究	B10WB03	2010
河北省高等学校人文社会科学研究项目	基于引文信息可视化检索研究	S2011415	2011
河北省科学技术研究与发展指导计划项目	河北省高校公益性数字图书馆版权作品合理使用情况调查研究	74572260	2007
河北省人文社科研究项目	河北大学古籍数字图书馆模型设计与实现	sz040705	2004
河北省软科学研究计划项目	数字图书馆建设与运行中的著作权利益平衡机制研究	12457203D – 68	2012
河北省社会科学发展研究课题	河北省高校公益性数字图书馆版权作品合理使用情况调查研究	200909147	2009
河北省社科基金项目	基于元数据的数字图书馆开放性研究	HB2010WT164	2010
河南省高等学校人文社会科学研究项目	泛在信息环境下区域内高校数字图书馆资源共享体系研究	2012 – QN – 417	2012
河南省高校新世纪优秀人才支持计划项目	数字图书馆信息服务质量管理系统研究	—	
河南省科技攻关项目	数字图书馆信息检索中的上下文应用研究	613039700	2013
河南省软科学研究计划项目	基于云计算的数字图书馆服务模式研究	132300410382	—
河南省软科学研究计划项目	数字图书馆知识管理研究	122400450328	—

续表

项目类型	项目名称	项目编号	立项时间
河南省政府决策研究招标课题	数字图书馆资源共享工程建设与著作权保护的协调研究	2011B223	2011
黑龙江省艺术规划课题	高校数字图书馆知识服务能力评价指标体系研究	11D072	2011
黑龙江省艺术科学规划课题	移动通信技术在数字图书馆智能信息服务中的应用	11D018	2011
黑龙江省哲学社会科学规划项目	数字图书馆知识构建及其知识服务实现	08D063	2008
黑龙江省哲学社会科学规划项目	信息网络传播中数字图书馆权利研究	11D037	2011
黑龙江省哲学社会科学研究规划项目	基于云出版平台的数字化公共文化服务体系构建研究	12C044	2012
湖北省教科"十五"规划项目	高等教育信息保障体系建设研究	2005B131	2005
湖北省教育科学"十二五"规划课题	管理科学与工程学科知识图谱构建研究	2012B053	2012
湖北省科技攻关课题	数字图书馆区域合作发展模式研究	2002AA405B04	2002
湖南省社会科学基金项目	主动嵌入高校教学质量与创新过程的区域数字图书馆新模式研究	12YBB173	2012
湖南省哲学社会科学基金项目	数字图书馆信息服务研究	04Y058	2004
湖南省哲学社会科学基金项目	长沙区域数字图书馆联盟研究	1011159A	2010
湖南省哲学社会科学基金项目	数字图书馆资源整合研究与实践	—	—

项目类型	项目名称	项目编号	立项时间
吉林省社会科学规划项目	吉林省数字图书馆建设发展对策研究	2001052	2001
吉林省社会科学基金项目	数字图书馆安全保障体系研究	2007058	2007
江苏省高等教育教改研究课题	江苏高校数字图书馆管理与运行机制研究	—	2007
江苏省高校人文社会科学研究项目	数字图书馆用户信息空间的创建与实践	SW0442	2004
江苏省高校人文社会科学研究项目	新一代数字图书馆建设与服务研究	08SJD8700004	2008
江苏省高校数字图书馆前沿理论预研类项目	基于云计算的移动图书馆系统研究与设计	JS2011 – 28	2011
江苏省高校哲学社会科学研究指导项目	数字图书馆知识管理的模式及实施	2011SJD870013	2011
江苏省高校哲学社会科学研究重点项目	江苏省'十二五'时期数字文化产业之数字内容服务模式研究	2011ZDAXM011	2011
江苏省高校自然科学基础研究项目	数字化文献管理关键技术的研究	07KJD120234	2007
江苏省教改项目	江苏高校区域文献资源共享机制与服务模式研究	126	2009
江苏省教育科学"十一五"规划重点资助课题	江苏省高校图书馆数字化建设可持续发展研究	B – a/2009/01/020	2009
江西教育科学规划课题	数字图书馆与大学生信息素养教育研究	—	2006
江西省教育教学"十二五"规划重点项目课题	"云计算"环境下江西省高校数字图书馆信息资源共建共享实证研究	10ZD043	2010

续表

项目类型	项目名称	项目编号	立项时间
江西省科技支撑计划—社会发展项目	基于跨媒体检索的医学肿瘤图像病变语义诊断	20121BBG70050	2012
江西省社会科学"十二五"规划项目	江西省数字图书馆阅读推广研究	11TW002	2011
江西省社会科学"十二五"规划项目	江西省数字图书馆知识产权管理策略研究	12TQ01	2012
江西省社会科学"十二五"规划一般项目课题	鄱阳湖生态经济区背景下江西省高校数字图书馆信息组织与文献共享模式实证研究	11TW21	2011
江西省社会科学"十一五"规划项目	江西省高校图书馆联盟信息服务体系研究	10TW27	2010
江西省艺术科学规划项目	基于网格资源匹配的数字图书馆个性化推荐服务研究——以南昌市高校为例	DB201209393	2012
江西省艺术科学规划项目	江西省各级图书馆在数字图书馆建设中的关键技术研究	YG2012022	2012
宁波市社科规划课题	宁波市数字图书馆服务模式研究	G07 - X06	2007
宁波市数字图书馆项目	Web2.0环境下的宁波市数字图书馆用户培训研究	2008B030	2008
宁波市数字图书馆项目	面向宁波特色行业的数字资源库服务评价	2008B005	2008
宁波市数字图书馆项目	宁波市数字图书馆医学信息服务体系与绩效评价体系研究	2008B021	2008
宁波市数字图书馆项目研究课题	宁波市数字图书馆可持续发展模式与途径研究	2008B024	2008
宁波市数字图书馆重点研究项目	基于开放目录的网络信息资源建设协作平台研究	2008A008	2008

项目类型	项目名称	项目编号	立项时间
山东省高等学校人文社会科学研究项目	信息生态视阈下的数字图书馆资源优化配置研究	J12WL07	2012
山东省科学技术发展（软科学部分）项目	高新技术及产业发展研究——数字信息服务系统的比较研究	A200515－6	2005
山东省软科学研究计划项目	数字信息服务系统的比较研究	A20051526	2005
山东省社会科学规划研究项目	数字图书馆知识服务体系构建及应用绩效研究	10DTQJ01	2010
山东省优秀中青年科学家基金	基于ontology的数字图书馆学习环境构建研究	2008BS01015	2008
山东省哲学社会科学规划研究项目	山东省"数字图书馆"实现手机借阅的理论分析与试点研究成果	11CTQJ01	2011
山西省科技基础条件平台建设项目	山西省兵器科技文献资源保障服务中心平台	2009091001－0905	2009
山西省留学基金资助项目	基于网络环境：数字图书馆建设研究	—	
陕西省社会科学基金资助课题	数字图书馆法律属性及其法律责任研究——类型化的研究视角	10M005	2010
上海市科技发展基金项目	数字图书馆技术研究	985114015	—
上海应用技术学院基金项目	上海应用技术学院数字图书馆信息共享空间研究	SJ2010－05	2010
四川省高等学校图书馆、情报与文献学规划项目	混搭云计算模式在本地数字图书馆门户中的应用研究	—	2009

续表

项目类型	项目名称	项目编号	立项时间
四川省高等学校图书馆、情报与文献学规划项目	数字图书馆虚拟化异地容灾系统应用研究	—	2009
四川省哲学社会科学"九五"规划青年项目	四川省数字图书馆建设研究	—	—
天津市高等学校人文社会科学研究项目	天津近代转型期商业文化数字图书馆建设体制和发展模式研究	20112147	2011
天津市教育科学"十二五"规划课题项目	天津高校数字化图书馆联盟信息服务质量评价模型研究	HE4086	—
天津市文化艺术科学规划课题	数字图书馆技术化与人文化融合研究	B0604 - 004	2006
天津市艺术科学研究规划项目	专业数字图书馆建设的基础专业学术网站评价研究	C12009	2012
天津市哲学社会科学研究规划项目	数字图书馆技术发展	TJ05 - TQ002	2005
天津市哲学社会科学研究规划项目	天津市城乡一体化进程中数字图书馆体系结构与发展模式研究	TJTQ12 - 037	2012
天津市哲学社会科学研究规划项目	云计算环境下数字图书馆服务平台的研究与构建	TJTQ12 - 036	2012
武汉市教科"十五"规划滚动课题	数字图书馆为地方经济建设服务模式研究	2003 - 8 - 规划 - 8	2003
浙江省教育技术研究规划课题	基于数字图书馆的校园 3G/WLAN 设计与实现	JA009	2010
浙江省教育技术研究规划课题	电子纸阅读器在数字图书馆中的应用研究	JB075	—

附录三　数字图书馆建设大事记

1995 年

1995 年 6 月,国家图书馆在科研处下成立专门小组,跟踪国际数字图书馆研发进展。

1996 年

1996 年 8 月,第 62 届国际图联大会(IFLA)在北京召开,会议举行了"数字图书馆:技术与组织影响"专题研讨会。

1997 年

1997 年 7 月,国家实施"中国试验型数字式图书馆项目",项目实施期限为 1997 年 7 月至 1999 年 12 月。项目以北京图书馆(国家图书馆)为组长单位,有上海图书馆、深圳图书馆、广东省中山图书馆、辽宁省图书馆、南京图书馆等参加。

1998 年

1998 年 7 月 20 日,北京图书馆(国家图书馆)正式向文化部提出立项申请,实施"中国数字图书馆工程"。

1998 年 10 月 2 日,李岚清副总理视察国家图书馆,指出图书馆未来的发展模式是数字图书馆,国家图书馆的二期工程应当建成数字图书馆,同时要求数字图书馆的建设要采用新思路进行。

1998 年 11 月,中国高等教育文献保障系统(CALIS)正式启动。

1998 年 12 月 22 日,江泽民主席视察国家图书馆,听取了中国数字图书馆工程的汇报。

1998 年 12 月至 1999 年 3 月,国家图书馆集中人力、物力,开发研制成功数字图书馆试验演示系统,并向有关领导进行汇报演示。

1999 年

1999 年 5 月,国家 863 计划智能计算机主题成立了"中国数字图书馆发展战略"课题组,随后在全国推广"中国数字图书馆示范工程"。

1999 年 6 月 28—29 日,863 智能计算机专家组、中国数字图书馆发展战略组在北京主办"'99 数字图书馆论坛"。

1999 年 9 月,国家图书馆向文化部递交《国家图书馆关于新馆二期工程暨国家数字图书馆基础建设立项的请示》。之后,文化部向国家计委行文:《文化部关于报请批准国家图书馆二期暨国家数字图书馆基础工程项目建议书的函》。

1999 年 11 月 12 日,国家 863 计划中国数字图书馆发展战略组与首都图书馆在北京国际会议中心就建立中国数字图书馆工程示范试点单位一事签订了合作意向书,并举行了新闻发布会。"中国数字图书馆示范工程"正式启动,首都图书馆成为第一个"中国数字图书馆示范工程"单位。

2000 年

2000 年 4 月 5 日,成立了以文化部为召集单位、21 个国家部委单位参加的"中国数字图书馆工程建设联席会议",和以胡启恒院士、李国杰院士为首席专家的"中国数字图书馆工程建设专家顾问委员会",并召开第一次会议。同时在国家图书馆设立"中国数字图书馆工程建设联席会议"办公室,作为"联席会议"的工作班子;成立专家顾问委员会专家工作组,作为专家顾问委员会的工作班子。

2000 年 4 月 21 日,"中国数字图书馆工程建设联席会议"第二次会议在国家图书馆召开,会议听取了工程前期筹备工作的情况报告及《中国数字图书馆工程建设一期规划(2000—2005 年)》的起草说明。

2000 年 4 月 25 日,国家图书馆在厦门全国图书馆改革经验交流会上提出建议,为使中国数字图书馆工程有规划、有组织、科学有序地进行,本着"资源共享、联合建设、优势互补、互惠互利、自愿参加"的原则,成立"中国数字图书馆联盟"。

2000 年 6 月 1 日,李岚清副总理在文化部关于中国数字图书馆工程情况报告上批示:"建设数字图书馆工程的主要目的,是有效利用和共享图书信息资源,有巨大的社会效益。国家图书馆应为我国数字图书馆的核心,要防止重复建设,对方案要认真论证,精心实施。"

2000 年 6 月 14 日,文化部副部长艾青春同志主持召开部长办公会。会议研究决定,把中国数字图书馆工程建设列入文化部的"十五"信息化建设规划。

2000 年 7 月,文化部向国家发展计划委员会提交了《国家图书馆二期工程暨中国数字图书馆工程项目建议书》。

2000 年 7 月 4 日—5 日,"中国数字图书馆工程建设联席会议"办公室与国家图书馆联合举办了"数字图书馆应用技术交流会"。会议就数字图书馆的技术需求、相关技术标准、系统与体系结构、数字化资源组织以及信息服务系统等问题进行了广泛交流。

2000 年 7 月 6 日,"中国数字图书馆工程建设联席会议"办公室举办了首期数字图书馆资源加工应用软件培训班,并向参加培训的中国数字图书馆联盟成员单位赠送了数字图书馆资源加工软件。

2000 年 7 月 6 日,"中国数字图书馆工程建设专家顾问委员会"第二次会议在国家图书馆召开,会议讨论并原则通过《中国数字图书馆工程建设一期规划(2000—2005 年)》。

2000 年 7 月 26 日,"中国数字图书馆工程建设联席会议"第三次会议在国家图书馆召开,会议原则通过了《中国数字图书馆工程建设一期规划(2000—2005 年)》。

2000 年 10 月,在海南召开"全国党校图书馆工作暨数字图书馆建设会议"。

2000 年 12 月 17—19 日,由文化部组织,在海南省万宁市召开了"中国数字图书馆工程资源建设工作会议"。文化部副部长艾青春代表文化部党组做了《认清形势,把握机遇,积极推进中国数字图书馆工程资源建设》的重要报告。

2001 年

2001 年 3 月 1 日,中央党校数字图书馆网站正式开通。

2001 年 3 月 24 日,"中国数字图书馆工程资源建设指导委员会"成立,并在国家图书馆召开第一次会议。

2001 年 4 月 13 日,"中国数字图书馆工程建设联席会议办公室"正式发布《2001 年度中国数字图书馆工程资源建设指南》。

2001 年 5 月 23 日,国家重点科技项目"中国试验型数字式图书馆"通过专家技术鉴定。

2001 年 5 月 29—31 日,全球数字图书馆在新世纪的发展国际研讨会(Global Digital Library Development in the New Millennium)在清华大学召开。

2001 年 8 月 27 日至 9 月 7 日,"中国数字图书馆工程建设联席会议"办公室在国家图书馆先后举办了两期资源加工/发布软件及著录规则使用培训班,并赠送了数字图书馆资源加工/发布软件单机版。

2001 年 9 月 4 日,"中国数字图书馆工程建设专家顾问委员会"第三次会议在国家图书馆召开,会议原则通过了《中国数字图书馆工程一期规划

（2000—2005）实施方案》。

2001年9月13日,"中国数字图书馆工程建设联席会议"第四次会议在国家图书馆召开,会议原则通过了《中国数字图书馆工程一期规划（2000—2005）实施方案》。

2001年9月18日,"中国数字图书馆工程资源建设指导委员会"第二次会议在国家图书馆召开,会议审议了2001年度中国数字图书馆工程资源建设方式与支持项目。

2001年10月31日,"国家图书馆二期工程暨国家数字图书馆基础工程"经国务院总理办公会正式批准立项。

2001年11月27日,国家发展计划委员会下发文件《印发国家计委关于审批国家图书馆二期工程暨国家数字图书馆基础工程项目建议书的请示的通知》（计社会〔2001〕2482号）,标志着国家图书馆二期工程暨国家数字图书馆工程项目正式立项。

2001年12月,国家科学数字图书馆项目正式启动。

2002年

2002年1月12日,"中国数字图书馆工程法律法规指导委员会"成立,并召开第一次会议。

2002年1月12日至14日,"中国数字图书馆工程知识产权论坛"在北京召开。

2002年3月,文化部向国家发展计划委员会提交了《国家图书馆二期工程暨国家数字图书馆工程可行性研究报告》。

2002年4月,"数字图书馆国际论坛"在海南博鳌亚洲论坛年会上召开。

2002年4月17日,文化部和财政部下发了《关于实施全国文化信息资源共享工程的通知》,标志工程正式启动。

2002年5月,CALIS在厦门大学召开"中国高等学校数字图书馆联盟成立会议",发起成立中国高等学校数字图书馆联盟。

2002年5月23—25日,中国数字图书馆发展战略组在北京主办"2002年数字图书馆国际论坛暨工程项目洽谈会"。

2002年6月,中央党校向原国家计委报送《全国党校系统数字图书馆工程项目建议书》。

2002年7月3—5日,文化部在山西太原召开全国文化信息资源共享工程试点工作会议。

2002 年 7 月 8—11 日,由文化部主办、国家图书馆承办的"北京国际数字化公众信息服务与技术展览会"在北京举行。

2002 年 7 月 8—11 日,由文化部主办、国家图书馆承办的"数字图书馆——新世纪信息技术的机遇与挑战"国际研讨会在北京举行。

2002 年 10 月,科技部科技基础性工作专项资金重点项目"我国数字图书馆标准与规范建设"启动。

2002 年 12 月 25 日,《"国家图书馆二期工程暨国家数字图书馆工程"项目可行性研究报告》通过国务院总理办公会批准。

2003 年

2003 年 1 月 27 日,国家发展计划委员会下发文件《印发国家计委关于审批国家图书馆二期工程暨国家数字图书馆工程可行性研究报告的请示的通知》(计社会〔2003〕118 号),标志着国家图书馆二期工程暨国家数字图书馆工程可行性研究报告通过审批。

2004 年

2004 年 5 月 26—30 日,由国家科技图书文献中心、国家图书馆、中国科技信息所、CALIS、中国科学院文献情报中心联合主办的"全国数字图书馆标准规范建设宣传与推广会议"在北京召开。

2004 年 8 月,国家发展和改革委员会正式批复《"十五""211 工程"中国高等教育文献保障体系——中国高等教育数字图书馆建设(CADLIS)可行性研究报告》,中国高等教育数字图书馆建设正式启动。

2004 年 9 月 6—8 日,由国家图书馆主办的"数字图书馆——促进知识的有效应用"国际研讨会在北京召开。

2004 年 9 月 6 日,中直机关事务管理局批准同意建设中央党校数字图书馆工程(中管基发〔2004〕164 号文件)。

2004 年 10 月 11—14 日,都柏林核心及元数据应用国际研讨会在上海召开。

2004 年 11 月 5—6 日,"CADLIS 项目建设启动暨成果汇报大会"在北京大学召开。

2004 年 11 月 18 日,国家发展和改革委员会下发文件《国家发展改革委关于国家图书馆二期工程暨国家数字图书馆工程初步设计方案及投资概算的批复》(发改投资〔2004〕2532 号)。

2004 年 11 月,CALIS 与中科红旗、IBM、Intel 和 Oracle 共同成立了"中国

高等教育数字图书馆 Linux 联合实验室"。

2004 年 12 月 13—17 日,第七届亚洲数字图书馆年会在上海召开。

2004 年 12 月 28 日,国家图书馆二期工程暨国家数字图书馆工程举行奠基仪式。

2005 年

2005 年 2 月 25 日,中共中央办公厅、国务院办公厅转发了《文化部、财政部关于进一步加强全国文化信息资源共享工程建设的意见》。

2005 年 3 月 21 日,国家图书馆委托北京世源科技工程有限公司编制国家数字图书馆工程初步设计方案。

2005 年 5 月 16—27 日,由国家科技图书文献中心和美国 Syracuse 大学信息学院(School of Information Studies, Syracuse University)联合主办,中国科学院文献情报中心承办的中美数字图书馆高级研讨班在北京举办。

2005 年 6 月 22—24 日,由中国科学院文献情报中心主办的"科学信息开放获取战略与政策国际研讨会"在北京召开。

2005 年 6 月,《中国共产党党建百科全书——党建有声数字图书馆》由红旗出版社和中央文献出版社联合推出,内容囊括各类图书 6000 余册,图片 5000 余张。

2005 年 7 月 5 日,由万方数据股份有限公司和《数字图书馆论坛》编辑部联合主办的"数字图书馆国际学术与产业论坛暨《数字图书馆论坛》创刊仪式"在北京召开。

2005 年 8 月 16—18 日,"2005 中国数字图书馆可持续发展研讨会"在江苏无锡举办,会议主题为"精 e 求精,悦读易用"。

2005 年 9 月,我国第一部大型动态农业专业知识仓库"CNKI(中国知识基础设施工程)农业数字图书馆"在清华大学通过功能测试。

2005 年 11 月,北京市教育资源网数字图书馆项目与方正 Apabi 电子书与数字图书馆系统正式签约。

2005 年 12 月 28 日,收藏了 70 万册正版电子图书、全国规模最大的中小学数字图书馆——北京市中小学数字图书馆正式开通。

2006 年

2006 年,首届图书馆 2.0 会议召开。

2006 年 6 月,全国高校图书馆第一家手机图书馆湖南理工学院手机图书馆 WAP 服务开通。

2006 年,NSTL 开始建设国际科学引文数据库,同年 10 月该项目被纳入国家科技支撑计划项目。

自 2006 年开始起,国家科学图书馆开始开展"资源和服务百所行"活动,该活动由国家科学数字图书馆组织中国科学院全院的图书馆员和学科专家,联合数据库提供商开展。

2006 年 6 月,中央党校图书馆启动了全国党校系统数字图书馆资源共建共享工程,确定了第一批 15 个副省以上党校图书馆参加共建共享工程。

2007 年

2007 年 1 月,中国人民解放军南京政治学院研制的军内首家数字图书馆《军队政治理论学科数字图书馆》项目通过专家鉴定。

2007 年 2 月,山西潞安集团司马煤业有限公司建成我国煤炭系统首个高质量数字图书馆。

2007 年 9 月,由浙江省海洋开发研究院和舟山市科技信息研究所共同创建的海洋科技电子图书馆正式在舟山市启用。2007 年 11 月 26 日,中国高等教育数字化图书馆、国家数字图书馆、国家科学数字图书馆、国家科技图书文献中心、中国图书馆学会主办的"2007 数字图书馆建设与应用研讨会暨成果展示会"在深圳市科技图书馆召开,主题为"中国数字图书馆十年:回顾与展望"。

2007 年 11 月 28 日,全球数字图书馆的中方承建者在杭州宣布:由中国、美国、印度和埃及四国共同参与组建的全球数字图书馆馆藏已突破 150 万册。

2008 年

2008 年 1 月,浙江省首个区域数字图书馆在宁波大学园区开始建设,该馆是各在甬高校图书馆、宁波市图书馆、宁波市科技信息研究院及众多企业共同参与的数字文献信息资源共建共享服务平台。

2008 年 9 月 9 日,国家图书馆二期暨国家数字图书馆正式开馆接待读者。中共中央政治局委员、国务委员刘延东,全国政协副主席孙家正出席了开馆仪式。

2008 年 10 月 15 日,中国残疾人联合会信息中心、国家图书馆等共同举办的中国盲人数字图书馆在京举行开通仪式。

2009 年

2009 年 4 月 9 日,广东省公共、教育、科技系统图书馆联合建成我国建立的第一个跨系统覆盖全省地域的数字图书馆联盟——珠江三角洲数字图书馆联盟,联盟网站——广东省文献资源共建共享协作网同时投入使用。

2009 年 4 月 21 日,由联合国教科文组织和美国国会图书馆共同主持开发的世界数字图书馆网站定于 4 月 21 日正式投入使用。中国国家图书馆参与发起了世界数字图书馆的开通。

2009 年 9 月,浙江大学成立了大学数字图书馆工程中心,与美国哈佛大学、瑞典皇家工学院等展开资源共建共享合作,从事相关技术的研发。

2010 年

2010 年 2 月 1 日,"县级数字图书馆推广计划"正式启动。

2010 年 4 月 1 日,大学数字图书馆国际合作计划二期项目在浙江大学举行启动仪式。

2010 年 5 月 27 日,全国数字图书馆建设和服务联席会议第十次会议在上海图书馆召开,会上发布了《数字图书馆服务政策指南》和《数字图书馆资源建设指南》。

2010 年 6 月 1 日,中共中央政治局委员、国务委员刘延东今天出席国家图书馆少年儿童图书馆暨少年儿童数字图书馆开馆仪式。

2010 年 7 月,由国家图书馆、中国残疾人联合会信息中心、中国盲文出版社共同承担的"中国残疾人数字图书馆"项目获文化部"2010 年度国家文化创新工程项目"资助立项。

2010 年 12 月 15 日,国家数字图书馆推广工程启动仪式暨全国图书馆创新服务工作座谈会在国家图书馆隆重举行。

2010 年 12 月 29 日,整合了数字电视平台、智能移动终端平台与网站平台的综合性数字图书馆——"文澜在线"正式运行,杭州数字图书馆开通使用。

2011 年

2011 年 3 月 27 日,宁夏"三农"数字图书馆在宁夏回族自治区农林科学院正式开通。

2011 年 4 月 23 日,中国残疾人联合会和国家图书馆联合建设的"中国残疾人数字图书馆"网站正式开通。

2011 年 5 月 31 日,全国文化信息资源共享工程工作会议暨公共电子阅览室建设试点工作现场经验交流会在青岛召开。

2011 年 6 月 4 日,文化部、财政部联合印发《关于实施数字图书馆推广工程的通知》,决定于"十二五"期间在全国实施数字图书馆推广工程。

2011 年 6 月 25 日,文献信息学会与香港科技大学图书馆共同举行"中华文化数字图书馆合作项目座谈会",构思和推动建立中华文化数字图书馆合作项目。

2011 年 9 月,由中国民航科学技术研究院承担的民航数字图书馆项目顺利通过专家验收评审,民航数字图书馆开始提供信息服务。

2011 年 12 月 2 日,国内首个提供电子无障碍阅读的数字图书馆——上海无障碍数字图书馆开始试运行。

2012 年

2012 年 1 月,沈阳军区与国家图书馆签订《共建军营网上图书馆合作协议》,标志着首家战区级数字图书馆投入使用。

2012 年 2 月 16 日,由武汉大学等高校,中科院武汉分院等科研机构共同加入的湖北省"家庭科普数字图书馆"在武昌区水果湖社区试点运行。

2012 年 3 月,国家数字图书馆首次进驻"两会"。"两会"代表可以通过全国人大网中的代表服务专区,可享受国家图书馆丰富的中外文文献和数字化信息资源,实现一站式服务。

2012 年 4 月 11 日,"数字图书馆推广工程"首期系统平台培训班在国家图书馆举行,数字图书馆推广工程培训工作正式启动。

（整理人:赵益民　王秀香）

后　　记

　　《中国图书馆事业发展报告》是我国图书馆界第一套较为完整的事业发展蓝皮书,也是国家图书馆履行全国图书馆发展研究中心职能的一项重要成果。该系列蓝皮书以综合报告和专题报告交替出版的形式发布,由国家图书馆研究院组织编纂。

　　本书是继《中国图书馆事业发展报告·农村图书馆卷》之后本系列蓝皮书的又一个专题报告,主要对我国数字图书馆建设二十余年来的成果、经验、特点等进行总结分析,并就未来发展提供建议。本书邀请了一批在数字图书馆建设与服务方面具有丰富实践经验和深厚研究积累的专家学者参与撰写。全书编纂过程的组织、联络和协调工作由国家图书馆研究院负责,各章内容撰写的具体分工如下:总报告由国家图书馆研究馆员孙一钢负责,王乐春、许长城、刘金哲、张国庆参与执笔;国家图书馆的数字图书馆建设由国家图书馆研究馆员魏大威负责,谢强、薛尧予、胡昱晓、温泉、钟晶晶参与执笔;公共图书馆的数字图书馆建设由东莞图书馆研究馆员李东来负责,李晓辉、刘晓娟参与执笔;高校图书馆的数字图书馆建设由 CALIS 管理中心、北京大学图书馆研究馆员陈凌负责和执笔;专业图书馆的数字图书馆建设由中国农业科学院农业信息研究所研究馆员孙坦负责,吴汉华、蒋颖、孔青青、包凌、赵以安、陈锐、张利、马红月、郝继英、王力力参与执笔;数字资源建设专题由中国科学技术信息研究所信息资源中心研究馆员曾建勋负责,丁遒劲、苏静、邢文明、诸葛列炜参与执笔;平台建设专题由上海交通大学研究馆员郑巧英负责,李芳、施晓华、张洁参与执笔;新媒体服务专题由厦门大学研究馆员萧德洪负责,黄国凡、马鲁伟、陈晓亮、肖铮参与执笔;标准规范建设专题由国家图书馆研究馆员申晓娟负责,李丹、王秀香、张若冰、田颖参与执笔;国外案例选介部分由南开大学商学院教授柯平负责,朱明、李大玲、张文亮、何颖芳、邹金汇参与执笔。文后三个附录由云南师范大学图书馆研究馆员赵益民负责,王秀香参与整理。

　　为客观掌握各地区、各系统数字图书馆建设的基本情况以及硬件设施、软件系统、资源建设、新媒体服务的建设情况,国家图书馆研究院依托东莞图书馆、CALIS 在全国范围内对公共图书馆、高校图书馆进行了问卷调查,共回收问卷近300份,在此对这些图书馆表示感谢。自2013年8月编纂工作启动以来,编写组全体成员反复沟通,精心锤炼,数易其稿,终成全书,在此一并致谢!

国家图书馆研究院
2015 年 12 月